U0472467

Treasures for Scholars Worldwide

柳诒徵1927年日记

赵岳 张娇娇 整理

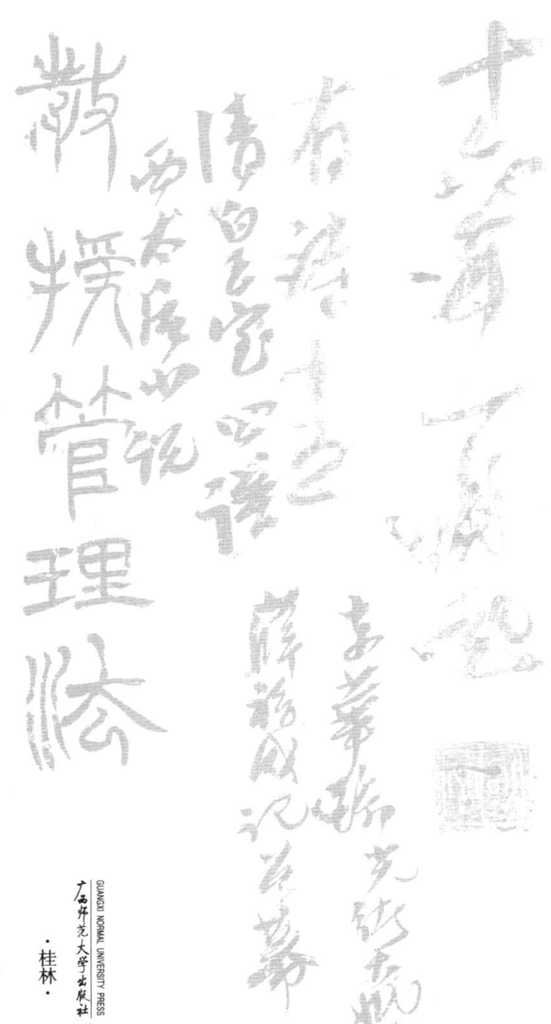

广西师范大学出版社
GUANGXI NORMAL UNIVERSITY PRESS
·桂林·

柳诒徵 1927 年日记

LIUYIZHENG YIJIUERQINIAN RIJI

项目统筹：鲁朝阳
策划编辑：黄婷婷
责任编辑：黄婷婷
责任技编：王增元
装帧设计：张原海

图书在版编目（CIP）数据

柳诒徵 1927 年日记 / 柳诒徵撰 ； 赵岳，张娇娇整理. -- 桂林 ： 广西师范大学出版社，2025. 1. -- ISBN 978-7-5598-7917-2

Ⅰ. K825.4

中国国家版本馆 CIP 数据核字第 2025HE1845 号

广西师范大学出版社出版发行

（广西桂林市五里店路 9 号　邮政编码：541004
网址：http://www.bbtpress.com）

出版人：黄轩庄

全国新华书店经销

广西广大印务有限责任公司印刷

（桂林市临桂区秧塘工业园西城大道北侧广西师范大学出版社集团有限公司创意产业园内　邮政编码：541199）

开本：710 mm × 1 000 mm　1/16

印张：27　　　字数：162 千

2025 年 1 月第 1 版　　　2025 年 1 月第 1 次印刷

定价：118.00 元

柳诒徵像（1880—1956）

1920年代初，徐河珍、柳屺生、柳定生（自左往右）合影。（曾静和 藏）

北京正阳门东车站站前广场

南京下关码头

镇江码头

镇江街头的孩子

前　言

《柳诒徵日记》亦称《劬堂日记》，是先生数十种未刊手稿中最为学界惦念的珍贵遗存。由于种种原因，日记稿本星辰散落，分存机构和私人藏家手中，一直未能公之学人。甲辰岁初，友朋见告南京师范大学藏有日记一册，遂托英姿教授多方探听，不久得知是卷现藏于校博物馆。大暑刚过，我搭乘沪宁高铁驰赴南京，抵宁即驱车前往随园校区，路上大雨倾盆，道路方向几近迷茫，然刚至校门，雨竟骤然停歇。两侧梧桐静谧清新，不远处大草坪后黄墙红柱，勾檐翘角水珠缓滴。

缓步未几，右侧 11 号楼便是校博物馆所在。接待我的老师早已等候多时，办完手续便取到了这份资料的图档。南师大所藏这册柳氏日记稿本，时间跨度自 1927 年 1 月 19 日至 1928 年 1 月 27 日，虽然短短一载，但对先生经历而言却十分关键。这一年北伐军克复江南，先生亦北漂南归，参与东南大学的接收和改组，继而执掌江苏省立第一图书馆（时名），开启了人生一段全新篇章。有鉴于此，我们决定整理资料，全文释读，全档影印，前后合册，比对互查，以《柳诒徵 1927 年日记》（以下简称《日记》）为名公开出版。

《日记》在详载先生勤勉不懈、真诚坦率和温馨亲情方方面面的同时，也真实再现了先生亲历的风云变幻，内容殷实，颇值查究。1925 年 3 月，东南大学爆发“易长风潮”，先生牵涉其中，愤而北上，辗转东北大学、北京女子大学和北京高等师范学校等处。1927 年 1 月 19 日，也就是本册日记的开篇，先生完成当日手头工作，便即行整拾行装，于次日下午 4 时半，从正阳门搭乘火车经天津南归，颠沛流离的北漂生活至此画上句号。23 日上午火车抵宁，短暂停留便再次搭乘火车返回故里镇江。

2 月 2 日，农历丁卯大年初一，天气阴沉，寒雨霏霏，先生早起祀先、走亲访友。次日，风雪交加，先生对窗覃思，提笔挥毫：

中年渐识家居味，新岁犹闻战事殷。

新年新气象，本应笑语欢歌、喜气洋洋，但诗句中为何难掩凄婉与感伤？思虑前后，恐怕一则北漂两载，思乡心切，二来北伐战至江浙，社会动荡不定：

前昨两日，鲁军过境者多，驻镇约一团，以军用票购物，商人多不敢收用，以是相率闭门。（2 月 24 日）

诣包叔菁，偕至商团探军讯。……浙军咸渡江，惟段旅长舣舟待发。（3 月 22 日）

党军来，市中竞悬欢迎旗。陈咏之来，约至商团探军讯。……晚闻枪声时作。〔是日党军亦至南京。〕（3 月 23 日）

早起犹闻枪声，至商团探之，知系联军渡江，以空枪掩护，非作战也。（3 月 24 日）

北伐军是在 1927 年 1 月初南昌军务善后会议后，开始进军长江中下游。2 月底，北伐军占领浙江全境。3 月初，陈调元等部附义，北伐军挺进安徽，3 月 24 日攻克南京。先生日记中的记载与史实相符，可以作为相关研究的参考。

3 月 31 日，先生看到报载东大学生改革宣言，联想两年前的“易长风潮”，感慨学阀与军阀政客勾结，盘踞校政、排斥异己，对学校秩序的破坏日久。与此同时，北伐捷报频传，先生对民国教育恢复正道重新燃起希望：

一、实行党化教育；二、铲除反动分子；三、学生参加学校行政；四、学生在革命轨道上有言论、出版、集会、结社之自由；五、学校经济公开；六、免除学费；七、增加学校经费，扩大组织；八、添聘国内外有名学者，斥退劣教授。

此时的战事虽仍处胶着状态，但出于对国民教育，对东南大学的心心念念，4月1日先生返回南京，参与接收东南大学和筹建第四中山大学，以及史地系、国文系的组建工作之中，提出只有改变学校的教会性质、奴隶性质和经济黑暗，东大的前途才能自然开明：

至教育厅开会，报告筹议第四中山大学组织大纲。晚回寓拟历史系各组课程。（6月12日）

诣龚家桥，偕胡、蔡、周诸君赴第四中山大学科学馆开筹备会。自前年三九之变，不至此校门内两年有余矣。（7月3日）

偕吉士至国民政府丁家桥，与张校长就职典礼。（7月23日）

与萧、戴、张诸君商定史地系课程，与汤、徐、陈诸君商定国文系课程。（9月20日）

早起诣大学图书馆。晤谭组安、蔡孑民、杨杏佛诸人。九时至体育馆开会，补行开学典礼。张校长报告筹备经过，褚、谭、蔡、杨诸人均有演说，十时散会。……自四月以来，经营改革东大事至此可告一段落矣。然前途未可乐观也。（10月6日）

就在第四中山大学筹备之际，新任校长张乃燕盛邀先生主持省立第一图书馆工作，先生慨然相允，并请同乡挚友赵鸿谦担任主任一职：

至教厅会议，张君谋以图书馆事相嘱。（6月18日）

至教育厅晤郑、高、程诸君，知图书馆事已发表。（6月25日）

吉士来，决就图书馆事。……至龚家桥，晤张君谋，谈图书馆事。（6月26日）

陈钧来，偕赵吉士、吕子钦诣龙蟠里省立第一图书馆，支伟成已先在，约同会计任祖思与赵、吕二君交代，计存一百〇四元，晤馆中诸君，与汪调之长谈。支、任二君饭后去。偕馆中诸君周览各室。（7月1日）

其实，先生接受图书馆的任职之邀，不仅放弃了重返东南大学讲台的机缘，而且也退回了清华大学的聘函：

清华有聘函来，拟辞之。（5月24日）

作书与张亮臣、徐任民、吴雨僧、缪赞虞，皆挂号寄去。（5月25日）

《吴宓日记》中1927年部分的记载，可以与之互证：

是日会中迫于外势，卒通过聘柳公为教授，月薪只与250元。（5月3日，《吴宓日记》）

柳公来书，不受清华之聘。聘书退还。（6月3日，《吴宓日记》）

南归之后，先生为何跳出学校体系，转而操持起浩瀚书海的舟楫，日记中没有明确理由，但透过先生的经历和性格，我们仍能窥出一些端倪。首先从履历观察，先生走出故里、步入社会的过程之中，缪荃孙和陈庆年两位前贤如同行路灯塔，而江苏省立第一图书馆的前身——江南图书馆，就是两位主持创办。江南图书馆肇始之初，缪荃孙和陈庆年分任总办和坐办，对于两位智者潜心打造的学术殿堂，先生自然特别眷顾。其次就性格而言，先生不是八面玲珑之士，在当时学阀政客交织的学校复杂人际关系之中，东大“易长风潮”迫使他远走他乡。与人为伍不如与书作伴，因此在东南大学的风云变幻中，先生没有随波逐流选择教职旧道，而是毅然转身，转而加入图书馆作为其安身立命之所。

除却家国要闻和往来交游，《日记》亦详载先生的日常研学及家庭亲情。点阅典籍和文献是先生日常生活的重要组成部分，例如柳永《乐章集》、陈长方《唯室集》、吴文英《梦窗词》、王应麟《玉海》、周密《草窗词》、姚鼐《惜抱轩集》、张惠言《茗柯文》、张裕钊《张濂亭文》，以及《汉书》《五代史》《宋史》等，皆为先生案头常阅之书；在日记中，特别是二、三月份赋闲在镇时，先生还大段摘抄了一些典籍，例如《清皇室四谱》《清会典》《淮南子集证》《东华录》及多种文录，这些资料虽然大多已有出版，但为了让读者体会先生的研读刻苦和不同时期日记的内容变化，本书在整理时予以全文保留；另外先生还坚持临帖习字，日复一日，乐此不疲，例如金文《盂鼎》、大篆《毛公鼎》、隶书《西狭颂》、隶楷之间的《嵩高灵庙碑》、楷书《孟法师碑》《龙藏寺碑》《黑女志》，以及多种法帖，先生书法造诣之深可窥一斑。

先生日记中家庭片段言辞恳切，真情流露。先生长子屺儿（柳屺生）和次女定儿（柳定生）是时在南京上大学和女校，每于公务闲暇，先生辄往探视，携之共游，交流心得，亲情融融。而本册日记最后几日女儿青春期的叛逆，确实也让先生一筹莫展，忧心忡忡。日记中频繁提及的二兄，是堂兄柳平章；而从之，既是先生表弟，亦与先生结为连襟，先生姨父吴子攸二女吴素鸾和吴季鸾，分嫁先生和张从之；绍骧，则是吴子攸之子。这些家族成员之间交往密切，多人得到先生关照，张从之在8月份被通俗教育馆录用为图书馆主任，10月份先生推介吴绍骧与杨杏佛。家族成员之中最为先生牵挂的是河甥，也就是先生姐姐柳兰徵的女儿徐河珍。1925年冬姊兰徵病逝，遗孤女徐河珍无所依靠，先生视如己出，日记中记载了大量与河甥相关的家庭纷争，先生苦口婆心、劝解抚慰，读之令人动容。

先生日记不仅可以与学界已公开的史料对照研究，也可以辅助先生其他著述的整理。先生晚年亲手厘定《劬堂类稿》之目，包括《劬堂文录》《劬堂诗录》《劬堂读书录》《劬堂随笔》《劬堂杂俎》诸篇。其中尚未梓行的《劬堂诗录》现存手稿复印本7卷8册，加上补遗，共录先生各个时期的诗歌1089首（依目录计）。我们比对日记原稿和诗录抄件，发现其间存在诸多异同，例如《丁卯正月二日》中“动人寰”的“动”，于抄件中改录为“震”；再如《张孟髯五十生日》，“号”“喜”“都”三字，则易为“唤”“新”“俱”。这些差异是后期抄录中有意为之，值得进一步探究。

《日记》是一份极具文化研究价值的私人日记，这不由让我联想至先生其他日记的保存情况。1985年《书法研究》第2期《一艺之成 源远流长：记柳诒徵先生书法》谈及：“先生自少年时代即每日写日记，自十九岁至七十七岁日记尚存八十册。”1985年7月，晋阳学刊编辑部出版《中国现代社会科学家传略》第五辑，《柳诒徵传略》后附先生主要著作目录，其中“未刊专著”列“劬堂日记（1898—1954年）八十五册”。此等鸿篇巨制，于已问世之学人日记中，唯《竺可桢日记》《顾颉刚日记》和《吴宓日记》等寥寥数部可与之比肩。故而，深入挖掘、精心整理、悉心研究更多先生日记实乃意义非凡之举。

《日记》的顺利付梓，是先生日记整饬工作迈出的第一步。我们期待不久的将来，先生的其他日记能够在恰当的时机与公众见面，惠及学林。囿于时间及学力所限，本日记整理文稿难免存在疏漏与讹舛。在此，恳请各位读者不吝赐教，以便我们及时厘正，日臻完善。

本日记整理过程中，承蒙徐秀棠、沈锡麟、潘振平、马忠文、林锐、楼望杰、徐家宁诸贤之悉心斧正，又荷广西师范大学出版社汤文辉、鲁朝阳、黄婷婷诸师之青睐有加，更兼柳诒徵先生亲族之殷切勉励，诸般恩泽，汇聚于心，在此一并致以深切谢意。

赵 岳
甲辰重阳于沪上景棠书屋

整理说明

一、本书根据柳诒徵日记手稿整理，手稿现珍藏于南京师范大学博物馆。

二、为便利读者阅读及了解手稿原貌，本书同时刊印“日记文档”和“日记图档”。

三、“日记文档”即手稿释读，施以新式标点，采用简体横排；“日记图档”即手稿原档，按手稿次序编排，有关日文、卜卦等图档按序保留，但不作释读。

四、“日记文档”翻口编印阳历日期及对应图档页码；“日记图档”天头编印阳历日期和对应文档页码。阳历日期省略“年”“月”“日”，以“.”隔开，个位数月、日前加“0”统一，例如“1927 年 1 月 19 日”以“1927.01.19”表示。

五、手稿中天头所书内容，用六角括号〔 〕置于当日日记文档之后，仿宋体编印。其中表示阳历日期的数字，不释读录入。

六、手稿中繁体字、异体字按照现行出版规范转录为简化字。所使用之当时语词，例如讬、属、火食、稍瘉、月分、全愈、绵帽、磁器，亦根据上下文及现行语言习惯改为托、嘱、伙食、稍愈、月份、痊愈、棉帽、瓷器。但部分人名、机构名不作修改，例如周慤、曹隄亭、传钞部等。

七、手稿中插入字句，依上下文语次录入，涂改字句按改后录入，不作标示。个别错字、漏字按文意补入正文，加注释说明。日记中注文统一编排为单行小字，仿宋体编印。

八、手稿中典籍抄录和自作书信、诗歌，亦以仿宋体编印。典籍抄录的笔误，按典籍原稿修改，并作下注说明。

九、手稿中表格表头所使用“见左表”径改为“见下表”。

十、手稿中所使用数字，中文数字、阿拉伯数字按原档录入，个别混用处，根据上下略作调整。表格中的中文数字、苏州码则统一转录为阿拉伯数字。

十一、“人物简介”以姓名拼音为序编排，以现有可查资料为基础，对照上下文确认身份及简历，无法确认身份及资料缺失者，仍列入表格，简介文字空缺。

十二、“人名索引”以姓名拼音为序编排，手稿中出现的字、号、别名、习称、昵称及其他称谓以括号后列。索引所列数字为该人物在日记中出现的日期，日期格式与第四条相同。

十三、手稿中出现的姓名简称且不能考订身份者，不列入索引条目，如唐君、段君等。如姓名简称能考订身份者，则列为相应条目。以关系称谓出现的人物，譬如“二兄”“赵森甫乔梓”等，若能考证则列为条目，若不能考证则暂不计入。抄录文献中出现的历史人物亦不列入条目。

十四、手稿中同一人的同音、近音姓名，保留原文，并加下注说明，例如“茀卿”“芾卿”“芾青”应为同一人，在“人物简介”和“人名索引”中以顿号隔开列目。

目　录

日记文档

十六年一月起 有诗十五[1]

（"劬堂"印）

丙寅十二月十六日，即民国十六年一月十九日 1927.01.19 页 396

写《北海看月》诗，寄徐南州[2]。阅试卷，写分数，未送交注册课。徐鸿逵来，以师大试卷交之。买柳条箱一元六角。出城诣新华银行，晤朱闰生，以上海银行支票托换上海钞票。至同仁堂购参须八盒八元、虎骨熊油膏四张二元。至张一元堂购茶叶四角，买果脯及饽饽五角。入城至校晚饭。潘清原来，为写对联。朱闰生来托写屏条。又为徐任民写中堂一纸、对联一副。徐鸿逵来商研究史题。整理行李。

十七日 1927.01.20 页 396

晓起即束装，以竹箱一寄存朱闰生处。贡禾来，同诣凌植支，拜其母夫人常诞，因索画赠张质夫。至校晤萧叔䌹，以《赏雪》诗嘱其交宋韵冰。游小肆无所得，买牙粉二包。出城至正阳楼，赴朱闰生招吃羊肉。三时至东车站[3]。马价送行李来一元，购赴津票二元三角，行李加价一元二角，搬行李费二角。倪、王、祁三君来站送行，叔䌹继来，略谈校事。四时三十

[1] 封面另书"《东华录》光绪大婚""《清皇室四谱》""薛福成记曾幕"和"《西太后小说》""教授管理法"字样。实际有诗二十五。

[2] 日记手稿亦书作"徐南舟"。

[3] 正阳门东车站，始建于光绪二十九年（1903），北京第一个火车站。

分开行，七时半抵津，下车即乘人力车赴佛照楼[1]，住楼上十六号，以电话告张季言。

1927.01.21
页 396

十八日

至上海银行换车票，晤童季通。至新华银行访曹觉民，以《萧厔泉画集》赠之。至交通银行晤曹亿之。汤锡予、张季言及无锡冯君来栈晤谈，遂偕赴车站，曹亿之来。帮予照料行李，加费八元，另给小费一元，佛照楼二元。午后一时登三等车，人甚拥挤，几不得入。亿之为予占六号房间一榻，大呼招予从人丛中插入，又不得上，亿之拥予上榻，遂别去。不知张、冯二君坐何处，良久始下榻觅得之。车行甚缓，沿路停顿。二等客有杂坐三等者。购饭二次五角。夜过德州，月色甚皎。

1927.01.22
页 395

十九日

傍午抵济南，停车甚久。晤余东屏、熊迪之，皆同车行者。午后二时始开行，未几轧死道旁一叟，又停许久，然后开行。晚抵临城，购饭二次五角五分，下车买食物约二角。夜过徐州，酣卧不知也。

1927.01.23
页 395

廿日

晨八时抵滁州，十时至浦口，赏茶房一元。渡江以朱闰生所寄羊肉，送至下关上海银行，托其交与陈南吉。至元成公司晤史在中，以凌直支赠臧佛根之画，托其赍与茅春台转交。至江口迎春楼啜茗二角。至江边趸船提行李至沪宁车站五角。取对联与史在中。买车票一元二角、板鸭二元二角，三时登沪宁车，四时车开行，晤严艺甫及赣人邓某。七时抵镇，挑力八角，

[1] 天津佛照楼旅馆，建于1880年左右。

车钱二百。

廿一日

1927.01.24
页 394

二兄、大侄、二侄、扶九、云卿[1]及赵吉士、寿高先后来。张孟髯约至品芳陪江问渔午餐，谈邑中教育事。以五元还赵吉士，付史学会会费。

廿二日

1927.01.25
页 394

吴绍骧来，偕之携屺儿入城，至吴、鲍二府，午饭吴府。屺儿与吴叔昌[2]同行，予诣大嫂处小坐。途遇叔昂，以贡禾所寄膏药畀之。访张孟髯，不值。点阅《惜抱轩集》。

廿三日

1927.01.26
页 394

访胡健春、徐俊岑[3]，均不值。以凌植支画畀俊岑之徒交之。晤赵吉士。入城至舅家午饭，饭后诣吴府。点阅《惜抱轩集》。

> 《海愚诗钞序》：吾尝以为文章之原，本乎天地。
>
> 《敦拙堂诗集序》：夫文者，艺也。道与艺合，天与人一，则为文之至。
>
> 《荷塘诗集序》：夫诗之至善者，文与质备，道与艺合。
>
> 《复鲁絜非书》：文之至者，通乎神明，人力不及施也。
>
> 《答鲁宾之书》：文之至者，通于造化之自然。然而骤以几乎，合之则愈离。

---

[1] 日记手稿亦书作“徐云青”。
[2] 日记手稿亦书作“吴俶昌”。
[3] 日记手稿亦书作“徐峻岑”和“徐俊臣”。

1927.01.27
页 393

廿四日

张孟髯、胡健春、殷善甫、韦少如、郭维周、包俶青[1]、柳叔昂、柳寿高来。诣罗薇垣。点阅姚《惜抱集》。

1927.01.28
页 393

廿五日

至裕康祥吃面。鲍扶九、赵吉士、吴绍骧、殷善甫、徐云卿及大侄、二侄、五侄、吴叔昌、吴淇漳[2]、大侄妇、徐甥妇来。留之午饭，饭后看牌。二兄来。

1927.01.29
页 393

廿六日

点阅《惜抱轩集》。作书与从之、缪赞虞。殷善甫来，留之午饭。饭后步至金山观音阁，访觉安和尚，茗坐纵谈，偕出寺门，至朝阳洞[3]观夕照，徘徊久久，始别去。鲍扶九来，未晤。

1927.01.30
页 393

廿七日

点阅《惜抱轩集》。李树人、高慕庭来。二侄来。李树人送《讷盦类稿》。

1927.01.31
页 393

廿八日

点阅《惜抱轩集》。诣继恒及裕康祥七八。鲍扶九、二兄来，入城游

---

[1] 日记手稿亦书作“包叔青”“包俶菁”和“包叔菁”。
[2] 应为“淇璋”，吴绍骧长女。
[3] 又名日照岩、观音洞，位于金山东北山腰间。

倪氏园[1]，送四元与高二太太。看《茗柯文》。

廿九日 1927.02.01 页 393

看《茗柯文》。买水仙九百六十文、《广东通书》[2]八百九十文。换茶壶二角六十文。叶荭渔来，赠以《文化史》一部。携屺儿至二兄家辞年。买卓帷[3]九角。

丁卯年元旦 1927.02.02 页 392

阴雨。早起祀先。入城至吴府、鲍府、大嫂、小川兄家及张、何、卢、高诸处贺年。出城至二兄家及季、胡、包、叶、殷、罗、程、张、陈、余诸家贺年。

〔十六年〕

初二日 1927.02.03 页 392

风雪。赋诗一首：

中年渐识家居味，新岁犹闻战事殷。楚越燕秦千里赤，琴书花药一身闲。支贫自贳新丰酒，话雪相期北顾山[4]。但许泥途曳龟尾，不须姓字动人寰。

午后诣赵森甫、徐俊臣、张质夫、柳季中、茀卿[5]、徐云卿、赵宗周、鲍康年家贺年。

---

[1] 即倪运甫所建倪家花园，位于今镇江老年大学与青年宫一带。
[2] 即《广东省兴宁市罗家推算通书》，清雍正年间罗庆辉创编。
[3] 即桌帏。
[4] 即北固山。
[5] 日记手稿亦书作“芾卿”和“芾青”。

1927.02.04
页 392

初三日

晴。竟日亲友来拜年者不绝。抄《淮南子集证》。瞽者谓予四、六、九三月有疾兀，宜慎之。晚有微雪。

1927.02.05
页 392

初四日

立春，晴。赋诗一首赠张梦岩五十生日：

与君同岁虎龙分，不使坡公号卯君。玉貌忆偕童子试予年十五至金沙应童试始识君，霜髭独礼释迦文。渐从江国追耆旧，喜见乡庠起异军。莫道孤雏都老大，莱衣长羡荫慈云。

午后诣各处贺年。

1927.02.06
页 392

初五日

约扶九、绍骧、善甫、奎卿及二兄父子午饭。点校《梦窗词》。

1927.02.07
页 392

初六日

补贺数处。至吴府午饭、鲍府晚饭。偕绍骧至兴善庵万松草堂小坐。

1927.02.08
页 391

初七日

约张孟髯、叶荭渔、胡健春、包叔青、卢润洲、吴季珩、赵吉士宴集北固山石帆楼，觉安和尚自金山来，江武子自扬州来，张东山亦不期而集，午后三时散。点校《梦窗词》。

初八日

1927.02.09
页 391

点校《梦窗词》。张孟髯招集包叔青寓，酒阑冲突，不欢而散。李雁湖、李仰彭、叶茳渔偕孟髯来予家小坐。晚赴自来水公司宴饮，观吴芷舲、王可庄、何子贞诸家书。

初九日

1927.02.10
页 391

点阅《梦窗词》。入城至舅家，送廿元与舅母。晤唐子均。至吴府。至张府拜寿，吃素面。

初十日

1927.02.11
页 391

约芾卿至华阳楼[1]吃茶八角。至继恒晤罗薇垣。在江边晤任雨岑，约之来家午饭，饭后偕至华阳楼吃茶二角。又至袁树珊处起课。四时半渡江。觉安和尚来，留之晚饭，遂宿斋中。得萧叔絅书、王凤鸣书及徐河珍书。

十一日

1927.02.12
页 391

写楹联九副。复萧叔絅书。鲍扶九来。

十二日

1927.02.13
页 391

微阴。写楹联及屏幅。午后乘舆至金山，晤仁山和尚，谈佛学一元二角。点校《梦窗词》。

---

[1] 镇江茶社，位于中华路北头。

1927.02.14 页 390

十三日

校《梦窗词》。何赞尧招饮万华楼[1]。李雁湖约至朝阳楼[2]啜茗。看《草窗词》。夜十一时得京电。

1927.02.15 页 390

十四日

点阅《草窗词》。祀先妣。午后乘火车赴苏。八时至从之家，与绍骧同住。陈保之寄诗来。

1927.02.16 页 390

十五日

拜四姨母冥寿，来客十余人。午后偕绍骧游护龙街[3]玄妙观，购《七家词》六角、笔墨四角。看《侦探》月刊。以屺生学费交从之五十。

1927.02.17 页 390

十六日

八时偕绍骧赴车站，绍骧赴镇，余赴沪，午十二时抵沪。访张晓峰，不值。至新垃圾桥[4]东公益里大东书局晤洪勉哉。至九如里晤胡明复。访赵蜀琴，托其代写送刘葱石挽联。访徐韦曼、杨杏佛，不值。在肆吃饭。晚间宿振华旅馆。吴俶昌、徐韦曼、朱伯房、茅冰尘来谈。送刘联曰：

金门著籍，玉笥成书，溯讲学丁年，白下接清尘，曾手创商科中校；棣鄂光潜，竹林韵杳，更招魂申浦，黄垆凄旧影，最心伤天

---

[1] 民国镇江菜馆，位于日新街。《镇江市志 · 饮食服务业》：“万华楼、月华楼、中华园、天乐园是镇扬馆，以水晶肴蹄、蟹黄汤包为特色。”

[2]《镇江市志 · 饮食服务业》：“清末民初，镇江以镇扬菜点为主，兼收京津风味，且有西餐供应。当时较大菜馆有30余家，以京江第一楼、天香楼、朝阳楼最为著名。”位于京畿岭的朝阳楼是镇江著名茶馆，创建于同治五年（1866），朝阳楼除卖茶，还经营小吃、筵席。

[3] 现苏州人民路。

[4] 今西藏路桥。

禄西堂。

天禄西堂者，刘氏昆季京寓读书处也。

十七日

1927.02.18
页 389

张晓峰、芝庭兄来。至三马路[1]蟫隐庐购《京口山水志》七角。杨杏佛招至卡尔登饭店午餐。晤胡氏昆季及敦复之新夫人。至中华书局访陆费伯鸿，不值。路遇缪赞虞。赵蜀琴约至功德林晚饭，辞之。偕张、缪、郭三君晚饭同春楼。以棉袍交仲侄。至白克路三多里 698 号访芝庭兄，不值。归寓作书与胡敦复、杨杏佛。

十八日

1927.02.19
页 389

乘早车回镇，午后一时抵家，是行计用大洋十二元。

十九日

1927.02.20
页 389

点阅《梦窗词》。诣包叔青，发电与萧叔纲二元一角。作书与萧叔纲、吴雨僧、江武子、张从之。诣二兄。赵吉士来。鲍扶九三十初度，赋诗赠之曰：

石帆昔赠海门诗张石帆《赠步江公三十初度诗百韵》，三十声华四海知。五叶文孙今踵武，百家学派更多师。发盘胜国沧桑影，心喜春晖寸草慈。慎莫无闻诒也似，一经垂老负乌私。

[1] 今上海汉口路。

1927.02.21
页 389

二十日

阴雨，间有微雪。作《说吴》一篇。作书与张晓峰、陈保之。得京校汇来之款，至上海银行取之332.6。嗣又得徐任民书，计去年所得薪水1279.6，实得1273.6，盖用去汇费六元也。自三月至六月全清，七月得159.6，算至一月，尚欠薪1800也。

1927.02.22
页 388

廿一日

阴雨渐霁。点阅《乐章集》《白石歌词》。写对联二副。二侄自申来。得河珍书。晚至锡五家吃寿酒。

1927.02.23
页 388

廿二日

写信寄张勉予[二元]及河珍。与罗薇垣茶话华阳楼。买邮票一元。张孟髯来，偕至商会询军事消息，无所得。鹤笙兄来。

1927.02.24
页 388

廿三日

六时起，至南门小肆吃烧卖[一百廿文]，步至朱家冈扫墓，诣朱姓坟主家[四角]。入城至舅家午饭，午后小雨，乘舆出城[二百文]。鹤笙兄来。点阅《五代史》。前昨两日，鲁军过境者多，驻镇约一团，以军用票购物，商人多不敢收用，以是相率闭门。

《清皇室四谱》

穆宗毅皇帝

孝哲嘉顺淑慎贤明恭端宪天彰圣毅皇后阿鲁特氏，副都统、前任大学士赛尚阿之女孙，修撰、翰林院侍讲、封三等承恩公、累官户部尚书崇绮之女。咸丰四年甲寅七月初一日生。同治十一年九月纳聘立为皇后，年十九，长穆宗二岁。十三年十二月德宗即位，奉两宫皇太后命，封为嘉顺皇后。光绪元年乙亥二月二十日寅刻绝食崩，或云为慈禧皇太后所扼，吞金死也。寿二十有二，时距穆宗崩才七十余日。五月上尊谥曰孝哲嘉顺淑慎贤明宪天彰圣毅皇后。九月暂安梓宫于隆福寺。五年三月合葬惠陵，升祔太庙。光绪三十四年十月，宣统帝入嗣穆宗，于元年四月加上尊谥恭端二字。

淑慎皇贵妃富察氏，员外郎、后累官刑部侍郎凤秀女。同治十一年九月册封慧妃。十三年十一月诏晋[1]皇贵妃。十二月，德宗奉两宫皇太后命，诏晋封为敦宜皇贵妃。光绪二十年正月，慈禧皇太后以是年六旬慈庆，命晋封为敦宜荣庆皇贵妃。三十年甲辰正月二十八日卒，谥曰淑慎皇贵妃。

敬懿皇贵妃赫舍哩氏，知府崇龄女。同治十一年十月册封瑜嫔。是年[2]六旬慈庆，命晋封为瑜贵妃。三十四年十月，宣统帝尊封为皇考瑜皇贵妃。逊国后之癸丑年二月晋称[3]今号。

庄和皇贵妃，阿鲁特氏，副都统、前任大学士赛尚阿庶出之女，实孝哲毅皇后之姑也。同治十一年十月册封珣嫔。十三年[4]十一月诏晋珣妃。德宗光绪二十年正月，慈禧皇太后以是年六旬慈庆，命晋封为珣贵妃。三十四年十月，宣统帝尊封为皇考珣皇贵妃。逊国后之癸丑年二月，晋称曰庄和皇贵妃。辛酉三月卒，四月祔葬惠陵。

荣惠皇贵妃西林觉罗氏，同治时赐号为瑨贵人。十三年[5]十一月诏封瑨嫔。德宗光绪二十年正月，慈禧皇太后以是年六旬慈庆，命晋封为瑨妃。三十四年十月，宣统帝尊封为皇考瑨贵妃。逊国后之癸丑年二月，晋尊今位号。

[1] 日记手稿抄为“晋”。
[2] 光绪二十年。
[3] 日记手稿抄为“晋”。
[4] 日记手稿抄为“十三月”。
[5] 日记手稿抄为“十三月”。

德宗景皇帝

孝定隆裕宽惠慎哲协天保圣景皇后叶赫纳喇氏，副都统承恩公、后晋都统加辅国公衔桂祥之女，实孝钦显皇后之侄女也。同治七年戊辰正月初十日生。光绪十四年十月，孝钦皇后为德宗纳聘。十五年[1]正月立为皇后。年二十二，长德宗三岁。二十六年七月，从车驾西巡，驻跸西安。明年十一月同还京师。三十四年十月，宣统帝入承大统，称兼祧母后尊为皇太后。十一月，拟定徽号曰隆裕皇太后。宣统元年十一月，举行尊上徽号典礼。三年十二月二十五日率同皇帝下诏逊国。越二年，癸丑正月十七日崩于故宫，寿四十有六。上尊谥如上。是年崇陵工竣，十一月合葬，升祔太庙。

端康皇贵妃他他拉氏，总督裕泰女孙，原任侍郎长叙女。同治十三年甲戌八月二十日生。光绪十四年十月选为瑾嫔[2]，时年十五。明年二月册封。二十年正月，慈禧皇太后以是年六旬慈庆，命晋封瑾妃。十月以事忤太后旨，命降为贵人。二十一年十一月仍册封瑾妃。二十六年七月随侍西巡。三十四年十月宣统帝晋尊为皇考瑾贵妃。逊国后之[3]癸丑年二月晋尊今位号。

赠恪顺皇贵妃他他拉氏，端康皇贵妃亲妹也。光绪二年丙子生。十四年，年十三，与姊同时被选为珍嫔。明年同月册封。二十年复同时命晋珍妃，复同时降为贵人。明年仍同时册封珍妃。二十六年七月京师陷，殉难。或云慈禧皇太后恶之特甚，西奔时挤妃堕宫内井中死也，年二十有五。明年十一月德宗还宫，追晋为珍贵妃，葬西直门外。逊国后之癸丑年，移其棺祔葬崇陵。辛酉三月追晋今位号。

孝钦皇后叶赫纳喇氏，带印脱逃革职、安徽徽宁池太广道、赠三等承恩公惠徵之女。

---

[1] 日记手稿抄为“十五月”。
[2] 日记手稿抄为“瑾妃”。
[3] 日记手稿抄为“之后”。

市隐文实权著西太后小说

光绪皇上的正宫皇后，选定西太后的内侄女承恩公桂祥之女。两贵妃是亲姊妹，为侍郎长叙[1]之女，志赞希之姊，为文廷式的女弟子。先是西太后欲与光绪帝定婚，便传惇、恭、醇三邸进内，当面商议。三邸皆以仍循旧例，传知各旗照例选送，然后由皇太后、皇上亲自选拣。太后胸有成竹，正好利用这种办法。然查照前例，办理前清皇帝选纳后妃的礼节非常隆重，先由宗人府行文八旗满蒙各固山，凡属文职五品以上、武职四品以上官员之女、年及十六岁者，一律造具清册送呈宗人府，然后由宗人府造具黄册呈览，再由皇太后、皇上选拣吉日，将被选诸闺秀传至大内乾清宫。是日，各宫眷、各福晋、命妇一律身着吉服，参与盛典。闺秀们按名传唤至太后面前，闺秀行礼已毕，少有姿色者，太后必要详细问话，查看一遍，然后择出十余人来，其余暂退。再由这十余人中选择，首先当选者为皇后，其次为两贵妃。是日，太后选定桂祥及长叙之女，三人之中以长叙次女相貌最为清秀端庄，皇上将朝珠递在长小姐之手，太后披手夺过，便递在桂祥的小姐手里。按清室家法，皇子定婚，系由皇太后、皇上选拣之。其选拣之法，先令近支王公福晋等在八旗及蒙古中物色品貌相当的闺秀，一使物色得人，由皇太后传到宫内，朝夕盘桓，如某女品貌、言谈、举动都合了皇上、皇太后[2]的意思，然后由皇上指婚下聘。下聘之礼非常重要，下聘之日应派王福晋二人，由宫起身。这二位福晋都是穿着四团龙补红青长褂，内衬大红绣花衬衣，头上顶戴凤钿，乘轿至新娘子宅中。新娘子家族女眷等应在大门内迎接，见面后不分长幼，都行拉手礼。下聘的福晋先在正厅内用茶。新娘子着大红绣袄，梳红髻，盘膝叠坐炕中。炕上地下皆铺红毯。下聘之福晋茶毕，一位双手捧如意一柄，一位牵黄丝

---

［1］日记手稿抄为“常叙”，陕甘总督裕泰的次子，下同。
［2］日记手稿抄为“皇后”。

穗，由新娘子家眷前引至炕边，下聘福晋将如意放在新娘子怀中，口念吉祥歌，如“平安如意”“福寿绵长”等语。新娘子低头不语。下聘福晋退出，与新娘子家人互相道喜。正厅用饭，下聘者略坐，仆妇等敬汤。下聘者赏喜封，起坐告辞，回官复命。定日迎娶，先期过礼，亦如常寻。皇上大婚典礼大致相同。择定之时，应由皇上自递朝珠于皇后之手，太后不应强迫。光绪皇帝定婚之后，转过年来便是光绪十五年，大婚典礼在正月二十间举行。举行之日，宫中悬灯结彩。皇后居住东城方家园，一路之上黄土垫道，净水泼街。夜间吉时，群臣将皇后宝轿迎入宫中。

《清会典》卷二十八 · 礼部

凡大婚之礼：纳采。皇帝大婚前期择吉行纳采礼，用文马十、鞍辔具、甲胄十、缎百、布二百。由内务府预备[1]。

大徵。大婚纳采后，行大徵礼。用金二百两、银万两、金茶器一、银茶器二、银盆二、缎千、文马二十、鞍辔具、闲马二十、驮甲二十。赐后父母金百两、银五千两、金茶器一、银茶器一、银盆一、帛五百、布千、鞍马六、甲胄一、弓一张、矢一箙、朝服各二袭、衣各二称，皆冬一夏一、貂裘各一、带一。赐后兄弟及从人服物有差。均由内务府豫备[2]。

皆命使持节而行礼焉。纳采、大徵，正副使以礼部尚书一人、内务府总管一人充。届期太和殿内设节案，内阁官奉陈如仪，内务府官以龙亭分载仪物。纳采甲胄、布帛陈丹陛上左右，文马在丹陛下左右。大徵则陈仪物于丹陛上，陈赐物驮马于丹陛下，皆大学士授节，鸿胪寺官宣制，并引礼赞礼均朝服。使者自丹墀东进，行三跪九叩礼，升东阶，至丹陛北面跪，听宣制，受节如仪。校尉舁亭，卫士牵马[3]，御仗前导，由中门出，使者乘骑，诣皇后邸。将及门，

[1] 原档为“豫备”。
[2] 原档为“均内务府豫备”。
[3] 原档为“率马”。

下马。后父朝服迎于大门外道右，跪。候过，兴。使者入中门，升中阶，登堂，陈节于中案，偕副使退案东，西面立。龙亭随入，至仪门外止。内务府官奉仪物登堂，卫士以马入。纳采则陈甲胄、布帛于左右案，陈马于庭左右。后父升自西阶，于中门外正中北面跪。正使少进，西面传制，复位。后父跪受，行三跪九叩礼，兴。正使诣案奉节出，偕副使复命。后父跪送于大门外如初。纳采日，皇后邸设燕，皇帝特命公主、大臣、命妇燕后母于内，内大臣侍卫八旗公侯以下及二品以上官燕后父于外，如仪。燕由光禄寺备。大徵则陈仪物于堂，陈赐物于阶上，驮马于中阶下之南，传制如仪。后父跪受，行礼讫，率子弟于中阶下之东，向节行三跪九叩礼，豫往大门外祇候。后母率诸母出，于中阶下之西，向节行六肃三跪三拜礼，毕，退，正使持节，偕副使复命。后父以下跪送如仪。

册迎则御太和殿，命使持节而授以册宝。大婚之日，行册迎礼。正副使以大学士一人、礼部尚书一人充。从隆，则以亲王、郡王、贝勒、贝子充。太和殿内节案册宝案，殿前法驾卤簿乐悬，陈设如仪。陈皇后仪驾于太和门外阶下及午门外。陈冠服于凤舆之南。礼部尚书侍郎，奏请皇帝礼服御太和殿。正副使行礼后，鸿胪寺官宣制，大学士授节，内阁礼部官奉册宝，及宣读册文宝文。设龙亭内均如仪。皇帝还宫，龙亭由太和门中门出。使者持节前导。次册宝亭。次仪驾冠服，护从内大臣十人，侍卫十人，随亭后行。恭侍二品以上命妇十人，朝服，豫诣交泰殿外祇候。侍仪女官四人，赞引宣读女官各二人，朝服。及给事皇后邸内监，均彩服。豫诣皇后邸祇候。皇后邸第之内堂正中，设节案一，香案一。左右设册宝案二。香案南设皇后拜位，均如仪。侍仪女官立拜位左右，东西面。宣读女官立东案之南，西面。内监于外堂阶下承应。使者至，后父率子弟跪迎如仪。正副使升中阶，立外堂之东，均西面。册宝亭权设外堂左右。内务府官奉冠服，授内监赍入，授女官，以进于皇后。凤舆陈阶上正中，仪驾陈阶下左右至大门内，导迎乐在大门左右。后父升自西阶，至外堂中门外正中跪，传制行礼如仪。正使授节于内监，副使奉册宝授内监，由中门入。皇后御礼服，引礼女官恭导，出迎于内中门道右立。后母以下朝服跪，候过随入。内监奉节册宝各陈于案，退。引礼女官引皇后就拜位跪，宣读女官次第宣册宝，皇后受册受宝。行六肃三跪三拜礼，均如册立仪。内监奉节出授正使，皇后及后母祗送如仪。女官奉册宝仍授内监，分设于龙亭。

皇后乃乘凤舆，陈仪驾以入宫。钦天监官报升舆吉时届，内銮仪校进凤舆于内堂阶下正中，南向。后母率诸妇送至舆前。皇后升舆，后母及诸妇退。使者持节先行，后父跪送。导迎乐前导，不作。次仪驾，次册宝亭，次皇后凤舆，启行，出大门。内监步行，左右扶舆。内大臣、侍卫、乘骑护从，由大清门中门入至金水桥。正副使下马，持节入。皇后舆至午门外，鸣钟鼓，仪驾止。九凤曲盖前导，内大臣侍卫于金水桥步从，由午门、太和门中门，入中左门、后左门至乾清门，龙亭止。正副使复命，偕内大臣侍卫各退。礼部堂官率司员恭送册宝，总管内务府大臣前引，进乾清门至交泰殿陈设退。皇后舆入乾清门中门，至乾清宫阶下。内监奏请皇后降舆，诣交泰殿。恭侍命妇祗迎皇后入中宫。内监奉册宝授守宝内监，退。合卺吉时届，宫中设合卺宴[1]。宫殿监督领侍奏请皇帝礼服御中宫，行合卺礼。给事官人恭侍命妇皆退。越日，皇帝御太和殿。王公中外百官上表庆贺行礼，颁诏如仪。皇帝御中宫，皇后礼服行礼，妃嫔等率命妇于皇后宫行礼如仪。如奉皇太后懿旨成婚者，皇太后宫陈皇太后仪驾乐悬，皇太后御宫，皇帝行礼毕，乃御太和殿，行册迎礼。合卺次日，行朝见礼，皇太后宫仪驾乐悬陈设如仪。质明，皇后礼服出中宫乘舆，导从如仪，赞引命妇引诣皇太后宫降舆，至殿内西向立。皇太后礼服出内宫升座，赞引引皇后诣正中拜位，行六肃三跪三拜礼毕，乃行盥馈礼飨礼。次日，皇帝率群臣诣皇太后宫行礼毕，御太和殿受贺。皇后诣皇太后宫行礼毕，诣皇帝前行礼。

[1] 原档为“合卺燕”。

廿五日 1927.02.26 页 378

看《宋诗钞》。临《嵩高灵庙碑》《刻经颂》各一纸。诣包俶青、鹤笙兄。至张咏韶家午饭。得赵吉士快信、史在中信。张孟髯来，偕至商会。作书与萧叔䌹、白眉初，廿六日始发，请假一学期。写明片寄从之。

廿六日 1927.02.27 页 377

临《灵庙碑》《刻经颂》各一纸。点阅《宋史》仁宗、神宗、哲宗本纪。看《宋诗钞》。赵吉士、张孟髯来。得张晓峰书。托洪勉哉以楹联致晓峰。

《石门诗》"子固精神老坡气"，可对《石屏诗》"茶山衣钵放翁诗"。又，"长吉精神义山骨"。

廿七日 1927.02.28 页 377

李树人来，约至华阳楼茶话。临《灵庙碑》《刻经颂》各一纸。点阅《宋史》哲宗、徽宗、钦宗本纪。二兄、二侄来。偕二兄至商团，晤胡健春、张慕陶、杨方震等。

廿八日 1927.03.01 页 377

点阅《宋史》高宗本纪。临《灵庙碑》《刻经颂》各一纸。鲍扶九、柳鹤笙、赵吉士、张孟髯来。得张从之明片。

《高宗本纪》

建炎三年二月癸亥：

令有司具舟常、润，迎济衣冠、军民家属。

又，戊辰：

出米十万斛，即杭、秀、常、湖州、平江府，损直以粜，济东北流寓之人。

绍兴二年四月壬午：

诏内外侍从、监司、守臣各举中原流寓士大夫三二人，以备任使。

十月丙辰：

禁温、台二州民结集社会。

五年二月戊戌：

诏淮南宣抚司抚存淮北来归官吏军民。

八月辛酉：

诏淮南、襄阳府等路团结民社。

六年十月丙申：

招西北流寓人补阙额禁军。

七年正月己巳：

发米万石济京东、陕西来归之民。

八年五月庚子：

禁贫民不举子，其不能育者，给钱养之。

〔建炎元年七月丙申：赐诸路强壮巡社名为“忠义巡社”，专隶安抚司。〕

1927.03.02 页 376

廿九日

临《灵庙碑》《刻经颂》各一纸。点阅《宋史》高宗本纪。理箧中信札。

1927.03.03 页 376

卅日

临《灵庙碑》《刻经颂》各一纸。点阅《宋史》孝宗本纪。看《学衡》五十七期。入城拜鲍敦典五十寿。诣扶九家。祱寿诗六角[屺付二角]。凌放庵来，偕之访赵吉士，不值。

二月初一日

1927.03.04
页 376

偕放庵、吉士茶话华阳楼。临《灵庙碑》《刻经颂》各一纸。点阅《宋史》光宗、宁宗本纪。

《淮南 · 天文训》

木生于亥，壮于卯，死于未，三辰皆木也。火生于寅，壮于午，死于戌，三辰皆火也。土生于午，壮于戌，死于寅，三辰皆土也。金生于巳，壮于酉，死于丑，三辰皆金也。水生于申，壮于子，死于辰，三辰皆水也。故五胜生一，壮五，终九，五九四十五，故神四十五日而一徙。

此术数家三合之说所本。又：

甲乙寅卯，木也。丙丁巳午，火也。戊己四季，土也。庚申辛酉，金也。壬癸亥子，水也。水生木，木生火，火生土，土生金，金生水。子生母曰义，母生子曰保，子母相得曰专，母胜子曰制，子胜母曰困。以制击杀，胜而无报。

此亦星命之本。

《地形训》

木胜土，土胜水，水胜火，火胜金，金胜木。木壮，水老，火生，金囚，土死。火壮，木老，土生，水囚，金死。土壮，火老，金生，木囚，水死。金壮，土老，水生，火囚，木死。水壮，金老，木生，土囚，火死。是故以水和土，以土和火，以火化金，以金治木，木复反土。五行相生，所以成器用。

刘轸《淮南集证》，采赵森甫说者，历阳属九江，"狝"作"豿"，而剖梨之。赵解"市不豫贾"为"大贾"，谓《说文》："豫，象之大者。"引申之，凡大皆曰豫。《周礼 · 司市》注云："防诳豫。"谓大其贾，若欺诳也。

1927.03.05 页 375

初二日

偕罗薇垣、王仰斋茶话华阳楼七角五分。临《灵庙碑》《刻经颂》各一纸。点阅《宋史》理宗本纪。吴伽毅来。得张晓峰信片。

〔闻苏州有警。〕

1927.03.06 页 374

初三日

晴，大风。早起，偕殷善甫至城内茶肆啜茗二角。步出城东门，至庄家湾姊坟上拜扫二百文。至吴府小坐。乘车回百廿文。凌放庵、包叔青来。得萧叔絅廿六号快信。

〔闻宜兴有警。〕

《东华录》

同治十一年二月己巳，钦奉慈安皇太后、慈禧皇太后懿旨：钦天监奏选择大婚纳采、大徵吉期各折，皇帝大婚典礼着于本年九月十五日举行，七月二十六日纳采，八月十七日大徵，所有应行事宜着各该衙门敬谨办理。　　庚辰，以办理大婚典礼谕各省添拨京饷银一百万两。　　二月丁巳，钦奉慈安皇太后、慈禧皇太后懿旨：皇帝冲龄践阼，于今十有一年，允宜择贤作配，正位中宫，以辅君德而襄内治。兹选得翰林院侍讲崇绮之女阿鲁特氏，淑慎端庄，着立为皇后。特谕。奉懿旨：皇帝大婚典礼，着钦天监诹吉，于本年九月举行。所有纳采、大徵及一切事宜，着派恭亲王奕䜣、户部尚书宝鋆，会同各该衙门详核典章，敬谨办理。奉懿旨：员外郎凤秀之女富察氏着封为慧妃，知府崇龄之女赫舍哩氏着封为瑜嫔，前任副都统赛尚阿之女阿鲁特氏着封为珣嫔。　　三月己丑，奉懿旨：着于本年九月十四日册封皇后。礼成后，即日册封慧妃。其瑜嫔、珣嫔册封日期，着钦天监于十月内择吉举行。　　四月丙寅，停江苏淮关传办活计。　　六月丙辰，以举行大婚典礼，封皇后阿鲁特氏父翰林院侍读崇绮为三等承恩公，母宗室、瓜尔佳氏为公妻一品夫人。　　七月乙巳，奉懿旨：皇帝大婚典礼着于本年九月十四日寅时皇帝升太和殿遣使行册立礼。本日申时，皇帝诣慈宁宫行礼毕，升太和殿遣使行奉迎礼。皇后凤舆即于皇帝升殿遣使还宫后，由乾清宫启行。十五日子时，皇后升凤舆进宫后，丑时行合卺礼。十七日丑时，皇后诣慈宁宫行朝见礼。十八日辰时，皇帝诣慈宁宫行庆贺礼。毕，仍于辰时，皇帝升太和殿行庆贺礼。十九日卯时，皇帝升太和殿筵宴。其慈宁宫筵宴时刻着由内传旨届时举行。　　戊申，遣礼部尚书灵桂为正使，总管内务府大臣春佑为副使，持节诣皇后邸，行纳采礼，并筵宴如例。　　八月己巳，遣礼部尚书灵桂为正使，总管内务府大臣桂清为副使，持节诣皇后邸，行大徵礼。　　九月甲午，以大婚册立皇后，前期遣官祭告天地太庙后殿、奉先殿。乙未寅刻，上礼服御太和殿，阅视皇后册宝。遣惇亲王奕諒为正使，贝勒奕劻为副使，持节奉册宝诣皇后邸，册封阿鲁特氏为皇后。遣大学士文祥为正使，礼部尚书灵桂为副使，持节赍册印，封富察氏为慧妃。申刻，慈安皇太后、慈禧皇太后御慈宁宫。上诣慈宁门行礼。礼毕，御太和殿受贺。遣惇亲王奕諒为正使，贝子载容为副使，持节诣皇后邸，行奉迎礼。命委散秩大臣、三等承恩公崇绮以内阁学士候补，员外郎凤秀以四品京堂候补。　　丙申子刻，皇后由邸第升凤舆，銮仪卫陈仪仗车辂，鼓乐前导，由大清中门行御道，至乾清宫降舆。上具礼服，候于坤宁宫。丑刻，行合卺礼。丁酉，上率皇后诣寿皇殿行礼，诣慈安皇太后、慈禧皇太后前行礼。御乾清宫。皇后率慧妃以下行礼。戊戌，皇后朝慈安皇太后、慈禧皇太后于慈宁宫，盥馈醴飨如仪。己亥，慈安皇太后、慈禧皇太后御慈宁宫，上率诸王、大臣行庆贺礼。御太和殿，群臣庆贺，颁诏天下，覃恩有差。赏奉迎皇后凤舆王大臣暨执事官员加级纪录有差。赏校尉护军等银。庚子，上率皇后暨慧妃以下诣慈宁宫，奉迎慈安皇太后、慈禧皇太后升座，进酒行礼。上御太和殿，赐皇后亲属暨王以下文武大臣、蒙古外藩使臣等宴。　　十月乙卯，钦奉懿旨：皇后之母家，着抬入镶黄旗满洲。庚午，遣使持节册封赫舍哩氏为瑜嫔、阿鲁特氏为珣嫔。　　十一月癸未，又谕崇绮本身一支抬入镶黄旗满洲。

光绪十三年二月乙亥，皇太后复选秀女，饬王、贝勒、贝子、公、文武大小官员等，不准由神武门出入。　　五月庚辰，奉懿旨：皇帝大婚时所需款项理宜预为筹备，着户部速拨银二百万两解交大婚礼仪处，敬谨恭办。　　十二月庚寅，懿旨：前经传旨皇帝大婚典礼恭办各件均先将价值开送礼仪处，由王、大臣据实奏明，再行开办，原所以重典礼慎度支。本日据工部奏，据銮仪卫咨称，制造大驾卤簿，除绣件已经解到，毋得另办外，所有杆杖敷片需用罗缎绫绸等件应分别制造咨办等语。此项需用各件仍着从缓办理。嗣后各衙门恭办典礼，应用物件务当遵照前旨，先行知照礼仪处核准，再行请旨开办，以昭详慎。

十四年正月己巳，奉懿旨：办理大婚典礼，户部去岁筹拨外用之款二百万两，着户部全数提拨来京，由礼仪处交进。其传办外省应需之款，由礼仪处随时奏明，核定价值请领，由内支发。再，办理大婚之款，四百万两尚不敷用，着户部再筹拨一百万两。先行提拨二十万两，亦由礼仪处交进，其余八十万两陆续筹拨。　　二月甲申，户部奏：光绪十四年正月十七日钦奉懿旨办理大婚典礼，户部去岁〇〇至陆续筹拨，钦此。臣部恭查去年五月间奉懿旨云云，当经臣部于各省应需解部款内分别匀拨，内拨十三年部款一百万两，十四年部款一百万两，奏明行令各省敬谨照数备齐，一奉提拨，即行报解，不得稍有延缓在案。兹奉懿旨将去岁外用款二百万两全数提解交进，自当由臣部飞咨各省关照臣部上年指拨、改拨之款迅速钦遵办理。惟查各省之路途远近不同，匀拨之数目多寡不一，且内有现筹之款，恐不能同时一律解齐，拟俟各省陆续解到时，暂存部库，凑足四十万两交进一次，分为五次，两百万两交齐。续行筹拨之款一百万两，拟由库储六分扣平项下先行提拨银二十万两，其余八十万两容臣等尽力设拨，筹有库款，再行奏阅，得旨允行。

三月甲戌，户部奏：查臣部岁入之款，惟各省京饷八百万两，各省漕折一百余万两为待支正项，此外边防经费二百万，筹边军饷二百万，加放俸银一百余万，皆有专款支销，不在正项待支之内。至四成洋税及六分扣平，均系奏明另款存储，以备要用，此部库入款之大略也。从前各省报解足额，出入仅可相抵，近一二年各省因筹办海防、购买船炮、匀还洋款，往往截留京饷，每年解部者不过十之六七，而部中用款又倍增于前，除恭备大婚典礼四百万，添拨银一百万，臣部业已备有专款，不与寻常度支并论。此外，筹拨郑州大工六百万两，山东河工二百万两，续拨山东河工八十九万两，制钱工本九十余万两，铜本五十万两，直隶坞工、巡船购费数十万两，皆系提拨截留部库之款，将历年铢积寸累之余罄于数月，此部库出款之大略也。现在部库存款截至三月半止，统计银五百四十万两，其中漕折一百十万两，系专备开放俸甲米折之用；边防经费二百三十八万两，系专备拨放东三省防军之用。其另款存储可以挪用者，只四成洋税一百二十三万两而已。现在正额专款已经告罄，而各省应解本年京饷大抵皆在上任开征之后，部中上半年放款，竟支绌万分。现拟暂顾目前之窘，拟先将四成洋税一百二十三万两提归正项，以备开放月饷之需。此外可以提用者，尚有加征洋药厘金一项。查洋药厘金，原系上年臣部奏准，专归部库留为弥补库储之用。今查此款自上年正月开办起，至十一月第一百九结止，除各省留支及海防拨用外，尚余剩银一百万两上下，拟飞催各省尽数提解部库以备度支。得旨如所请行。　　五月己未，钦奉懿旨：皇帝大婚典礼着于明年正月举行。　　十月癸未，奉懿旨：皇帝寅绍丕基，春秋日富，允宜择贤作配，佐理宫闱，以协坤仪而辅君德，兹选得副都统桂祥之女叶赫那拉氏端庄贤淑，着立为皇后，特谕。原任侍郎长叙之十五岁女他他拉氏，着封为瑾嫔。原任侍郎长叙之十三岁女他他拉氏，着封为珍嫔。　　十二月辛巳，命李鸿藻为正使，嵩申为副使行大徵礼。　　十五年正月癸未，命额勒和布为正使，奎润为副使，持节诣皇后邸，行奉迎礼。派嵩申、崇光为前引大臣，隆懃、奕谟、奕细、恩承、乌拉喜崇阿、荣禄、德福、果勒敏、符珍、椿寿为扈从大臣，大婚礼成。补：壬午命续昌请册，徐郙请宝，诣皇后邸行册立礼。　　甲申，奉懿旨：本月廿七日奉迎皇后凤舆进宫之王、大臣等均着赏加一级，执事之章京司员等均着赏加记录一次，请轿之銮仪卫校尉着每名各赏银二两，预备仪仗镫支之銮仪卫校尉、内务府护军等每名各赏给银一两，由户部给发。副都统、护军统领承恩公桂祥着加恩以侍郎候补。

〔顺治八年、十一年，康熙四年。〕

光绪大婚经费共五百万两，综计各项用费有折可稽者，凡用金四千一百二十六两九钱三分五厘，银一百四十八万〇四百四十九两六分八厘，钱二千七百五十八千四百三十八文，黄金之价未知若何，即以四十倍计之，亦不过合银十六万两。总之，大婚所费至多不过二百万两，其余三百万两不知作何用度，此亦清代历史上一疑问也。

1927.03.07
页 367

初四日

阴雨。谣言甚炽。昨日《申报》未来，今早九时始至，谓苏州平安。抄光绪大婚各折。徐德昌来，借钱五元。

《东华录》

顺治十一年三月丁巳，谕礼部：朕躬奉圣母皇太后慈谕，册立科尔沁镇国公绰尔济之女为皇后。尔部即选择吉期，并查明仪注具奏。　　六月甲戌，册立科尔沁国镇国公绰尔济女博尔济锦氏为皇后。　　康熙四年秋七月辛卯，聘皇后何舍哩氏行纳采礼，内大臣噶布喇之女也。九月辛卯上大婚，册何舍哩氏为后。

昨晚又查得数折，有三百余万。

〔1480449.068+3344734.5241=4824183.5921[1]〕

---

［1］ 应为 4825183.5921。

初五日 1927.03.08 页 367

续抄光绪大婚折片。赵鸿谦来。得白伯涵书。入城诣扶九家送寿礼十元。诣吴府。买红格纸三百五十文。点阅《宋史》度宗及瀛国公本纪。

初六日 1927.03.09 页 367

写明片寄从之、伯涵、晓峰、河珍。以光绪帝之大婚篇寄晓峰。张孟髯来。临《灵庙碑》《刻经颂》各一纸。点阅《宋史·天文志》五卷。至江边观过兵。

〔此三月九号也，志之。〕

初七日 1927.03.10 页 366

诣二兄家，携二侄至继恒及商团，询军事情形，第见江干列坐貔貅而已。临《灵庙碑》《刻经颂》各一纸。点阅《宋史·天文志》五卷。得苏州工校上课通告。赵、吴两生来，未晤。

初八日 1927.03.11 页 366

阴雨。鲍扶九来。临《灵庙碑》《刻经颂》各一纸。点阅《宋史·天文志》五卷、《五行志》二卷。是日早晚均有报。

初九日 1927.03.12 页 366

阴雨竟日。临《灵庙碑》《刻经颂》各一纸。点阅《宋史·五行志》五卷。点阅梅伯言文。

1927.03.13 页 366

初十日

阴。点阅曾文正文。得张晓峰片及《史学与地学》。张孟髯、鲍扶九来。罗薇垣招饮。得白眉初信及邮汇师校薪[七六]。

1927.03.14 页 366

十一日

点阅张濂亭文。以《京口山水志》寄白眉初。高慕庭来。屋后刘姓被捕。

1927.03.15 页 366

十二日

临《灵庙碑》《刻经颂》各一纸。点阅《宋史·律历志》。诣包叔青。二侄、四侄来送梅花，以东语[1]书三本还二侄。至商团询时局消息。晤包、卢二君，偕游公园。又晤姚、卢二君，遂偕至鼎丰钱庄小坐。连日沪上报纸未至，颇多谣言，市面尚安，惟闻集泰和为兵勒索五十余元耳。予尝欲撰《金陵寓公记》，自曾文正复金陵至辛亥鼎革，凡流寓金陵之文人学士，悉考其传状、诗歌及其行事，以著金陵为近数十年文物之中心，如薛叔芸《叙曾文正幕府宾僚》及张廉卿《唐端甫墓志》，皆佳料也。

《薛文》[2]

公督师开府，前后二十年，凡从公治军书、涉危难、遇事赞画者：

闳伟 李鸿章[少荃] 郭嵩焘[筠仙] 刘蓉[霞轩] 李元度[次青]

明练 郭崑焘[意城] 何应祺[镜海] 邓辅纶[弥之] 程桓生[尚斋] 甘晋[子大] 陈鼐[作梅] 许振祎[仙屏] 钱应溥[子密] 蒋嘉棫[莼卿] 凌焕[晓岚]

渊雅 方翊元[子白] 李鸿裔[眉生] 柯钺[筱泉] 程鸿诏[伯旉] 方骏谟[元徵] 向师棣[伯常] 黎庶昌[莼斋] 吴汝纶[挚甫]

凡以他事从公，邂逅入幕，或骤致大用，或甫入旋出，散之四

[1] 旧指日语。
[2] 指薛福成《叙曾文正幕府宾僚》一文。

方者：

雄略 左宗棠季高 彭玉麟雪琴 李云麟雨苍 周开锡寿珊 罗萱伯宜 吴坤修竹庄 李鹤章季荃

硕德 李宗羲雨亭 李瀚章筱泉 梅启照筱岩 唐训方义渠 陈兰彬荔秋 陈士杰俊臣 王家璧孝凤

清才 孙衣言琴西 周学濬缦云 何栻莲舫 高心夔碧湄

隽辩 周腾虎韬甫 李榕申甫 倪文蔚豹岑 王定安鼎丞

凡以宿学客戎幕，从容讽议，往来不常，或招致书局，并不责以公事者：

古文 吴敏树南屏 吴嘉宾子序 张裕钊廉卿

闳览 俞樾荫甫 罗汝怀研生 陈学受艺叔 夏燮谦甫 莫友芝子偲 王闿运[1]纫秋 杨象济利叔 曹耀相镜初 刘翰清开生 赵烈文惠甫

朴学 钱泰吉警石 方宗诚[2]存之 李善兰壬叔 汪士铎梅村 陈艾虎臣 张文虎啸山 戴望子高 刘毓崧北山 刘寿曾恭甫 唐仁寿端甫 成蓉镜芙卿 华蘅芳若汀 徐寿雪村

凡刑名、钱谷、盐法、河工及中外通商诸大端，或以专家成名，下逮一艺一能，各效所长者：

干济 冯焌光竹儒 程国熙敬之 陈方坦小浦 任伊棣香 孙文川澄之

勤朴 洪汝奎琴西 刘世墀彤阶 李兴锐勉林 王香倬子云

敏赡 何源镜芝 李士棻芋仙 屠楷晋卿 萧世本廉甫

《张文》[3]廉卿

自同治三年大军克金陵，曾文正公及今合肥相国李公相继总督两江，始开书局于冶城山。校梓群籍，延人士司其事。文正公尤好士，又益以懿文硕学，为众流所归。于是，江宁汪士铎、仪征刘毓崧、独山莫友芝、南汇张文虎、海宁李善兰及端甫、德清戴望、宝

[1] 日记手稿书作“王开运”。
[2] 日记手稿书作“方忠诚”。
[3] 指张廉卿《唐端甫墓志》一文。

应刘恭冕、成蓉镜四面而至。而文正公幕府辟召，皆一时英俊，并以学术风采相尚，暇则从文正公游览，燕集邕容，赋咏以为常。十余年之间，文正公既薨逝，刘毓崧、莫友芝、戴望诸人皆先后凋丧，汪士铎已笃老自引，杜门不复出，张文虎亦谢去，其他或散走四方，及是而端甫又以死端甫以光绪二年死，金陵文采风流尽矣。

顾石公《盋山文录》

《盋山谈艺录序》：

盋山者，往所读书处，一时文字之友刘君恭甫、冯君梦华、邓君熙之，暨张君楚宝、田君撰异多讲论其中，而桑根师尤时时绳云，所以为之文名以识之也。

《桑根先生行状》：

八年，端敏公总督两江，复聘主江宁尊经书院，兼惜阴书院，既主讲江宁凡十七年。书院故事：月二日课于官，给膏火银颇厚。山长课以月十六日，十人外无所给。筹之郡绅，始给如官之半，士多资焉。先生卒于光绪十一年正月廿二日。

《汪梅村先生行状》：

同治六年，江宁郡城复，归葺老屋以居。而督两江者，自文正公逮刘公坤一，政暇辄造其庐礼焉。

《刘寿曾传》：

临川李先生联琇督学江南，与通州姜渭并以方雅受知，称曰“姜刘”。初曾文正公督两江，延伯山先生金陵书局综校刊，故亦识明经，尝谓曰：“子非科第中人也，盍力问学。”而李先生既来主钟山书院，尊经书院则全椒薛先生时雨主之，与文正公暨太仆孙公衣言并重其人，数数称焉。由是声誉大著，学亦即于成。当是时，东南新造公卿大夫类能知所尚，创书局冶山，礼致瑰才硕学，嶷嶷然踵错其间。校雠之暇，相与讲明先王、昔圣贤之道，及所以自治者，一时文物之盛，盖得未曾有焉。伯山先生没，明经继其事，时从诸儒上下其议论，所诣乃益邃。岁壬午，卒于家，年四十五。

《成先生孺传》：

曾文正创设书局金陵，所延任校刊者类瑰才硕学，仪征刘氏毓崧、德清戴氏望、海宁李氏善兰、唐氏仁寿、宝应刘氏恭冕、南汇张氏文虎、江宁汪氏士铎暨先生皆是也，一时文物称盛东南。

吴汝纶《姚公谈艺图记》：

曾文正公在江南时，大乱新定，往往招携宾客，泛舟秦淮，徜徉玄武、莫愁之间，登眺钟阜、石头，流连景物，饮酒赋诗，以相娱娭。汝纶于时，间厕末坐，实尝躬与其盛。外此，不数之见也。

《江安傅君墓表》：

往余从曾文正公客金陵，闻江安傅君好聚书，书多旧本精椠，遂与往还。得异书，辄从君借校。是时江表新脱寇乱，书多散亡，人持书入市，量衡石求售，价贱如鸡毛比，行者掉头不顾。君职事冗，俸入薄少，独节缩他用，有赢剩，尽斥以买书，不少遴。以故藏书至富。入则窟处书中，出则所至以车若船载书自随。于是金陵朋游中拥书多者，自莫征君子偲外，众辄推傅氏。　　文正公视师江南，驰书召王君，且曰：乡邑有贤士夫，可与俱来。王君则以君东。既至，与莫子偲征君、涂朗轩制军、黎莼斋观察、周玉山方伯交善。君讳诚，字励生。

《张啬翁自订年谱》：

同治十三年甲戌，年二十二岁，至江宁，馆于剪子巷。三月朔，投考钟山书院，校官课者，丹徒韩叔屺弼元，摈不录。余负气投书，求示疵垢，无一人知。望课借他名再试，钟山院长临川李小湖先生联琇取第一。复以他名试经古课于惜阴书院，院长全椒薛慰农先生时雨亦取第一[1]。二先生皆传见。既投韩书事泄，薛先生亦诘韩，语孙先生。先生索观书稿，曰：“少年使气，更事少耳，须善养。”余惭谢。即日先生为余谢韩。四月朔，复投课，取第一，始诣韩谢。从李先生闻治经读史为诗文之法，孙先生介见泾县洪琴西先生汝

[1]　“一”字脱，据文意补。

奎，洪先生云："须耐烦读书，耐苦处境。"许借书看。八月，孙先生介见凤池书院院长武昌张廉卿先生裕钊，叩古文法。先生命读《韩昌黎》，须先读《王半山》。十月，归，以旅宁所得俸百金奉先君还债。先君先妣命陈祖位前而训之曰："通海乡里，老师宿儒，授徒巨室，终岁所得不过如此（时银一两当钱一千六百文，百金则一百六十千，合俗所谓二百卦也）。汝何能一出门即得之？"

光绪二年，往江宁，仍借惜阴书院肄业。院在清凉山麓，横列三院，右为薛先生所居，中祀前总督陶文毅公，后楼三楹，故空无人。上年，曾借住肄业者。识海州邱履平心坦、含山严礼卿家让、江宁顾石公云、邓熙之嘉缉，与为友。从张先生治古文。　光绪六年，偕张先生去山东。先生于骡车中，辄握牙管，悬空作书，老辈之专勤如此。

1927.03.16 页 359

十三日

抄顾石公文及张啬公《年谱》[1]。李树人来。临《毛公鼎》《刻经颂》各一纸。点阅《宋史·地理志》一卷。二兄来。

1927.03.17 页 359

十四日

以张濂亭评点《汉书》照过一本。二兄、大侄、殷善甫、张孟髯来。得徐河珍书及觉安与孟髯书。晚诣赵森甫。

1927.03.18 页 359

十五日

寄信与觉安，汇廿元予之四角。买邮票六角、牙笋四百卅文。圈《汉书》。

[1]《啬翁自订年谱》。

砥如、鹤笙两兄来。蒋乾甫来。得白伯涵片。

绿萼梅边读《汉书》，弥天烽火定何如。一庭疏雨麒麟巷，绝胜王尼畜露车。

十六日

1927.03.19
页 358

写《余荫轩记》，廿七年旧作，李树人嘱予重书。包叔菁、墨青[1]叔侄来。得从之书，复以一片。点阅《宋史·地理志》。

杨星吾《宋地理志图》于清州砦亦不载，砦名于真定府砦一，此砦则载之。体例殊未一，中山府军城砦亦载。

《汉书·刑法志》曰：

凡兵，所以存亡继绝，救乱除害也。故伊、吕之将，子孙有国，与商、周并。至于末世，苟任诈力，以快贪残，争城杀人盈城，争地杀人满野。孙、吴、商、白之徒，皆身诛戮于前，而功灭亡于后。报应之执，各以类至，其道然矣。

此吾国人论报应之始。

十七日

1927.03.20
页 358

点阅《汉书》。吴绍骧来。入城诣吴、鲍二府。为扶九写寿诗。题《苏武传》后：

李陵卫律罪通天，啮雪吞毡十九年。不作君臣作姻娅，白头胡妇续公弦。

夜有警，众谓闻炮声，予等酣睡，未之闻也。火车不通，沪报未至。

[1] 即“包墨青”，日记手稿亦书作“包墨卿”。

1927.03.21
页 358

十八日

陈诗来，偕至节孝祠春祭。至商团探军讯。携定儿入城至吴、鲍二府。下午出城，但见妇女携被囊，赴第九师范学校、南华小学校者甚众，街市平靖如常，惟大店不开门耳。

1927.03.22
页 357

十九日

点阅《汉书》。诣包叔菁，偕至商团探军讯。偕屺儿入城拜鲍扶九三十生日，午后出城。班书《武五子传赞》反对武力，可为炯戒。浙军咸渡江，惟段旅长舣舟待发。

1927.03.23
页 357

廿日

党军来，市中竟悬欢迎旗。陈咏之来，约至商团探军讯。吴绍骧、殷善甫来。张孟髯、何赞尧、法审重、张衣言、赵吉士来。姚佛崖、包叔菁、李雁湖、包墨青及姚某来。点阅《汉书》。临《毛公鼎》及《刻经颂》。晚闻枪声时作。

〔是日党军亦至南京。〕

1927.03.24
页 357

廿一日

早起犹闻枪声，至商团探之，知系联军渡江，以空枪掩护，非作战也。至黄府贺喜。殷善甫、砥兄来。临《毛公鼎》《刻经颂》各一纸。点阅《汉书》。火车已通，各巷栅栏皆开。午后携屺儿入城，至公共体育场观军民联欢会，路旁所贴标语甚多。

廿二日

1927.03.25
页 357

诣包叔青，偕至商团探军讯，闻南京尚未肃清。诣继恒，晤王仰斋。至邮局付钱。写明片寄从之。吴绍骧、徐云卿、张国仁、陈冠同来。李莹璧、赵吉士来。点阅《汉书》。

《翟方进传》：

> 丞相进见圣主，御坐为起，在舆为下。师古曰：“《汉旧仪》云皇帝见丞相起，谒者赞称曰：‘皇帝为丞相起。’起立乃坐。皇帝在道，丞相迎谒，谒者赞称曰：‘皇帝为丞相下舆。’立乃升车。”

《王嘉传》亦有“圣王之于大臣，在舆为下，御坐则起”之语。

廿三日

1927.03.26
页 356

早起，至打索街访李莹璧，不值。洗砚。写明片寄吴雨僧、萧叔䌹、凌植支、徐南州、朱闰生、濮一乘、潘清原、柳圣诚、张晓峰、曾荫千。

廿四日

1927.03.27
页 356

陈斯白来。偕包叔青、墨青、赵吉士、陈冠同、张国仁至万华楼吃茶一元八角。茶后至商团询军讯，游公园。临《毛公鼎》《刻经颂》各一纸。点阅《汉书》。

廿五日

1927.03.28
页 356

张孟髯、赵吉士来。诣包叔青。朱德龙、朱沛霖兄弟来。点阅《汉书》。微雨。闻公安局拘禁前知事卢某及警厅袁某。临《盂鼎》《刻经颂》各一纸。

1927.03.29
页 356

廿六日

点阅《宋史·地理志》。赵吉士、徐云卿来。得从之及张晓峰片。项燕伯[1]、张孟髯来。

1927.03.30
页 355

廿七日

看《百论》。临《大观帖》二纸。点阅《宋史·地理志》。携屺儿至盛家巷拜二兄常诞，因留饭。买盐四角。张孟髯来。得觉安复书，作书告从之。今日沪报始至，渐识各地变化状况。

1927.03.31
页 355

廿八日

临《大观帖》二纸。点阅《宋史》。卅号报载东大学生改革宣言，江苏学阀与军阀政客勾结，盘踞校政，广树党羽，视吾校为私产。自齐、卢战起[2]，学阀之劣迹尤觉昭著。郭氏免职，海内称快，无如学阀植势日久，根深蒂固，更依军阀为奥援，其生命遂得继续。此后更明目张胆，为所欲为，排斥异己教授，经济绝不公开，献媚军阀，歌颂权贵。对于爱国运动则目为越轨行为，不加压抑，则加谤议，直欲使东大实行走狗化之教育，永为帝国主义及军阀之孝子顺孙。尤可恨者，以堂堂国立大学，不惜自短人格，接受孙传芳、张宗昌之伪命，束缚学生言论、出版、集会、结社之自由。对于能代表民言之国民政府，则横肆诋毁，更时时宣传泛西及种种反革命的主义，使东大乌烟瘴气，士志颓丧。同学则以环境之影响，思想亦日趋腐化，且更以自治会历为腐败分子所盘踞。吾人真正意志无由表达，因此背道而驰，各行其是，团体日分，遂使吾校在历来中国激昂奋发之学生运动历史中绝少光荣之纪录。一、实行党化教育；二、

[1] 日记手稿亦书作“项燕白”和“项燕北”。
[2] 即江浙战争、甲子兵灾，指1924年江苏督军齐燮元与浙江督军卢永祥之间的地方战争。

铲除反动分子；三、学生参加学校行政；四、学生在革命轨道上有言论、出版、集会、结社之自由；五、[1]学校经济公开；六、免除学费；七、增加学校经费，扩大组织；八、添聘国内外有名学者，斥退劣教授。又载浦东中学学生宣言，指斥旧校董黄、沈等。午后至福安泉洗澡一千二百文。得宗受于书。作书与萧叔䌹。

廿九日 1927.04.01 页 354

写明片寄徐宽甫、马贡芳、徐河珍。偕赵吉士至车站询火车时刻。周篆竹、二兄来。午后乘火车赴宁。偕吉士在茶肆啜茗，至四时始上车，晤张衣言、张国仁，时已甚雨，六时抵宁。又在煤炭港候转车，至七时始抵站，宿于天新旅馆一元。

三月初一日 1927.04.02 页 354

吉士约至茶肆吃面，回寓算帐一元八角。乘车入城，至洪武街省视白氏表妹，述十日前避兵至红万字会之状况，幸尚无恙。予赠以十元。至中正街交通旅馆晤周光倬，述邹秉文因悬日旗遭劫及仇亮卿家被封、陶知行所办安徽公学被封等事。诣宗受于，述梁公约箱笼寄日领署遭劫，寓舍因系朱积祺之屋，亦危险等云。在宗家午饭。午后至边营访王伯沆。

初二日 1927.04.03 页 353

偕宗受于、茅春台至新奇芳茶话。闻教育厅中江问渔、蒋竹庄之家具多被劫，章楚伯家亦被劫。至官书局购《元丰九域志》八角。购皮鞋四元、红格纸二角。回寓午饭。晤孙少江，孙所经营之后湖亦为农民所控。晤叶仲经、

---

[1] 日记手稿脱，据文意补。

周篆竹。在书肆中见有东吴范丽诲藏书多种。途遇东大杂务员唐君，偕至秋月斋啜茗，畅述鲁军逮捕东大学生事。至严家桥居安里十号访段调元，因晤王季梁，述邹秉文、戴芳澜二家遭劫最重。路季讷、过探先家人因避兵于礼拜堂，亦有损失。渠家因空无人居，有兵闯入，不知损失多少。段君与熊迪之亦因避兵于外国医院，亦有损失。诣白表妹家。晤农科学生常某，为两女生取衣服。段君寻至寓相晤，并介绍理科学生龙郁文、陈士锋二君，谈东大改组事，余告以过去积弊只有三端：一、教会性质；二、奴隶性质；三、经济黑暗。去此三端，自然开明。二君颇能领受，皆予去校后之学生也。闻赵吉士谈一中校工组织。王则先、张轶材来。

1927.04.04 页 353

初三日

付房饭二元。八时出城，九时登车，十一时抵家。见从之来片及李哲生书。小川、二兄来。包墨青来。连日闻诸人所言，凡教会教徒及居洋房、署洋人名义者均被祸，西医如胡润德、何英祥等人，无一免者。又凡存寄箱箧于外国领署、教堂及下关趸船者均荡然无存。或谓即日本领事署所存箱箧之价值，已在三千万元以上。警察总监赵永平当事急时，以马车四十乘，运其财货入日领署，被劫而不敢声言。予旧识之章西园之子字楚伯者，以红十字旗悬于门，亦罄其所有矣。凌放庵来。

1927.04.05 页 352

初四日

点阅《宋史·地理志》。临《大观帖》二纸。至万华楼吃茶[二角四分]。午后至商团赴联席会议。得景幼南书。

1927.04.06 页 352

初五日

清明。入城至鲍府，祭祠。张衣言、赵吉士、张孟髯、王桢甫、吴绍骧来。得胡刚复一号书。胡健春、叶莛渔来。

初六日

1927.04.07 页 352

微阴。诣叶莛渔，偕之至万华楼茶话。晤芾卿及严梦九。偕莛渔至自来水公司晤吴季衡。临《大观帖》一纸、《刻经颂》一纸。点阅《宋史》。闻人言梁某以五千元交十七军，得瓜泗税所差，经手者为刘某，出钱者于某也。刘某为省中拘去，其妻以一千元赎之。

初七日

1927.04.08 页 352

包叔青约同叶莛渔茶话万华楼。茶后至公园看花。为张咏韶写对联二副。得徐任民信，谓京校七月薪 120.4、八月 109.4，待寄收条汇寄三月廿八。得徐韦曼、袁鹏程书。偕赵吉士、张衣言至万寿宫诣商团。下午五时闻炮声。晚阅《揅经室四集》，有一诗序力辨沈括《梦溪笔谈》记狄青张宴夺昆仑关之说之误，可补《宋史》。

初八日

1927.04.09 页 351

微阴，有小雨。王桢甫约同包叔青、刘润生及其子厚贻至万华楼茶话。诣商团探军讯。游公园。临《大观帖》。点阅《宋史·河渠志》。叶莛渔、吴季珩来，以吴梓林字二幅赠莛渔。《百论》卷九：

> 外曰，如一一缕不能制象，一一水滴不能满瓶，多集则能。如是微尘集故，力能为尘。内曰，不然。不定故。譬如一一石女不能有子，一一盲人不能见色，一一沙不能出油，多集亦不能。如是微尘一一不能，多亦不能。

1927.04.10
页 351

初九日

点阅《宋史·礼志》二卷。临《石门颂》二纸。偕叶荭渔、吴季衡、包叔菁、张咏韶、徐俊岑至万华楼吃茶。大侄三十生日，内子率两儿入城贺大嫂。王桢甫来，偕至商团探军讯。夜雨。

1927.04.11
页 351

初十日

包墨卿来。至商团探军讯，闻镇人多有出走者。偕姚佛崖至中华园江北难民收容所，询江北来人，亦不得确讯。午后至季光甫家。临《西狭颂》二纸。吴绍骧来。看《杂阿含经》。叶荭渔来，以所刻“希卄[1]金石文字”印见示。文伟来托为于氏作寿序。得葛正奎书。夜月甚佳。买蕙草二百。

1927.04.12
页 350

十一日

偕包、陈、姚诸君茶话万华楼。张孟髯、赵吉士来。张咏韶约至其家午饭。临《西狭颂》三纸。阅《杂阿含经》。午后雨。吴绍骧来。写明片寄胡刚复。

1927.04.13
页 350

十二日

雨竟日。临《西狭颂》三纸。点阅《宋史·礼志》。张孟髯来。连日时闻炮声，亦不得正确消息，沪报两日未至。阅《杂阿含经》。《杂阿含经》卷三十二：

> 我以三种法调御丈夫柔软，刚强，柔软刚强。彼不调者，不复与语，不复教授，不复教诫。聚落主，若如来调御丈夫，不复与语，不复教

[1] 柳诒徵别号。

授，不复教诫，岂非杀耶？

十三日

1927.04.14
页 350

临《西狭颂》四纸。点阅《宋史·礼志》五卷。以《一切经音义》校订《说文》。早间上街购物，因纸币与肆人龃龉，至商会质之，后颇悔。得萧叔絅卅一号书、邵大椁挂号书。

十四日

1927.04.15
页 350

临《西狭颂》四纸。点阅《宋史·礼志》五卷。包叔菁、墨青、陈子祥、叶荭渔、赵吉士来。早起即闻炮声，下午亦间作。内子入城归，谓北固山下一老妪家中炮弹，未知然否也。

十五日

1927.04.16
页 350

点阅《宋史·礼志》五卷。临《西狭颂》三纸。包叔菁、墨青叔侄先后来，谈六中事。得苏州明片，谓从之已来镇，而竟未来，颇为悬心。二侄来。晚至马路步月。

十六日

1927.04.17
页 349

点阅《宋史·礼志》。临《西狭颂》三纸。二兄来。张孟髯、张衣言、赵吉士、陈冠同来。写明片寄与白家柱。偕张、赵诸君茶话朝阳楼。晤叶荭渔、姚佛崖。阅《人鉴》。写明片寄张晓峰。

1927.04.18
页 349

十七日

点阅《宋史·礼志》。校订《说文》。临《西狭颂》三纸。从之自宁来，盖十三日本由苏至镇，午夜抵镇，因未下车，迳赴宁省视白氏表妹，故也。包墨青来，诘以六中事，颇惶急。赵吉士、张孟髯来。

1927.04.19
页 349

十八日

偕从之、携屺儿至朝阳楼吃茶，姚佛崖为东道，制素菜点心至[1]佳。茶后入城至鲍府祝舅母常诞。斗牌获胜。得苏岳菉书。夜雨甚大，与从之谈至午夜。

1927.04.20
页 349

十九日

吴季衡招至吸江斋茶话。偕从之入城至吴府午饭。下午至鲍府问舅母疾。

1927.04.21
页 349

二十日

偕绍骧、从之至华阳楼吃茶一元二角。芾青来。送从之、屺儿赴苏，维侄赴申，在车站吃茶二角，付车钱四角，买送客票一角、邮票四角，客车一时开行。得朱闰生、徐南舟书。寿高、病鹤来。

1927.04.22
页 349

廿一日

凌放庵、何绍坡、杨植之、陈某来。以地图十三幅借绍坡。点阅《宋史·乐志》。赋一律答南州曰：

烽传北地嗟仍岁，书到江南又暮春。兰若丁香双眺日，金钉甲

[1] 日记手稿为“致”，据文意改。

第独吟身。蹇修鸣鸩洵无女，禴祭屠牛孰福邻。尚欲从君过季主，长安卜肆看行人。

芾卿来。张孟髯来，以赵宗煌名纸交之。文伟来，定议为于氏撰寿文，灯下草数百字。

廿二日

1927.04.23
页 348

续草寿文。得缪赞虞书。屺儿自苏来片，云白伯涵十一号尚有信至苏。午后诣叶荭渔，偕至包叔菁处小坐，遂至朝阳楼茶话，又至公园游览。写对联四副。

廿三日

1927.04.24
页 348

约叶荭渔、姚佛崖至听潮楼吃茶[五角]。偕佛崖至公园循览后山风景，途遇史在中。陈某、赵吉士、高慕庭、寿高来。得贡禾快信。续草寿文竟。

廿四日

1927.04.25
页 348

临《孟法师碑》一纸。读《荀子》。姚佛崖、田某来，偕至包宅写字，又至朝阳楼吃茶、游公园。殷善甫来。

《荀子·王霸篇》：

国者，天下之利用也。人主者，天下之利势也。得道以持之，则大安也，大荣也，积美之源也。不得道以持之，则大危也，大累也，有之不如无之。及其綦也，索为匹夫不可得也。

之所与为之者，之人则举义士也；之所以为布陈于国家刑法者，则举义法也；主之所极然帅群臣而首乡之者，则举义志也。如是，则下仰上以义矣，是綦定也。

挈国以呼功利，不务张其义，齐其信，唯利之求。内则不惮诈其民而求小利焉，外则不惮诈其与而求大利焉。内不修正其所以有，然常欲人之有。如是，则臣下百姓莫不以诈心待其上矣。上诈其下，下诈其上，则是上下析也。如是，则敌国轻之，与国疑之，权谋日行而国不免危削，綦之而亡，齐闵、薛公是也。

人无百岁之寿，而有千岁之信士，何也？曰：以夫千岁之法自持者，是乃千岁之信士矣。

无国而不有美俗，无国而不有恶俗。

污漫突盗以先之，权谋倾覆以示之，俳优侏儒妇女之请谒以悖之，使愚诏知，使不肖临贤，生民则致贫隘，使民则綦劳苦。是故，百姓贱之如偃，恶之如鬼，日欲伺间而相与投藉之，去逐之。卒有寇难之事，又望百姓之为己死，不可得也。

1927.04.26
页 347

廿五日

吴绍骧来。送淇漳至校。寿同兄弟来，约至万华楼吃茶[一元]。王桢甫来。

《荀子·臣道篇》：

上不忠乎君，下善取誉乎民，不恤公道通义，朋党比周，以环主图私为务，是篡臣者也。

杨注：环主，环绕其主，不使贤臣得用。图，谋也。诒按：环主，即今人所谓包围也。《议兵篇》："干赏蹈利之兵""佣徒鬻卖之道"，二语可以括今之海陆军矣。"代翕代张，代存代亡，相为雌雄"数语，亦妙。

午后至公园，为段敬文写对联二副、屏幅一，姚佛崖联一副。至朝阳楼吃茶。得萧叔絅书，复萧书。写明片寄胡氏兄弟及贡禾。

1927.04.27
页 346

廿六日

偕王、姚、包诸人至万华楼吃茶。为田某写对联二副。午后入城看舅母之恙，赠以五十元。赵吉士、包墨[1]、张孟髯来。作书与胡氏弟兄。抄寿文。

廿七日

1927.04.28
页 346

以寿文交文伟。至江边闲眺。晤罗薇垣，偕至继恒，写小匾一。教育局送县署公函来。点阅《宋史·仪卫志》。叶茳渔、叶楚材来，约至朝阳楼茶话。写明片寄从之、河甥。

廿八日

1927.04.29
页 346

携定儿游公园，憩于朝阳楼。姚佛崖来，为写扇头一，借复辟文件一本。鲍次驷、康年来，约同至裕康祥，为八舅母购衣料。入城至网儿桥下，已见门口有烧轿灰迹，入问则已属纩[2]，至下午三时半气绝，遂助诸人料理琐事。且得一挽联曰：

奇男血肉已回天，痛频年茹苦含辛，二竖[3]复侵寻，孝水顿惊沉忧日；浊世干戈方满地，嗟此日停歌辍相，孤甥益荒落，汉书宣忆受扶风。

诣二嫂家。晚八时出城。

廿九日

1927.04.30
页 346

五时半入城。陪客竟日，客到者百六七十人。午后四时半大殓，至七时行礼，始毕。七时半出城。得张亮臣[4]书。予十岁时舅母来归，

[1] 日记手稿疑漏“青”或“芬”。
[2] 临终。《礼记·丧大记》：“属纩以俟绝气。”
[3] 病魔。
[4] 日记手稿亦书作“张亮尘”。

以文藻助舅氏晙徒、应书院试，舅氏虽两举乡试，家境甚窘，闺中守寒素之风，无丝毫时俗习也。生子多不育，举扶九时，外大父尚在堂，为之快慰。丙午舅氏捐馆，家境益坏，守节抚孤廿二年，讫属纩，皆日夜艰苦中。然支持门户，教扶九以敦品力学，厥功伟矣。大雨竟夜。

1927.05.01
页 345

四月初一日

入城省视扶九及三姨母。作书复张亮臣，大旨谓前年脱离东大，本已倦于毡铎，各处知好纷来招致，又未便却此就彼，因拟借客扰之名，稍广游历平生足迹所未至之地，尤乐短游，其期以一年或半岁为率，不为久居计。因近来教育家得军阀熏染，恒视学校为地盘，鄙拙之人，不敢蹈危机也。故奉天仅居一学期，女大不足一年，顷亦谢去。干戈扰攘，暂尔家食，局势稍定，自仍出游。承示厦校欲以讲席相属，才力实不足盼，于游历之愿则甚合，脩羊吝啬，在所不计。所待考虑，略有数事：一则风潮之后变化如何？国学教授现任及待聘者共若干人？言论思想有何倾向？二则学校设备如何？史部及他种书籍敷用否？不敷用者，临时增购有无困难？三则学生志愿能趋重于学术否？吾辈语言不扞格否？如右所询，均乞详示，或公认为适合，即可决定。以后朝夕奉教，亦可随时就商，云云。午刻，闻炮声甚厉。

为叶荭渔题扇云：

针石相羊入夏初，扇头水墨足清娱。何当更蜡寻山屐，看写焦岩听炮图。

为包叔菁题扇云：

日日寻花闻赵园，江洲云树澹忘言。怪君饱听襄阳炮，尚欲摩挲屋漏痕。

至荭渔处观其所集金文、契文、石鼓文联诗。张咏韶以其所购字画来阅，见张迪纪其弟逭死时之信及诗，亟录之。殷善甫来。

初二日

1927.05.02
页 344

录张氏所藏诸诗。购布及纸墨一元，写挽联送鲍府。午刻复闻炮声。闻陈某被捕。叶荭渔、殷善甫来。得萧叔絅及屺儿书。写明片寄叔絅。

初三日

1927.05.03
页 344

写寿屏四幅半。二兄、芾卿二〇〇、文伟、张孟髯、王桢甫、高慕庭来。得叔絅书，云已于二号赴宁。看《高僧传》。

初四日

1927.05.04
页 344

写明片寄宁。得张轶材书、萧叔絅书，作二片复之。吴绍骧、项燕伯、殷善甫来。写寿屏五轴半。入城看扶九，为之至兴善庵谋权厝事，不成，又至其家复之。诣吴仃及女徒润州。张孟髯、李雁湖来。

初五日

1927.05.05
页 343

至内地会，访李希仁，不晤。写寿屏四幅。得张从之书。胡健春、包叔菁、王桢甫、叶荭渔、文伟来。访项燕伯，不值。入洋二元。高慕庭、张孟髯来。

初六日

1927.05.06
页 343

写寿屏二幅、扇面二柄、屏条一幅。为从之写八舅母挽联一副。张衣言、包俶菁、殷善甫、徐德昌、赵吉士、文伟来。午刻在商团开教育局董事会，到者陆小波、胡健春、胡子明、张咏韶、李雁湖、包叔青及予，凡七人。张孟髯详述教育经费状况，经众公议，先筹五、六两月经费及调查市公所所管城市学校捐款，可嘱局中修文申报教厅、财厅，声明以赋税抵借事。又议定推予主席，予若外出则请李雁湖主席。为鲍府购物。入城至扶九处及大嫂家，又至吴府一行。得张从之书及徐河珍书、寿高片。

1927.05.07
页 343

初七日

乘汽车赴沪二元，在车中遇诸葛振公，畅谈各事。五时抵沪，至四马路振华旅馆晤萧素园，偕至胡敦复家晤杨杏佛、朱经农及明复、刚复兄弟，偕至都益处[1]晚饭。

1927.05.08
页 343

初八日

刚复及段调元来寓，谈校事。至望志路[2]承吉里吊梁公约之丧。访赵蜀琴，不值。至东方旅社晤段调元、李拔峨。晚七时，敦复招饮都益处。晤蔡无忌、何尚民、曹梁夏诸君。买石章二角。

1927.05.09
页 342

初九日

至三多里晤芝庭兄、吴俶昌，途遇曾荫千，偕之至老半斋午饭。买《群学肄言》，归寓阅之四角。晚七时，蔡、何二君招饮都益处。马贡芳、徐厚甫来。

〔在龙园看棋，晤马贡芳。〕

---

[1] 1915年2月，原式式轩大厨廖海澄，于三马路大舞台转角处（广西路宝和里对面）创办都益处川菜馆。1916年2月9日，都益处在广西路小花园七号洋房开业。1924年8月，小花园房屋翻造，都益处再迁爱多亚路大世界东首168号，9月2日三度开业。《申报·都益处川菜馆近迁移声明》（1924年9月2日）："本馆向在上海三马路筱花园，开设十有余年，菜点之精，素蒙绅商学各界人士推为川菜馆中之鼻祖，所以顾客盈门，嘉宾满座。今因原址房屋翻造，迁移于爱多亚路中大世界东首新建三层楼洋房……择于本月初八日正式开幕。"

[2] 今上海兴业路。

初十日

1927.05.10
页 342

偕萧、胡二君诣杨杏佛，晤程孝刚。复至徐宽甫处晤王静安[1]。偕马贡芳至快活林午饭。晤徐静仁、吴延清。买《东方杂志》三元、《粟香随笔》一元三角、《元史学》七角。陈训慈来，以其兄[2]所著《天婴室集》及《定海县志》相赠。晚偕萧叔䌹宴张君谋、蔡无忌、何尚民、吴谷宜、曹梁夏及胡、周诸君于都益处十五元，并邀向、张、陈三生商榷东大事。

十一日

1927.05.11
页 342

偕叔䌹至新直中旅馆访朱鹿卿、王静安，不值。午后访赵蜀琴、张小楼，小楼以《星命抉古录》相赠。胡刚复招饮消闲别墅，晤段抚群、陈清华、褚民谊诸君。偕杨、徐、萧三君至温泉洗澡。付栈房费十元。

十二日

1927.05.12
页 342

偕萧君乘汽车回镇，萧君赴宁二元八角。五时抵镇，乘洋车入城至鲍府拜七。为徐静仁致奠仪。九时归家。检阅连日所得各处书札，宗受于、于康蕃、张轶侪诸君均有书。

十三日

1927.05.13
页 341

作书与宗受于、张质夫。张孟髯、陈子祥、王桢甫来。看《蕙风词话》《粟香随笔》。百川夫人来。

[1] 日记手稿亦书作“王静庵”，非王国维。
[2] 陈训正。

1927.05.14
页 341

十四日

临《孟法师碑》一纸。看《蕙风词话》。访徐俊岑、张咏韶。至鹤笙、三嫂家。张孟髯来。

1927.05.15
页 341

十五日

早起至鹤笙家，送其家人赴沪。遂偕张孟髯、王桢甫、姚佛崖、高慕庭等赴宁五角。午后三时至神策门，乘马车入城，寓大观楼。至交通旅馆访茅春台，不值。为孟髯作书与张君谋。至览园晤宗受于、白华父子。孟髯约至绿柳居晚饭。

1927.05.16
页 341

十六日

偕受于茶话奇芳阁。至财厅晤任雨岑、李木天诸君。至四牌楼访宗白华，偕至胡步曾家晤萧叔䌹。偕至夜雨楼午饭。晤胡刚复、蔡无忌、刘海滨、何尚民，偕至胡宅商接收东大事。偕叔䌹至一枝园。访陈明侯，不值。偕游秀山公园四角，归途遇胡、何诸君，后约同杨允中至岭南楼晚饭。至汤小斋家小坐。晚归寓，值韩天眷，知为营救陈某事来省，乞予访吕秋逸。

〔至洪武街白表妹处。买书四角。〕

1927.05.17
页 341

十七日

偕韩天眷访吕秋逸。至龚家桥访小斋，不值。孟髯回里。茅春台约至大禄茶聚。萧叔䌹来寓，偕至科学社候胡刚复，不至。至岭南楼晤之二元。至胡步曾家看《何典》。诣杨允中家，偕至一枝香晚饭。陈杰夫来。张轶材来。

十八日

1927.05.18 页 340

薛伯王来，复偕韩天眷诣秋逸处。偕萧叔絅、宗受于茶话奇芳阁。偕叔絅至贡院内市政厅访陈剑霄[1]，偕至大禄午饭。买《梦言》一角、石章二角。偕叔絅在杨宅候胡、何，不至。遂至大观楼晚饭。李晋芳来。至闺奁营[2]访张轶材。

〔至洪武街白家取衣物。〕

十九日

1927.05.19 页 340

陈杰夫约至大禄茶话。胡刚复来，不值。至受于家午饭，饭后至龚家桥，晤胡、刘诸君。以石章托钱肇昌领财厅夫马。游后湖四角。晤农科李、常二君及路季讷。陈斯白家人均来，住大观楼。为胡、刘诸君草一文。复至龚家桥与刘君商酌。

二十日

1927.05.20 页 340

啜茗奇芳阁，晤陈季襄。至受于家午饭，晤茅汉台。入钱四十元。游莫愁湖四角。买鞋一元七角、袜八角、草帽一元五角。晚至龚家桥晤何尚民及高鲁。访吕子钦。

二十一日

1927.05.21 页 340

偕受于、汉台啜茗奇芳阁。归寓知陈某已省释。在寓吃饭。午后至三新池洗澡四角。买哔叽裤一条三元七角、袜带二角。陈杰夫约同王桢甫、韩天眷、薛伯王、陈斯白至致美斋小饮。项燕白来，为之致书胡刚复。至教厅晤

---

[1] 日记手稿亦书作“陈剑脩”。

[2] 位于南京洪武路南段东侧，东起火瓦巷，接娃娃桥，西至洪武路。旧时巷内多制作、售卖嫁妆和闺房用品的作坊和商店。

郑晓沧、汪典存。为孟髯抄批示。汪典存来。

1927.05.22
页 339

二十二日

陈氏回里，以包袱托之携回。偕受于及束世澂茶话新奇芳。至石坝街访任雨岑，偕至汪叔梅家。赴李木天及谭八招饮。至张轶材家小坐。项燕伯来。至龚家桥晤胡、刘诸君，偕至一枝香晚饭。

1927.05.23
页 339

二十三日

小雨。偕桢甫至迎水台[1]吃茶六角。至龚家桥访接收事，未晤一人。归寓小睡。乔一凡、郭廷以来，午饭六角。饭后至览园吃茶二角。访欧阳竟无。偕桢甫至肆中晚饭，值闵毅成、陈季襄。复至龚家桥，知接收事已大致就绪。归寓付房、饭钱六元。

1927.05.24
页 339

二十四日

五时起，乘早车回镇，十时抵家，是行计用廿六元。阅数日间各地来信，清华有聘函来，拟辞之。陈宜甫、法承重、韩天眷、殷善甫来，为善甫致书胡刚复并贷以五元。张孟髯来。诣胡健春家。

1927.05.25
页 339

廿五日

偕陈宜甫、陈咏之、胡健春茶话万华楼。偕健春至商会晤陆小波。作书与张亮臣、徐任民、吴雨僧、缪赞虞，皆挂号寄去五角。张孟髯来，

[1] 张通之《白门食谱》记载："迎水台，紧依利涉桥，却丁家帘前咫尺。一湾碧水，时载歌声而来。登此台品茗，亦大佳也。而主人又善治油酥饼，饼厚而酥，以猪油煎成，味香而面酥，油滋而不腻，与道署街之教门馆以麻油煎饼薄而脆者，同为美品，皆能教人食不厌也。"

约至商团开会。得萧叔絅书。致书杨杏佛。赵吉士来。

廿六日

1927.05.26
页 338

赵吉士、陈梨村来，偕之至肆中买鱼。归即乘车入城至鲍府拜四七，十一时出城回家祀先。二兄来，留之偕陈、赵二生午饭。饭后张孟髯、凌放庵、韦润珊、张浣英、殷善甫来。为鲍扶九还裕康祥欠账六角。陈子祥、韩天眷、法审重、陈斯白来。

二十七日

1927.05.27
页 338

约张浣英、韦润珊至华阳楼吃茶一元八角。买扇骨二角、小儿帽六角。乘午车赴苏州一元六角，三时抵苏，乘车入城四角。至从之家，偕从之至慧珠弄[1]访陈其可，第一师范访吴鲜民，均不值。晚间吴鲜民来。

二十八日

1927.05.28
页 338

偕从之、携屺儿赴常熟，车钱六角。七时至阊门乘招商小轮，午后二时始至埠。入翼京门，即镇江门，常熟南门也。至市前街大新旅馆，遇从之之学生周君英，江阴人也，介绍予等住十六号房。小憩，即至翁府前曾园[2]吕宅看河甥，相见甚喜，畅叙一切，遂游园中各地。下午偕从之、携屺儿周游城中街市，至寺前街值屈彪如、殷溥如二君，至枕石轩啜茗。晚饭曾家，仍回大新旅馆宿三元。

---

［1］ 位于十全街西段南侧。
［2］ 位于常熟城西南隅翁府前，与赵园相邻。

1927.05.29
页 337

二十九日

携行箧至曾家，以催生衣物付河甥，送代盒四元，给宝琳一元。遂偕至虞山公园逍遥游啜茗。晤蒋韶九、宗之鸿、丁芝生。屈、殷二君导予等游山，先至县立女子高小，观昭明太子读书台故迹及焦尾泉[1]，至城关乘小轿出城，沿山麓行至兴国寺，寺存米芾书常尉[2]诗及翁同龢书“通幽”二大字。寺僧设华严大学校，时正课文，题为“阐扬佛教必须普及佛化教育说”。啜茗小憩，仍乘小轿循寺后小径行。万松夹道，予谓殷君，此万松岭也。松风飒飒，行赤日中，不觉有炎歊之气。晌午抵三峰，饭于僧房，蔬笋六簋，饭极精鑿。午后二时乘舆赴祖师庵，庵前有小桥，屈君谓即拂水故址，下视湖田千顷，熟麦如云，湖上小舟方扬帆行。又循石壁下至剑门，徘徊久久，始上山入寺，屈君谓此寺中神道甚灵，每年有所谓报母恩会者，与会之人斋洁逾月云。啜茗后复西行至维摩庵，屈氏家庵也。西有一楼，供屈氏先世景州公塑像，屈君谓是楼可以观海日，从之等持远镜眺望狼山之塔，历历在目。出寺后至石屋涧观涧中题字，仍从北门入，谒言子墓[3]，付舆金十元。途遇刘琴生、蒋韶九、宗伯皋。屈、殷二君约同至山景园宴集，九时始散。归曾园，知刚复有电嘱至沪。

1927.05.30
页 336

三十日

季辛庐来访，偕至逍遥游啜茗。至虹桥蒋韶九家及会元坊张宅即季寓小坐。至曾园午饭，饭后斗牌为乐。屈彪如来，偕至园中闲眺，付曾仆一元四角。

---

［1］古代常熟县署前后有七条溪水横列，如古琴七弦；其西又有一溪通于山脚处，犹如琴尾，邑人以东汉蔡邕有焦尾琴，名之为“焦尾溪”，其源头则为焦尾泉。

［2］唐代诗人常建，曾任盱眙尉。

［3］位于常熟虞山东麓，仲雍墓右侧。言子，名偃，字子游，常熟人，曾就学孔子，学成南归，道启东南，被尊称为“南方夫子”。

五月初一日

1927.05.31
页 336

乘小轮回苏。七时上船，午后一时抵苏。至京江馆午饭一元六角。从之携屺儿入城，余至车站购票赴沪一元四角，五时至沪。寓梁溪旅馆。至中南银行访张质夫。至爱文义路[1]诚意里罗宅晤四弟妇。至九如里晤胡氏昆仲，遂留晚饭。

初二日

1927.06.01
页 336

早起诣刚复，偕访杨杏佛铭德里七号。访徐宽甫蒲石路五十六号。至文明书局购《三民主义》二角。付栈房费一元。午刻乘车至车站，购票赴镇三元。晚八时抵家。得张晓峰书。是行共用廿八元。

《虞山杂诗》：

江海湖山一气中，笋将消受万松风。何年乞我诛茅地，煮墨镌云署寓公。　幅幅湖田列劚痕，上头磊砢切云根。休言蜀道青天远，已挈诗囊抵剑门。　瓶叟栖真鹁鸽峰，更生遗墨走蛇龙。卅年首演空前局，一杵争禁拂晓钟。　弁冕东南二百州，千秋文学启儒修。松楸敬礼言夫子，敢比狂人笑孔丘。

《曾园视河甥及其女宝琳遂留信宿志以二律》：

泪眼三年别，园居两日欢。孩提亲老丑，世故话辛酸。风筱笼廊碧，山榴照水丹。斯游无限意，不为酒杯宽。　虞山在堂奥，吾谷靖烽烟。暂领池台胜，宁论宾主贤。鸠呼晨叶润，萤起水帘妍。逭暑期重至，风荷定我延。

初三日

1927.06.02
页 335

入城至鲍府拜五七，下午三时回家。看孙文《三民主义》。徐云青、

[1] 今北京西路。

范作瑶来。

1927.06.03
页 335

初四日

写扇面二柄。作书寄张晓峰、缪赞虞、景幼南、萧叔絅及河甥。买邮票[一元]。诣芾青，不值。至二兄家小坐。钱肇和、赵吉士、张衣言来。

1927.06.04
页 335

初五日

祀先。胡健春、包叔菁、二兄、春侄来。作《国省分治议》。临《金刚经》二纸。

1927.06.05
页 335

初六日

临《金刚经》二纸。写明片寄河甥。入城诣鲍、吴二府。张孟髯招饮教育局。胡健春约至其寓晚饭，邻有讼事。王佐才、黄泰来。

1927.06.06
页 334

初七日

偕张质夫、王佐才、笪翼云茶话华阳楼。临《金刚经》三纸、《阁帖》一纸。点阅《宋史·舆服志》一卷。张孟髯、殷善甫来。

1927.06.07
页 334

初八日

袁鹏程、王玉章、殷善甫、王桢甫、姚佛崖、包叔菁、张孟髯来。临《金刚经》三纸。写扇面二。得韦润珊书及张晓峰寄《科学》杂志一册。

初九日

1927.06.08
页 334

约袁、王二君至华阳楼吃茶八角。临《金刚经》三纸、《阁帖》一纸。看《群学肄言》。入城晤高慕庭，偕访唐凤楼。项燕白来，看启秀女学房屋。至鲍府陪客。得陈柱尊书。访景幼南于万全旅馆。

初十日

1927.06.09
页 334

约景幼南兄弟茶话华阳楼八角。至张理庭家拜七。至鲍府与祭。晚十时始回。得胡刚复书。

十一日

1927.06.10
页 334

送张四弟妇赴苏，于车站晤仁山和尚，询知极融尚在华山。十时乘汽车赴宁，车中晤相菊潭。于神策门下车。至龚家桥晤高鲁。至大观楼住卅四号。饭后诣宗受于，偕至藕香居茶话。马贡芳、茅汉台泛舟弈棋，招予至舟中弈一局。午时诣龚家桥，访胡刚复，不值。回寓晚饭。胡刚复来，谈至午夜。

十二日

1927.06.11
页 333

至奇芳阁吃茶，晤宗汉章。至龚家桥访诸人，不值。至马府街教育厅，晤张君谋、周子经、杨允中、杨端、颜福庆、蔡无忌、何尚平、戴毅夫、程柏庐、郑晓沧诸人。午后偕陈宜甫茶话藕香居。四时复至教厅开会。晚诣龚家桥，晤高鲁。

十三日

1927.06.12
页 333

至奇芳阁吃茶。至教育厅开会，报告筹议第四中山大学组织大纲。

晚回寓拟历史系各组课程。赵吉士、王玉章来。至科学社议各科经费及地址。

1927.06.13
页 333

十四日

草拟中山大学本部大纲。胡刚复得电回无锡。在教厅开会竟日。晚约路季讷、周子经至大禄晚饭。马贡芳来。欧梁、陈挺生来。

〔是日上午九时河甥生一子。〕

1927.06.14
页 333

十五日

草拟研究院草案。王春霆来。胡国钧来。至教厅会议。购《史记通论》《蒙古纪事本末》。

1927.06.15
页 333

十六日

草拟评议会草案。至教厅会议。刚复来，确知胡明复死耗。赵吉士来，知教育局有变化。得张衣言快函。景幼南来，托之携书与张晓峰。

1927.06.16
页 333

十七日

周星伯[1]来。草拟高等教育部扩充教育部草案。王伯秋弟兄来。至教厅会议。胡超伯来，留之宿。欧梁、陈挺生来。约李石曾商党务、学校事。

---

[1] 日记手稿亦书作“周星白”。

十八日

1927.06.17
页 332

王玉章、袁鹏程约至大禄茶话。至科学社访熊雨生，不值。托白伯涵写油印。约崔苹村、胡超伯至一枝香午饭三元。熊雨生来。下午至教厅会议，通过各项草案。周光倬、相菊潭、金崇如来。

〔至交通部访朱蒃卿[1]、中央法制委员会访戴毅夫。〕

十九日

1927.06.18
页 332

王玉章来，至奇芳阁吃茶。黄离明来。诣龚家桥。至市教育局访陈剑翛。至三新池洗澡。计诚、张锡庆来。至教厅会议，张君谋以图书馆事相嘱。胡刚复、周子经、陈杰夫、项燕伯、薛竞、贺良璜来。

廿日

1927.06.19
页 332

早诣徐静仁、陈宜甫。途遇小王，为作书与刘海滨。访王伯秋、马贡芳，均不值。至新柳巷赴商校同学会。至受于家为写扇。途遇宜甫，偕至交通旅馆，为茅、周、曾写扇。晚宴陈剑翛、黄离明、朱鹿卿、王静庵、熊雨生及离明之弟于万全七元。诣周子经，拟一稿论教授俸禄。

廿一日

1927.06.20
页 332

早起访徐静仁。晤陆小波。偕茅春台啜茶奇芳阁。汤用彤来，至支那内学院访汤用彤，不值。与吕秋逸谈良久。至交通旅馆为孙少江作书三封。回寓晤汤锡予、钱卓如。乘车回镇。是行共用廿元。另借周子经五元、宗受于十元。

---

［1］日记手稿亦书作“朱鹿卿”。

1927.06.21 页 332

廿二日

张勉予来，至福运轮船送之。至商会晤吴佐清。二兄来。得屺儿片及张晓峰书。得北京汇款信。访包叔菁。至中国银行取汇款223.5。阅《史记通论》。吴季珩来。

1927.06.22 页 331

廿三日

大雨竟日。临《金刚经》二纸。看《群学肄言》。胡健春、殷善甫来。二兄来，述广侄病状。诣赵吉士。

1927.06.23 页 331

廿四日

临《金刚经》二纸。看《天放楼文言》。诣二兄家视广侄，赠以十元。入城至吴、鲍二府。赵吉士、赵棣华、陈冠同、张孟髯来。姚佛崖招至包叔菁家，写屏幅，遂为张轶侪写联一、条幅一。

1927.06.24 页 331

廿五日

至二兄家视广侄。看《群学肄言》。得徐任民书。诣罗薇垣，取存箱[一元]。偕至朝阳楼茶话。偕姚佛崖至公园眺览。张勉予来。作书与徐任民。

1927.06.25 页 331

廿六日

陈帅初来。寄快信至北京。偕张勉予、赵吉士乘早车赴宁。午后二时至宁。径诣白伯涵家[车钱十角]。换大洋一元。至大观楼，住卅八号。晤赵、金、相、周诸君。至教厅晤郑、高、程诸君，知图书馆事已发表。偕张勉予至棉鞋营[1]访贺枚叔昆仲。偕勉予至藕香居吃面一元。晚诣龚家桥，晤胡、蔡、周诸君。

廿七日 1927.06.26 页 330

吉士来，决就图书馆事。偕勉予访徐静仁，寻回。白伯涵、胡刚复、茅春台、支伟成来。访宗受于，还十元。约王桢甫、马贡芳、茅春台、宗受于茶话藕香居一元。至龚家桥，晤张君谋，谈图书馆事。诣铁汤池丁园，晤蔡孑民。

廿八日 1927.06.27 页 330

至龚家桥，晤张君谋，谈图书馆事，张决请支为大学国文助教，因荐吉士充主任，商定大学经费。晚偕胡、蔡、周、何诸君至丁园送蔡孑民。刚复交来吉士委任状。陈帅初来。江武子来。还周子经五元。得张从之书。

廿九日 1927.06.28 页 330

吉士回镇。吕子钦、王玉章、袁鹏程、钱肇和来，偕王、袁、钱诸君至新万全吃茶。访汤觉无，不值。至龚家桥午饭。访茅春台。晤云企韩。访支伟成，不值。至门帘桥刘海萍处，为写对联一副。晤皮皓白、王抚五、李夔臣诸人。张君谋招饮金陵春。晤陈通伯、钱端升，谈王静安事。张孟髯来。史磊冰来。陈挺生、叶仲经来。

---

[1] 南接白下路（琥珀巷、斛斗巷），北至常府街。《金陵野史》中将棉鞋营、龙蟠里和胭脂巷称为旧时南京三条“诗巷”。

1927.06.29
页 330

六月初一日

孟髯回镇。至汤小斋家，介绍江武子。至刚复处略谈。冒雨访陈宜甫，晤郭孝霆。至宗受于家候史磊冰，不值。欧梁来。支伟成来。吉士由镇来。刘海萍招饮金陵春。晤戴开夫。得萧叔絅书。

1927.06.30
页 329

初二日

马贡芳、王桢甫约至新奇芳吃茶。晤张翼云。偕吉士至教厅晤郑晓沧，阅图书馆案卷。访支伟成、吕子钦。至龚家桥午饭。访刘海萍。得钱堃新、赵祥瑗诸人书。得钟叔进、王伯沆、陈善余诸人书。至临园洗澡六角。陈剑翛招饮老万全，晤罗志希，复至府东街万全赴赵棣华之约。诣刚复。

1927.07.01
页 329

初三日

马贡芳、胡步曾来，偕至新万全吃茶。付栈房十元，付王顺一元。陈钧来，偕赵吉士、吕子钦诣龙蟠里省立第一图书馆，支伟成已先在，约同会计任祖思与赵、吕二君交代，计存一百〇四元。晤馆中诸君，与汪调之[1]长谈。支、任二君饭后去。偕馆中诸君周览各室。张从之、王之舒、邵大樗来。诣刚复。晚九时回三角。得张晓峰片。

1927.07.02
页 329

初四日

拟订售券办法及住馆读书章程。罗二兄自镇江来，荐其婿谢某。宗之华、俞兆和来。访钟叔进，不值。至科学社约同路季讷、张从之、白伯涵至岭南楼午饭二元六角。午后至科学社与从之长谈，始悉广生侄于初二

[1] 日记手稿亦书作“汪调翁”。

夜化去，伤哉。偕伯涵、从之至秀山公园小憩五角。至龚家桥晤张君谋，谈通俗教育馆事。与蔡无忌谈殷善甫事。作书复卢彬士。在教育馆遇王公弢，谈旧事。

〔报载沪议剥夺黄、沈、袁、郭、蒋五人公权。〕

初五日 1927.07.03 页 328

作书与二兄及内子。诣龚家桥，偕胡、蔡、周诸君赴第四中山大学科学馆开筹备会。自前年三九之变，不至此校门内两年有余矣。午至伯涵家饭。途遇张国仁谈各校事。诣王桢甫、马贡芳。至藕香居与汤、胡诸君闲谈六角。胡步曾招饮海洞春，归车四角。以公函致张君谋，请定图书馆经费。

初六日 1927.07.04 页 328

翻检书目，无都数，请汪先生计之。作书与毛元徵、张晓峰、钱子垕。至门帘桥中央教育行政委员会，为刚复等草呈文，遂留午饭。至龚家桥小坐。至安徽公学访黄离明。至藕香居与从之茶话。至龚家桥晚饭。是日用钱一元。得芝庭兄书。

初七日 1927.07.05 页 328

范希曾、丁遐龄来，偕至四松园茶话六角。至大学议事。诣路季讷、张从之，偕熊雨生[1]、段调元、汤锡予至鉴园啜茗。晚至宝新小饮。至龚家桥诣宗白华。得曾荫千书。车钱四角。

程学怡梦徵

[1] 日记手稿脱“生”字。

王堉[养吾]　　廿五

范希曾

1927.07.06
页 327

初八日

作书与芝庭兄。与汪调翁商酌目录体例。从之来，留之午饭。钟叔进、黄离明、陈柱尊来。至龚家桥晚饭。诣陈宜甫，诣高曙青，不值。询国立图书馆事，众均不知。韩天眷、毛嗣曾来。

1927.07.07
页 327

初九日

孙濬源、王玉章、袁鹏程、段石和来。得屺儿片及钱子垕书。至校议事。午后四时诣白府，与从之话别。诣高曙青，访知国立图书馆事绝无影响。至龚家桥晚饭。冒大雨回馆。得钱茂萱书。

胡交	2550.521
江挪	800
兵劫	450
支借四月经费	409.281
支刻书	500
四共	2159.281
	0391.240

〔教厅发款。五月十五泰东书局收据。〕

1927.07.08
页 326

初十日

钱茂萱、钟叔进来。写标语。赴校写门牌。诣过探先。至丁园晤王雪艇、周鲠生、杨杏佛。偕杏佛至葬事筹备处详谈近状。诣伯涵家，晤从之。诣高曙青，晤王抚五、皮皓白。至龚家桥晚饭。段调元、熊雨生来。

得张晓峰书。自夜至晨，大雨倾盆，为多日所未有，街渠多积潦，丁园以皮管泄水。下午渐晴，晚间月色甚皎。换用一元。代张致陈伯弢书：

北雍共事，瞬阅星霜。企仰清尘，渴思请益。侧闻近岁高蹈邱园，纂著之富，溢于礼堂，灵光岿然，尤所崇向。南都新建国学，规制粗就，士林佥谓非得耆儒硕学如执事者，不足以领袖群伦，昌明国学。谨致鄙忱，并嘱柳△△代陈壹是。倘荷惠诺，不鄙后进而辱教之，谨俟蒲轮，率诸生拥彗于江介。临楮神驰，无任瞻跂。又都门奉教，弹指一年，每忆盛德谦光及论学闳恉，私幸得御李君，为平生所未有也。南还以来，时时从许、张诸君敬询兴居，侧闻颐志林园，总持方志，道躬益健，掌录弥丰，翘企德辉，诵谏曷既。往岁南都学子研阅国史，苦乏师资，景慕斗山，匪伊朝夕。惟硕师杖履远在上庠，私淑虽殷，末由亲炙。比者，新都肇造，学制丕更，张君谋先生主持全校，严师重道，宏揽名贤，尤以史地一系兼赅宇宙，囊括万流，极欲扩充斯学，拟请先生屈就主任之席。脩羊月致毛诗之数，课日时节一惟尊裁。襄教诸师，亦俟驾至，商酌延聘。昨嘱△△代达斯意。△闻之，不胜忭跃。江浙咫尺，风土相同，较之北平，适于摄卫。鄞县志事尚未开局，讲学之暇，亦可兼筹。大学旧为南雍，今则首都国子，薄海内外俊髦所萃，得经师人师矜式多士，匪惟学者可以餍多年之望，即△△亦可抠衣隅坐，沾被绪余，公私之益，更仆难罄。谨述府主谕恉，兼述学子夙怀，敬俟巾车以光横舍。倘摒挡就道，少须时日，乞先惠德音，伫迎杖几。校中聘函续缮寄呈。△△近承乏省立第一图书馆，赐示请寄龙蟠里馆中为荷。肃此布臆，敬请道安。诸惟鉴纳不一。

十一日 1927.07.09 页 324

钱寿椿、任五、江武子、汪文达来。作书与内子及曾荫千。代张书写阅览室中横幅。午后偕赵吉士登城一览。至附属小学晤张君谋，商致陈伯弢书事。同时晤刘伯禾[1]、陈柱尊。至丹凤街访顾惕森，不值。至理发店剪发四角。至龚家桥四号，晤吴玉麟、何尚平、竺藕舫，偕至金陵春晚饭，饭后杨杏佛、周骬生、王雪舫、皮皓白等来，议泛舟。余因已及十钟，先回馆，付十元。

1927.07.10
页 324

十二日

赵洪年、欧梁来。至校开筹备会。东大毕业同学会开会，因同时，未赴。饭后出校，值邵大樗于饮冰室。诣宗受于。至东园洗澡六角。晚至龚家桥与胡刚复商清厘教育经费。段调元亦来谈数学系事。步月而归。

1927.07.11
页 323

十三日

在馆看书目。胡梦华、程海臣来。草改良图书馆计画书。赵吉士谈范希曾事。途遇束士澂，偕步至龚家桥。周子经代付筹备会款百元，杨允中退还前日公宴费六元二角。以十元托周子经至沪购印泥。

〔徐祖光来。〕

1927.07.12
页 323

十四日

赵吉士回镇。景幼南来。至校与张校长议经费，即以改良计画书交之。偕汤锡予、段调元、汪典存至教育馆午饭三元二角。入接收委员会款四十元。偕汤锡予至秀山公园啜茗。晤宗白华、景幼南、黄离明及德人卫中西琴。至承恩寺大街取表一元四角。至金陵春赴赵洪年之招，同席者杨杏佛、孟心史、廉南湖、谢仁冰、刘北禾。得屺儿片、从之苏书。曾荫千、张亮臣来，均未晤。得林尚贤书。

---

[1] 日记手稿亦书作“刘北禾”。

十五日

1927.07.13
页 323

罗时宾来。至高井迎宾旅馆，访张亮臣二角。至校赴筹备会三角，图书馆预算通过。偕汤锡予、张亮臣至教育馆午饭二元四角。谈厦门大学事，至可感叹！访段调元，不值。呼车归馆，至馆门不数武[1]，段君与熊雨生正访予不值而归，因邀之至馆小坐，谈秉农山在厦谗予及朱君毅在清华毁予事。复陈剑翛、张从之、陈其可书。

十六日

1927.07.14
页 322

阴雨，雷。顾惕森来，留之午饭，谈旧事半日，为之怅然。李昌冉、周光午、罗芝仙、熊叔厚、罗时宾来。作书与陈散原、吴雨僧。得姚孟埙书，即复一片。得徐河珍快信，即以电话告曾荫千。黄昌鼎来。李万育约至藕香居，晤陈佩忍、张亮臣、萧某，同泛舟秦淮。十一时始散。至龚家桥宿。赵吉士来。

十七日

1927.07.15
页 322

至西成旅馆，访陈佩忍，约之至新奇芳茶话六角。至迎宾旅馆晤张亮臣，偕之至馆参观。徐云卿、曾荫千来。至校议经费，为张君谋书箧。至金陵大学访陈柱尊。由山径步归，途遇王伯沆，偕之至馆畅谈。毛嗣曾来，住润德里廿二号邵宅。

十八日

1927.07.16
页 322

毛嗣曾来。写“行易知难”横幅。至校写横幅及对联。乘车赴下关六角，乘午车回镇八角，吃茶二角，坐车二角。到家见二侄谈广生事，为之黯然。

---

[1] 不远处，没有多远。武：量词，古代六尺为步，半步为武。

得徐任民书 336。

1927.07.17
页 321

十九日

携屺儿、春侄至公园吃茶六角。访胡健春、包俶青，不值。至二兄家谈近事。诣贾季周，看其邻屋。二兄来，谈市党部事。春生小不适，买仁丹服之。

1927.07.18
页 321

廿日

诣包叔菁谈。二侄来。寿高来。携屺儿赴宁，车钱二角，茶钱三角，车票一元二角，搬力五角，人力车一元二角，六时抵馆。王伯秋招饮于其寓斋。十时回，与吉士谈。束天民来。馆费领到 800。

1927.07.19
页 321

廿一日

段叔和、甘豫源、谢焕文来。蒋恭晟携张晓峰书来。至书楼检书，经部善本十二箱又二厨五匣查毕。午后查中山图书部书。汤锡予招至老宝新晚饭车钱二角。诣龚家桥访胡刚复，不值。周子经代购印泥，计十二元，找两元。周玲荪赠予画帖二册。曾世荣来，不值。

1927.07.20
页 321

廿二日

韦润珊、刘启文、甘豫源来。至校赴筹备会，梅光迪来，公推代理文学院长。晤程海臣、崔苹村。约梅光迪、汤用彤、熊正理、杨允中、崔苹村、胡刚复至教育馆午饭四元六角，饭后偕梅、汤诣胡步曾商《学衡》改组及需邀吴雨僧、陈寅恪、刘永济。三时乘车回三角。甘、赵、汪、江诸君检书，已将史部点毕，子部亦点太半，遂随同点阅，五时止。王以中来谈向达事。

〔泰东书局复函来，含糊其词。嘱赵拟一稿，由行政部查询。〕

廿三日

1927.07.21
页 320

陈仲子、欧梁、刘景烈、徐某来，甘豫源未来。汪、赵诸君检书，为存橱事颇有违言。程海臣借去南津一本。国民政府黄应欢来，留之午饭。购鸭犒众。姚佛崖来借二元。得内子书，命屺生写复。得张晓峰书，云陈伯弢不愿就大学事。刘启文来，托说图书馆事。王桢甫约至藕香居晚饭三元。

廿四日

1927.07.22
页 320

孙毅来。甘豫源来。续查集部毕。梅光迪来，留之午饭。得邵潭秋书。偕梅、甘、赵三君、携屺儿，至扫叶楼茶话。张仲书来。民政厅来函借书，以《宁国府志》《太平府志》借之。束世澂来。得叶仲经书。

廿五日

1927.07.23
页 320

偕吉士至国民政府丁家桥，与张校长就职典礼。偕杨杏佛、梅光迪、汤锡予、宗白华至教育馆午饭三元。访胡步曾。晚杏佛为曾世荣作书与王伯群、赵汝梅。至市党部访曾世荣，不值。访陈柱尊，不值。至龚家桥晚饭。诣秀山公园，十时回。

廿六日

1927.07.24
页 320

作书与张晓峰、张从之、唐子均。吕子钦来，谈汪君事，假设缮校或司书。托赵作书复范冠东。

图书馆七月份收入

收入（元）		支出（元）	
支移交	104.1758	会计处付	164.1758
教育经费发	176.4000	俸薪	396.0000
大学扩充部发	800.0000	内除垫付伙食 70 元 在会计处扣下	
古书局	30.0000	实支	326.0000
共计	1110.5758	共计	490.1758

除大学所发外，郭主任处存 310.5758，内除 164.1758，尚存 146.4000。

在银行支 300.0000。

是日访解震皋、张仲书、张亮臣、茅春台，均不值。至东井巷晤叶仲经。至金陵春赴高校聚餐会，并议建筑会所事。任雨岑、宗受于偕至二新池洗澡。晤洪思伯。至龚家桥晚饭。还借赵二元。得家书及张真如信。

1927.07.25
页 318

二十七日

作书与洪思伯，查询教厅挪用图书馆存款事。写明片寄内子及陈斯白。钱石麟、宗之洪来。金鼎一来，约八月六号至常州讲演，乘特别快车往。得陈伯弢复书及徐河珍书。至龚家桥小坐。至大学晤梅迪生，偕至教育馆晚饭。与刚复步至金陵神学[1]，乘舆归车钱六角。入馆，还印泥款十二元。

纱帽巷路西老虎桥廿二号，夏寓。

1927.07.26
页 318

二十八日

得洪复。茅春台来，为刘公鲁嘱抄黄小松《小蓬莱阁金石目》。偕赵、

[1] 金陵神学院。

汪、江三君检查，续提善本经部，凡二十七号。得二兄片，写明片寄二兄。复徐任民。得张孟髯快信，即复以快信，托二兄代表出席县教育局董事会。黄厦千、马灵源来。曾荫千、甘豫源来，以杨杏佛致王、赵二君书交荫千。与甘君算分款事。并开善本书室调取《唯室集》及《小蓬莱阁金石目》，共九本，存江小石处，以便抄校。写明片与吴鲜民、王焕镳。屺儿偕荫千至大仓园访徐剑书。至贡院街取名片三角。至老万全赴程伯鲁[1]、胡步曾之招。晤钱子泉、王伯谦、姜某、张某。得高曙青借书函，与吉士商，却之。得唐子均复函。

二十九日 1927.07.27 页 317

陈斯白来。诣高曙青，告以善本书不能借出，并叩江苏土地登记事。至校赴筹备会，草议中等学校预算，至十二时不决。午饭后在梅迪生处小睡。市教育局暑期学校来请演讲，未赴。钱子泉、陈柱尊、王伯沆到校，议考试及国文系宗旨，六时始散，偕赴藕香居晚饭。十时回。赵君告吕君会计事，为之爽然。嘱孟宪承电请陈伯弢。

三十日 1927.07.28 页 317

乔次咸、马贡芳来。至校赴筹备会，决以教育学院院长兼小学校长。午后至临园洗澡，与贡芳谈镇江各事一元。四时至安徽公学演讲《中国民族之真精神》。六时至凤台旅馆访沈孟钦，不值。段调元招饮万全，十时回六角。得陈斯白书。写明片寄张晓峰，作书与罗薇垣。

---

[1] 疑为程柏庐，即程时煃。

1927.07.29
页 317

七月初一日

校《唯室集》，即寄与佩忍。偕汪、江二君检书。黎光明来。欧梁来。四时至暑校讲《史学之潜势力》三角。至龚家桥晚饭三角。得张晓峰快信及史地题。任致远请假二星期，即嘱赵君函辞之，以唐文蒨补其缺。作书与俞庆棠。

1927.07.30
页 317

初二日

携屺儿访宗白华。至校赴筹备会，议省校经费，未决。以试题交郑晓沧、杨谱琴。午后乘车回八角。与吕子钦谈馆事。得钱子泉、吴鲜民、寿高、赵祥瑗诸人书。

1927.07.31
页 316

初三日

解震皋、谢某、贺某、程梦徵、笪某来。作书与罗薇垣。沈孟钦来。偕赵、汪诸君检阅名人手札。王崧生来。得定儿及二兄书。下午乘车诣吕子钦二角。至龚家桥晚饭三角。付伙食及早点费十元。

1927.08.01
页 316

初四日

钱石麟来。写明片寄内子及张晓峰、唐子均、柳寿高、武进暑校。十时至省党部暑校演讲。十二时，冒雨乘车至大学六角。午饭后为胡、汤两公作书与萧叔䌹。三时回，买瓜六百四十文，乘车二角四十文。得欧梁、周慤书。蔡无忌嘱招殷善甫来宁。复张真如书：

> 张亮尘先生过宁，奉到厦大聘函，并详示校中状况，嗣又奉到赐书。猥蒙奖借，殊深惭悚。△自前年脱离东大后，矢志浪游国内各地，凡有学校相招者，率允短期讲授，以遂游历之志。春间亮尘兄以厦大相召者，即本此意答复。兹承以正教授定期一年为约，与

△私衷稍舛。△之愿游厦门，只在观风问俗，初不敢尸名位。现在仍以初意奉复，秋后当来厦任短期讲授两三月，但敷旅费，不计脩羊，课日可照亮尘兄所嘱办理。校中当局如以此意为然，仍希示复，以定行期。△现充第四中大筹备员，大致已经就绪，校中虽以职务及课程相嘱，亦已敬谢不敏。惟近兼一图书馆职，须稍稍振理，方能远游，大约阴历九月中旬或可就道。顺以奉闻，即希鉴宥。聘函及应聘函附缴。

程梦徵到馆，与谈馆中各事，请其为传钞部主干兼管阅览事宜。

初五日

1927.08.02
页 315

看李小缘图书馆计画书。偕程、赵、汪、江诸人查检中兴将相手札。吕子钦来谈。午后，馆中同人为伙食加费事集议。乘车至校，议江苏教育经费。钱子泉到校，以王焕镳、吴鲜民、陈延杰三人之信交之。偕孟、程二君至财政厅晤张咏霓，谈教育经费事。至过探先家小坐。至教育馆吃晚饭[四角]。冒雨乘车归[四角]。得通俗教育馆聘从之为图书馆主任函，即作书与从之。

初六日

1927.08.03
页 314

至校议事。钱、王、陈三君会议命题。回馆查名人手札。钱石麟来，为之作书与徐静仁。得周愨书。作书与吴雨僧、梅迪生。

初七日

1927.08.04
页 314

胡刚复招至龚家桥，谈教费事。即回馆检书札，包世臣文稿少四页，当与汪、江二君共检，不得，识之。二兄来。胡、周二君招饮万全，晤李宜之、雷海宗诸君。张校长来电，嘱代表出席省政府议教育预算事。

晚诣高曙青，不晤车钱八角。

1927.08.05
页 314

初八日

早起诣高曙青，偕至省政府报告教育预算。十时至校赴会三角。偕二兄、携屺儿至浮桥口吃冰淇淋，曾荫千亦来八角。诣科学社小坐。始闻孙君言，前在南仓巷口种地之傅獃子[1]死矣。偕二兄、荫千、屺儿至教育馆晚饭二元二角。买茶食一元。乘车五角。张从之、唐文荟来。得上海储蓄银行通知书。

1927.08.06
页 314

初九日

偕从之诣段调元。至校议事。作书与张质夫，托其办理储蓄款事。至科学社邀路季讷、张从之，游秀山公园，凉风洒襟。饭后月色皎然，九时始散三元。

1927.08.07
页 314

初十日

陈仲子、黄绶、向达、崔苹村、白伯涵来，留之午饭。钱石麟来。从之至白府宿，屺儿至宗府宿。校正《赠书目录》。写扇面二。

1927.08.08
页 313

十一日

至校晤王、钱、陈、梅诸君二角。至行政部议偿还省校积欠办法。至教育馆吃饭四角。与从之至三民公司吃汽水二角。访吴东屏。与戴毅夫订大学条例。至龚家桥晚饭。从之来宿。

---

[1] 呆子。

十二日

1927.08.09
页 313

早起诣汤小斋、胡刚复二角。至新奇芳晤宗受于一角。至大学晤俞庆棠、梅光迪、汤锡予诸君三角。偕张晓峰、向觉民、王驾吾、周光午至教育馆吃饭二元四角。偕张校长至省政府晤高曙青、张咏霓。作书与杨杏佛、黄元贲。归馆偕赵、汪、张、程诸君检查普通阅览书，已检至卅厨，经部毕。得张质夫、张浣英书。

十三日

1927.08.10
页 313

至校议事，张君谋推予为筹备会秘书，代表出席省政府。与钱子泉商定国文系人选。午后至临园洗澡六角。梅迪生招饮万全，车钱八角。得河珍书、刘著良书。从之来馆宿。

十四日

1927.08.11
页 313

早起诣胡刚复。晤张君谋，偕赴丁园晤蔡、吴两公。至教育经费管理处晤赵锦堂、杨子西[1]。至龚家桥午饭。作书与邵潭秋。冒雨乘车归八角。

十五日

1927.08.12
页 312

检书。黄元贲、茅春台来。午后偕高曙青至省署开会。诣龚家桥。写信与王、程诸君。至府东街老万全赴胡梦华之招。乘车至下关，坐夜车回镇一元八角。车上[2]与一金华伤兵张某谈战事，赠以苹果二。十二时抵家，三姨母、河甥均在予家。

---

[1] 日记手稿亦书作“杨子侁”。
[2] 日记手稿误书作“车与”。

1927.08.13
页 312

十六日

乘快车赴常州，在车站晤项燕伯一元。十二时半抵常，乘车至城隍庙，又折至第五中学，晤金鼎一、朱觉卿、何振从等。午饭后讲演一小时。为金君写堂幅一、联帖三，金君赠车费五元。乘晚车回镇一元，七时抵家。从之自宁来。得宁电。

1927.08.14
页 312

十七日

三姨母、吴绍骧、从之、予及内子、定儿至公园啜茗，遇袁树珊、张东山、法审重等，袁并为予等会帐。乘午车赴宁一元六角。至龚家桥吃饭，小卧。偕蔡无忌、胡刚复、常宗会夫妇泛舟秦淮，晚饭万全。回龚家桥晤萧叔䌹，拉之至馆中宿四角，谈至三点钟始睡。

1927.08.15
页 312

十八日

程伯善、乔次咸来。写议案草。午后至校。晚至龚家桥，阅报知蒋、胡、蔡、李、吴等均宣告下野。访汤小斋，不值。

1927.08.16
页 311

十九日

早起至龚家桥。偕萧叔䌹至一枝园访陈明侯，谈前敌事，遂留饭。至邮政局付常州讲演费十元。至上海银行付接收费四十元。至校作书与林轶西、钱海一。乘马车赴省署，未开会。晤孟心史、姚鹓雏。访高曙青，不值。偕叔䌹至临园洗澡一元。以一元嘱本海买百合。偕汤、熊二君公宴萧、梅诸君三元八角。十时回馆四角。

廿日

1927.08.17
页 311

蒋太华持胡步曾书来。萧绳祖来。乘车至龚家桥二角。至校议事，俞庆棠与予大吵，遂以书辞职，程伯鲁劝予作书留之。午后至上海银行付馆款四百元，交赵吉士。作书与张晓峰。是日两诣老虎桥曾甥婿处视之，商其家事，不得要领。乘车回馆二角。检点杂书。得陈伯弢、陈圆庵、张亮尘、周雁石诸人书。

廿一日

1927.08.18
页 311

写明片寄张晓峰、陈佩忍、张质夫、陈圆庵。

史地系已定者：陈伯弢 武霞峰 熊遂 张其昀 张奚若

待定者：雷海宗 黄元贲 赵仲滨蔡荐，北大文学士，常熟人

蒋太华胡荐

陈仲子来。诣龚家桥，议以叔絅代理社会科学院事。至中国银行晤汪叔眉。至省署晤孟心史。至受于家午饭。至交通旅馆与茅汉台弈棋。访高曙青，不值。至校作书与张君谋，报告近日各事。至老虎桥视河珍。至龚家桥晚饭。偕刚复至丁公馆访钮惕生，不值。乘车回。是日用车钱一元二角。

刘公鲁托抄之书　　又索叶茳渔著殷契书全份[1]

《孙可之文集》《白云驿记》

《浮溪集》 刘岑、刘峤二人墓志铭

《续通鉴长编》 绍兴廿七年丁丑六月朔是何干支

《名媛诗归》 唐裴悦妻寄夫征匈奴诗话一段

陈圆庵托查

《清实录》 引《西游记》原文

---

[1] 叶玉森著《殷契钩沉》，柳诒徵作序，后补未及，又著《说契》。

1927.08.19
页 309

二十二日

在馆点书。迫击炮队蒋连长欲来馆借住，两次，婉拒之。至省署会议[六角]。至龚家桥写报告。晚乘车归[三角]。送屺生行李与河珍。

1927.08.20
页 309

二十三日

至校开会。作书与张君谋。写明片寄二兄。诣河珍处，以二兄藤箱畀之。荫千与予谈河珍事，答以甚好。至龚家桥晚饭[六角]，车钱[四角]。崔苹村代从之领款。

1927.08.21
页 309

二十四日

作书与从之及内子。大学发榜，屺生录取。在馆点书。周雁石来。乘车至鉴园[二角]，途遇张轶材、祁仲丹，偕至万全赴商校同学会。至张遐龄处算命[八角]。诣龚家桥[四角]。得萧厔泉书。

1927.08.22
页 309

二十五日

郭继宽来，为之作证明书。作书与北京、上海商业储蓄银行及萧厔泉、张亮臣、陈伯弢。昨晚赵吉士告假回镇，将馆中存款交来，计支出八月份薪水及杂费四百九十元，下存现款三百三十九元，银行折存四十元，又卖书款三十元。

1927.08.23
页 308

二十六日

与同人检点集部。黎光明来。至大学晤胡刚复[三角五]。至高曙青处[三角]，偕赴省政府议预算事，未决。晚饭高处，十时回[三角]。得张晓峰书、陈圆庵赠书。

〔汪未来。〕

二十七日

1927.08.24
页 308

早诣龚家桥二角。偕高曙青赴财厅二角，与张寿镛议田赋事，力斥其混帐，张语塞，勉允吾辈之请，拨田赋为教费。至民政厅晤孟心史二角。至伏金门处吃饭。晤马贡芳、张仲书。偕贡芳至三新池洗澡八角。乘车至大学三角。写报告与胡刚复、程伯鲁。诣河珍处苦劝其勤俭忍耐。诣龚家桥晚饭。晤刘百昭。十时乘车归三角。

廿八日

1927.08.25
页 308

点检集部。吕子钦借钱十元。得二兄片。唐文荟有病。午后点书。周雁石来。赵吉士自镇回，云镇江尚安靖，而南京之火车已不能抵神策门。午后馆中人均云闻炮声，余初不觉，晚饭时始闻炮声甚厉，半分钟即发一炮，此间楼屋都觉震动。得张从之书、内子书。作书与张晓峰、徐任民、钱子泉及内子。近有二诗：

蕉雨延朝润，桐云转午阴。有怀疑昨梦，无赖是秋心。齑怒荃谁察，容安菊倘寻。过车无语处，肠断伯牙琴。　寻幽踯躅冬瓜市，话旧流连老虎桥。谁识清凉柳居士，检书听炮镇逍遥。

〔江未来，秦请假。〕

廿九日

1927.08.26
页 307

王以中、王焕镳来。诣龚家桥二角。闻敌军已过江，在马龙山激战。偕刚复诣省署访孟心史，途遇第七军列队向北行。午刻至大陆吃点心。至文来观弈。观孟心史所赠武一尘著《淮系年表》。三时至省署开会，决定教费百八十万，以田赋百廿万、忙屯芦附税六十万交教育经费管理处。郑、陈、张诸人议由旱道赴溧阳。六时钮至，报告政况及战事。冒雨乘车至龚家桥晚饭[三角]。戒严，雇车不得，步归，途中行人甚稀。向例七月杪，户燃一灯以敬地藏，清凉山香客极盛，今日上午男妇至山寺烧香者尚夥，晚间则寂然无一人，且无地灯，间有一二家作盂兰盆会。得吴庭翼书。

1927.08.27 页 307

八月初一日

至龚家桥[二角]。晤胡、萧诸君，偕乘马车赴大学报告决定教育经费独立经过，嗣议及通俗教育馆宣讲员俸给事，提出省立第一图书馆馆长何以无俸给，而行政部绝不计及，程伯鲁无词以对。午后至老虎桥视河珍，曾荫千之待河珍呵叱若婢役，且声言他去，不问渠母子，伤哉伤哉！至中国银行晤张轶侪。买烟袋[二角]。午后五时回馆[三角]。

1927.08.28 页 306

初二日

临《龙藏寺碑》一纸。检书。午后诣胡刚复[二角]。至洪武街视白表妹、老虎桥视河珍。晚至龚家桥访汤小斋。在刚复处吃晚饭[三角]。

翼	1906	30.401 元	定	2897	24.927 元
兰	2473	55.173	静	2.263	

1927.08.29 页 306

初三日

作书与唐子均，询唐文荟能否到家。王致敬[德普]、顾视哲来，王为王镜弟说项，允为设法。乘车[二角]至龚家桥，未遇一人。访宗受于[一百六十]、茅汉台。马贡芳与汉台弈二局。至交通银行晤于康蕃，乘车归[三角]。又将烟袋失去，命风汝贵[1]至黑廊[2]购之二角。王以中书来谋事。

初四日 1927.08.30 页 306

早诣龚家桥二角。至河珍处小坐二角。至校闻消息，甚恶。看李法章《梁溪旅稿》《近代名人传》。与熊雨生等著象棋。午后大雨，乘马车至省署。初晤孟心史，至四时钮惕生来，略谈数语，遂开会议事，至七时始散。至龚家桥晚饭，八时回馆。

初五日 1927.08.31 页 305

早诣龚家桥，偕胡、萧二君至校议事。午后诣河珍处小坐。至段调元家，约萧、汤二君至览园茶话。晚诣龚家桥晤程叔时，谈曾荫千事，又诣老虎桥，告知荫千。步回图书馆，吃馒首四枚。

〔八月在馆吃饭计十九次。〕

初六日 1927.09.01 页 305

早起，乘车二角至新奇芳吃茶。至省署赴会，未开会。晤马贡芳、茅汉台，偕至伏锦仲[3]处下棋。至龙门居午饭，乘车回三角。起课问唐文荟事二角。查书。项燕北、陈杰夫约至城中饭店吃饭。与吉士步回。诣韦润珊家小坐。是日得捷报，知孙军渡江者已歼灭，俘虏万余人。买鞋二元。

---

[1] 日记手稿亦书作"封儒贵""封贵"。
[2] 南京黑廊巷。
[3] 日记手稿亦书作"伏经仲"。

1927.09.02
页 305

初七日

与同人议馆中各事。厨役付钱三元，付洗衣二角。作书与内子百卅。乘车至夫子庙三角。至文来观杨伯衡弈棋。至省署会议。步至龚家桥晚饭。乘车归二角。

1927.09.03
页 305

初八日

陈海澄来。乘车至河珍处二角五分。至校议事，蔡、胡、萧、汤诸人为分院房屋事颇有争议。午后偕蔡无忌至公共体育场观庆祝大会二角。至秀山公园吃茶三角。乘车回馆三角。甘豫源来，会同检查书籍，普通书于是日检查毕。

〔自七月一号起至是日，赴校开会凡廿五次。自初七日起至是日止，凡至省署议事十三次。〕

1927.09.04
页 304

初九日

至书楼启封，有《乐浪遗迹》日本朝鲜总督府古迹调查报告之四，有乐浪太守印，及沩邯、秥蝭等印。看居庸关石刻印本。陈杰夫、项燕伯兄弟来，约同赵吉士步至小彩霞街体芳茶肆啜茗，复步至胡园，邀柬天民同出聚宝门[1]，至一教门馆小酌，归馆已七时矣三角。吉士谈馆务，至十二时始睡。

1927.09.05
页 304

初十日

吉士回镇。江小石来。临《孟法师碑》一纸。作书复吴庭翼、刘天予、李丙之。馆役毛全以疫死，其女来告，赙以一元。萧叔䌹电告，赴下关候大半日，火车未开仍折回，赵吉士尚在车守候，并言神策门外积尸遍

[1] 南京中华门。

地，臭秽不堪，火车无人照料，登车不必购票。赵吉士寻曾世荣，亦未见。送信二角，洗衣二百六十。体中微热，夜卧不安。赋诗一首：

已是空山入定僧，飞而食肉信无能。天攒万骨消奇劫，市涌群盲谦大朋。开径要须行坦荡，避人聊复忘崩腾。夹檐鸠蝠如堪友，会与清秋共月棱。

十一日

1927.09.06
页 303

作书与程伯鲁请病假。强起，与汪、张二君启楼下书橱封，召吕、程二君商馆事。命仆购陈米煮粥，食之，汗大出。汪于下午去，亦未与余言。

十二日

1927.09.07
页 303

付八月份伙食七元四角。吕子钦来告，经费管理处不发本馆经费。嘱程梦徵电询程伯鲁，程答已嘱经费管理处发款，嗣又称管理处不敷支配，须另设法，其舞弊情形可想。结存大洋四十八元四角、小洋八角、铜元一千三百文。程、汪、江、张诸君检查后楼下所储书报，予间往视之。得黄昌鼎书，系九月三号快信。十余日来不得各地信件，今始得一信，自海门来，意尚是轮船所递也。

陈宜甫　王春霆　刘作宾　鲍元凯　吴俶昌

经纬天地 疏观万物 参稽治乱《荀子》 启发篇章 校理秘文

得屺儿廿九日明片、贡禾廿八日明片，皆战前所发。得钱涛、邵潭秋书，则战后来者。又陈仲子书，本城寄者。晚有沪报，系九月四号之报，十余日不见报，阅之一快。是日陶来电话告假，秦未来。夜思各事颇自疚，反侧至二时后始熟睡。

1927.09.08
页 302

十三日

早起，读《荀子》。检《清赏录》，摘抄数纸。韦润珊、王庸来，韦在蕉桐之间为予拍小照，王托予议吕府姻事，即约子钦议之，偕两君至新万全吃饭四角。诣萧叔絅，不值，赏老仆一元。归馆不适。陈杰夫、项燕伯来。得徐俊岑书。晚七时即睡，梦中闻吉士来，急披衣起，询镇事，知唐君及殷家女仆均安然回镇，十余日来悬念之事为之释然。陈伯弢先生寄赠《象山县志》。

1927.09.09
页 301

十四日

在馆休息。作书与内子。电告省政府请病假。顾惕生、王桢甫、曾世荣、殷善甫来。赏馆役二元。送曾家小孩二元。管理处发款300，馆员发全薪。

1927.09.10
页 301

十五日

吕子钦来，送节礼四包。赵吉士介绍湘人胡伯思[1]来，与之面订来馆帮忙。萧叔絅来，留之午饭，饭后登楼阅书。程叔时亦来，略阅数种而去。叔絅与予谈校事甚久。得钱子泉、张从之及贡禾书。秋农子笃斋。

1927.09.11
页 301

十六日

作书与钱子泉、张从之、张晓峰。并托赵吉士诣萧叔絅，设法调查法大宪兵事。作书与陈援庵及贡禾。商校旧学生陈亮，原名培经，字仲常者来，云留日十五六年，顷将复往，因托访求早稻田《中央亚细亚史》。看《藏书纪事诗》。

---

[1] 日记手稿亦书作“胡伯诗”。

十七日

1927.09.12 页 301

看《藏书纪事诗》。写通告。王伯沆来，留之午饭。高曙青来，看《璇玑图读法》并托代抄。王以中来。

十八日

1927.09.13 页 301

诣龚家桥，晤萧、汤诸君。至南区警署晤华子华。至吕宅访子钦。至龚家桥午饭，与从之畅谈。上午、下午两诣高曙青及省政府，均未见高，省政府委员皆不到会，故未开会。闻上星期二、五两日亦均未开会也。访余丙东，不值。至金陵春晚饭，萧、汤二君为熊迪之饯行也。晚归馆，胡伯诗君已来，与谈馆务。得陈柱尊、包俶青、包墨青诸人信。是日车钱八角。

十九日

1927.09.14 页 300

改定阅览部章程及指导员、事务员职务。得诸葛振公快信。钟叔进来。偕汪、赵诸君检书画。至茅春台家贺其嫁女，遂留饭[二角五分]，饭后至秀山公园啜茗。晤张天才、王以中、包墨芬、钱琢如、张从之[一角]。乘车诣龚家桥[二角]。十时回馆[二角]。唐文荟来，谈经过情形。得钱子泉、钱子垕、黄厦千及二兄书。

二十日

1927.09.15 页 300

至龚家桥晤张君谋、杨子佚，商教育经费[四角]。回馆午饭。饭后检书画两箱，内有金寿门画佛、蔡松原白描骑牛图、马湘兰花卉、陈玉几芍药、徐俟斋行书尚佳。作书复诸葛振公、黄应欢、包叔青、邵潭秋。

1927.09.16
页 300

二十一日

至龚家桥，偕胡、萧诸君乘车访杨杏佛，不值[四角]。至校商课程。偕从之至教育馆午饭，饭后偕从之、叔絅游鸡鸣寺。至科学社晤杨杏佛，得张晓峰书，归馆作书复之。是日，四十军[1]欲来住，赵、胡诸君竭力应付，为觅附近空屋，始告无事。晤陈仲子、陈鸿仪，仲子赠予《诗品注》一部。

1927.09.17
页 299

二十二日

毛元徵之子来，借四元。至校赴筹备会[四角]。送快信[一角四分]。午后诣从之闲谈。至大功坊衣肆购素缎马褂一件[十元]、小帽一个[七角五分]。至老万全晚饭，与杨杏佛谈党务及学务，十时乘车回[三角]。四十军来馆借物，赵君力拒之，仅借竹床一、方桌一。范希曾到馆。得武霞峰书。

1927.09.18
页 299

二十三日

与范、胡、王诸君商馆务。项燕伯、殷善甫来。金松岑嘱其学生屈某来，贻其所著书三种。韦润珊偕党务学校秘书潘某来参观。得廿一日家信。至万全赴商校同学会。至龚家桥小坐，偕杨允中、胡刚复步至秀山公园，回龚家桥晚饭。十时归馆[三角]。曾祠机房不戒于火，几将燃烧，幸即扑灭，险矣。

---

[1] 1927年3月22日，湘军贺耀祖部独立第二师在安徽芜湖扩编为国民革命军第四十军。该军编成后，隶属江右军进攻南京。5月，渡江北伐。8月，由鲁南退回南京。9月初，隶属中央军，自浦口渡江追击孙传芳部，经滁县到明光。11月，进攻蚌埠。12月，进攻徐州。

二十四日

1927.09.19
页 299

张晓峰、刘景烈来。至教育经费管理处，与杨子佽、胡刚复商酌请财厅分拨田赋办法。至龚家桥小憩，晤施某。下午四时偕张君谋、高曙青、胡刚复、杨子佽至财厅晤张咏霓，决定向各县分提田赋办法。至龚家桥晚饭。回馆与吉士谈至深夜。

二十五日

1927.09.20
页 298

钱茂萱来。至校赴筹备会三角。与萧、戴、张诸君商定史地系课程，与汤、徐、陈诸君商定国文系课程。至管理处晤杨子佽，改写前领款之四联单，叁百元之“叁”字为“陆”字三角。杨付一字据，嘱星期六派馆员往领三百元，寻来电话改为二百元。至迎水台小憩，即乘车归三角。本日开放阅览，普通阅书室来者十余人，善本阅书室竟日未来一人。得屺生片，知三姨母病危。

二十六日

1927.09.21
页 298

作书与陈柱尊、张君谋、孟心史、武霞峰、王英初。乘车至龚家桥，以各函交萧、胡两君。又至白府取二兄衣箱，至大学宿舍告知从之。乘慢车回镇十八角。一时抵家吃饭，进城至吴府省视三姨母，尚能谈话，惟呕逆、血痢未止。至鲍府大嫂家、贡禾家，复至吴府视李晴生，诊脉开方。与从之在吴府晚饭，同回。

二十七日

1927.09.22
页 297

二兄约从之及贡禾父子至中华园茶话，予亦携屺儿往。至胡健春、赵森甫两家小坐。入城视三姨母，较昨日稍好。访陈宜甫，不值。至王桢甫家弈棋。得河珍书，其言甚惨痛，即日作书劝勉之。为定生作书请假。

从之赴宁 130。晚已卧，健春来。

1927.09.23
页 297

二十八日

陈斯白约至中华园茶话，晤马贡芳、包叔菁。临《黑女志》[1]一纸。查旧帐。张孟髯、李雁湖、何绍坡、二兄、贡禾来。内子至裕康祥为三姨母赊寿衣料。入城后复出城，因屺生忽患鼻衄也。

1927.09.24
页 297

二十九日

陈帅初约同罗薇垣至中华园茶话。胡健春来。送屺儿赴宁三角。至风神庙赴马贡芳之约，与王桢甫、殷仲诚诸人轮弈，二兄亦至。晚归得从之书，知胡刚复已贷款百元，为屺生学费。得赵吉士书，知馆中各事顺适。

1927.09.25
页 297

三十日

写信寄赵吉士、徐任民。入城至吴府省视三姨母，知病势未减，寿衣已做成。出城途遇芾卿，偕至二兄家，谈其家事。写明片寄从之。至胡健春家午饭。与冷御秋谈教育事，痛论黄任之，冷盖素与黄近者也。午后偕游公园，相视建造赵伯先祠堂方位。至继恒访罗薇垣。得屺生明片。

1927.09.26
页 296

九月初一日

陈帅初来。王桢甫约同包俶青至中华楼吃茶。偕俶青至德安泉洗澡八角。买茶食二角。入城诣王桢甫，偕至教育局赴张孟髯之招，观马贡芳与殷仲诚弈棋。晤狄咏棠。饭后为仲诚及蔡斌等写对联五副。送鲍府奠敬

---

[1]《张玄墓志铭》全称《魏故南阳张玄墓志铭》。张玄字黑女，清代避讳，一般称《张黑（hè）女（rǔ）墓志》。

廿元。诣吴府，三姨母病稍愈。至鲍府陪客，晚饭后出城。夜三时半起入城。

初二日

1927.09.27
页 296

八舅母出殡，送至北五省会馆[1]。昨晚得汤锡予电，作一书复之。看《疏香阁遗录》。包叔菁约至中华楼午饭，饭后偕王桢甫、包墨芬至商团弈棋。夜十二时又得汤电。

初三日

1927.09.28
页 296

作书与汤锡予四百廿。柳维甫来。得屺生书，内附陈柱尊信及张君谋聘函。又作一书与锡予，乞其代退聘书二四七。临《张黑女志》一纸。偕王桢甫至公园与包墨芬弈棋。晤陈宜甫、冯竹侯。

初四日

1927.09.29
页 296

看《北史》。临《张黑女志》一纸。赵吉士来，午后至其家视之。刘作宾、陈宜甫来，偕宜甫至公园茶话二角。看《清稗类钞》。得屺儿片及芝庭兄书。

初五日

1927.09.30
页 295

至二兄家，贺维生侄二十生日。入城至吴府，三姨母方熟睡，未敢惊之。闻淇漳侄女之病势较好。李雁湖约至中华楼午饭，饭后与冷御秋、包叔青、陈帅初、张善昌咏韶、柳健行等议教育局招标拆卖女墙事，因托

[1] 京江北五省会馆，位于黑桥东，为河南、河北、山东、山西、陕西五省的旅镇客商在镇江建立的会馆。

胡健春、陈帅初及张孟髯为大侄谋事，诸人均允为设法。晚归家，复至叔菁家，为咏韶、帅初写对联四副、立轴一纸。看《清稗类钞》。竟日微雨，晚渐大。大侄来，勖之。得从之书。

1927.09.31
页 295

初六日

陈帅初来。携吴淇漳及定生乘十时半车赴宁，午后一时抵下关，乘马车入城，至女子中学。偕三女生春霆之女至新万全吃饭。乘车携衣箱至图书馆，询馆中近日各事。晤陶君竹书，新来之缮校也。是日用去大洋五元、小洋十二角。夜十一时闻书楼地板有声，汪霭庭时尚未睡，似自外间回房，良久始无声。

1927.10.01
页 294

初七日

与程、王二君谈馆务。至龚家桥晤萧、胡诸公。与程孝刚及张某对弈二局。途遇汤锡予、段调元，遂偕至段宅，与熊迪之谈清华事。诣张从之。下午五时乘车回馆五角。还杨允中代送杨子侁寿礼二元四角五分。闻叔絅谈校事，至可感喟！昨观邵潭秋书，述之江[1]状况，亦可引以为镜。

1927.10.02
页 294

初八日

约程梦徵、胡伯诗、范耒研至四松园茶话一元。张晓峰来，谈史地系事。茶后偕范、胡二君由山径至蛇山后坞中眺览，风景绝佳。又循乌龙潭而行，拟辟馆地至潭边。吕子钦夫人率余铮来馆，以子钦馆榖卅八元畀之，另扣还前借款十元，亦送为奠敬，子钦遗物嘱江筱石为检齐携去。张轶侪弟兄、徐怀生、王驾吾来。作书与赵吉士。诸葛振公、束天民、王镜第、

[1] 之江大学。

任嗣曾来，任并还予前借款四元。为王驾吾写寿字一、寿联。

初九日 1927.10.03 页 294

昙，间有微雨。作书与叶莛渔。校《孙可之文集》。赵棣华、魏刚长、王晓湘来。从之携屺生自春官来。午后偕游乌龙潭、诸葛祠，登城眺览，复至扫叶楼啜茗[六角]。遇汤锡予、段调元、熊雨生，盘桓良久。遇一旧学生，柴姓者。得镇信，内有陈伯弢先生辞职函。

初十日 1927.10.04 页 293

早起诣龚家桥。至女校看两女生。至吕府吊丧。诣宗受于。至财厅晤洪思伯，调查镇江商会垫拨白军给养事。诣省署，还茅礼份二元五角与伏经仲。至文德桥小肆吃点心[一角]。至女校携定生购眼镜[四元四角]。下午回馆，钱子厚来。付上月伙食三元。项燕伯来。作书与胡健春、张从之、内子。

会计处送来九月份计算书

上月余存	368.8128 元
本月实领	766.0000 元
本月支出	725.7890 元
结　　存	409.6018 元

<table>
<tr><td colspan="4">赵手交来 390 元
初九日付 48 元</td></tr>
<tr><td colspan="4" align="right">88</td></tr>
<tr><td>文具</td><td>39.9040 元</td><td>看书架</td><td>3.2000 元</td></tr>
<tr><td>邮电</td><td>7.0000 元</td><td>写字枱</td><td>17.3320 元</td></tr>
</table>

购置	61.9780 元	铜衣钩	1.4000 元
消耗	29.6040 元	痰盂	6.5000 元
杂支	45.3180 元	节菜	3.0000 元
修缮	24.9940 元	松板	11.7700 元
共计	208.7980 元	洋钉	2.4100 元
俸薪	517.0000 元	石灰	1.5000 元
		印书证	20.0000 元
结至是日共用 478 元		修缮	24.9940 元
240			92.1060 元

《穀梁传疏》

三月，公及邾仪父盟于昧。　　不日，其盟渝也。　　知非例不日者，案二年“秋，八月，庚辰，公及戎盟于唐”，六年“夏，五月，辛酉，公会齐侯，盟于艾”，彼皆书日，故知非例不日。今此不日，故知为渝盟略之也。《左氏》惟大夫卒及日食以日月为例，自余皆[1]否。此传凡是书经皆有日月之例者，以日月相承，其事可悉，史官记事，必当具文，岂有大圣修撰而或详或略？故知无日者，仲尼略之，见褒贬耳。

夏五月，郑伯克段于鄢。注：段有徒众，攻之为害必深，故谨而月之。【疏】案下四年“九月，卫人杀祝吁于濮”，传曰：“其月，谨之也。”范云：“讨贼例时也。卫人不能即讨祝吁，致令出入自恣，故谨其时月所在，以著臣子之缓慢也。”此云“为害必深，故谨而月之”。彼祝吁以二月弑君，卫人以九月始讨，传云“其月，谨之也”，明知谨臣子之缓慢。此无历时之事，传云“段之有徒众也”，故知为害必深，故谨而月尔。庄九年“齐人杀无知”，不书月者，无知虽复历年，时月尚浅，又无重害，故直书时也。宣十一年“楚人杀陈夏徵舒”，书月者，为陈不能讨，而外藉楚力，故祸害深也。

[1] 日记手稿抄为“者”。

郑伯克段于鄢。注：君杀大夫例不地，其郑伯之杀弟，故谨其地。【疏】僖十年“晋杀其大夫里克”，昭十四年“莒杀其公子意恢”，例不地，故知此书地是谨之也。又昭十一年“楚子虔诱蔡侯般，杀之于申”，传曰“称地，谨之也”。明此称地，亦是谨耳。

天王使宰咺来归惠公仲子之赗。赗例时，书月，以谨其晚。

九月，及宋人盟于宿。“及”者何？内卑者也。“宋人”，外卑者也。卑者之盟不日。注：凡非卿大夫盟，信之与不，例不日。

公子益师卒。大夫曰“卒”，正也。不曰“卒”，恶也。

〔买邮票一元。〕

十一日

1927.10.05
页 290

欧梁、王光宇、张其昀、束世澂来。程良贵来。临《黑女志》一纸。得十月五日中大二七〇公函定馆长月薪之数，并兼大学教授聘函，即作书复之：

顷奉大函，嘱兼校职，自维驽劣，无任悚惶。校课既开，筹备已竣，媷力馆务，时虞陨越。历陈鄙衷，久邀洞鉴，重辱雅命，虑违初心，所有兼任教授名义及支领夫马费一节，敬谨辞谢。篆感高情，容图报称。伏希鉴宥，肃请崇安。

〔汪调之晚归，未请假。〕

十二日

1927.10.06
页 289

早起诣大学图书馆。晤谭组安、蔡孑民、杨杏佛诸人。九时至体育馆开会，补行开学典礼。张校长报告筹备经过，褚、谭、蔡、杨诸人均有演说，十时散会。闻校中各方情形。十二时至岭南楼吃饭。一时至胡步曾家访王晓湘，不值。二时至行政院晤程伯鲁、俞庆棠。三时至大学宿舍视屺生。至自然科学院晤王季梁。写信二封致陈其可、钱海一。四时赴筹备会，议决经济公开条例。五时半回馆车钱六角。得芝庭兄书及梁孝谦函。自四月以来，经营改革东大事至此可告一段落矣。然前途未可乐观也。王春霆付卅元。

〔汪霭庭晚归，亦未言。〕

1927.10.07
页 289

十三日

看顾惕生所著《文章学》。梁孝谦、周之榞、王镜第来。临《黑女志》一纸。校阅汪藻《浮溪文粹》。抄《名媛诗归》。得姚仲实书。商务书馆寄赠《世界史纲》。得赵吉士书，言其母病象无起色。

1927.10.08
页 289

十四日

早起诣女校。携屺儿、定儿、淇漳至范、吕两府。携屺儿至商务印书馆买书二元二角。至奇斋吃饭十角。至亨得利购眼镜四元六角。买香橼一角、纸三角。乘车回馆五角。得镇寄明片。程梦徵赠余一律，即和之曰：

西江诗派吾能数，伊洛渊源世所推。漫悔亡羊同挟策，会从食豕见然灰。山城龙气骚心孕，酒国虹光虏胆摧程能饮。看取葛侯停骑处，秋潭菘色共徘徊。

作书寄内子及徐南州。学生王某来托谋事。看《世界史纲》。气候炎热，晚有雷雨，寻月出皎然。夜雨不止。

1927.10.09
页 288

十五日

国庆日也。阴雨竟日。王春霆回镇。吴淇漳及定生本拟来馆，为雨阻不果。临《金刚经》二纸。点阅《宋史·舆服志》。作书与吴雨僧、徐任民。叶荭渔来信，云已就安徽烟酒事务局秘书长，不能就此间大学事。

十六日

1927.10.10
页 288

风雨交作，气候骤寒。由夹衣改御重棉。临《金刚经》二纸、《黑女志》一纸。点阅《宋史·选举志》。作书与叶荭渔。校阅汪文端所抄《春秋名号归一图》。得赵吉士寄来传事禀知其太君于十三日仙逝，即作书唁之。作一挽联曰：

福寿信全归，只难堪吊影，蒙庄迟暮心情怀伉俪；乡闾传懿范，畴不仰起家，天水峥嵘头角启儿孙。

枕上得两联，挽吕子钦曰：

了盇山三月因缘，苦忆中秋赠菱藕；与临川九原晤语，剧怜天阙望松楸。

挽赵母联曰：

护落会庄生，江国潇湘悬泪眼；澄清仪范母，山城龙虎感哀思。

夜犹闻雨声。

十七日

1927.10.11
页 287

雨止。早起诣龚家桥，与胡、萧、蔡三君谈大学事二角。至女校视定生，以四元畀之。至吕宅拜三七，约余铮来馆抄书。访宗受于。至大陆吃点心四角。访武一尘，以《淮系图》及《两轩剩语》相赠。购白布一元五角、点心一角，车钱三角。归看《留西外史》。王春霆付卅元。泰东图书局寄来《国学用书类述》二百五十部，其中纰缪甚多，如分十六类，而有佛学书无道家书，杨守敬《三国郡县表补正》官刻本曰未见，《元遗山年谱》在《岳忠武年谱》之前，《西政丛书》石印本亦与《国学丛刊》并列。

〔换用十元票一张。〕

十八日

1927.10.12
页 287

周承考来。重抄《名媛诗归·裴悦妻寄征衣诗》。发信与刘公鲁。

余铮到馆。登南楼视所存案牍，凡七十余篓，三十余箱，亟思整理之法。得赵森甫书。商务书馆寄来《颐堂文集》两部、特别廉价券一纸。陈宜甫、毛嗣曾来。贺良璜来。看《颐堂诗》。

1927.10.13
页 286

十九日

临《金刚经》二纸。看《颐堂诗》。与范、张二君检查后楼下所储档案，发见镇江各地炮台图及吴淞至福山海口图、各兵船图，计廿二幅。汤锡予来。写快信与陈保之。柳健行携陆小波、胡健春、张孟髯函来，嘱赴省署接洽，即与健行乘车往。过内桥至王府园，车行甚迅，舆人骤倾跌，予亦自车上跌下，手腿俱破，眼镜去其一，眼睑下破伤甚重，血流不止。健行急拉予，适遇谢仁冰，向途人索牙粉为余傅伤处。余仍乘车至奇芳阁，健行、仁冰踵至，遂以胡、张之函托仁冰致孟心史，嘱健行至大学告屺儿。座中有邵宜城、徐怀芝二君，咸来问慰，邵君导余至传华医院袁姓医处检视，据云尚未伤骨肉，傅药加布盖之，谢以洋二角。与邵君别去，缓步至邮局，送刘公鲁挂号信及陈保之快信。至柏林行配眼镜五元。购食物二角。乘车回馆二角。向仙乔寄还《述均》二册。得谢仁冰书，即寄镇与胡健春。是日在馆款中取出五十元，王先生等付廿元，陶基承借十元，予处存廿元计换用及买眼镜已去五元八角有奇。

午后范君检得《海军章程》，系光绪十四年所订，计其时有战舰十六艘、雷艇十二艘、守船六艘、练运等船八艘，共大小四十三艘。

镇远 钢面铁甲厚 14 英寸	马力 6000 匹	用人 329
定远 钢面铁甲厚 14 英寸	马力 6000 匹	用人 329
致远 钢板快船穹面厚 2 寸至 4 寸	马力 7500 匹	用人 202
济远 快船穹面铁甲厚 10 英寸	马力 2800 匹	用人 202
靖远 钢板快船穹面厚 2 寸至 4 寸	马力 7500 匹	用人 202
经远 钢板快船穹面厚 2 寸铁甲厚英尺 9.5 寸	马力 5000 匹	用人 202

来远 钢板快船穹面厚2寸铁甲厚英尺9.5寸	马力5000匹	用人202
超勇 快船木身外包钢板	马力2400匹	用人137
扬威 快船木身外包钢板	马力2400匹	用人137
左一号鱼雷艇	马力1000匹	用人29
左二号鱼雷艇	马力600匹	用人28
左三号鱼雷艇	马力600匹	用人28
右一号鱼雷艇	马力900匹	用人28
右二号鱼雷艇	马力597匹[1]	用人28
右三号鱼雷艇	马力597匹	用人28
镇中 蚊炮船木身外包钢板	马力400匹	用人55
镇边 蚊炮船木身外包钢板	马力400匹	用人54
镇东 蚊炮船木身外包钢板	马力350匹	用人54
镇西 蚊炮船木身外包钢板	马力350匹	用人54
镇南 蚊炮船木身外包钢板	马力350匹	用人54
镇北 蚊炮船木身外包钢板	马力350匹	用人55

〔练船：威远，楢木身，铁胁，840匹，124员；康济，同，750匹，124员[2]；敏捷，夹板船，60员。利运，铁质，100匹，57员。〕

二十日

1927.10.14
页283

看《海军章程》。梁孝谦来，为之作书与杨杏佛。张从之与屺生先后来，留之午饭。午后偕至女校视定生病。晤袁鹏程、王玉章，谈女校风潮事。诣龚家桥晤叔絅。何奎垣、段调元、汤锡予来，均未晤。李协和来馆参观。江小石病假回家。高慕庭来。写信寄河珍、极融。

[1] 日记手稿抄为“590匹”。
[2] 日记手稿书作“750，124”。

1927.10.15
页 283

二十一日

早诣龚家桥二角。至女校视定生，晤袁、王二生。携定生乘马车至中山大学，命屺生送之回镇付大洋三元。晤项燕伯、殷善甫。至白府。至金陵春宴商校同学，酒席两桌，付大洋八元。至迎水台晤马贡芳。访陈宜甫，不值。至龚家桥晤胡、萧诸君一角。六时回馆二角。得张晓峰书，知陈先生准于廿号由甬来宁。与范、唐、王诸君谈馆务。镇江来信，问予跌伤状。在明星社买印色一元四角。

1927.10.16
页 283

二十二日

陈亮来，还渠买日本书款十元。董增儒高邮人来，托抄《秦淮海集》。茅春台来。得张亮臣书。作书与汪彝伯[1]上海爱文义路永吉里1-56号。看《述韵》。写赵、吕两挽联。俞庆棠、王焕镳、张其昀、项燕伯来。武一尘赠其伯父所著笔记曰《余园墨沈》。阅之，似俞曲园笔记而无其博。屺生自镇回，以电话来告。

〔聚贤栈五十六号。〕

1927.10.17
页 282

二十三日

临《金刚经》二纸。梁孝谦来。偕程、张二君查档案，剔除蛀损之件凡卅七八号，多蛀损不堪者。又发见《唐石经》在一木橱内，亦多蛀损，详检全份，止《易》《书》《诗》《周礼》《仪礼》《尔雅》《论》《孟》八种，询之汪调之，云此书不在书目上，亦不知从何而来，亦无人过问，殊为可怪。与唐文芸谈话，其词气甚激烈。午后赴北门桥送快信，寄王桢甫及内子二角八分。诣张从之。赴筹备会，俞庆棠请先提款三千五百元，通过。晚至大学院赴张、蔡二公之招，陪孙哲生、郑绍觉、张咏霓晚宴。饭后谈教费，决由财部借四十万应急。写王桢甫、吴绍骧之履历与杨杏佛。

---

[1]　日记手稿亦书作“汪义伯”。

时已十钟，不及回馆，至龚家桥宿。晤何尚平，介绍张君毓骅。

二十四日

1927.10.18
页 282

早起诣陈宜甫，偕至新奇芳茶话六角。诣茅春台。至宗受于家午饭。至中国银行，嘱张轶材告其弟毓骅晤何尚平。下午二时回馆三角。得廿三日家中信、片及快信，述定儿头面火毒甚烈，医云难治。得刘公鲁书。抄医方以快信寄镇。王春霆付卅元。范耒研从档案中检出清季建筑藏书楼文卷一宗，自光绪卅四年四月估工派员起，至宣统元年九月告成，用款三万二千余两，有详细报告及预计图，当时主此间小学者为杨熙昌。前楼之址有旧楼十三间拆去重盖，典修委员为李文志。

廿五日

1927.10.19
页 281

陈亮、周慤来。临《金刚经》二纸。唐文荟辞职，与之谈公私界说。以廿元交王春霆付唐本月薪。至北门桥上海银行晤陈南吉，托其兑取北京分行存款 276.34。至大学视屺儿。晤张其昀、戴毅夫、汤锡予诸人。至东二院赴评议会筹备会。至银鱼巷晤张从之。五时半回馆五角。作书与胡健春，招何绍坡、刘作宾来宁。

廿六日

1927.10.20
页 281

早起至大观楼二角五分。晤王桢甫，偕至中山大学候从之下课。至宿舍晤吴绍骧，遂偕至大学院晤金湘帆及刁沛然。至教育馆午饭，复诣大学院，晤杨杏佛、竺藕舫、钱端升、高曙青诸人。至大学开教授资格审查会，审查文凭证书、著作等。复至银鱼巷与吴东屏、吴绍骧看王姓屋一间。偕绍骧至白府十元。又至大观楼女子中学三角。至老万全应汤锡予之招。晚诣龚家桥宿。

1927.10.21
页 280

廿七日

早起至大观楼晤吴、王二君。至新奇芳阁吃茶，晤陈宜甫、宗受于六角。至石坝街及财政部访任雨岑，均不值。至教育经费管理处晤赵锦堂。至交通旅馆晤马贡芳。至洪武街白府拜白表妹常诞。吃面三角。至中大农场及金大农场看菊。为馆中购菊十盆二元二角。乘舆回馆三角。得汪义伯书，云今年一月间吕子钦已将前集之百廿七元取去。汪霭庭来告，范君共查出《船阵图说》十六部，每部二本。已以一部存阅览书内，以十五部归后楼下教科书中。刘作宾来。得廿六日明片。是日结算，馆款存二百元应找出一元五角六分。私帐存六十七元实应存六十八元五角六分。本月薪水应支五四五。

〔实应存 19846。〕

1927.10.22
页 280

廿八日

临《金刚经》二纸。谭组安率其属六人来馆参观，人赠以书目一部。与范、张二君检档案，得光绪初元誊黄数种及同治九年修《江宁府学工程估计册》。晚步清凉山、乌龙潭等处。

1927.10.23
页 279

廿九日

王春霆付十元。早起诣龚家桥二角五分。至管理处催款，携其价至大学觅胡刚复、程伯鲁盖章六角。偕萧叔絅至三民公司午饭一元六角。又至管理处领通知二角。至江苏银行付款，托范耒研携回馆。复至大学开会三角。诣吴公寓。至岭南楼晚饭一元。晚归馆三角。张孟髯来，谈至夜十二时。得陈保之、许文玉书。

〔入 1250，初一日王手 500。〕

初一日 1927.10.24 页 279

入馆薪四百元，还伙食六元。私存 170 又 60，携回镇者 200，赵 80 又 4 元。公款除发薪水外，实存 276 元，又存票 150，折 40，共 466。王又付 20 元，实存 446。作书与陈保之、汤锡予、张晓峰。王春霆托寄款 44 元。总计四个月入公款 3494.3。外卖书之款及卖票之款。

午刻至珍珠桥酒肆，与吴绍骧、王桢甫饭二元二角。诣大学晤汤锡予、张从之。乘车至下关五角。候车良久，乘慢车回镇八角。车至高资晤贾季周、鲍禄诒。姚仲实赠予《经说笔记》及其文集，车中阅之，殊无创造之处。晚七时抵家二角，视定儿已酣卧。大嫂在余家。

初二日 1927.10.25 页 278

吃煎红豆饭。诣赵森甫乔梓[1]谈馆中各事，以十月薪交吉士，取其收条。诣包俶青，不值。午后入城至高慕庭家，以汪义伯函示之。至吴府省三姨母，已大愈，能吃饭。至二兄家谈近事。贾季周、包叔青来，均未晤。

初三日 1927.10.26 页 278

约卢彬士、包叔青至中华楼吃茶，钱毅植为会帐。偕彬士赴金石书画展览会，题名于卷。至李伯弢家贺其嫁妹。至胡健春家小坐。祀先母。二兄携荷侄女、春侄来。高慕庭及其姑来。为陈斯白写对联二副、屏幅四纸。看《吕览》。

[1] 父子。

1927.10.27
页 278

初四日

陈帅初来，偕赴赵府拜三七。胡健春来谈良久。乘午车赴宁，途遇吴延清、陆小波诣栖霞山修水陆道场，因偕坐二等车，余本购三等票，陆为予加价。一时抵宁，至小肆吃饭三角。命车迳至馆。是行用十六角，在家入款九元、钱一千。馆中各事如恒。得李宏增快信。

1927.10.28
页 278

初五日

看《易程传》。临《金刚经》二纸。至上海银行晤陈南吉。至银鱼巷晤从之，商徐河珍事。遂偕至教育馆吃饭，晤徐厚甫、胡刚复、程柏鲁二元。至大学宿舍视屺生。晤汤锡予，商文学院事。四时赴筹备会。五时半回馆。看近人所辑《郑延平年谱》《文文山年谱》，均简略不备。作书与内子。还胡刚复前借百元。

1927.10.29
页 277

初六日

会同江小石至赵吉士房内检点所存馆中文件。陈杰夫、项燕伯及何某来。项燕伯留票洋五元送吕子钦。曾荫千、贺枚叔、贺良璜来。吴绍骧、张从之来。留曾、吴、张三人吃饭。偕至夫子庙游玩。为馆中购印泥拾元。取画一元二角。六时回馆二角。付厨房二元二角。

1927.10.30
页 277

初七日

编馆中章程。临《金刚经》二纸。看山谷诗。得初五日家信及徐任民、杨伯屏、陈伯弢、释极融各信。

初八日

1927.11.01
页 277

看山谷诗。临《金刚经》二纸。偕江小石至善本书室盖印，共印二百六十余本。王桢甫招至岭南楼午饭二角五分。诣从之。视屺儿。至大学晤胡刚复、张晓峰、王伯沆。至临园洗澡六角六分。晚诣陈宜甫。至龚家桥晚饭，与叔絅深谈。买手巾二角、牙粉一角。九时步月回车钱一角。得河珍书。看陈伯弢著《经学通论》。还萧经手送杨允中家吊礼二元。

初九日

1927.11.02
页 276

看《经学通论》。临《金刚经》二纸。偕汪、江二君检查续提善本书，盖印九百廿四本。作书与内子、河甥、扶九。腹泻，夜起便血。

初十日

1927.11.03
页 276

雨。毛嗣曾来。与汪、江二君检书盖印。得家书及沈幼成快函。雷，午后晴。至大学晤萧、胡、段、王、徐、何诸君。草大学报告书。诣绍骧、从之。晚至龚家桥续草报告书。与程叔时弈一局，负三子。找杨吊份，以一元予李立侯。程梦徵告假赴沪。书工董庭祥丁母忧，告假回扬州，借薪水一月。夜宿蔡无忌榻。

〔馆款〕

十一日

1927.11.04
页 276

早起诣陈宜甫。至石坝街访任雨岑二角，乞其为毛元徵谋事。至迎水台与宜甫茶话六角。途遇汪彝伯，谈高府款事。购纸联一元。午刻回馆二角。程伯善来，留之午饭。与汪、江二君检书盖印。晚发痔疝之疾。

〔王付六十。〕

1927.11.05
页 276

十二日

看黄山谷诗。与汪、江二君检书盖印。写对联二副、屏条一纸。晚仍便血。

1927.11.06
页 275

十三日

看山谷诗。检书盖印。梁孝谦来，未晤。临《金刚经》二纸。得刘公鲁书。道光二十年鲁小兰重刻余萧客《古经解钩沉》，系借宾叔公所藏原刻本重加校订者，此书吾邑人罕知之者，书楼有此本，故识之。李立侯、程天放来参观。陈子寿之子来。束世澂来谈胡小石事。谭组安、俞寿丞等九人来馆看书，谭告予已与陈调元商迁让曾、马二祠驻兵事。晚仍便血。付鸡钱一元四角。王春霆假归。

1927.11.07
页 275

十四日

范、汪、汪、江、程、王诸君均不在馆。看《真美善》杂志。赵世盛、黄承勋、郑旺华、龚政荣、殷善甫来。午后得极融寄来净土书数种。作书与毛元徵及刘公鲁。以《丁氏善本书室藏书志》校馆中《覆校善本书目》，竟经部一册。木匠上第二进窗槅。

1927.11.08
页 275

十五日

看《观音灵迹颂》。偕汪、江、张三君查印经部小学类书，赵宧光《说文笺》极佳，王锡侯《字贯》则罕见之本也。校阅丁氏《善本书室目》，竟史部。晚不便血，疝坠较甚。

十六日

1927.11.09
页 274

看《毛方启信录》。偕馆员查印经部小学类毕，续查印史部。摘抄《丁松生年谱》。得内子及河珍书。

十七日

1927.11.10
页 274

看《善本书室目录》。查印史部书。午后三时乘车赴大学二角三分，议事至七时始散。决议以本馆隶高等教育部，改名为“江苏大学国学图书馆”。至教育馆晚饭，晤王桢甫、谌湛溪。偕桢甫至其新寓将军巷十号一视，乘月步至浮桥。乘车至龚家桥，胡刚复赴沪，遂宿其榻。

十八日

1927.11.11
页 274

至女校视吴淇漳。乘车至新奇芳一角，晤宗受于茶话。十时回馆二角五分。周星伯来，乞写扬州校牌，留之午饭。查印史部书。看朱国桢皇明《大政记》《大训记》《大事记》。晚看《善本书室藏书志》。

〔王付四十元。〕

十九日

1927.11.12
页 274

孙文生日纪念，放假一日，馆员多外出。陈其可、黄昌鼎来。屺生来谈校中各事，午后四时始回校。看《善本书室藏书志》。得国府书，述曾、马两祠修械所拟迁地事。得周星白、赵吉士书。

二十日

1927.11.13
页 273

梁孝谦、陈杰夫、白伯涵来。武一尘招饮第一春，陈仲子招饮金陵春，并赴之。先至陈处小谈，赴武处晤孟心史、张蔚如诸君，吃头菜即行，至陈处终席。乘车回馆二角五分。李小缘率中山大学、金陵大学诸生来馆参观，为之演述馆书历史，诸生颇倾听。寻偕馆中同人至李君家赴茶会。买香橼三角、铜锁四角、手帕二角。张从之电话告予，前日在车站质问荫千，渠颇皇恐，即日回常熟。

北京图书馆与南京图书馆之比校

	宋本	元本	京师图书馆书	
经	8	25		
史	14	24	内阁书	562 部
子	7	23	姚氏书	411
集	9	27	崔氏书	47
总	38	99	徐氏书	3

馆中善本书　凡 2548 部　分析之得下表

	宋本	元本	明刊本	明钞本	日本刊 / 钞本	高丽本	四库底本	名人稿本
经	8	25	126	14	14	2	7	1
史	14	24	219	11	2	0	4	6
子	8	23	323	24	13	0	1	5
集	10	26	452	35	3	1	24	2
共	40	98	1120	84	32	3	36	14
大共 1427，其余则清刊清钞之本。 北京图书馆有宋本 123，元本 201。								

〔北馆凡 979 部 647 种，有宋本 123，元本 203，明刊 294，明钞

52，朝鲜本 8，稿本 9，外大典 60。〕

廿一日

1927.11.14
页 272

为赵吉士写墓碑柱石。看《覆校书目》。福建张琴来馆阅书，邀之坐谈。龚政荣来。午后乘车至北门桥商业银行，晤陈南吉。取京行款 273.4。至银鱼巷晤从之，谈曾荫千、白伯涵事。至大学访知今日不开会。访宗白华，不值。买瓷盘一、瓷缸一一元，买茶食五角。坐车回馆共五角。

是日结算馆存 303，私存 182。

廿二日

1927.11.15
页 271

写家信及寄胡健春信。闽人张琴治如者又来，购票看书，导之登楼阅《五百家注韩集》《韩集举正》《玉琴斋词》《五代史记》等书。高曙青函托抄《玉海》。程梦徵来函续假。赵吉士来信述墓地事。午后与馆员查印各书。阅《国榷》。官书局李姓来谈印书事。下午周览后山之胜。写《南、北京图书馆比较表》。

廿三日

1927.11.16
页 271

临《金刚经》二纸。查印史部书。黄昌鼎来。张治如来，抄《玉琴词》，出七绝二首相示，即依韵和之曰：

> 板桥曾记玉骢游，粉黛飘零十二楼。莫向乌衣询往事，南朝花月误清流。　三生瑶想结华鬘，抚遍乌丝客思闲。愿乞云林高士笔，石头城畔写秋山。

张能画，故次首及之，留之午饭，据云生而茹素，年五十二未尝知肉味也。据余澹心手稿，有四十九岁自寿词，五十一岁自寿词，五十一岁之后有一词序，述丙午、丁未游武林之乐，又有题丁未年之词，以此推之，五十一岁当在丙午，丙午为康熙五年，则明亡时澹心才廿九岁耳。午后复查印史部书，章实斋有《纪年经纬考》一书，内分《纪元年表》一卷、《纪元韵览表》一卷、《历代纪元韵览》五卷。嘉庆十二年，唐仲冕刻于金陵憩书楼，序曰："余与实斋无雅故，为是书之足备遗忘也，爰校刊之。"实斋自序称桐城胡上舍虔尝以六十甲子镂板为格，而以历代纪元按格注之。元和马制府绍基广索群书纪载年号，而以正统、列国、窃据、篡逆、外国、钱文六例标识，分编为韵。因即二家之稿，稍加校订合为一编。序作于乾隆五十七年，不知《章氏遗书》何以未搜及之。《平定教匪纪略》卷九中即有红胡子之目，则胡匪之来源远矣。林清之书目《三佛应劫统观通书》二卷亦见《平定教匪纪略》。左熙章[敬忱]来。

〔王付卅元。〕

1927.11.17
页 270

廿四日

作书与张校长，请其以本馆预算数通知教育经费管理处。查印史部书。午后乘车至大学院[二角]。晤高曙青、杨杏佛。至宗白华家询常熟教育局长事。至大学晤项燕伯，偕至宿舍小坐。晤张从之。至大学开会。晚至龚家桥[二角]，与胡、杨诸君谈校事，遂留宿。陈登恪赠予《留西外史》一本。

1927.11.18
页 269

廿五日

访陈宜甫，偕至新奇芳吃茶[一角]。买瓷罐[三角四分]、烟[二角]。乘车回馆[二角]。得家中明片。午后三时至科学社赴社友会[三角]，六时散会。乘车至石坝街任雨岑家晚饭[三角]。宴后至万全与萧、胡诸君杂谈，遂同车归龚家桥，谈至深夜始寝。午后得一律：

黄叶城西路，髯翁野趣赊。菜香晨进露，樵影晚追霞。潦水缘林净，寒山抱寺斜。烽烟闻渐远，蟫蠹且为家。

廿六日

1927.11.19
页 269

早起与刚复商教费管理处事，遂访汤小斋，征求同意。同刚复至大学院访杨杏佛，告以此事四角。途遇吴绍骧、中俊[1]叔侄，闻鲍敦典以房捐事为邑令所挫，作书与胡、陆、陈诸君，请其尽力设法。诣从之，偕至教育馆午饭，饭后至龚家桥。作书二封与汤小斋、陈宜甫，遂乘车回寓五角。得胡健春快信。偕馆员查印史部书。临《金刚经》二纸。嘱吴中俊携绒绳袄至镇，又嘱吴绍骧携定儿棉被回镇。看《留西外史》。得河珍书，即复之，曰：

两接来信，知悉一切。前闻荫千回虞，意其必延医为甥诊治，并使吾甥心境宽展，不为环境所困，俟晤渠时当细询之。曾府世传礼法，必知所以维系家庭、护持病人之道，不待吾一一指导也。来函所云似是产后积劳，未得相当之调养，又因忧郁，肝胃不调，积成此状。然当甥在宁时，虽时觉体中不适，尚未有如此现象，何以回虞之后逐渐增加若此？以是知荫千之不来告我，遽率汝等回虞之妙矣。照社会普通习惯，我既在宁，即应通知我。回虞之后如何居住，如何调养，亦应告我。汝母去世之后，我对汝负有相当责任。渠既概不告我，谅必无虞，否则渠亦不应如此疏忽。我俟得暇，即来虞视汝，一切仍望自加保重，好好带领小孩，曾家血统由汝而传，汝之一身，关系甚重，不可轻视，是为至嘱。近日天气干燥，如自觉须吃水果等物，尽可购服。荫千现有路事，必不至于无钱给汝食物。居家当俭则俭，当丰则丰，渠目前总不似由鲁到宁时之无进款也。

作书与赵吉士。

〔王付五十。〕

[1] 日记手稿亦书作“吴中畯”。

1927.11.20
页 267

廿七日

临《金刚经》二纸。薛仲华、吕奎来。检印史部书。午刻赴聚庆楼商校同学会[二角五]。得吴中畯电报曰：敦事决裂，速归解释。诣大学宿舍访从之，不值。至屺生处，写信与之，并写一快信致胡健春。访陈宜甫、白伯涵，均不值。买梨[二角]。乘车归馆[二角]。以《易》卜之，得否之，家人无大碍。今日定儿生日也。吕奎述崇府款事，颇为解释，渠允以捐款清帐相示，并示储蓄之数，异时提数成与崇府。项燕白前交之五元已畀之。

1927.11.21
页 267

廿八日

早起乘车至龚家桥[二角]。拟偕刚复同访汤觉无游栖霞山，至则叔絅告余，杳佛谓汤司教费则惟受予之指挥，其势不可，遂作书与觉无曰：局势中变，昨议作罢。访陈宜甫，不值。至新奇芳吃茶[一角]。至建设厅晤宜甫[二角]。在茶肆晤侯莘生，途中遇仇亮卿。在建设厅晤刘芹生，皆久未见者也。购小石章[二角五分]。至临园洗澡[六角]、新万全吃饭[二角五分]。乘车回馆[二角]。殷善甫来，谈甚久。临《金刚经》二纸。得定儿片及赵吉士信。

1927.11.22
页 267

廿九日

临《金刚经》二纸。查印史部书，见《剿奴议撮》及《筹海图编》二书，均可考见明代对满洲及日本之情形，又有《摄山志》及《黄山志》，皆罕见之本也。上、下午来客甚多，有陈祖濂之弟及陈祖源、顾视哲、金文晟等，皆乞余谋事者，应对殊苦。陈佩忍来托抄书，亦有谋事意，谈良久。得胡健春快信，知敦典事已了结。午后得绍骧电话，乃知前电系扶九所发。

三十日

1927.11.23
页 266

早起，至交通旅馆约胡健春、张翼云至大陆吃茶一元二角。偕至财政厅访洪思伯，不值，遂议在万全晚饭。以字画付顾松茂装裱。乘车回馆二角。福建莆田图书馆长康某来馆，托抄莆田人著述。临《金刚经》二纸。得鲍敦典书及定儿明片。午后在书楼查印通志。范应珩来，谈良久。胡健春亦来，偕游乌龙潭、诸葛武侯祠、扫叶楼。遂乘车赴万全，宴客十二人，谢仁冰、洪思伯、张翼云、胡健春、范应珩、陈宜甫、陈帅初、王桢甫、袁某、项燕伯、吴绍骧、张从之记帐十七元。晚诣交通旅馆，晤丹徒县知事陈峻云。

十一月初一日

1927.11.24
页 266

偕胡、张二君至奎光阁吃茶。晤茅春台、范应珩、黄次山。偕胡、张二君至财厅晤科长吴衡仲，取镇江粥厂款四千元。买纸五角、烟一角。乘车回馆二角。午后查印书二号，有陈仁锡之《皇明典法录》，内有《全辽志》及地图多种，极有关于明清交嬗之史事。看《明宫史》两册竟。下午乘车赴大学二角，未见开会之人，留一条与刚复，促其发款。携屺生至从之处小坐，陈钧以吴雨僧函相示，从之以卢彬士诗相示。钱琢如、曾荫千来谈，偕曾步至北门桥分手，曾之意气依然，谓渠之乃姊很好，河珍不知何故乃有太好之弊，且切齿于田妈。吾谓汝乃家主，妈子不好，去之可也，现在田妈尚在汝家乎？曾曰：不在。予曰：既已不在，何必再追咎前事？汝宜携河珍等至宁同居。曾乃支吾，谓下关房屋难找，又谓渠意最好暂分数年，以为后来幸福之地步。予谓此乃汝之主义乎？渠抗声应之。予曰：好吧，我们再谈。乘车归二角。买梨三百文。闻从之谈扶九及绍骧家情形已不乐，途中又闻曾之呓语，心滋不怿。王桢甫、许寿裳、金文晟来，均未晤。

〔王付一百九十一元，先发江、汪、张、秦、陶、陶、刘七人薪水及夫役工食，余俟领到经费再发。〕

1927.11.25
页 264

初二日

黄昌鼎来，谈出洋事。查印史部书。高曙青来查《南雍志》。黎寿丞介绍江西司法厅推事龚君来阅善本书。午诣交通旅馆吃饭[二角]。至女子中学视定生。屺生电告学生罢课，乘机回镇一行。遍访杨千里住宅，不值。至文来吃茶。乘车回馆[二角]。赵吉士来馆。陈伯弢先生来，偕一裘姓暂寓馆中，谈大学史地系事。吉士还一元，谈馆事至十一时。得内子书。

1927.11.26
页 264

初三日

张锡庆来，赠诗二首。陪陈伯弢先生至大石桥廿五号张晓峰寓，并晤王、谢、钱诸子，遂偕至大学晤胡刚复、戴毅夫、李立侯、倪云卿，相视宿舍，在成贤街三十七号。晤汪旭初。回张寓午饭，饭后游鸡鸣寺，登台城看景阳井，又步至四时春晚饭，八时半乘车回馆，共用车钱十一角。吉士来谈馆事，至一时始睡。

〔王付廿四元。〕

1927.11.27
页 264

初四日

陈先生赴宿舍住，以馆章一本赠之。谢季璋、陈杰夫、项燕伯、徐云卿、祁仲丹、张轶材、沈仲豪、李祝溪、蔡子平、袁伯庸、周光午来。陪客谈话几至竟日。看《北宫词选》。得湘人刘笃才函。赵吉士为封儒贵说给制衣被费，予捐二元，以公积三元足之。

1927.11.28
页 263

初五日

大风，微雨。竟日未出门。早尚未起，王孝伯之子理成来。临《金刚经》二纸。校阅《小蓬莱阁金石目》。晚检私款，存135，计欠万全十七元。刘笃才来函，托胡伯诗复之。

初六日

1927.11.29
页 263

天晴。临《金刚经》二纸。吉士来谈馆事，见予处新到之清华《国学季刊》未付阅览部盖印，微言讽予，予笑颔之。乘车二角至夫子庙访陈佩忍，途遇凌孝芬，同至杨千里寓，询之已迁至骂驾桥。至纸铺购请客帖二角。至女校视定生，一见即痛哭不能言，良久亦不说话，觅吴淇漳来询之，云前晚已哭过一次。此女体弱而好强，殆不能就学。无已，先以好言慰之，后复严责，令其安心在校上课。会已至晚饭时，遂出。至奇芳阁吃茶二角。至省党部访陈佩忍，不值。遂至大学视屺生，屺生适外出，其同斋有一生出杨濠叟篆书千文求题。至卅七号访陈伯弢。至银鱼巷访从之，不值。至会计处访项燕伯，托其代写请客帖。至寿康里访程伯善，不值。至虹桥一小茶肆吃烧饼百文。乘车回馆二角。汤锡予来，出示吴雨僧书，阅之怅然。晚七时开馆务会议，讨论章程。吉士对访购部设立访购员事颇怀疑，予为解释。渠谓予言太严重，散会后至予房中申前说并垂泪。予以好言慰之，并借付本月薪水八十元，托渠携藤箱回镇，与程梦徵商缮校事。以廿元购《小蓬莱阁金石目》。

〔江小石、汪霭庭请假。〕

初七日

1927.11.30
页 262

吉士晨兴即行，予起送之。付厨房二元八角。徐云卿来。写家信。查印子部书。作书与刘公鲁、向觉民、鲍敦典。得屺生电话，知定儿尚好。程、胡两君送来各处所寄报章及丹阳县新旧图志，均嘱役送至范君处。

〔汪调之晚回家，未请假，初八早十时来。〕

初八日

1927.12.01
页 262

整理书件。以赵前交之帐单交王春霆，以管理处报告及名贤手札目及案卷交胡伯诗。程梦徵请假回家。查印子部医书。午后乘车至北门桥二角。

送寄刘挂号信及向信，买邮票一元。访从之与绍骧，谈王桢甫贴钱事。至宿舍视屺生。至卅七号晤陈伯弢先生。至中二院开会。李树人之侄棠以信来见。访问大学图书馆放假事。偕汤锡予诣萧叔絅新寓。乘车至万全赴陈剑脩之招。偕刚复等回龚家桥，遂留宿。以电话询程梦徵，知通知书已送至馆。

1927.12.02
页 262

初九日

写信与张晓峰，商陈先生及许文玉事。诣陈宜甫。至女校视定生。至交通旅馆访茅春台。乘车回馆二角。十一月通知书发款 1750。嘱王春霆付 600 来馆，王即回云上海票根未到，银行不付。予补领九、十两月薪 400，以款存折，另存馆款 750 元。得陈保之寄来《殷契拾遗》。得陶惟坻书，举予代表议定教育经费，因其误会章程之意，嘱胡伯诗复之。午后查印子部书，内有叶水心《习学记言》抄本。乃黄梨洲所藏，惜仅二册，非全部耳。作书与李树人、吴雨僧、徐宽甫及内子。

1927.12.03
页 261

初十日

查印子部书。张锡庆、李翼唐、黄应欢、寿高及屺生来。作两吴生诗序。早间王君持通知书及印折去，而银行尚无信息。畀屺儿十元。阅《殷契拾遗》。

1927.12.04
页 261

十一日

查印《太平御览》，系嘉庆间扬州汪氏排印本，误字甚多，不足为善本。午刻乘车二角至女校看定生，未晤，以牛乳二瓶交校役畀之。至万全宴陈伯弢、王伯沆、汪旭初、武一尘、王晓湘、胡小石、陈仲子、张晓峰、许维周、徐天闵，付帐卅元，小帐一元，连前次请胡健春之款也。

宴罢，陈伯弢先行，余人纵谈良久。四时偕旭初、伯沆至东园洗澡。晚乘车至新桥钓鱼台甘露巷十七号袁伯庸寓吃饭，遂留宿。

〔罗世真来。〕

十二日

1927.12.05
页 260

伯庸具汤饼饷客，畀其价六角。乘车至大方栈访李翼唐二角。偕至新奇芳吃茶，晤宗受于四角。至江苏银行取款 1750，入九、十两月薪水四百元，即存入折，又为馆中另立一折 4849，存 750，凭章支取。至女校视定生，不值，又写一字与之。至顾松茂取画二元四角，尚欠一元。十二时回馆二角。得徐河珍书。在行取票六百元，扣还前垫付赵薪八十元，计馆款存五百二十元，予之伙食扣付六元，前存上海银行折有四十元，总计馆款止有三十八元有奇。本日交王会计三百元，内付范、程、汪、胡、王五人薪水计三百一十九元扣伙食卅元，实支二百八十九元，即存王处十一元。下存现款二百廿六元，又银行折四十元，予之私款实存三百三十四元。偕范耒研游清凉山翠微斋，至扫叶楼啜茗，又步至乌龙潭而归二角。写对联、屏条。作书与徐河珍。王先生送阅览统计表来，又告予调查装电灯及火炉价钱，装电灯需费三百余元，遂作罢论。火炉不过廿元左右，目前天气不甚寒，大约俟月底再装。

〔江昨晚出，早回。〕

〔予之折系 1906，计存 430.4。〕

十三日

1927.12.06
页 260

王春霆来算馆帐，实应存 1069。风雨冥晦。查印子部书，虫蛀者甚多。午后江小石托买物，不别而行。写条幅四纸、对联一副。作书与张善夫。校范先生所编书目，竟半卷。约胡先生来谈章程。阅报知中学联合会反对程伯鲁，未知其详。

〔王付卅元。〕

1927.12.07 页 259

十四日

续校书目竟。张省三来请假一日。查印子部书。汪调之请假半日。金崇如来，范耒研留之午饭。写对联一副、单条一纸。赵吉士来馆，与之谈经过各事。赵自家携一箱来，有内人之信及两兄之物，分别检点。始穿灰鼠袍。王春霆送帐来，计十一月，共用一一八九元。

<table>
<tr><td>上月余存 442.2956 元</td><td>当时算明在柳手</td><td>上海银行折 40</td></tr>
<tr><td>本月实领 1750.0000 元</td><td></td><td>江苏银行折 750</td></tr>
<tr><td colspan="3">支出 1189.6170 元。付入 1000 元，内除开支薪水 772，计存 228，又入柳伙食 6 元。</td></tr>
<tr><td colspan="3">余存 1002.6766 元[1]，共计应存 1028。
王处垫付赵伙食 1 元、董伙食 2 元，又存 6.4128 元。</td></tr>
<tr><td>实计王柳两处
结至十一月底有</td><td></td><td>1034.4366 元</td></tr>
<tr><td>除去开支</td><td></td><td>1002.6766 元</td></tr>
<tr><td>余有</td><td></td><td>31.4600 元[2]</td></tr>
<tr><td colspan="3">即为上海银行折存之款，柳将折交出。应由馆款内交还柳 1.4600 元。
外抄书售书售券之款大洋 63.4828 元、小洋 133 角、钱 13490 文。</td></tr>
</table>

[1] 应为 1002.6786 元。
[2] 应为 31.7600 元。

十五日

1927.12.08
页 258

毛嗣曾来，借钱五元。查印子部佛教各书，计至本日子部书可印完。午乘车至女校视定生，颇欢乐，以棉袍、绒毯等物畀之。至府东街老万全吃饭，吉士为主，金崇如、陈梨村、赵棣华与焉。饭后乘车至大学视屺生，知学生中有反对一六级金者，嘱其各事小心，不可再问闲事，以棉马褂畀之。赍绍骧之皮袍、皮马褂。至从之寓斋，候从之来，以河珍函示之，商榷良久，亦无善策。至大学高等教育部晤郑晓沧，谈近日中校教职员联会风潮事。本日因杨允中、胡刚复、萧叔絅均赴沪，筹备会未开成。遂复至从之寓小坐，途遇舒新城，谈近世教育史料事。至汤锡予寓晤朱亦松、周光午。乘车回馆，月色皓然。晚饭时提议邀同人步月，遂偕赵、范、胡、王、江、张六君步至乌龙潭肥月亭，徘徊良久。复至诸葛武侯祠眺望，循山径下至城阁，拾级登城，心目豁朗，众皆称快，谈赏久之。至龙蟠里，以石路下行，途遇卖元宵者，呼至馆门前，月下各食三枚，并饷门丁老叟。归阅报。吉士告予程梦徵兼高等法院书记事，予初未晓。

十六日

1927.12.09
页 258

校《玉海》二卷，误字太多，请程先生嘱刘君重抄。周光午、黄某来。女师学生二人来。午后由随园故址步至大学。晤寿某，写一假条。晤周子经、张晓峰、张从之，从之以廿元托予携至常熟畀六弟，即以十元存从之处，为屺生零用。访程伯善，不值。至女师视定生，携之至肆购帽袜三元。乘车回馆三角。知陈伯弢先生亲来约予下星期午饭，即写信告以归里。得向觉民书二封。入馆还款一元七角六分，嘱范耒研报向觉民书。招陈寄生来馆抄书。以镠记馆款交吉士。

〔宝严寺〕

1927.12.10
页 257

十七日

晨起乘车，由虎踞关赴下关五角。至站长室访曾荫千，不值，即上车一角。十一时抵镇，检查甚严，乘车至家二角。午后诣胡健春家、二兄家。入城访李树人。遂至吴府，谒三姨母。至大嫂家。至教育会，晤张孟髯，嘱其以车来运城砖去。诣扶九家，小坐即出城。看《端忠敏奏议》。

1927.12.11
页 257

十八日

李树人、蔡麟书来，偕至中华园吃茶八角。教育局着人来取城砖去。茶后写信付蔡君，嘱即赴宁与程、赵二君接洽。至继恒晤罗薇桓，偕诣市政局晤陈帅初。途遇胡健春，偕至商会小坐。归值吴绍骧。摘录江宁志书。鲍敦典、张孟髯来，偕孟髯至商会晚饭。

1927.12.12
页 256

十九日

至白淑华家贺喜。乘车至车站二角。早车已过，在小乐居吃茶候车，晤商校旧生戴某。十一时车至，购票上车一元八角。在车中买物一角。三时抵苏，晤陈其可、卢殿宜。乘车至三新旅社二角，住八十八号房，吃面。乘车入城至书院巷二角，晤张四弟妇及两侄女。傍晚出城二角。陈、卢二君及夏崇璞邀至久华楼晚饭。诣铁路饭店与任叔永纵谈各事。

1927.12.13
页 256

二十日

六时起，算栈房帐八角。至阊门外河边乘常熟小轮六角。晤梁伯勤谈公约家事，恻然于怀，赋五言一章：

魑魍充大地，斯人遂云徂。浊世何足恋，薄祜良堪吁。畜盐睨膏粱，终天靳亨衢。买屋殚砚田，一椽不蔽躯。烟墨照四裔，回首寸楮无。嗃嗃厉家人，茹泪为欢娱。悬知旅殡魂，风雨泣海隅。人生信如客，斯客独何辜。眷言平生交，陈诗代生刍。

午后二时抵虞二角，住大新旅社二号。乘车二角五分至大东门外殷家弄口钱宅视河甥，居其伯姑屋旁一小屋中，萧然一无所有，并箱柜而无之，一乳妈，一老妪，皆钱、王两姑为之雇用者，云朝夕为之耳目，监视之惟谨。吁！可怜矣。以首饰匣交之，查点各物无误，河甥旋即交于其姑，又以押租廿一元畀之。傍晚回寓，至小肆吃饭四角。剪发二角。占卦一。

二十一日

1927.12.14
页 255

六时起，微雨。至逍遥游吃茶二角。至北门小普陀法华寺访极融消息，遇方丈心谷及退居耀文，言语支离，与极融情形不合，予颇疑之，最后耀文始言其在宝严寺，并告予以路径，欲引予去晤之。予拟明日赴宝严，遂兴辞。赴东门晤河珍，纵谈各事，谓钱氏之姑已送十元与之为医药费，又拟将田租钱交出。予劝河珍仍与之好好相处，不可决裂。在彼午饭，坐至三时始入城，并嘱其照医生所开药方买药煎服，后日再来看视。在小书肆买《西洋记》一部五角，归寓阅之。晚又至小肆吃饭五角。

二十二日

1927.12.15
页 255

早起，吃馄饨一角。乘轿至宝严寺一元四角，晤极融谈各事，遂留饭。以从之托赍廿元畀之。小览寺门外风景，即回。至冲天庙访徐止敬，始知其于去年化去，遂请其夫人出见，谈病状甚详。至常熟图书馆阅《真美善》。晤殷同甫，偕至石梅啜茗。晤宗伯皋、蒋韶九。归至寺前街酒肆吃酒六角。

二十三日

1927.12.16
页 255

微雨，竟日昙。早至茶肆吃点心二角。乘车送网篮与河珍二角。在钱家午饭，饭后携河珍、宝琳至冲天庙同和祥间壁徐宅，晤徐夫人，送徐止敬奠敬二元。四时复送河珍等出城，至其寓坐良久，以“勤俭利恒”四字勖之。至五时兴辞，河珍衔泪送予至大厅，殊难为怀。至塔前沙田局访梁伯勤，不值。归寓知殷同甫、崇宽、蒋韶九来，殷君以丁秉衡所著《晋书校证》《补晋书艺文志》赠予。算房钱计三元八分，又小账四角八、晚饭四角二分、买报百廿文。

〔共计此行已用去十四元。〕

1927.12.17
页 254

二十四日

六时起，乘车至南门招商码头二角。候船良久，在茶肆啜茗一角。买票六角，八时上船，旋开行。午后二时至苏，在阊门吃面一角。乘车至车站二角，三时购票登车一元六角，七时抵镇，乘车回家二角。得赵吉士来函二，知程梦徵辞职。陈佩忍来片。刘公鲁来片。

《虞游纪事》：

重向虞阳谛梦痕，西风黄叶过曾园。婿乡宛转孤雏泪，婴影婵媛九地魂。松寺寻僧芒屩软，枫廊待雪蒳瓯温。百年鼎鼎终何以，凄恻平生未了恩。

《宝严寺访极融》：

坠絮漂萍各有因，芭蕉谁悟幻非身。一炉芋火丁年梦，万鬣松风丙舍春。尽有波旬能作戏，终须阿堵为通神。盐齑乳酪蒲团侧，看取斋心作点尘。

《虞山公园坐雨》：

山梦沉冻云，林籁寂啼鸟。遮愁入空园，嚼茗坐清晓。溟濛涌磐松，霡霂泫妖筱。兴象融虚明，尘劳闵烦恼。何当礼化城，一偈万缘了。

廿五日

1927.12.18
页 253

在家摘抄各书。徐峻岑来。晚诣包俶青。买信纸、信封[百文]。作书与赵吉士、张从之、白眉初、王凤鸣。大侄来，借一绒帽。

廿六日

1927.12.19
页 253

包俶青约至中华园吃茶。送信[二角]。摘录各家文集。陈伯弢先生前询予，辛延年《羽林郎》诗为前汉人作？后汉人作？予告以诗中有“耳后大秦珠”一语，大秦前汉时未通中国，当是后汉人作，今日检郭氏《乐府诗集》，固明明标题后汉辛延年也。午后入城，访张东山、于敏成学校，不值。途遇韩渭华，谈良久。访鲍敦典、鲍扶九，取《碑传集》《续碑传集》，携之至吴府谒三姨母。下午乘车出城。得定儿书。

廿七日

1927.12.20
页 253

约张东山、李雁湖至小雅楼吃茶[一元]。买邮票[一元]。看《雪桥诗话》。陈帅初、张孟髯来。

廿八日

1927.12.21
页 253

张东山约同包俶青茶话小雅楼。摘抄各书。蔡麟书赍南京各方信来。晚至市政局宴饮。柳健行、张鹏同路归，中途谈教育局事，张忽破口詈予，至礼拜寺口始分途，予与健行续谈其事。至陈斯白家，复谈良久。

廿九日

1927.12.22
页 252

陈帅初、吴绍骧来。李雁湖约至小雅楼吃茶，予告包俶青及雁湖以昨夕之事，渠等均谓张酒醉不足较。杂抄各文件。晚至美丽赴张孟髯之招。

1927.12.23
页 252

卅日

陈仲初、张孟髯、胡健春来议教育费事。罗薇垣率其子来。吴绍骧来即赴宁，至宗祠与祭。诣陈善余，索其相片。徐峻岑来。又复赵诚卿一片。晚抄《南冈草堂诗》。

1927.12.24
页 252

十二月初一日

约罗薇垣、包叔青、李雁湖、张东山、钱毅植、胡翼卿中华楼茶话二元六角。入城至教育局议市教育经费及上年决算、本年预算，遂留饮。诣吴府，送节金廿元与王厚贻。买龙眼肉二角。写对联三副，为吴云斋题画佛。王桢甫来。续抄《南冈草堂诗》。

1927.12.25
页 252

初二日

罗薇垣来，约吃茶，辞之。乘车至火车站购票赴宁一元，朋三来站托谋事。车中晤陈冠同。午抵下关，乘车赴馆，途经清凉山后，山径风景极佳车资六角。到馆与吉士谈馆中各事。熊迪之、项燕伯来。教费处送通知书来，拨南汇漕赋1875为馆中十二月经费。乘车至两校看定儿及屺生四角。访萧叔絅。至八条巷汪霭庭家宴饮二角，偕同人步归馆。茅春台送来书费十九元八角。

1927.12.26
页 251

初三日

早起诣龚家桥，晤杨允中、周子经二角。至通俗教育馆晤张孟髯一角。至交通旅馆访茅春台，不值。至中山大学晤张晓峰二角，回至奎光阁吃面四角。至徐指南处为屺生推命，徐谓现行庚运，至明年三月，其始交足寅运，明年三、五、七、九月须留神。正月初八不可出门，姑志之二角。至东园洗澡四角，下午回馆二角。写明片寄内子、河甥。得河甥书。买贺年片[二角]。程梦徵来谈辞馆事，留之至正月再议，并告赵吉士以前已约张祖言之说。

初四日 1927.12.27 页 251

作书与张祖言，约其新正来宁。抄《文澜阁志》及《盋山志》。梁云伯、李崇甫、王芙生、龚政荣来。晚偕王春霆至绿柳居赴陈、项、赵三君之约，陪张孟髯吃素菜并晤从之。九时回馆[二角]。本日王春霆在江苏银行付款四百元，送赵、范、程、任、王、胡六君薪水，并自十月起扣存所得税。赵吉士与南汇县教育局长接洽领款事。

〔武一尘荐一宫姓来抄书，范耒研介绍。〕

初五日 1927.12.28 页 251

赵吉士赴南汇。看《散原精舍诗》。作书与王伯沆。偕汪君查印续提善本中丛书。陈伯弢先生来，赠书目一部。屺生及殷善甫来。写对联一、条幅一，并写梁公约挽诗。送梁公约吊份二元、陈梨村家一元、诸葛振公家二元。晚写《图书馆小史》稿第一章《缘起》，凡四页。刘作宾来请假回镇，告以馆中抄书情形。

初六日 1927.12.29 页 250

查印丛书。午后步至大学访张从之。至中二院与程、萧二君商定南菁学院办法。为胡某写楹联二副。访陈伯弢先生，不值，以校中聘约交校役呈之。胡子靖来。至交通部晤袁伯庸。乘车回馆[二角十文]。向觉民来，未晤。程梦徵来告将迁出。王、范诸君来商馆务。写《小史》二页。

1927.12.30
页 250

初七日

早起诣张晓峰寓，访向觉民，不值。晤王驾吾，谈片刻二角。至铁作坊黑簪巷梁宅吊丧二角。晤武霞峰、余丙东。至邮局买邮票发信一元。至绿柳居宴胡子靖、袁伯庸三元八角。杨杏佛饭后始来。诣女校视定生。携陈保之之信回。得张治如信及其所画扇面。回馆晤向达，谈良久。发大学贺片。抄《小史》四页。

1927.12.31
页 250

初八日

抄《小史》二页。查印志书。欧梁、彭蠡汇来。王春霆告假回镇，托携《史学与地学》一本赠鲍扶九。写明片寄内子及贡禾。李崇甫寄来《张氏家集》。乞尼庵腊八粥一盂，与同人啖之。赵吉士自南汇回，交来五十一元。余款1800由沪汇宁盐业银行，尚未至。王春霆付卅五元，厨房付一元二角。

〔王春霆计算赵帐，尚少算一元。〕

1928.01.01
页 249

十七年一月一日 即阴历丁卯年十二月初九日

天日晴朗。看《张氏家集》。馆中同人来贺年，分别答之。仇以炯来，赠陈伯弢《缀学堂初稿》四册、宁波土物四包。屺儿来。张从之来。缪赞虞来，留之偕馆中同人小宴听事。吉士晨出，至午后始归，留一座以待之。吉士至，饮数杯，即告予拟回镇，以宁波鱼翅等物托携至镇。从之与予商榷觅曾荫千事，渠劝予不必遽与之直接，由渠先为调解，予意此法较善，即请其于翌日午后至下关代达予意。屺生付十元，询其本学期共用几何，已百五十元矣。定生本云是日来馆，午间有电话来告，有事不来。

〔晚间馆中人全出，仅程、胡、范、张、陶在馆。〕

初十日

1928.01.02
页 249

看缪赞虞《史学讲义》。程梦徵来告，取行李去，馆事均托胡伯思代理。乘车至龚家桥二角，晤胡、蔡、周诸君，略谈校事。至吕宅吊丧。至交通旅馆晤茅春台，以十元还张小楼画券价。陈伯弢先生招饮万全，纵谈至四时散。偕叔絅步至夫子庙购梅花六盆、水仙二颗。至东园与伯沆略谈，以张治如画扇乞其书。购棉帽一元二角。乘车回馆二角。得李树人、崇甫父子书及寿介星书。晚饭仅范、胡、张、陶四君及予一桌。得张孟髯快信。看《散原精舍诗》。

十一日

1928.01.03
页 248

编《图书馆小史》十页。刘北禾偕湘人蔡君来馆参观，留之午饭，饭后偕览随园故址。毛嗣曾还前借款五元。作书与张孟髯、李树人。

〔汪、江晚来，汪霭庭未来。〕

十二日

1928.01.04
页 248

以《张氏家集》交范君。以字样交胡君并换阅卷宗。临《金刚经》二纸。李慰祖来。查印志部书。得徐河珍书及武一尘书。天气晴和，至清凉山后及蛇山一游。写《小史》六纸。汪调之晚出，未请假。张君谋赠《欧战全史》。

〔王付卅元。〕

十三日

1928.01.05
页 248

作书与张孟髯、张祖言、刘公鲁。临《金刚经》二纸。查印志部毕，计自十月初八至是查印续提善本始毕，凡三万二千余册。送南汇县知事书目一部四本。送刘伯禾书目一部一本。午后嘱汪调之印书目未载之书。步至洪武街，诣白氏表妹处小坐。至大学院访张君谋，同诣陈伯弢先生。至大学视屺生，以河珍信予之呈从之。至中二院赴筹备会。晚偕胡刚复至龚家桥宿。晤袁鹏程。以电话询馆役，知吉士已回。

1928.01.06
页 247

十四日

诣陈宜甫。至奇芳阁吃茶二百文。至顾松茂还帐一元。至中国银行询汇款，未至。午刻回馆一角。行政院来文，通告改名称之事，与吉士商酌刻木戳、做门匾等项。缪赞虞来，示以校正《文化史》本。项燕伯来。丁遐龄来，赠酒物。校阅范君所撰史部目录。阅杨守敬藏书诗[1]。

1928.01.07
页 247

十五日

校阅史部目录，仍请范君校阅。检查书画戊、己两箱。王镜第来。程伯善来，留之抄书，并嘱其写门牌。午后四时诣大学二角。途遇张晓峰、束天民，略谈校事。访张从之。至六时诣教育馆，赴张、胡二君招陪陈伯弢之宴，与陈、胡商请缪赞虞教历史事。饭后步至大学院，在杨杏佛处谈良久。又至龚家桥，与刚复谈至一时始寝。

1928.01.08
页 247

十六日

至奇芳阁吃茶，晤宗受于六角。至马府街视定儿。取款廿元一角。访缪赞虞，告以昨日所谈。诣教育经费管理处访刘伯禾，不值。取得一月份经费通知书 1875一角。约仇西斋、许文玉、赵棣华、丁放鹤、项燕伯、陈杰夫、赵吉士、范耒研在万全午饭十二元。闻吉士言，沪汇款已到。午后四时回馆三角。入冬久晴，昨始风寒，晚间气候复和，夜间落雨，今日

[1] 杨守敬著《藏书绝句》。

阴雨竟日，但仍不寒，如春初气候。得包叔青、墨青书，张孟髯、李崇甫等人书。

馆中净存 261，加 1875，又加 500，共 2636。本日入十一、十二、一月三个月薪 600，扣去所得税 16 元，又伙食 3 元，吕份 1 元，共 580。馆存 500，存王处 700。

十七日 1928.01.09 页 246

写贺年片分寄各处。写家信。编《小史》稿。黄应欢来，留之午饭。以五元交王春霆，购祭幛送杨杏佛。春霆取苏行存款折至行存新款。三时乘车至大学[二角]，途遇赵步洲来馆。视屺儿，未值，以被包二件置其榻上。议事至七时，至萧寓晚饭。童、项、林诸君来谈校事。偕刚复回龚家桥[二角]。

十八日 1928.01.10 页 246

至新奇芳晤宗受于[五角]。至女校视定生等。乘马车出城。午前回馆[二角]。包墨芬来，留之午饭，为作书与蔡无忌。王君以存折送来，共 2367.20，另存 231，共 2598。是日全馆薪金工食已发，王君将十二月计算书交来。金文晟来。范耒研来请假，拟廿日回里，允之。晚与吉士算馆款。胡、汤、楼诸君招赴龚家桥谈校事[二角]。十二时始寝。

十二月馆中出、入款

上月余存	1002.6766 元	2877.6766 元
本月实领	1875.0000 元	
本月支出		1218.3280 元
余存		1659.3486 元

〔大风，寒。〕

1928.01.11
页 245

十九日

吃早饭回馆二角。向觉民来馆。丁遐龄、缪凤林来，留之午饭。饭后极寒，以棉袍赠程伯善。得张祖言书。束天民、丁遐龄、胡先知来。晚与赵、向、王三君谈馆务。竟日未作一事，殊为无谓。

〔汪调之晚出，亦未言。〕

1928.01.12
页 245

二十日

晴，较和暖。写《小史》。郑明华来。改名“国学图书馆”，将旧额取下，另悬一蓝牌。付伙食四元、仆费二元。王杰来。王伯沆来，留之午饭。屺儿来。午饭乘车至大学四角。晤张从之，谈曾荫千事。至校赴筹备会。六时乘车回馆二角。与向觉民谈刻书事。与赵吉士谈传钞部事。

1928.01.13
页 244

二十一日

作书与河甥。写《小史》稿。彭百川、贺良璜、李孟书、范作瑶来。闻吉士言馆中抄书人情形，殊为难处。得刘公鲁书。致清史馆书：

> 敬启者，顷阅沪报知《清史稿》已印行，杀青有日，长白流辉。增金匮石室之藏，结龙门兰台之局。合奇渥温之新编，而为廿六；与王鸿绪之史稿，共有千秋。翘企燕云，弥钦山斗。忆昔纂修之始，尝与徵辑之劳。迻钞国榷逸闻，遂备夫前明；网罗志乘坠典，重腾夫肇域。溯艺风之学派，本属一家；此方略之频颁，敢侪七阁。倘荷赐书之典，以昭奖学之风，庶几江介儒生欣窥全豹，逊朝掌故，式宠蟠龙。冒昧上干，伏希俯允。

作书与张孟髯。吉士下午回镇。校《玉海》。

二十二日 1928.01.14 页 244

校《玉海》。欧梁、周悫、任启钺、蔡无忌来。午后至江苏银行存吴索款 4929二角。至东井巷访毛元徵。至寿康里访程伯善，不值。乘车回馆二角。叶楚伧、陈佩忍来馆参观，未晤。王则先、陶绍甫[1]来，亦未晤。萧叔絅嘱两工人来馆视印书机器，谓系石印机，已不能用，须出价修理。写《小史》。得屺生明片。

二十三日 1928.01.15 页 243

早起乘车至交通旅馆晤马贡芳二角，偕至迎水台茶话。访武霞峰，谈孟心史事及赣榆教育局事，续及宫明浦不肯搬走之情形。诣龚家桥，遇罗世真，借钱四角。与戴毅夫谈缪赞虞事。至汤觉无家。赴商校聚餐会。宗受于坚欲借五十元度岁，允明日付之。午后三时回馆。高等法院推事吴昱恒字笑予来参观，张省三以调查蠹损表交来，总计蛀者 8392，损者 1584，脱线者 717，共计 10693。续提善本大数三万二千本，蛀损须修理者已占三分之一矣。

〔赏本海一元。〕

廿四日 1928.01.16 页 243

抄《金陵通传》。梁孝谦来，为之作书与杨杏佛。得河甥廿一日书。作书与从之。又书与河甥，云：

来信所云，我已与四舅函商，俟得渠信再行告汝。汝系曾家之妇，荫千告我所住房屋是自己出钱租的，一切自由，汝宜拿出主意来，照常过年，谁人可以干涉？汝身体未能痊愈，尽可再找前次诊视之医生诊治，将两儿好好携带，不要烦恼。我俟正月初十外再来

---

[1] 日记手稿亦书作“陶少甫”。

看汝。荫千生平纯孝性成，事姊如母，必知我之爱汝不啻己女，我如不问汝事，即无以对吾姊于地下。《诗经》云："孝思不匮，永锡尔类。"吾姊之女必不能任人凌虐，善于事姊者，当知此等心理也。我准于后日回镇，有事可写信至镇江告我。千万自家保重，有话说话，有理讲理，徒然气恼无益也。

下午四时至石坝街陶少甫家晚饭，弈二局。至大观楼宿[一元二角]。

1928.01.17 页 242

廿五日

早起，诣宗受于，尚未起，至奇芳阁候之，八时半来，以五十元交之。乘车回馆[二角]。孟晋来，请予至大学教书，笑谢之。张其昀来。乘车至大学，与杨、萧二君商南中事，即回[四角五分]。为事务处钟、林二君写对联。为张君谋题匾赠福建博物研究会。向觉民回沪。赵吉士来，谈至夜分。付《玉海》书款十元四角一百九十文，赏封贵、李荣二元，付厨房一元。以鱼酒分送赵、胡、王、汪四君。

1928.01.18 页 242

廿六日

早起，嘱馆员留心照料。乘车[二角]至大学院，以《玉海》及字条嘱绍骧交高曙青。至大学，以"农学杂志"四字交校工呈蔡无忌。乘车至下关[四角]。诣俭德储蓄会晤曾荫千，遇一粤人谭姓者谈相。午至五味斋吃饭，饭后复至储蓄会，与曾谈河珍事，反复规诲，自一点钟至三点。寻至江边游览，至迎江阁吃茶[一百文]。四时购票登车[八角]，曾来送。七时抵家，晚与从之谈曾事。

1928.01.19 页 241

廿七日

从之赴苏。陈帅初、张孟髯来。写《小史》。入城至吴府[十元]。诣二兄及茀卿家。

廿八日

1928.01.20
页 241

写《小史》，薛伯王、李孟书来。诣继恒，晤罗薇垣。诣裕康祥访胡健春，不值。购对联一元。67.2，36。徐德昌妻来借钱五元。晚雨。

廿九日

1928.01.21
页 241

竟日阴雨。写《小史》竟。写对联二副。徐俊岑、张质夫来。得凌放庵书。赵吉士来。看《野获编》。

卅日

1928.01.22
页 241

竟日阴雨。项燕伯来赠物，受之，与谈王春霆及赵吉士事。叶莛渔来。定生发病大闹。初因觅茶船不得，为母所责，愤愤然。嗣与段家小女口角，遂哓哓不休，骂渠等三人欺彼，且出秽言。渠母责之，遂打碎一茶杯。予时与燕北谈话，闻而憎之。至燕伯去后，渠母复呼之作事，渠不应，且出恶声。予乃拖出，责以手心十许下，渠忍气作事，由此神志失常。至晚间无故哭泣，予又责之，渠乃大哭，语无伦次，始知其系发病。

戊辰廿正月初一日

1928.01.23
页 240

阴。祀先。乘舆入城二角，至吴府、两鲍府、大嫂、小川兄家、宗祠、张孟髯、何赞尧、二兄、季、胡、叶、罗、包诸府拜年二角。途遇绍骧，略谈数语。在二兄家吃饭。晚归，知定生尚如昨，此女已绝望矣。

1928.01.24
页 240

初二日

二兄来此视定生，较昨稍平靖。嗣段姑奶奶来拜年，又矢口詈之，强之拜跪，亦不复知人事。留二兄及何绍坡、王遐杰、大侄午饭。至张府赴宴。至王少中家写屏条、对联。晚检定生课本等，试之。

1928.01.25
页 240

初三日

定已自起坐中堂，洗面吃食。予遂入城至各家贺年。出城回家，闻其又独坐詈人，乃曳之出，令折扇，颇能镇定折叠。至晚间有问答，但时时笑不止，则痰入心包也。得萧叔絅书及贡禾明片。

1928.01.26
页 240

初四日

诣李仰彭、芾卿、明春家贺年。访马贡芳，偕至市政局。赴陈帅初之招吃素菜。家中请曹隄亭为定生诊病，处方与吾姊所服相同。晚携屺儿至一品香赵庆杰处吃暖房酒。

1928.01.27
页 240

初五日

定生仍作病态，撕破多物。三姨母来视之。至张、赵二府贺喜。李雁湖来。祀先。二侄来。下午至一品香为张、赵二家证婚，遂坐候吃喜酒，晚八时始散。归，而知河甥携两儿来镇。

〔张孟髯还前借五十元，遂携之至宁零用。〕

人物简介

B	
白表妹（白氏表妹）	
白伯涵	
白家柱	张从之妹静宜之子。
白淑华	
白月恒（眉初）	白月恒，字眉初，河北秦皇岛人。近代地理学家、史学家。直隶女子师范学校（今河北师范大学）教员，北京师范大学历史地理部原主任兼地理学教授。
包墨芬	曾与周今觉等创办扬州“知新算社”。
包墨青、包墨卿	包叔青侄。
包世臣	包世臣，字慎伯，号诚伯、慎斋，晚号倦翁，安徽宣城人。清代学者、书法家。著《艺舟双楫》《齐民四术》等。
包叔青、包叔菁、包俶青、包俶菁	曾任镇江绍宗藏书楼董事会成员、私立镇江女子职业学校校董会成员。
宝琳	柳诒徵外甥女徐河珍的女儿。
鲍鼎（扶九）	鲍鼎，字扶九，号默厂，生父鲍恩暄，嗣父鲍心诠。柳诒徵表弟。新安鲍氏承凤派二十九世，迁润支派八世。
鲍皋（海门、步江）	鲍皋，字步江，号海门，江苏镇江人。著《海门初集》《二集》《三集》等。新安鲍氏承凤派二十四世，迁润支派三世。
鲍元凯（仰高）	鲍元凯，字仰高，鲍心增之孙。新安鲍氏承凤派三十世，迁润支派九世。
鲍长驰（次驯）	鲍长驰，字次驯，号徵予，晚号侄均，鲍庆熙之子。新安鲍氏承凤派二十九世，迁润支派八世。
鲍长谷（禄诒）	鲍长谷，字禄宜，号诒孙，鲍心源之子。新安鲍氏承凤派二十九世，迁润支派八世。

鲍长叙（敦典）	鲍长叙，字敦典，号凤石，鲍心源之子。新安鲍氏承凤派二十九世，迁润支派八世。
鲍长畬（康年）	鲍长畬，字康年，号书农，鲍心培之子。新安鲍氏承凤派二十九世，迁润支派八世。
本海	
秉志（农山）	秉志，原名翟秉志，字农山，河南开封人。动物学家，中国近现代生物学主要奠基人。1948 年当选中央研究院院士，1955 年当选中国科学院学部委员。
病鹤	

C

蔡斌	
蔡麟书	蔡麟书，字子玉，中年以后以字行，湖北汉川人。曾任教于京师译学馆，授英文课。
蔡松原	蔡松原，号雪堂，与高翔、汪士慎、高凤翰、朱冕有“五君子”美誉。
蔡无忌	蔡无忌，生于北京，原籍浙江绍兴。1919 年获法国国立格里农学院农业工程师学位。1927 年任中央大学农学院院长。
蔡元培（孑民）	蔡元培，字鹤卿，又字仲申、民友、孑民，乳名阿培，化名蔡振、周子余，浙江绍兴人。曾任北京大学校长。
蔡子平	曾任江苏武进县县长、无锡县志局委员。
曹隈亭	镇江医生。
曹觉民	
曹梁厦（梁夏）	曹梁厦，又名曹惠群，江苏宜兴人。学者、教育家、化学家。曾任上海大同大学校长，中国科学社上海社友会理事长，中华化学工业会会长，发起创刊《化学世界》并任主编，《科学画报》常务编辑。
曹亿之	
常宗会	常宗会，原名常万元，安徽全椒人。农业蚕桑畜牧专家。
陈邦怀（保之）	陈邦怀，字保之，室名嗣朴斋，江苏镇江人。古文字学家、考古学家。曾任张謇秘书。著《殷墟书契考释小笺》《殷契拾遗》等。
陈登恪	陈登恪，字彦上，江西义宁（今修水）人。陈三立幼子。古典文学研究专家。曾任教武汉大学，著《留西外史》等。
陈干（明侯）	陈干，字明侯，山东昌邑人。民主革命家。曾任山东省政务厅厅长。著《倥偬集》《欧战拾遗》等。
陈冠同	1927 年任江都县教育局局长。著《中国文学史大纲》。

陈海澄	
陈汉章（伯弢）	陈汉章，谱名得闻，字云从，别号倬云，晚号伯弢，浙江象山人。经史学家，教育家。曾任教北京大学、中央大学。
陈鸿仪	江苏溧阳人。编《溧阳诸里陈氏重修宗谱》。
陈剑脩、陈剑霄	陈剑脩，名宝锷，字剑修，江西遂川人。1927 年任南京市政府教育局长。1946 年 10 月任广西大学校长。
陈杰夫	曾任东南大学附中教师。
陈钧	
陈峻云	陈峻云，字绍禹，广西人。1927 年 10 月至 1928 年 7 月任丹徒县县长。
陈梨村	
陈亮（培经、仲常）	商校学生，原名培经，字仲常。
陈南吉	
陈清华	陈清华，字澄中，湖南祁阳人。藏书家。曾任上海中国银行总稽核。
陈庆年（善余）	陈庆年，字善余，号石城乡人，晚号横山，江苏镇江人。史学家、教育改革家和图书馆事业创建者。
陈去病（佩忍）	陈去病，原名庆林，字佩忍，号巢南，别署病倩、法忍、百如等，江苏吴江人。南社创始人之一。曾任东南大学中文系教授，江苏革命博物馆馆长等。
陈仁锡	陈仁锡，字明卿，号芝台，江苏长洲（今苏州）人。明代官员、学者。辑《皇明世法录》。
陈三立（散原）	陈三立，字伯严，号散原，江西义宁（今修水）人。著《散原精舍诗集》。
陈士锋	时为东大理科学生。
陈帅初	
陈斯白	陈斯白，祖籍镇江，生于盐城。扬州江苏第五师范毕业，曾任教镇江润商小学，参与创办《新镇江周报》，后参加北伐。抗战期间任国民党三战区视察专员等职。
陈调元	陈调元，字雪暄，河北安新人。一级陆军上将。原系北洋军阀直系将领，后参加北伐战争，任国民革命军第三十七军军长。曾两度任安徽省主席，以及山东省主席、军事参议院院长等职。
陈挺生	
陈燮勋（季襄）	陈燮勋，字季襄，广东蕉岭人。曾任印尼《天声日报》总编辑、国民党中央党部宣传部科长、《中央周刊》总编辑、梅县《中山日报》社社长等职。

陈训慈	陈训慈，字叔谅，浙江慈溪人。毕业于东南大学。历任上海商务印书馆编译、中央大学史学讲师、浙江大学史地系教授、浙江省立图书馆馆长等。先后创办《文澜学报》《浙江图书馆馆刊》《图书展望》《读书周刊》等。陈氏兄弟中以陈训正、陈布雷和陈训慈最为著名，时称“甬上陈氏三文豪”。
陈训正	陈训正，字屺怀，号天婴子，浙江慈溪人。主持编纂民国《定海县志》《掖县新志》和《鄞县通志》。
陈延杰（仲子）	陈延杰，字仲子、仲英，号学究，笔名晞阳，江苏南京人。毕业于两江师范学堂，师从李瑞清，与胡小石、胡翔冬同门，有“李门三子”之誉。曾任教于宁属师范学堂、湖南高等师范、江苏省立第四师范学堂、滁州第九中学、武昌大学、中央大学、金陵大学。1949 年以后，历任江苏文史馆馆员、南京市文物管理委员会委员、南京市政协第一至五届委员。著《贾岛诗注》《诗品注》等。
陈义（宜甫）	陈义，字宜甫，江苏镇江人。与柳诒徵、陶逊等人一起创办思益小学堂。
陈寅恪	陈寅恪，字鹤寿，江西义宁（今修水）人。历史学家、古典文学研究家、语言学家、诗人。陈宝箴之孙、陈三立三子。曾任清华大学、西南联合大学、燕京大学、中山大学等校教授，中央研究院院士、中国科学院哲学社会科学学部委员、中央文史研究馆副馆长。著《隋唐制度渊源略论稿》《唐代政治史述论稿》《元白诗笺证稿》《寒柳堂集》《金明馆丛稿初编》《金明馆丛稿二编》《柳如是别传》等。
陈咏之	
陈垣（圆庵、援庵）	陈垣，字援庵，又字圆庵，广东新会人。历史学家、宗教史学家、教育家。著《元西域人华化考》《校勘学释例》《史讳举例》及《通鉴胡注表微》等。
陈源（通伯）	原名陈源，字通伯，笔名西滢，江苏无锡人。
陈柱（柱尊）	陈柱，字柱尊，号守玄，广西北流人。史学家。师从唐文治。曾任教于中央大学、交通大学上海分部。
陈撰（玉几）	陈撰，字楞山，号玉几，浙江鄞县（今宁波）人。
陈子寿	
陈子祥	
陈祖濂	陈祖源兄长。
陈祖源（其可）	陈祖源，字其可，江苏苏州人。历史学教授。
谌湛溪	谌湛溪，贵州平远人。曾任职湖南益阳板溪锑矿、长沙华昌公司、唐山煤矿、井陉煤矿、萍乡矿务局、焦作煤矿、烟筒山铁矿、石景山矿、贵州省政府建设厅、个旧锡矿。亦曾任教东南大学、厦门大学、唐山工学院、交通大学、贵州大学工学院、昆明工学院。

程伯善	
程海臣	
程良贵	程良贵，江苏山阳（今淮安）人。毕业于两江师范学堂，曾任职国学图书馆。
程时煃（柏庐）、程伯鲁	程时煃，字柏庐，江西新建人。早年留学日本，曾任北京师范大学教务主任、北京女子师范大学教授、福建省及江西省教育厅厅长。
程天放	程天放，江西新建人。曾任国民党江西省党部执行委员兼宣传部长、江西省政府委员兼教育厅厅长、中央大学教授、国民政府顾问、考试院顾问、安徽省政府委员兼教育厅厅长、国民党中宣部副部长、江苏省政府秘书长、浙江大学校长、中央政治学校教务长、四川大学校长、国民党中央政治学校副校长、国防最高委员会常委等职。著《中俄关系史》《使德回忆录》等。
程孝刚（叔时）	程孝刚，号叔时，江西宜黄人。机械专家，教育家。中国科学院学部委员。曾任上海交通大学副校长、教授。著《铁道概论》《关于新型轨道枕木的设想建议》等。
程学怡（梦徵）	程学怡，字梦徵，江西新建人。日本大学法律科毕业。曾任赣省法政学校教员、国学图书馆传钞部兼阅览部主干。
崇宽	
褚民谊	褚民谊，原名明遗，号重行，浙江吴兴人。1927 年任南京国民政府教育行政委员会常委。
崔苹村	东南大学英文教师。曾代理中央大学图书馆馆长职务。

D

笪翼云	
戴芳澜	戴芳澜，浙江镇海人。真菌学家，植物病理学家。中央研究院院士，中国科学院学部委员。曾任教广东省农业专门学校、东南大学、金陵大学、清华大学、北京农业大学。
戴开夫	
戴修骏（毅夫）	戴修骏，字毅夫，湖南常德人。任北京大学教授，中央大学法学院院长、国民政府首届立法委员等。译《万国比较政府议院之权限》《国际文化合作报告》。
狄青	狄青，字汉臣。北宋名将。
狄咏棠	狄咏棠，字荫甘，苏州公立第一中学堂授地理兼历史。
刁沛然	
丁放鹤	

丁国钧（秉衡）	丁国钧，字秉衡，号秉衡居士，室名荷香馆，江苏常熟人。藏书家、目录学家。曾任江苏仪征县训导。著《荷香馆琐言》《补晋书艺文志》《晋书校证》《晋书校文》《先儒言行录》等。
丁遐龄	曾任淮阴师范学校史地教席。
丁芝生	曾任常熟教育会职员。
董庭祥	董廷祥，字瑞芝，江苏扬州人。国学图书馆修书工。
董增儒	董增儒，字伯纯，江苏高邮人。1912年当选任国会众议院议员。富藏书。
段敬文	
段石和	
段叔和	
段调元	段调元，江津吴滩人。致力于算学。曾任教于重庆大学、西南师范学院、南京大学等。
段育华（抚群）	段育华，字抚群，江西南昌人。留美专攻数学，曾任南开大学、东南大学、上海光华大学数学教授、商务编译所算学部部长。译著《中等学校数学教学法》《西洋近世算学小史》等。

F

法度（审重、承重）	法度，字审仲，江苏镇江人。曾任私立镇江女子职业学校校长。
范亩（亩诲）	范亩，字子美，号亩诲，又号古欢，江苏苏州人。书报编辑。曾任《苏报》《实学报》《中外日报》记者。
范尉曾（冠东）	范尉曾，字耕研，号冠东，江苏淮安人。教育家、学者。曾任扬州中学教师、淮阴师范学校校长。著《周易诂辞》《国学常识》《藘观斋读书随笔》等。与弟弟范绍曾、范希曾合称“淮阴三范”。
范希曾（耒研）	范希曾，字耒研，江苏淮安人。南京高等师范学校国文史地部本科毕业。曾任国学图书馆编辑部兼保管部主干。著《书目答问补正》。
范应珩	
范作瑶	江苏镇江人。著《南京市政》。
风汝贵、封儒贵、封贵	
冯竹侯	国民政府江苏省教育厅督学。
伏金门	
伏锦仲、伏经仲	

G	
甘豫源	甘豫源，号导伯，上海真如镇人。主修教育，副修国文、心理学。新中国电化教育的创始人之一，民众教育专家。著《新中华民众教育》《中国教育行政》《县教育行政》等。
高鲁（曙青）	高鲁，字曙青，号叔钦，福建长乐人。天文学家，中国现代天文学奠基人之一。创办《观象丛报》《气象月刊》，曾任中央研究院天文研究所所长，发起筹建紫金山天文台，中国天文学会创始人。
高慕庭	
葛正奎	
宫明浦	
龚政荣	
顾实（惕森、惕生）	顾实，字惕生，江苏武进人。古文字学家，诸子学家。曾执教于东南大学、无锡国专等校。
顾视哲	顾视哲，江苏邳县人。毕业于东南大学，长期从事中小学教育。
顾松茂	
顾云（石公）	顾云，字子鹏，号石公，别署江东顾五，斋名深柳读书堂，江苏上元（今南京）人。近代诗人，“石城七子”之一。著《盋山诗录》《盋山文录》《盋山词》《盋山谈艺录》《盋山志》等。
广生（广侄）	柳平章子，少丧，未入《京江柳氏宗谱》。
郭秉文（郭氏）	郭秉文，字鸿声，江苏南京人。教育家。曾任南京高等师范学校教务主任、校长和东南大学校长。
郭继宽	
郭廷以	郭廷以，字量宇，河南舞阳人。1926年东南大学历史系毕业。曾任教清华大学、河南大学、中央政治学校、中央大学。著《太平天国历法考订》《中国近代史概要》《近代中国史事日志》《近代中国的变局》《近代中国史纲》等。
郭维周	
郭孝霆	
过探先	过探先，江苏无锡人。农学家、农业教育家。创办东南大学农科和金陵大学农林科，中国现代农业教育和棉花育种事业的开拓者。
H	
韩天眷	韩天眷，斋号双天阁，江苏镇江人。画家、美术教授。韩天眷大姐韩石渠是茅以升的母亲。
韩渭华	韩渭华，字锡璜，江苏镇江人。

续表

何鲁（奎垣）	何鲁，字奎垣，笔名云查，四川广安人。数学家。
何尚民	
何尚平	何尚平，福建闽侯（今福州）人。农学家、蚕桑学家，曾任上海劳动大学农学院院长。
何绍坡	
何英祥	何英祥，牙科医生，诊所位于碑亭巷，竺可桢曾多次于此就诊。
何赞尧	何焕勋，字赞尧，江苏镇江人。新安鲍氏承凤派二十九世鲍兰徽之夫，鲍心诠次婿。
何振从	
何子贞	
贺良璜	贺良璜，字敏生，湖北蒲圻人。南音诗社成员。
贺枚叔	
洪懋熙（勉哉）	洪懋熙，字勉哉，号慕樵，江苏丹阳人。曾就职于上海商务印书馆、上海世界舆地学社，后创办东方舆地学社，编绘出版地图。
洪思伯	洪思伯，原名怀孙，改名怀祖，安徽宣城人。曾任江苏省财政厅秘书、安徽省货物税局局长、江苏省银行顾问等。
侯莘生	
胡超伯	
胡敦复	胡敦复，江苏无锡人。数学教育家，中国数学会早期的组织者，创办私立大同大学。
胡刚复	胡刚复，原名文生，又名光复，江苏无锡人。物理学家、教育家，中国近代物理学事业奠基人之一。曾任第四中山大学高等教育处处长、教授、理学院院长。
胡国钧	
胡明复	原名孔孙，后改名为达，字明复，江苏无锡人。以字行。参与创建了中国最早的综合性科学团体中国科学社和最早的综合性科学杂志《科学》。
胡虔（胡上舍虔）	
胡镕（健春）	胡镕，字健春，江苏镇江人。创设裕康祥绸布号（经营洋货匹头）。
胡润德	西医。
胡树屏（胡伯诗、胡伯思）	胡树屏，字伯诗，安徽歙县人。国学图书馆指导员兼文牍。湖南公立法政专门学校毕业，曾任旅湘徽州学校校长，历充湖南安乡、华容、平江、衡阳、益阳各县知事公署科长，兼承审员，任江苏省立第一中学校文牍主任七年。

胡先骕（步曾）	胡先骕，字步曾，号忏盦，江西南昌人。植物学家。创办中国第一个生物学系。创办庐山森林植物园。首届中央研究院院士。著《植物分类学简编》。
胡先知	
胡翼卿	
胡元倓（子靖）	胡元倓，字子靖，号耐庵，湖南湘潭人。创办明德学堂（明德中学前身）。曾任湖南大学校长。
胡昭佐（梦华）	胡昭佐，字梦华，安徽绩溪人。1920 年秋考入南高师英语科，1922 年秋转入东南大学西洋文学系攻读，1924 年夏毕业。1927 年任教东南大学，后任商务印书馆编辑、安徽省立第一师范校长。
胡子明	胡子明，字伯寅，号省闇，湖北天门人。与沈肇年创办天门中学，任校长。
华子华	
黄昌鼎	黄昌鼎，黄昌鼒之弟，江苏海门人。毕业于东南大学。
黄承勋	
黄次山	
黄建中（离明）	黄建中，亦名士申，字光卿，号离明，湖北随县人。教育家，哲学家。曾任教北京大学、朝阳大学、复性书院。任上海暨南大学任教务长、湖北省政府委员兼教育厅长、教育学院院长、教育部高等教育司司长等。著《述老》《比较伦理学》《教育哲学》《中国教育史》《中国哲学通论》《街子名学》《概然论》等。
黄厦千（应欢）	黄厦千，名应欢，以字行，江苏南通人。气象学家。著《测候须知》《地学通论（数理之部）》《航空气象学》等。
黄绶	黄绶，号厚庵，福建莆田人。创办兴郡崇实中学堂。
黄泰	黄泰，江苏扬州人。教育家。1927 年毕业于东南大学。
黄炎培（任之）	黄炎培，号楚南，字任之，笔名抱一，江苏川沙（今属上海）人。教育家、实业家、政治家，中国民主同盟主要发起人之一。
黄易（小松）	黄易，字大易、大业，号小松、秋庵，浙江钱塘人。绘有《访碑图》，并著《小蓬莱阁金石文字》等。
黄元贲	黄元贲，四川西充人。四川绅班法政学堂毕业。曾任重庆大学讲师，四川大学、华西大学教授，四川检察厅代理检察长，遂宁专区专员。1956 年任职于四川省文史研究馆。
黄宗羲（梨洲）	黄宗羲，字太冲，一字德冰，号南雷先生，别号梨洲老人、梨洲山人，浙江余姚人。明末清初经学家、地理学家。著《明夷待访录》《明儒学案》等。

续表

J	
计诚	
季光甫	
季辛庐	组织“梅社”，发行《梅社》月刊。
贾季周	
江国栋(筱石、小石)	江国栋，字筱石，江苏江宁（今南京）人。曾任江苏振抚局办事员、江宁县警察所收发员、国学图书馆掌书兼庶务。
江恒源（问渔）	江恒源，字问渔，号蕴愚，别号补斋，江苏灌云人。职业教育家。
江钟彦（武子）	江钟彦，字武子，江苏仪征人。毕业于江南高等商业学校，历任江苏省立扬州中学，无锡国学专科学校，镇江师范学校历史、地理老师。
蒋凤梧（韶九）	蒋凤梧，字韶九，晚号忍成居士，江苏常熟人。教育家。参办中西学社，在中西蒙学堂、中西学堂、常昭公立高等小学堂任教。任苏州公立第一中学堂、苏州铁路学堂监督、常熟县立女子高等小学校长、江苏省第一、第九师范学校校长以及县教育局董事会主席等职。参与建立私立中山中学。
蒋恭晟	东南大学历史系学生。著《国耻史》《中美关系纪要》等。
蒋乾甫	
蒋维乔（竹庄）	蒋维乔，字竹庄，号因是子，江苏武进人。曾任南京临时政府教育部秘书长、教育部参事及编审员、江苏教育厅长、南京东南大学校长、上海光华大学教授，创办上海诚明文学院。著《学校管理法》《中国佛教史》《中国近三百年哲学史》等。
蒋贞金（太华）	蒋贞金，字太华，江苏扬州人。教育家、冶春后社诗人。曾任教上海圣约翰大学，创建扬州国学专科学校。
觉安	
金安华（崇如）	金安华，字崇如。曾任江苏省立国学图书馆副馆长。与王仲和、冯顺伯合编《初中公民学教本》。
金曾澄（湘帆）	金曾澄，字湘帆，广东番禺人。曾任广东高等师范学校校长、广东省教育会会长、国民政府教育行政委员会常委、广州大学校长、国民大学董事长、法官学校教授、广东省教育厅厅长、中山大学校长、广州文史馆副馆长等职。
金鼎一	
金农（寿门）	金农，字寿门、司农、吉金，号冬心先生、稽留山民、曲江外史、昔耶居士等，浙江钱塘(今杭州)人。布衣终身，善书画，列“扬州八怪”之首。
金松岑	金松岑，原名懋基，又名天翮、天羽，号壮游、鹤望，笔名金一、爱自由者，自署天放楼主人，江苏同里人。

金文晟	
景昌极（幼南）	景幼南，初名炎昭，改名昌极，字幼南，江苏泰州人。毕业于南京高等师范学校、南京支那内学院。曾任教沈阳东北大学、成都大学、南京中央大学、浙江大学、任扬州师范学院。著《哲学论文集》《哲学新论》《道德哲学新论》《名理新探》等。
K	
奎卿	
L	
雷海宗	雷海宗，字伯伦，河北永清人。历史学家。曾任教于南京中央大学、武汉大学、清华大学、西南联大和南开大学。代表作《中国通史》《西洋通史》《西洋文化史纲要》《伯伦史学集》等。
冷遹（御秋）	冷遹，原名晓岚，字御秋，江苏镇江人。中华职业教育社创始人、中国民主政团同盟（中国民主同盟前身）创始人、民主建国会（中国民主建国会前身）创始人。
黎承福（寿丞）	黎承福，字寿丞，号蝫叟，湖南湘潭人。著《六朝文絜简篇》《故都竹枝词》《蝫庵葺书》等。
黎光明	黎光明，字静修，一字敬修、劲修，回族，四川都江堰人。早年肄业于成华联合中学、东南大学，1927年毕业于广州中山大学。曾任职于中央研究院、燕京大学图书馆等。著《中国历代战争史》。
李拔峨	
李丙荣（树人）	李丙荣，字树人，江苏镇江人。李恩绶子。
李丙之	
李伯弢	
李昌冉	
李崇甫	李丙荣子。江苏镇江人。中泠诗社成员。
李法章	李法章，字绎之，别号龙公，江苏武进人。毕业于江西优级师范学堂，曾任江西中等工业学校教授，江西客籍学校校长，江西省军政府都督秘书长等。著《太平天国志》《梁溪旅稿》等。
李宏增（翼唐）	李宏增，字翼唐，江苏宿迁人。毕业于北京师范大学。淮安江北慈幼院首任院长。
李晋芳	
李烈钧（协和）	李烈钧，原名烈训，字协和，号侠黄（一作侠璜），江西九江人。民主革命家。
李孟书	

李木天	
李晴生	江苏镇江人。医生，曾主办自新医学堂。
李荣	
李石曾	李石曾，原名李煜瀛，字石僧，笔名真民、真石增，晚年自号扩武，河北高阳人。教育家、文物学家，故宫博物院创建人之一，国民党四大元老之一，私立南通大学首席校董。
李思纯（哲生）	李思纯，字哲生，四川成都人。历史学家，元史学家。曾任教东南大学、四川大学等。四川文史研究馆馆员。有《李思纯文集》。
李万育	江苏洋河人。曾与顾实、陈钟凡等在东南大学、南京高等师范学校两校创立国学研究会。江苏省立第九临时中学校长。
李慰祖	毕业于燕京大学，曾任云南大学讲师。
李文志	
李希仁	
李小缘	江苏江宁（今南京）人。国学图书馆参议。曾任金陵大学图书馆主任。
李爕臣	
李雁湖	李雁湖，字翰翔，又名汉强，别号紫金山房主人，江苏镇江人。曾先后担任丹徒县立国民小学校长、丹徒县视学、私立镇江中学校董、镇江佛教慈幼院院长及镇江润商学校校长等职。
李仰彭	江苏镇江人。曾任丹徒县县参议长。
李仪祉（宜之）	李仪祉，原名协，字宜之，陕西渭南人。是中国水利工程学会主要创始人、首任会长，水利学家、教育家。创办南京河海工程专门学校，曾任陕西省水利局局长、西北大学校长、导淮委员会总工程师等职。著《水工学》《水力学》《潮汐论》《中国水利史》等。
李莹璧	
李中襄（立侯）	李中襄，字立侯，原籍江西南昌，出生于浙江宁波。毕业于唐山交通大学。曾任国民党党务设计委员、第四届国大代表、《江西日报》社社长、南昌行营党务处少将秘书、南昌行营党务主任委员、九江市政委会主任委员、国民党中央执行委员、江西省政府委员、江西省民政厅厅长等职。著《六十自述》《李立侯先生遗稿》。
李祝溪	
廉泉（南湖）	廉泉，字惠卿，号南湖居士，江苏无锡人。文学家、教育家。
梁伯勤	

续表

梁菼（公约）	梁菼，又名梁英，字公约、慕韩，江苏江都人。曾任南京美术专门学校教师。
梁孝谦	
梁云伯	
林清	
林尚贤	
林铁西	曾任中学国文教员、圣约翰大学教员。著《应用文教本》《初中国文科读书问题之研究》等。
凌放庵	
凌文渊（植支）	凌文渊，名庠，字文渊，号植之、直之，晚号隐峰居士，以字行，江苏泰县（今泰州）人。
凌孝芬	曾任河南省政府委员。
刘百昭	刘百昭，字可亭，湖南武冈人。曾任北京政府教育部专门教育司司长。
刘北禾、刘伯禾	
刘岑	
刘笃才	
刘海滨	
刘海萍	曾任安徽公学校董。东南大学大礼堂建筑委员会筹备委员。
刘景烈	
刘启文	
刘峤	
刘芹生	
刘润生	湖南益阳人。曾任育婴局局长。
刘世珩（葱石）	刘世珩，小字奎元，字聚卿，又字葱石，号檵庵、聚卿，别号楚园，别署灵田耕者、枕雷道士，安徽贵池人。
刘永昌（琴生）	刘永昌，字琴生，江苏常熟人。1904 年至 1905 年入弘文学院师范科。曾任上海书报编辑。
刘永济	刘永济，字弘度，宏度，号诵帚，晚年号知秋翁，室名易简斋，晚年更名微睇室、诵帚庵，湖南新宁人。古典文学家、词人。曾任职东北大学、武汉大学、浙江大学、湖南大学等。著《屈赋通笺》《笺屈余义》《音注详解屈赋定本》等。
刘之泗（公鲁）	刘之泗，字公鲁，号畏斋，一号寅白，安徽贵池人。收藏家。父刘世珩。

续表

刘著良（天予）	刘著良，又名刘天予、刘先礼，安徽六安人。曾任女师学院教务长、安徽大学校长。译《教育社会学导言》。
刘作宾	江苏丹徒人。东南大学附属中学高中毕业，任国学图书馆传钞员。
柳斌元（芝庭）	柳斌元，字芝庭，京江柳氏十二世。
柳椿生（春生、春侄）	柳平章次子。
柳定生（定儿）	柳定生，字静明，柳诒徵女。1913 年 11 月生，2006 年 12 月卒。
柳定原（季中）	柳定原，字季中，京江柳氏十二世。祖父柳荣宗，字德斋，号翼南。父柳甡春，字秄青。
柳凤图（健行）	柳凤图，又名建，字健行，又字瑞歧，京江柳氏十五世。
柳福奎（苐卿、芾卿、芾青）	柳福奎，原名禄保，改名肇禄，字苐卿，京江柳氏十四世。
柳福林（锡五）	柳福林，字锡五，京江柳氏十三世。
柳荷生（荷侄）	柳荷生，柳平章女。
柳涝（小川）	柳涝，字小川。京江柳氏十二世。
柳平章（二兄、砥兄）	柳平章，字砥如。柳诒徵堂兄，柳增贵（柳诒徵父柳泉之兄）次子，出嗣柳增第（柳泉之弟）。
柳屺生（屺儿）	柳屺生，字慈明，柳诒徵子。1910 年 11 月生，1977 年 2 月卒。
柳庆生（秋农）	柳庆生，字秋农，京江柳氏十三世。
柳圣诚	
柳寿高	柳寿高，原名集庆，字巽年，京江柳氏十五世。柳福奎（苐卿）次子。
柳寿同（文伟）	柳寿同，原名同庆，字文伟，京江柳氏十五世。柳福奎（苐卿）长子，柳传志祖父。
柳维生（维侄、仲侄）	柳维生，字仲岳，京江柳氏十三世。
柳兴宗（宾叔公）	柳兴宗，改名兴恩，字宾叔，号润江。京江柳氏十世。
柳印芳（维甫）	柳印芳，原名肇申，又名锡申，字维甫，京江柳氏十四世。
柳肇诚（笃斋）	柳肇诚，字笃斋，京江柳氏十四世。
柳肇嘉（贡禾）	柳肇嘉，字贡禾，号逸庐，京江柳氏十四世。祖父柳旭。
柳肇璋（叔昂）	柳肇璋，字叔昂，京江柳氏十四世。父预生（立凡），兄肇嘉（贡禾）、肇寅（原名肇基，字啸山）。
柳智原（鹤笙）	柳智原，又作智元，字鹤笙，京江柳氏十二世。
龙郁文	

卢殿宜	光华大学教授。
卢润洲	卢景亮，江苏丹徒人。江苏水师学堂学生，与周树人等同留学日本，在章炳麟的介绍下加入同盟会。辛亥之后，任镇江军政府司法厅厅长、松江审判厅厅长、浙江省高等审判厅厅长等职。曾发起成立镇江佛学研究会，自任会长。
卢文炳（彬士）	卢文炳，号倚庐、倚叟，晚号二重老人，字彬士，江苏吴县（今苏州）人。曾供职于省立苏州图书馆，江苏省文史馆研究员。
鲁小兰	
陆费伯鸿	陆费伯鸿，名逵，号少沧，浙江桐乡人。教育家、出版家，中华书局创始人。
陆锡庚（小波）	陆锡庚，字小波，江苏镇江人。实业家，曾任镇江商会会长、镇江商团团长、钱业工会理事长、江苏省商会联合会理事长。
路季讷	路季讷，江苏宜兴人。庚子赔款学员，曾任教于南京高等师范学校、东南大学，并任中国科学社总干事、明复图书馆馆长、上海大新化学厂厂长、浙江大学教授，并先后出任浙江大学龙泉分校主任和杭州校本部主任。
罗家伦（志希）	罗家伦，字志希，笔名毅，祖籍浙江绍兴，生于江西进贤。
罗时宾	
罗世真	
罗薇垣	
罗芝仙	罗芝仙先后创办扫叶山房和大东书局。
吕澂（秋逸）	吕澂，原名吕渭，号秋逸，江苏镇江人。哲学家，美学家，佛学家，美术理论家，中国科学院学部委员。
吕国铨（子钦）	吕国铨，字子钦，江苏宜兴人。国学图书馆庶务。
吕奎	

M

马锦春（贡芳）	马锦春，字贡芳，江苏镇江人。师从鲍恩暄。二次广州起义的策划者和组织者，广东北伐军副总司令，近代史上有名的“讨袁七将军”之一。曾任镇江警察厅厅长。晚年信佛，任江苏佛教会常委。与赵玉森等组织梦溪诗社。著有《黄花梦影》《思咏楼忆语》《六十年之草字帐》等。
马灵源	马灵源，字心斋。曾任通州师范学校校长。
马绍基（马制府绍基）	

续表

马湘兰	马湘兰，本名马守真，小字玄儿，又字月娇，号湘兰，江苏金陵（今南京）人。明末“秦淮八艳”之一，画家、诗人。
毛乃庸（元徵）	毛乃庸，字伯时，后字元徵，别号剑客，江苏淮安人。文学家、史学家。曾任江北师范教务长、江南高等学校教授、浙江旅宁公学教务长兼江南实业学校蚕桑分校监督、两江督练公所总文案、江苏通志局分纂等。柳诒徵撰《毛君元徵传》。
毛全	国学图书馆馆役。
毛嗣曾	
茅冰尘	茅以升兄。
茅乃登（春台）	茅乃登，字春台，茅谦长子，茅以升之父。
茅乃封（汉台）	茅乃封，字汉台，茅谦次子。
梅曾亮（伯言）	梅曾亮，字伯言，又字葛君，原名曾荫，江苏上元（今南京）人。散文家。
梅光迪（迪生）	梅光迪，字迪生、觐庄，安徽宣城人。曾任教南开大学、东南大学、浙江大学。参与创办《学衡》杂志。著《颜习斋年谱》《卡莱尔与中国》等，有《梅光迪文集》《梅光迪文录》《梅光迪先生家书集》等。
孟森（心史）	孟森，字莼孙，号心史，江苏武进人。史学家。著《明史讲义》《清史讲义》。
孟宪承	孟宪承，字伯如，又字伯洪，江苏武进人。教育家、教育理论家。曾任教东南大学、圣约翰大学、光华大学、清华大学、中央大学、北京师范大学、浙江大学等校。曾任华东军政委员会教育部部长、华东行政委员会教育局局长。华东师范大学首任校长。
米芾	米芾，初名黻，后改芾，字元章，自号海岳外史，山西太原人。曾任校书郎、书画博士、礼部员外郎，与蔡襄、苏轼、黄庭坚合称“宋四家”。
闵毅成	闵毅成，别号东一，江苏武进人。省立武进中学、东南大学文理科毕业。
明春	
缪凤林（赞虞）	缪凤林，字赞虞，浙江富阳人。史学家、教育家。毕业于南京高等师范学校，曾任教东北大学、中央大学。国学图书馆印行部兼访购部主干。

N

倪云卿	
钮永建（惕生）	钮永建，字惕生，江苏松江（今属上海）人。曾任国民政府秘书长，江苏省政务委员会委员兼民政厅长，江苏省政府主席。

续表

O	
欧梁	
欧阳渐（竟无）	欧阳渐，字竟无，佛学居士，江西宜黄人。著《竟无内外学》。
P	
潘清原	
朋三	
彭百川	江西宁冈（今吉安）人。1921年官费赴美，毕业于斯坦福大学、哥伦比亚大学。参与创立山东大学，组建中华乡村教育社等。曾任国民政府时期教育部秘书长，中央大学师范学院附中校长。
彭蠡汇	
皮宗石（皓白）	皮宗石，字皓白，别号海环，湖南长沙人。曾任湖南大学校长、武汉大学法学院教授和院长、北京大学法学院教授。
濮一乘	濮一乘，即濮大凡，字伯欣，江苏溧水人。《佛学丛报》主编，著《武进天宁寺志》等。
Q	
祁仲丹	
奇渥温	
钱宝琮（琢如、卓如）	钱宝琮，字琢如，浙江嘉兴人。数学史、数学教育家。
钱端升	钱端升，字寿朋，出生于上海。政治学家、法学家、教育学家、社会活动家、中央研究院院士。
钱海一	
钱基博（子泉）	钱基博，字子泉，别号潜庐，江苏无锡人，祖籍浙江杭州。古文学家、教育家。钱锺书之父。
钱堃新（子厚、子垕）	钱堃新，字子厚，一字去载，江苏镇江人。1923年毕业于南京高等师范学校，并留任助教。后任职中央大学、湖南蓝田国立师范学院、贵州大学等。与景昌极合译发表温切斯特《文学评论之原理》。
钱茂萱	
钱石麟	
钱寿椿	
钱涛	
钱毅植	

续表

钱肇昌	
钱肇和	
乔次咸	
乔一凡	乔一凡，江苏宝应人。毕业于暨南学堂。在东南大学中学部任教，后入东南大学就学。主持南京教育会。曾任国民政府立法院立法委员。筹办《南京日报》。著《音律概率》《论语教育比义》等。
仇亮卿	仇亮卿，一字述庵，江苏南京人。教育家、画家、词人。曾任南京省立第四师范学校校长。编《南京闻钞续集》。
仇以炯（西斋）	毕业于京师吏部学治馆法政班。创办私立新起初级小学。
屈彪如	

R

任鸿隽（叔永）	任鸿隽，字叔永，四川垫江人。留学日本时担任孙中山秘书，留学美国时创办中国科学社。曾先后任职于北京大学、东南大学、四川大学等。
任启钺	
任嗣曾	
任五	
任雨岑	
任治宝（致远）	任治宝，字致远，江苏江宁（今南京）人。国学图书馆职员。
任祖思	图书馆会计。

S

邵大樗	邵大樗，江苏南通人。南京高等师范学校文史地部毕业。
邵宜城	
邵祖平（潭秋）	邵祖平，字潭秋，别号钟陵老隐、培风老人，室名无尽藏斋、培风楼，江西南昌人。《学衡》杂志编辑。曾供职于东南大学、浙江大学、四川大学、金陵女子大学、华西大学、西北大学、中国人民大学等。著《中国观人论》《文字学概论》《培风楼诗存》《培风楼诗续存》《培风楼诗》《峨眉游草》等。
沈孟钦	江西九江人。上海交通大学电机工程科教员。
沈幼成	
沈仲豪	
史磊冰	曾任安徽省立第一工业学校校长、浮山中学校长。
史在中	

释极融	
释仁山	释仁山，别号天晴，俗家姓顾，江苏金坛人。
寿介星	
舒新城	舒新城，原名玉山，学名维周，字心怡，号畅吾庐，曾用名舒建勋，湖南溆浦人。教育家、出版家、辞书学者。主编新旧《辞海》。曾任中华书局编辑所所长兼图书馆馆长。著《现代心理学之趋势》《近代中国留学史》《教育通论》等。
束世澂(士澂、天民)	束世澂，亦名世澄，字天民，号秋涛，安徽芜湖人。历史学家。
宋韵冰	《国立京师大学校女子第一部周刊》主要撰稿人。
苏岳菜	
孙传芳	孙传芳，字馨远，山东泰安人。直系军阀，与张作霖、吴佩孚并称为“北洋三大军阀”。
孙科（哲生）	孙科，字连生，号哲生，广东香山人。孙中山长子。曾任中华民国考试院、行政院、立法院院长。
孙少江	曾任江苏省国术馆代理馆长。
孙文	孙中山，名文，字载之，号日新，又号逸仙，又名帝象，化名中山樵，广东香山人。中国民主革命的先驱。
孙濬源	孙濬源，字太狷，号阆仙，江苏江宁（今南京）人。著有《秋影庵词》。
孙毅	

T

谭八	
谭延闿（组安）	谭延闿，字祖庵，一说组庵，号无畏、切斋，湖南茶陵人，生于浙江杭州。政治家、书法家。曾三次出任湖南督军，授上将军衔，陆军大元帅。曾任南京国民政府主席、行政院院长。
汤觉无	
汤小斋	
汤用彤（锡予）	汤用彤，字锡予，原籍湖北黄梅，生于甘肃渭源。哲学家、佛学家、教育家。与陈寅恪、吴宓并称“哈佛三杰”。
唐邦治（子均）	唐邦治，又名均，字子均，号思岘庐、东华旧史，江苏丹阳人。曾任教南京学堂、复旦公学。清史馆协修。曾任《江苏通志》分纂、《交通银行史》（未出版）总纂。著《清皇室四谱》《订续读史论略》等。
唐凤楼	
唐仁寿（端甫）	唐仁寿，字端甫，号镜香，浙江海宁人。藏书家。

续表

唐文荟	唐邦治长子。
唐文蒨	唐邦治次子。
唐仲冕	唐仲冕，字云枳，号陶山居士，世称唐陶山，原籍湖南善化（今长沙），后客居山东肥城。藏书家、学者。曾主持泰山书院。主编《嘉庆海州志》。
陶基承	陶基承，字少夔，江苏江宁（今南京）人。中央大学国学图书馆事务员。
陶少甫、陶绍甫	
陶惟坻	陶惟坻，字砥流，又字小沚，江苏吴县（今苏州）人。曾任苏州农务总会副会长、江苏省立苏州图书馆馆长、《江苏通志》编纂委员会委员。著《说文集释》《陶小沚先生遗集》等。
陶知行	陶行知，原名陶文濬，安徽歙县人。先后任南京高等师范学校、东南大学教授、教务主任等职。创办南京安徽公学、晓庄师范、燕子矶幼稚园等学校。著《中国教育改造》《斋夫自由谈》等。
陶竹书	
童世亨（季通）	童世亨，字季通，江苏嘉定（今属上海）人。东京高等工业学校电气机械科毕业，回国任南京电灯厂厂长。与黄炎培等共同创办浦东电气股份有限公司。曾任上海务本女塾、龙门师范学堂、南京高等师范学校地理教员，南高师“史地学会”指导员。著《企业回忆录》《中华民国新区域图》《七省沿海形胜图》等。

W

汪东（旭初）	原名东宝，后改名东，字旭初，号寄庵，别号寄生、梦秋，江苏吴县（今苏州）人。词学家、语言文字学家。师从章太炎，与黄侃、钱玄同、吴承仕同为章门四弟子。曾任《大共和日报》总编辑、中央大学文学院院长、国史馆修纂等。
汪懋祖（典存）	汪懋祖，字典存，江苏吴县（今苏州）人。教育家。历任北京师范大学教务长兼代理校长、北京女子师范大学哲学系主任兼教授、东南大学教育系主任兼教授、江苏省督学等职。创办苏州中学，首任校长。抗战时期任昆明西南联大等高等院校教授。著《美国教育彻览》《教育学》等。
汪汝燮（汪调之、汪调翁）	汪汝燮，字调之，江苏江宁（今南京）人。国学图书馆掌书编辑。
汪叔眉（叔梅）	曾任汪伪中央储备银行董事长、南京中国银行副经理。
汪文达	
汪文端	
汪彝伯、汪义伯	汪彝伯，字秉忠，一字夷白，江苏仪征人。

汪訚（霭庭）	汪訚，字蔼庭，江苏南京人。曾任职于之江大学图书馆、江苏省立国学图书馆。著《明清蝉林辑传》。
汪藻	汪藻，字彦章，号浮溪，又号龙溪，江西德兴人。汪谷之子，宋代文学家。
王伯秋	王伯秋，字纯焘，湖南湘乡人。曾任江苏省立法政大学教务长，东南大学教务长、代理校长等职。
王伯群	王伯群，贵州兴义人。民主革命先驱、政治家、教育家。参加策划护国运动，创办大夏大学等。
王凤鸣	
王芙生	
王公弢	王公弢，一作公韬，浙江钱塘人。创办《朝报》。
王光宇	
王鸿绪	王鸿绪，初名度心，字季友，号俨斋，别号横云山人，江苏松江（今属上海）人。清代学者、诗人。著《横云山人集》。
王厚贻	王桢甫子。医生。
王驾吾（焕镳）	王驾吾，名焕镳，号觉吾，江苏南通人。文史学家。曾任江苏省立国学图书馆保管、编辑两部主任，浙江大学图书馆馆长，杭州大学中文系主任，浙江省政协常委、浙江省文史研究馆馆长等职。著《墨子集诂》《墨子校释》《先秦寓言研究》《万履安年谱》《万斯同年谱》等。
王杰	
王琎（季梁）	王琎，字季梁，黄岩宁溪人。中国化学史与分析化学研究先驱。曾任中央研究院化学研究所所长，四川大学、浙江大学、浙江师范学院、杭州大学教授，创立中国科学社等。著《五铢钱的化学成分》《古代应用铅锌锡考》《中国古代金属化学》《丹金术》等。
王静安、王静庵	
王镜弟	
王理成	湖北宜昌人。曾在南京支那内学院学习。
王仁堪（可庄）	王仁堪，字可庄，又字忍菴，号公定，福建闽县（今福州）人。光绪丁丑科（1877）状元。
王少中	
王世杰（雪艇）	王世杰，字雪艇，湖北崇阳人。曾任北京大学教授、武汉大学校长，国民政府法制局局长、教育部部长、外交部部长、中央研究院院士等。著《比较宪法》等。
王顺	
王崧生	

王锡侯	王锡侯，字韩伯，号滨洲，室名三树堂，清代江西新昌县人。著《国朝诗观》《字贯》等。
王遐杰	东南大学附中学生。
王孝伯	子王理成。
王瀣（伯沆、伯谦）	王伯沆，名瀣，一字伯谦，晚年自号冬饮，又别署沆一、伯涵、伯韩、无想居士等，江苏上元（今南京）人。国学大师。曾先后执教于两江师范学堂、南京高等师范学校、金陵女子大学、中央大学等院校。
王星拱（抚五）	王星拱，字抚五，安徽怀宁人。教育家、化学家、哲学家。
王雪舫	
王仰斋	
王易（晓湘）	王易，字晓湘，号简庵，原名朝综，江西南昌人。毕业于京师大学堂。曾任北京师范大学、中央大学、复旦大学、中正大学等校教授。著《国学概论》《修辞学通诠》《中国词曲史》《乐府通论》等。
王英初	
王庸（以中）	王庸，字以中，江苏无锡人。中国科学史事业先驱。毕业于南京两江高等师范学校史地部。曾供职于北平图书馆、浙江大学图书馆、湖南师范学院、云南大学、西南联合大学、南京图书馆、南京大学等。撰《明代北方边防图籍录》《海防图籍录》等。
王玉章	王玉章，江苏江阴人。曲学家。1919 年入南京高等师范学校文史地部，与张其昀、缪凤林、景昌极、陈训慈、范希曾等一起创办《史地学报》与史地研究会。
王堉（养吾）	
王则先	
王桢甫	
王震保（春霆）	王震保，字春霆，江苏镇江人。任国学图书馆指导员兼会计。曾任江西高等学校、南京工业专门学校教员。
王之舒	
王致敬（德普）	
王佐才	
韦润珊	韦润珊，史学家，地理学家。曾任武汉大学教授。
韦少如	
卫中（西琴）	卫中，字西琴，德国人。曾任保定高等师范学校音乐教员。
魏刚长	

翁同龢	翁同龢，字声甫，一字均斋，号叔平，又号瓶生，晚号松禅老人，谥号“文恭”，江苏常熟人。政治家、书法家、收藏家。同治、光绪两代帝师，倡导维新变法。著《翁文恭公日记》《瓶庐诗稿》等。
吴仃	
吴东屏	
吴伽毅	
吴谷宜	曾任江苏省医学专门学校教务长。
吴衡仲	财厅科长。
吴季珩	
吴季衡	镇江名儒。曾任京口救生会董事。
吴宓（雨僧）	吴宓，原名玉衡，又名陀曼，字雨僧（亦作雨生）、玉衡，笔名余生，陕西泾阳人。
吴淇璋（淇漳）	吴子龙长女。
吴叔昌、吴俶昌	
吴素鸾（内子）	柳诒徵夫人吴素鸾。
吴庭翼	
吴鲜民	吴契宁，原名鲜民，字企南、得一。毕业于南京高等师范学校。曾任金坛县立初级中学校长、苏州中学教员、浙江大学副教授。著《实用文字学》二卷，柳诒徵作序。
吴延清	
吴玉麟	吴玉麟，字书衡，号振鹏，江苏吴县（今苏州）人。曾任教于上海浦东中学、南京高等师范学校、东南大学等。
吴昱恒	亦作吴煜恒，字作铭，号笑予，湖北英山人。法学专家，毕业于安徽省政法专门学校及北平司法讲习所。曾任国民政府最高法院推事。
吴云斋	
吴芷舲	吴芷舲，字毓庭，号诵清，江苏镇江人。
吴中俊、吴中畯	吴绍骧侄。
吴子龙（绍骧）	吴子龙，字绍骧。柳诒徵姨丈吴子攸之子。
吴梓林	
吴佐清	吴佐清，字徵父，江苏镇江人。辑《海国尚友录》。
武同举（霞峰、一尘）	武同举，字霞峰，别号两轩、一尘，江苏灌云人。曾任海州直隶州通判，国民政府江苏水利署主任，河海工科大学水利史教授，江苏建设厅第二科科长等职。著《淮系年表全编》《江苏水利全书》等。

续表

X	
希廾	柳诒徵别号。
夏崇璞	夏崇璞，一名蕴文，江苏吴江人。夏麟之子。毕业于南京高等师范学校文史地部，先后任江苏省立第三师范教员、浙江省立第二中学教员、吴江县视学、苏州中学高中部语文教师。著《中国文学史》，与向达合译《亚里士多德伦理学》。
相菊潭	江苏扬州人。教育领域任职，著有《社会问题》。
向达（觉民）	向达，字觉明，亦作觉民，笔名觉明居士、佛陀耶舍、方回，湖南溆浦人。历史学家，考古学家，目录版本学家，翻译家，中西交通史和敦煌学专家。毕业于东南大学，曾供职于上海商务印书馆、国学图书馆、浙江大学、西南联合大学、北京大学等。
向仙乔	曾任四川大学文学院长，解放后任四川文史馆副馆长。
项燕北、项燕白、项燕伯	曾任江苏省立图书馆传钞部主干。
萧纯锦（叔絅）	萧纯锦，字叔絅，江西永新人。美国加利福尼亚大学经济学硕士毕业，曾任教东南大学、建国法商学院、北京大学、北京女子大学、东北大学、第四中山大学、诚明文学院商学系、大同大学等校。新中国成立后，任上海贸易学院、上海复旦大学教授、上海市政协委员。
萧俊贤（厔泉）	萧俊贤，字厔泉，号铁夫，别署天和逸人，斋名净念楼，湖南衡阳人。长于山水，兼作花卉。与萧逊并称为“北京二萧”。
萧绳祖	
萧素园	
谢焕文（季璋）	谢季璋，名焕文。曾任中央大学助教。
谢仁冰	谢仁冰，江苏武进人。中国民主促进会主要创始人之一。曾任北京教育部科员、佥事、司长等职，先后在清华学校、北京大学、政法专门学校、北京师范学校、中华大学、沪江大学等教授外文。
解朝东（震皋）	解朝东，字震皋，晚年自号止弋居士，江苏镇江人。镇江光复领导人之一。后任江苏都督府军务司副长。
心谷	常熟法华寺方丈。
辛延年	东汉诗人。作品存《羽林郎》一首。
熊庆来（迪之）	熊庆来，字迪之，云南弥勒人。中国现代数学先驱、中国函数论的主要开拓者之一。曾任云南大学校长，清华大学算学系主任、教授，中国科学院数学研究所研究员、函数论研究室主任。

续表

熊叔厚	
熊遂	
熊正理（雨生）	熊正理，字雨生，江西南昌人。曾任东南大学、湖南大学、湖南师范学院教授。与刘异、杨树达、曾运乾、王啸苏等成立五溪诗社。著《雨生诗稿》。
徐翻（徐南州、徐南舟）	徐翻，字右罿、铁伧、南州，江苏淮安人。
徐德昌	
徐枋（俟斋）	徐枋，字昭法，号俟斋、秦余山人，江苏吴县（今苏州）人。与杨无咎、朱用纯并称“吴中三高士”。与宣城沈寿民、嘉兴巢鸣盛称“海内三遗民”。
徐国安（静仁）	徐国安，字静仁，安徽当涂人。创办大丰盐垦公司、上海溥益纺织公司、马鞍山福利民铁矿公司、镇江慎康钱庄、南通大生纱厂八厂、上海溥益纱厂、上海第二溥益纱厂、镇江弘仁医院、镇江京江中学等。曾任大生企业集团董事长、财政部盐业署署长等。
徐河珍（河甥）	柳诒徵姐姐柳兰徵的女儿。
徐鸿逵	
徐怀生	
徐怀芝	
徐剑书	
徐俊岑、徐峻岑、徐俊臣	
徐任民	
徐天闵	徐天闵，原名徐杰，字汉三，安徽怀宁（今安庆）人。研究古典文学、诗人。曾任职于省立安徽大学、武汉大学。著《古今诗选》《汉魏晋宋五言诗选集注》等。
徐韦曼（宽甫）	徐韦曼，字宽甫，江苏武进人。曾任上海县知事，中央研究院自然历史博物馆主任。抗战时期在国民政府资源委员会工作，1956 年被上海市科学技术图书馆聘为图书甄审委员会委员，负责科技图书的荐选鉴别工作。翻译《地质学原理》。
徐渊摩（厚甫）	徐渊摩，字厚甫（一作厚孚），徐韦曼之胞兄、卢祖荫之表弟，江苏武进人。地质学家。曾任东南大学地学系教授兼副主任、武汉地质学校教务长等。协助李四光建立中央研究院地质研究所。
徐云青、徐云卿	
徐止敬	徐觐宸家族。

续表

徐祖光	
许寿裳	许寿裳，字季茀，号上遂，浙江绍兴人。学者、传记作家。
许文雨(文玉、维周)	许文雨，又作许文玉，原名许孝轩，字维周，浙江奉化人。早年求学于北京大学，并留校任教，后又相继任教于之江大学、福建省立师范专科学校、山东大学、郑州师范学院。著《文论讲疏》《唐诗综论》《唐诗集解》等。
薛伯王	
薛福成（叔芸）	薛福成，字叔耘，号庸盦，江苏无锡人。散文家、外交家、洋务运动的主要领导者之一。
薛光琦（仲华）	薛光琦，字仲华，江苏无锡人。毕业于英国剑桥大学。曾任国民政府教育部次长。创办礼社群智中学、青城市自治促进会、新民图书馆、商会商团等。
薛竞	薛无竞，又名薛竞，江苏南京人。南京高等师范学校文史科毕业。曾任安徽省教育厅国语统一筹备会主任，并在皖一女师、二女师等校担任国文历史教员。

Y

严梦九	
严艺甫	
颜福庆	上海人。毕业于耶鲁大学医学院。曾任协和医学院副院长。先后创办了湖南湘雅医学专门学校、上海第四中山大学医学院、上海中山医院、澄衷医学疗养院，并与中国红十字会订约合作接办了该会总医院。
杨伯衡	
杨伯屏	江苏镇江人。毕业于清华大学，留学美国，获哈佛大学政治学学士学位。工篆刻，与杨仲子、寿石工、吴迪生等为四宜印社的骨干成员。
杨大培（植之）	杨大培，字植之，号公崖，江苏镇江人。曾在镇江集股开办中国国货公司。新中国成立后，担任镇江市政治协商会议第一届委员。
杨端	
杨方震	曾与陈斯白同任国民党镇江县党务指导委员会常务委员。参与建立镇江“五三”图书馆。
杨谱琴	
杨铨（杏佛）	杨铨，字宏甫，号杏佛，江西清江人。经济管理学家，管理科学先驱。组织中国科学社，出版《科学》杂志。曾任南京高等师范学校经济教授和工科教授，并兼任商科主任、东南大学工学院院长、孙中山秘书、国民党上海市党部常务委员等。创办《民族日报》。著《文章构造法》《杨杏佛文存》《杨杏佛讲演集》等。

杨守敬（星吾）	杨守敬，字惺吾，号邻苏，别署晦堂，室名三不惑斋、悔明轩、飞青阁、望古堂、观海堂，湖北宜都人。历史地理学家、金石文字学家、目录版本学家、书法艺术家、藏书家。撰《水经注疏》，编绘《历代舆地沿革图》《历代舆地沿革险要图》和《水经注图》。
杨天骥（千里）	杨天骥，原名锡骥，字千里，号骏公、茧庐等，笔名东方，江苏吴江人。曾任上海澄衷学堂国文教师，《民呼》《民吁》《民立》及《新闻报》主笔，民国政府时期任国务院秘书，吴江、无锡县长，上海文史馆特邀顾问。
杨熙昌	杨熙昌，字缉庵，江苏江宁（今南京）人。杨炎昌弟。光绪二十八年（1902）举人。历任元宁县学堂堂长、暨南学堂堂长、民国法政大学教授、江苏省立第一女师和第四师范讲席。著《晞骥斋诗文集》。
杨孝述（允中）	杨孝述，字允中，江苏松江（今属上海）人。毕业于美国康奈尔大学机械学院电工系。与任鸿隽等筹建“中国科学社”，曾任南京河海工程专门学校教授、第四中山大学教学区秘书长、上海交通大学电机系教授等。
杨沂孙（濠叟）	杨沂孙，字子舆，一作子与，号泳春，晚号濠叟，观濠居士，江苏常熟人。清代书法家。
杨子佚、杨子西	
姚佛崖	曾任焦山救生会主任。镇江光复后，与陈宜甫、柳诒徵等600余人成立丹徒县临时地方议事会。
姚明辉（孟埙）	姚明辉，号孟埙，江苏嘉定（今属上海）人。曾任南京两江优级师范地理部主任，武昌高等师范学校国文史地部副主任、代理校长，上海暨南大学、大同大学、大夏大学、持志大学、上海大学等校教授及正风文学院院长。著《中国近三百年国界图志》《中国民族志》《汉书艺文志注解》《中国发明地图百证》等。
姚永朴（仲实）	姚永朴，字仲实，晚号蜕私老人，安徽桐城人。供职于安徽高等学堂、京师法政学堂、北京大学等。编印《伦理学》《诸子考略》《文学研究法》《史学研究法》等。
姚鹓雏	姚鹓雏，以号行，原名锡钧，字雄伯，笔名龙公，上海松江人。曾任江苏省教育厅秘书、南京市政府秘书长、江苏省政府秘书等职。
耀文	
叶楚材	与赵暮归主办《商舆捷报》，后改组更名为《四川晚报》，叶楚材任社长兼总编辑。
叶适（水心）	叶适，字正则，号水心居士，世称水心先生，浙江温州人。南宋思想家、文学家、政论家。著《水心先生文集》《水心先生别集》《习学记言》等。

续表

叶玉森(蒁渔、荭渔)	叶玉森，字镔虹，一字荇衫，号蒁渔、荭渔，又有梦颉庵主、中泠亭长、五凤楼主等多种别号，江苏镇江人。精研商卜文。著有《殷契钩沉》《殷墟书契前编集释》《中泠诗钞》《啸叶庵词集》。
叶仲经	
叶宗源（楚伧）	原名宗源，号卓书，字楚伧，别字小凤，江苏吴江人。南社诗人，政治活动家。曾任国民政府委员。著《世徽堂诗稿》《楚伧文存》《叶楚伧诗文集》等。
殷溥如	曾任常熟县立中学校长。
殷善甫	
殷仲诚	
于康蕃	
于敏成	
余丙东	
余东屏	根据《师锡集》陈庆年函，余东屏，字健侯。
余萧客	余萧客，字仲林，别字古农，江苏吴县（今苏州）人。著《古经解钩沉》。
余铮	余铮，字铁生，江苏宜兴人。国学图书馆传钞员。
俞明颐（寿丞）	俞明颐，字寿臣、寿丞，湖南长沙人。曾任湖南武备学堂总办、湖南督练公所兵务总办、湖南学政、商务印书馆董事。
俞庆棠	俞庆棠，女，字凤岐，祖籍江苏太仓。曾任江苏无锡中学教师、大厦大学教授。江苏大学区教授兼扩充教育处处长。1927—1928 年任江苏省教育厅社会教育科科长。
俞樾（曲园）	俞樾，字荫甫，自号曲园居士，浙江德清人。文学家、经学家、古文字学家、书法家。著《春在堂全书》。
俞兆和	
袁鹏程	东南大学史地学会会员。
袁树珊	袁树珊，名阜，以字行，晚号江上老人。著《医门集要》《养生三要》。
袁长春（伯庸）	袁长春，字伯庸、伯融，江苏镇江人。曾任浙江候补知县、安徽县丞。
云企韩	江苏镇江人。

Z

臧佛根	曾任无锡县教育局局长。

曾国藩（文正）	曾国藩，初名子城，字伯涵，号涤生，湖南长沙府人。近代政治家、战略家、理学家、文学家，湘军的创立者和统帅。官至两江总督、直隶总督、武英殿大学士，封一等毅勇侯，谥曰文正。在曾国藩的倡议下，建造了中国第一艘轮船，建立了第一所兵工学堂，印刷翻译了第一批西方书籍，安排了第一批赴美留学生。曾国藩是中国近代化建设的先驱。
曾世荣（荫千、曾甥婿）	曾世荣，字荫千，江苏常熟人。柳诒徵姐姐柳兰徵的女婿。
张从之（勉予）	张从之，字勉予。柳诒徵表弟。柳诒徵小姨父张伯青之子。柳诒徵太太吴素鸾的妹妹吴季鸾嫁张从之。
张迪	张迪，字恂叔，江苏镇江人。大学士张玉书孙，流寓常州。雍正时以举人官山东武定同知，工诗及书法。
张东山	镇江近代著名诗人，与杨邦彦（字振声，号艮斋）、赵玉森（字瑞侯，号醉侯）、徐兴范（字师竹）志趣相投，常在焦山畅聚，切磋诗文，合称“浮玉四宾”。
张逢辰（祖言）	张逢辰，字祖言，江苏镇江人。曾任南洋方言学堂、龙门师范学校、镇江中学、江苏省立第六中学、第七中学教员、国学图书馆传钞部兼阅览部主干。
张国仁	著《世界文化史大纲》。
张浣英	
张继曾（省三）	张继曾，字省三，江苏江宁（今南京）人。曾任国学图书馆善本部书记、掌书员。
张理庭	
张梦岩（孟髯）	1932年4月10日，许寿裳邀柳诒徵、张孟髯等游南京牛首山，成诗一首。张孟髯著《疏庵校记》《疏庵校记偶存》《四余剩稿》。
张慕陶	
张乃燕（君谋）	张乃燕，字君谋，号芸庵，浙江南浔人。父张增熙。日内瓦大学化学博士。1927年4月任江苏省政府委员兼教育厅厅长。是年秋，东南大学改组为第四中山大学，张乃燕任校长。
张鹏（翼云）	张鹏，字翼云，江苏镇江人。历任丹徒县知事、溧阳县知事、镇江县长、镇江市政协委员。
张其昀（晓峰）	张其昀，字晓峰，浙江鄞县（今宁波）人。地理学家、历史学家。曾任教中央大学、浙江大学。著《中国地理学研究》《中国区域志》《中华民国史纲》等。
张琴（治如）	张琴，字景程，号治如，一作知庐，晚号石匏老人，福建莆田人。光绪三十年（1904）甲辰科进士，授翰林院编修。曾任莆田官立兴郡中学堂监督。
张善昌（咏韶）	张咏韶。江苏镇江人。曾任镇江元益钱庄副经理，镇江交通银行营业主任。

张善夫	
张寿镛（咏霓）	张寿镛，字伯颂，号咏霓，别号约园，浙江鄞县（今宁波）人。教育家、藏书家、文献学家。曾任淞沪捐厘总局提调，宁波政法学堂监督，杭州关监督，苏州知府，浙江、江苏、湖北、山东财政厅长，后任民国财政部次长、政务次长等职。创办上海光华大学并任校长。著《四明丛书》《约园杂著》等。
张天才	张天才，字范村，广东南海人。畜牧学家。曾任北京农业大学教授兼教务主任及畜牧系主任、东南大学教授、中央大学教授兼畜牧系主任、广东大学教授兼博物部主任、广东全省农林试验场技正、广东全省教育委员会编纂、江西财政特派员公署秘书、国民政府建设委员会技正、国民政府实业部专门委员等职。著有《畜牧学》《家禽学》等。
张蔚如	
张奚若	张奚若，字熙若，自号耘，陕西大荔人。曾任北京国际出版品交换局局长、大学院（教育部）高等教育处处长，中央大学、清华大学和西南联大教授暨联大、清华政治学系主任等。著《主权论》《社约论考》等。
张锡庆	
张遐龄	
张小楼	张枏，一作张小楼，又作张筱楼，别署张枏、尘定，江苏江阴人。曾任南京江南高等学堂、两江优级师范学堂教习。与许幻园、袁希濂、李叔同、蔡小香结为“天涯五友”。
张星烺（张亮尘、张亮臣）	张星烺，字亮尘，江苏泗阳人。历史学家。张相文子。柳诒徵为张星烺著《马哥孛罗游记导言》作序。
张衣言	
张颐（真如）	张颐，字真如，又名唯识，四川叙永人。研究黑格尔哲学。历任北京大学哲学系主任，厦门大学文学院院长、副校长，代理四川大学校长。著《黑氏伦理研究》《黑格尔与宗教》《圣路易哲学运动》等。
张轶材	
张轶侪	
张裕钊（濂亭、廉卿）	张裕钊，字廉卿，一作濂卿，号濂亭，湖北武昌（今鄂州）人。散文家、书法家。与黎庶昌、薛福成、吴汝纶，被人并称为“曾门四学士”。著《重修金山江天寺记》《屈子祠堂后碑》《赵充国颂》等。
张毓骅	
张月琛（季言）	张月琛，字季言，浙江镇海人。毕业于南京高等师范学校，任教南京大学物理系。后从事科学仪器研制，兴办民族工业。

张质夫	
张仲书	
张宗昌	张宗昌，字效坤，山东掖县（今莱州）人。奉系军阀头目之一。
章邦直（西园）	章邦直，字希瑗，号西园，安徽铜陵人。创建高邮珠湖致用书院。
章楚伯	章邦直子。
章学诚（实斋）	章学诚，原名文镳、文酕，字实斋，号少岩，浙江会稽（今绍兴）人。
赵步洲	
赵诚卿	
赵棣华	赵棣华，别名同连，出生于淮阴，祖籍镇江。曾任教东南大学及国民党中央党务学校，曾任江苏省财政厅厅长兼江苏省农民银行总经理，后任交通银行代总经理。
赵洪年	参与复办复旦公学。
赵鸿谦（吉士）	赵鸿谦，字吉士，赵森甫之子。毕业于南京高等师范学校。1927 年应柳诒徵之邀担任江苏省立国学图书馆主任。
赵锦堂	
赵庆杰	
赵汝梅	曾任无锡县县长。
赵声（伯先）	赵声，字百先，号伯先，曾用名宋王孙、葛念慈等，江苏丹徒人。曾任南京两江师范教员和长沙实业学堂监督，担任广州起义总指挥。
赵世盛	南京高等师范学校国文史地部 1925 年 6 月第五班毕业学生。
赵祥瑗	赵祥瑗，字思伯，江苏镇江人。毕业于南京高等师范学校，先后在江苏省立第五师范学校、太仓中学、镇江县立师范学校、杭州市立中学、江苏省立镇江师范学校、江苏省立第一临中、东台县中等学校、江苏省立镇江中学等任职。
赵勋禾（森甫）	赵勋禾，字森甫，江苏镇江人。
赵宧光	赵宧光，字水臣，号广平、寒山梁鸿、墓下凡夫、寒山长、凡夫，江苏太仓人。著《说文长笺》《六书长笺》《寒山蔓草》《寒山帚谈》《寒山志》等。
赵永平	警察总监。
赵仲滨	江苏常熟人。北大文学士。
赵宗抃（蜀琴）	赵宗抃，字蜀琴，赵曾望之子。
赵宗煌	
赵宗周	

续表

郑明华	
郑绍觉	
郑旺华	毕业于金陵大学。
郑宗海（晓沧）	郑宗海，字晓沧，浙江海宁人。教育学家。曾任中央大学教育学院院长、浙江大学教育系主任等。
支伟成	支伟成，本名懋祺，江苏扬州人。曾任江苏省立第一图书馆主任、第四中山大学中国文学系助教。著《墨子综释》《吴王张士诚载记》《清代朴学大师列传》等。
钟叔进	曾任公立法政专门学校校长。曾任职教育经费管理处。
周承考	周承考，字绳武，安徽阜阳人。毕业于东南大学。曾任安徽省立第三中学校长。筹建阜阳女子中学。曾任江西省经济委员会研究员、江西省政府秘书长等。
周鲠生	周鲠生，原名览，湖南长沙人。法学家、外交史家、教育家、中央研究院院士。
周光午	周光午，湖南长沙人。周光召兄长。曾任长沙聚奎中学校长。
周光倬	周光倬，字汉章，云南昆明人。地理学家、教育家。1923 年毕业于南京高等师范学校文史地部。曾供职于南京省立第四师范、第一中学，江苏省立南京中学及中央军校、中央航空学校、云南大学等。著《日本地理》《太平洋问题》《云南边疆之危机》等。
周君英	张从之学生，江苏江阴人。
周玲荪	浙江海盐人。任商务印书馆南京分馆编辑，南京高等师范学校艺术系主任，南京市立一中和蒙藏学校美术、音乐教师。曾在江苏南京市文物保管委员会工作。著《中等学校乐理唱歌合编》《师范学校风琴练习曲集》等。
周悫（雁石）	周悫，字雁石，号石公，江苏海门人。毕业于东南大学，曾任江苏省立国学图书馆编目部主任、浙江大学中文系副教授。与柳诒徵等共同编《江苏省国学图书馆总目》。
周星白、周星伯	
周之榛	
周篆竹	
周子经	
朱伯房	江苏南京人。南洋高等学堂毕业。江苏省文史馆馆员。
朱德龙	朱德龙，号侣霞，湖南醴陵人。南社社员。
朱国桢	朱国桢，一作国祯，字文宁，号平涵、虬庵居士，浙江吴兴人。明朝大臣、史学家、政治家、文学家。著《皇明史概》。

朱积祺	
朱觉卿	
朱经农	朱经农，原名有昀，字经农，继更名经，以字行，浙江浦江人。参与创办中国公学、光华大学。曾任教于北京大学、北京女子高等师范学校、沪江大学等。曾任上海市教育局局长、大学院普通教育处处长、教育部常务次长、中国公学代理校长以及齐鲁大学校长、湖南省政府委员兼教育厅厅长、重庆中央大学教育长、教育部政务次长、商务印书馆总经理、光华大学校长等职。与陶知行合编《平民千字课》，主编《教育大辞书》，著《近代教育思潮七讲》《教育思想》。
朱君毅	朱君毅，原名斌魁，浙江江山人。曾历任东南大学、南京女子师范学校、清华大学、北京大学、北京师范大学、厦门大学、杭州之江大学、上海财经学院教授等职。著《教育统计学》《教育测验与统计》等。
朱菉卿（鹿卿）	
朱沛霖	
朱闰生	
朱亦松	东南大学社会科学院教授。著《社会学原理》《社会政策》《现代社会主要问题》。
诸葛麒（振公）	诸葛麒，又名梦麒，字振公，浙江东阳人。南京高等师范学校毕业。长期协助竺可桢工作。历任中央研究院气象研究所秘书，中国气象学会理事兼总干事，浙江大学秘书长、教授、总务长等职。
竺可桢（藕舫）	竺可桢，字藕舫，浙江绍兴人。中央研究院院士、中国科学院院士，气象学家、地理学家、教育家，中国近代地理学和气象学的奠基者，浙江大学前校长。
宗汉章	
宗嘉禄（受于）	宗嘉禄，字受于，江苏常熟人。宗白华父亲。教育家、水利专家。曾任江南高中两等商业学校校长，江楚编译官书局编纂，中央大学教授，安徽导淮测量局局长。著《导淮刍议》《淮河流域地理与导淮问题》。
宗嘉谟（伯皋）	宗嘉谟，字伯皋，江苏常熟人。江苏委用教谕，五品顶戴。任教于同济大学。著《宗忠简公年谱》《讦盦文剩》等。宗白华叔。
宗之洪	
宗之鸿	
宗之华	

续表

宗之櫆（白华）	宗之櫆，字白华、伯华，江苏常熟人。美学家、哲学家。曾任教于中央大学、南京大学、北京大学等。著《美学散步》，译著《判断力批判》《欧洲现代画派画论选》。
邹秉文	邹秉文，字应崧，江苏吴县（今苏州）人。农业教育家。中国早期高等农业教育奠基人。曾任金陵大学农学教授、中央大学农学院院长。著《中国农业教育问题》。
左熙章（敬忱）	左熙章，字敬忱，美籍华人。中央大学美术教育系首届毕业生。

人名索引

续表

鲍鼎（扶九）	1927.01.24；1927.01.28；1927.01.29；1927.01.31；1927.02.06；1927.02.12；1927.02.20；1927.03.01；1927.03.03；1927.03.08；1927.03.11；1927.03.13；1927.03.20；1927.03.22；1927.04.30；1927.05.01；1927.05.04；1927.05.06；1927.05.26；1927.11.02；1927.11.22；1927.11.24；1927.12.10；1927.12.19；1927.12.31
鲍皋（海门、步江）	1927.02.20
鲍元凯（仰高）	1927.09.07
鲍长驳（次驷）	1927.04.29
鲍长谷（禄诒）	1927.10.24
鲍长叙（敦典）	1927.03.03；1927.11.19；1927.11.22；1927.11.23；1927.11.30；1927.12.11；1927.12.19
鲍长畲（康年）	1927.02.03；1927.04.29
本海	1927.08.16；1928.01.15
秉志（农山）	1927.07.13
病鹤	1927.04.21

C

蔡斌	1927.09.26
蔡麟书	1927.12.11；1927.12.21
蔡松原	1927.09.15
蔡无忌	1927.05.08；1927.05.09；1927.05.10；1927.05.16；1927.06.11；1927.07.02；1927.08.01；1927.08.14；1927.09.03；1927.11.03；1928.01.10；1928.01.14；1928.01.18
蔡元培（孑民）	1927.06.26；1927.06.27；1927.10.06
蔡子平	1927.11.27
曹陧亭	1928.01.26
曹觉民	1927.01.21
曹梁厦（梁夏）	1927.05.08；1927.05.10
曹亿之	1927.01.21
常宗会	1927.08.14
陈邦怀（保之）	1927.02.15；1927.02.21；1927.10.13；1927.10.23；1927.10.24；1927.12.02；1927.12.30

陈登恪	1927.11.17
陈干（明侯）	1927.05.16；1927.08.16
陈冠同	1927.03.25；1927.03.27；1927.04.17；1927.06.23；1927.12.25
陈海澄	1927.09.03
陈汉章（伯弢）	1927.07.08；1927.07.09；1927.07.21；1927.07.25；1927.07.27；1927.08.17；1927.08.18；1927.08.22；1927.09.08；1927.10.03；1927.10.30；1927.11.01；1927.11.25；1927.11.26；1927.11.29；1927.12.01；1927.12.04；1927.12.09；1927.12.19；1927.12.28；1927.12.29；1928.01.01；1928.01.02；1928.01.05；1928.01.07
陈鸿仪	1927.09.16
陈剑翛、陈剑霄	1927.05.18；1927.06.18；1927.06.19；1927.06.30；1927.07.13；1927.12.01
陈杰夫	1927.05.17；1927.05.19；1927.05.21；1927.06.18；1927.09.01；1927.09.04；1927.09.08；1927.10.29；1927.11.13；1927.11.27；1928.01.08
陈钧	1927.07.01；1927.11.24
陈峻云	1927.11.23
陈梨村	1927.05.26；1927.12.08；1927.12.28
陈亮（培经、仲常）	1927.09.11；1927.10.16；1927.10.19
陈南吉	1927.01.23；1927.10.19；1927.10.28；1927.11.14
陈清华	1927.05.11
陈庆年（善余）	1927.06.30；1927.12.23
陈去病（佩忍）	1927.07.14；1927.07.15；1927.07.29；1927.08.18；1927.11.22；1927.11.29；1927.12.17；1928.01.14
陈仁锡	1927.11.24
陈三立（散原）	1927.07.14
陈士锋	1927.04.03
陈帅初	1927.06.25；1927.06.27；1927.09.24；1927.09.26；1927.09.30；1927.09.31；1927.10.27；1927.11.23；1927.12.11；1927.12.20；1927.12.22；1928.01.19；1928.01.26

续表

陈斯白	1927.03.27；1927.05.19；1927.05.21；1927.05.26；1927.07.25；1927.07.27；1927.07.28；1927.09.23；1927.10.26；1927.12.21
陈调元	1927.11.06
陈挺生	1927.06.13；1927.06.16；1927.06.28
陈燮勋（季襄）	1927.05.20；1927.05.23
陈训慈	1927.05.10
陈训正	1927.05.10
陈延杰（仲子）	1927.07.21；1927.08.02；1927.08.07；1927.08.18；1927.09.07；1927.09.16；1927.11.13；1927.12.04
陈义（宜甫）	1927.05.24；1927.05.25；1927.06.11；1927.06.19；1927.06.29；1927.07.06；1927.09.07；1927.09.22；1927.09.28；1927.09.29；1927.10.12；1927.10.15；1927.10.18；1927.10.21；1927.11.01；1927.11.04；1927.11.18；1927.11.19；1927.11.20；1927.11.21；1927.11.23；1927.12.02；1928.01.06
陈寅恪	1927.07.20
陈咏之	1927.03.23；1927.05.25
陈垣（圆庵、援庵）	1927.08.17；1927.08.18；1927.08.23；1927.09.11
陈源（通伯）	1927.06.28
陈柱（柱尊）	1927.06.08；1927.07.06；1927.07.09；1927.07.15；1927.07.23；1927.07.27；1927.09.13；1927.09.21；1927.09.28
陈撰（玉几）	1927.09.15
陈子寿	1927.11.06
陈子祥	1927.04.15；1927.05.13；1927.05.26
陈祖濂	1927.11.22
陈祖源（其可）	1927.05.27；1927.07.13；1927.10.06；1927.11.12；1927.11.22；1927.12.12
谌湛溪	1927.11.10
程伯善	1927.08.15；1927.11.04；1927.11.29；1927.12.09；1928.01.07；1928.01.11；1928.01.14
程海臣	1927.07.11；1927.07.20；1927.07.21
程良贵	1927.10.05

D

段调元	1927.04.03；1927.05.08；1927.07.05；1927.07.08；1927.07.10；1927.07.12；1927.07.13；1927.07.28；1927.08.06；1927.08.31；1927.10.01；1927.10.03；1927.10.14
段育华（抚群）	1927.05.11
	F
法度（审重、承重）	1927.03.23；1927.05.24；1927.05.26；1927.08.14
范𬘬（𬘬诲）	1927.04.03
范尉曾（冠东）	1927.07.24
范希曾（耒研）	1927.07.05；1927.07.11；1927.09.17；1927.10.02；1927.10.18；1927.10.23；1927.12.05；1927.12.07；1927.12.09；1927.12.27；1928.01.08；1928.01.10
范应珩	1927.11.23；1927.11.24
范作瑶	1927.06.02；1928.01.13
风汝贵、封儒贵、封贵	1927.08.29；1927.11.27；1928.01.17
冯竹侯	1927.09.28
伏金门	1927.08.24
伏锦仲、伏经仲	1927.09.01；1927.10.04
	G
甘豫源	1927.07.19；1927.07.20；1927.07.21；1927.07.22；1927.07.26；1927.09.03
高鲁（曙青）	1927.05.20；1927.06.10；1927.06.11；1927.07.06；1927.07.07；1927.07.08；1927.07.26；1927.07.27；1927.08.04；1927.08.05；1927.08.09；1927.08.12；1927.08.16；1927.08.18；1927.08.23；1927.08.24；1927.09.12；1927.09.13；1927.09.19；1927.10.20；1927.11.15；1927.11.17；1927.11.25；1928.01.18
高慕庭	1927.01.30；1927.03.14；1927.04.24；1927.05.03；1927.05.05；1927.05.15；1927.06.08；1927.10.14；1927.10.25；1927.10.26
葛正奎	1927.04.11
宫明浦	1928.01.15
龚政荣	1927.11.07；1927.11.14；1927.12.27
顾实（惕森、惕生）	1927.07.09；1927.07.14；1927.09.09；1927.10.07

胡刚复	1927.04.06；1927.04.12；1927.05.07；1927.05.08；1927.05.11；1927.05.16；1927.05.17；1927.05.19；1927.05.21；1927.05.24；1927.05.29；1927.06.01；1927.06.09；1927.06.10；1927.06.13；1927.06.15；1927.06.18；1927.06.26；1927.06.27；1927.06.29；1927.06.30；1927.07.01；1927.07.04；1927.07.10；1927.07.19；1927.07.20；1927.07.25；1927.08.04；1927.08.09；1927.08.11；1927.08.14；1927.08.18；1927.08.23；1927.08.24；1927.08.26；1927.08.28；1927.09.18；1927.09.19；1927.09.24；1927.10.23；1927.10.28；1927.11.01；1927.11.10；1927.11.19；1927.11.21；1927.11.24；1927.11.26；1927.12.01；1927.12.08；1928.01.05；1928.01.07；1928.01.09
胡国钧	1927.06.14
胡明复	1927.02.17；1927.05.07；1927.06.15
胡虔（胡上舍虔）	1927.11.16
胡镕（健春）	1927.01.26；1927.01.27；1927.02.08；1927.02.28；1927.04.06；1927.05.05；1927.05.06；1927.05.24；1927.05.25；1927.06.04；1927.06.05；1927.06.22；1927.07.17；1927.09.22；1927.09.24；1927.09.25；1927.09.30；1927.10.04；1927.10.13；1927.10.19；1927.10.26；1927.10.27；1927.11.15；1927.11.19；1927.11.20；1927.11.22；1927.11.23；1927.12.04；1927.12.10；1927.12.11；1927.12.23；1928.01.20
胡润德	1927.04.04
胡树屏（胡伯诗、胡伯思）	1927.09.10；1927.09.13；1927.10.02；1927.11.28；1927.12.01；1927.12.02；1928.01.02
胡先骕（步曾）	1927.05.16；1927.05.17；1927.07.01；1927.07.03；1927.07.20；1927.07.23；1927.07.26；1927.08.17；1927.10.06
胡先知	1928.01.11
胡翼卿	1927.12.24
胡元倓（子靖）	1927.12.29；1927.12.30
胡昭佐（梦华）	1927.07.11；1927.08.12
胡子明	1927.05.06
华子华	1927.09.13
黄昌鼎	1927.07.14；1927.09.07；1927.11.12；1927.11.16；1927.11.25

黄承勋	1927.11.07
黄次山	1927.11.24
黄建中（离明）	1927.06.18；1927.06.19；1927.07.04；1927.07.06；1927.07.12
黄厦千（应欢）	1927.07.21；1927.07.26；1927.09.14；1927.09.15；1927.12.03；1928.01.09
黄绶	1927.08.07
黄泰	1927.06.05
黄炎培（任之）	1927.09.25
黄易（小松）	1927.07.26
黄元贲	1927.08.09；1927.08.12；1927.08.18
黄宗羲（梨洲）	1927.12.02

J

计诚	1927.06.18
季光甫	1927.04.11
季辛庐	1927.05.30
贾季周	1927.07.17；1927.10.24；1927.10.25
江国栋(筱石、小石)	1927.07.26；1927.09.05；1927.10.02；1927.10.14；1927.10.29；1927.11.01；1927.11.29；1927.12.06
江恒源（问渔）	1927.01.24；1927.04.03
江钟彦（武子）	1927.02.08；1927.02.20；1927.06.27；1927.06.29；1927.07.09
蒋凤梧（韶九）	1927.05.29；1927.05.30；1927.12.15；1927.12.16
蒋恭晟	1927.07.19
蒋乾甫	1927.03.18
蒋维乔（竹庄）	1927.04.03
蒋贞金（太华）	1927.08.17；1927.08.18
觉安	1927.01.29；1927.02.08；1927.02.11；1927.03.17；1927.03.18；1927.03.30
金安华（崇如）	1927.06.17；1927.12.07；1927.12.08
金曾澄（湘帆）	1927.10.20
金鼎一	1927.07.25；1927.08.13
金农（寿门）	1927.09.15

续表

金松岑	1927.09.18
金文晟	1927.11.22；1927.11.24；1928.01.10
景昌极（幼南）	1927.04.05；1927.06.03；1927.06.08；1927.06.09；1927.06.15；1927.07.12
K	
奎卿	1927.02.06
L	
雷海宗	1927.08.04；1927.08.18
冷遹（御秋）	1927.09.25；1927.09.30
黎承福（寿丞）	1927.11.25
黎光明	1927.07.29；1927.08.23
李拔峨	1927.05.08
李丙荣（树人）	1927.01.30；1927.02.28；1927.03.16；1927.03.19；1927.12.01；1927.12.02；1927.12.10；1927.12.11；1928.01.02；1928.01.03
李丙之	1927.09.05
李伯弢	1927.10.26
李昌冉	1927.07.14
李崇甫	1927.12.27；1927.12.31；1928.01.02；1928.01.08
李法章	1927.08.30
李宏增（翼唐）	1927.10.27；1927.12.03；1927.12.05
李晋芳	1927.05.18
李烈钧（协和）	1927.10.14
李孟书	1928.01.13；1928.01.20
李木天	1927.05.16；1927.05.22
李晴生	1927.09.21
李荣	1928.01.17
李石曾	1927.06.16
李思纯（哲生）	1927.04.04
李万育	1927.07.14
李慰祖	1928.01.04
李文志	1927.10.18

李希仁	1927.05.05
李小缘	1927.08.02；1927.11.13
李燮臣	1927.06.28
李雁湖	1927.02.09；1927.02.14；1927.03.23；1927.05.04；1927.05.06；1927.09.23；1927.09.30；1927.12.20；1927.12.22；1927.12.24；1928.01.27
李仰彭	1927.02.09；1928.01.26
李仪祉（宜之）	1927.08.04
李莹璧	1927.03.25；1927.03.26
李中襄（立侯）	1927.11.03；1927.11.06；1927.11.26
李祝溪	1927.11.27
廉泉（南湖）	1927.07.12
梁伯勤	1927.12.13；1927.12.16
梁焱（公约）	1927.04.02；1927.05.08；1927.12.13；1927.12.28
梁孝谦	1927.10.06；1927.10.07；1927.10.14；1927.10.17；1927.11.06；1927.11.13；1928.01.16
梁云伯	1927.12.27
林清	1927.11.16
林尚贤	1927.07.12
林铁西	1927.08.16
凌放庵	1927.03.03；1927.03.04；1927.03.06；1927.04.04；1927.04.22；1927.05.26；1928.01.21
凌文渊（植支）	1927.01.20；1927.01.26；1927.03.26
凌孝芬	1927.11.29
刘百昭	1927.08.24
刘北禾、刘伯禾	1927.07.09；1927.07.12；1928.01.03；1928.01.05；1928.01.08
刘岑	1927.08.18
刘笃才	1927.11.27；1927.11.28
刘海滨	1927.05.16；1927.06.19
刘海萍	1927.06.28；1927.06.29；1927.06.30
刘景烈	1927.07.21；1927.09.19
刘启文	1927.07.20；1927.07.21

续表

刘峤	1927.08.18
刘芹生	1927.11.21
刘润生	1927.04.09
刘世珩（葱石）	1927.02.17
刘永昌（琴生）	1927.05.29
刘永济	1927.07.20
刘之泗（公鲁）	1927.07.26；1927.08.18；1927.10.12；1927.10.13；1927.10.18；1927.11.06；1927.11.07；1927.11.30；1927.12.17；1928.01.05；1928.01.13
刘著良（天予）	1927.08.10；1927.09.05
刘作宾	1927.09.07；1927.09.29；1927.10.19；1927.10.21；1927.12.28
柳斌元（芝庭）	1927.02.18；1927.05.09；1927.07.04；1927.07.06；1927.09.29；1927.10.06
柳椿生(春生、春侄)	1927.06.04；1927.07.17；1927.10.26
柳定生（定儿）	1927.03.21；1927.04.29；1927.07.31；1927.08.14；1927.09.22；1927.09.31；1927.10.04；1927.10.08；1927.10.09；1927.10.11；1927.10.14；1927.10.15；1927.10.18；1927.10.24；1927.11.19；1927.11.20；1927.11.21；1927.11.23；1927.11.25；1927.11.29；1927.11.30；1927.12.02；1927.12.04；1927.12.05；1927.12.08；1927.12.09；1927.12.19；1927.12.25；1927.12.30；1928.01.01；1928.01.08；1928.01.10；1928.01.22；1928.01.23；1928.01.24；1928.01.26；1928.01.27
柳定原（季中）	1927.02.03
柳凤图（健行）	1927.09.30；1927.10.13；1927.12.21
柳福奎(苐卿、苐卿、苐青）	1927.02.03；1927.02.11；1927.04.07；1927.04.21；1927.04.22；1927.05.03；1927.06.03；1927.09.25；1928.01.19；1928.01.26
柳福林（锡五）	1927.02.22
柳荷生（荷侄）	1927.10.26
柳涝（小川）	1927.02.02；1927.04.04；1928.01.23

柳平章(二兄、砥兄)	1927.01.24；1927.01.28；1927.01.31；1927.02.01；1927.02.02；1927.02.06；1927.02.20；1927.02.28；1927.03.10；1927.03.16；1927.03.17；1927.03.24；1927.03.30；1927.04.01；1927.04.04；1927.04.17；1927.05.03；1927.05.26；1927.06.03；1927.06.04；1927.06.21；1927.06.22；1927.06.23；1927.06.24；1927.07.02；1927.07.03；1927.07.17；1927.07.26；1927.07.31；1927.08.04；1927.08.05；1927.08.20；1927.08.25；1927.09.14；1927.09.21；1927.09.22；1927.09.23；1927.09.24；1927.09.25；1927.09.30；1927.10.25；1927.10.26；1927.12.10；1928.01.19；1928.01.23；1928.01.24
柳屺生（屺儿）	1927.01.25；1927.02.01；1927.02.16；1927.03.22；1927.03.24；1927.03.30；1927.04.19；1927.04.21；1927.04.23；1927.05.02；1927.05.28；1927.05.31；1927.06.21；1927.07.07；1927.07.12；1927.07.17；1927.07.18；1927.07.21；1927.07.22；1927.07.26；1927.07.30；1927.08.05；1927.08.07；1927.08.19；1927.08.21；1927.09.07；1927.09.20；1927.09.22；1927.09.23；1927.09.24；1927.09.25；1927.09.28；1927.09.29；1927.10.03；1927.10.06；1927.10.08；1927.10.13；1927.10.14；1927.10.15；1927.10.16；1927.10.19；1927.10.28；1927.11.01；1927.11.12；1927.11.20；1927.11.24；1927.11.25；1927.11.29；1927.11.30；1927.12.01；1927.12.03；1927.12.08；1927.12.09；1927.12.25；1927.12.26；1927.12.28；1928.01.01；1928.01.05；1928.01.09；1928.01.12；1928.01.14；1928.01.26
柳庆生（秋农）	1927.09.10
柳圣诚	1927.03.26
柳寿高	1927.01.24；1927.01.27；1927.04.21；1927.04.24；1927.04.26；1927.05.06；1927.07.18；1927.07.30；1927.08.01；1927.12.03
柳寿同（文伟）	1927.04.11；1927.04.22；1927.04.26；1927.04.28；1927.05.03；1927.05.05；1927.05.06
柳维生(维侄、仲侄)	1927.02.18；1927.04.21；1927.09.30
柳兴宗（宾叔公）	1927.11.06
柳印芳（维甫）	1927.09.28
柳肇诚（笃斋）	1927.09.10

续表

柳肇嘉（贡禾）	1927.01.20；1927.01.25；1927.04.24；1927.04.26；1927.09.07；1927.09.10；1927.09.11；1927.09.21；1927.09.22；1927.09.23；1927.12.31；1928.01.25
柳肇璋（叔昂）	1927.01.25；1927.01.27
柳智原（鹤笙）	1927.02.23；1927.02.24；1927.02.26；1927.03.01；1927.03.18；1927.05.14；1927.05.15
龙郁文	1927.04.03
卢殿宜	1927.12.12
卢润洲	1927.02.08
卢文炳（彬士）	1927.07.02；1927.10.26；1927.11.24
鲁小兰	1927.11.06
陆费伯鸿	1927.02.18
陆锡庚（小波）	1927.05.06；1927.05.25；1927.06.20；1927.10.13；1927.10.27
路季讷	1927.04.03；1927.05.19；1927.06.13；1927.07.02；1927.07.05；1927.08.06
罗家伦（志希）	1927.06.30
罗时宾	1927.07.13；1927.07.14
罗世真	1927.12.04；1928.01.15
罗薇垣	1927.01.27；1927.02.11；1927.02.23；1927.03.05；1927.03.13；1927.04.28；1927.06.24；1927.07.28；1927.07.31；1927.09.24；1927.09.25；1927.12.23；1927.12.24；1927.12.25；1928.01.20
罗芝仙	1927.07.14
吕澂（秋逸）	1927.05.16；1927.05.17；1927.05.18；1927.06.20
吕国铨（子钦）	1927.05.20；1927.06.28；1927.06.30；1927.07.01；1927.07.24；1927.07.30；1927.07.31；1927.08.02；1927.08.25；1927.09.07；1927.09.08；1927.09.10；1927.09.13；1927.10.02；1927.10.10；1927.10.21；1927.10.29
吕奎	1927.11.20

M

马锦春（贡芳）	1927.04.01；1927.05.09；1927.05.10；1927.06.10；1927.06.13；1927.06.19；1927.06.26；1927.06.30；1927.07.01；1927.07.03；1927.07.28；1927.08.24；1927.08.29；1927.09.01；1927.09.23；1927.09.24；1927.09.26；1927.10.15；1927.10.21；1928.01.15；1928.01.26

O	
欧梁	1927.06.13；1927.06.16；1927.06.29；1927.07.10；1927.07.21；1927.07.29；1927.08.01；1927.10.05；1927.12.31；1928.01.14
欧阳渐（竟无）	1927.05.23
P	
潘清原	1927.01.19；1927.03.26
朋三	1927.12.25
彭百川	1927.05.13；1928.01.13
彭蠡汇	1927.12.31
皮宗石（皓白）	1927.06.28；1927.07.08；1927.07.09
濮一乘	1927.03.26
Q	
祁仲丹	1927.08.21；1927.11.27
奇渥温	1928.01.13
钱宝琮(琢如、卓如)	1927.06.20；1927.09.14；1927.11.24
钱端升	1927.06.28；1927.10.20
钱海一	1927.08.16；1927.10.06
钱基博（子泉）	1927.07.26；1927.07.27；1927.07.30；1927.08.02；1927.08.10；1927.08.25；1927.09.10；1927.09.11；1927.09.14
钱堃新(子厚、子垕)	1927.06.30；1927.07.04；1927.07.07；1927.09.14；1927.10.04
钱茂萱	1927.07.07；1927.07.08；1927.09.20
钱石麟	1927.07.25；1927.08.01；1927.08.03；1927.08.07
钱寿椿	1927.07.09
钱涛	1927.09.07
钱毅植	1927.10.26；1927.12.24
钱肇昌	1927.05.19
钱肇和	1927.06.03；1927.06.28
乔次咸	1927.07.28；1927.08.15

续表

苏岳蓁	1927.04.19
孙传芳	1927.03.31
孙科（哲生）	1927.10.17
孙少江	1927.04.03；1927.06.20
孙文	1927.06.02；1927.11.12
孙濬源	1927.07.07
孙毅	1927.07.22

T

谭八	1927.05.22
谭延闿（组安）	1927.10.06；1927.10.22；1927.11.06
汤觉无	1927.06.28；1927.11.21；1928.01.15
汤小斋	1927.05.16；1927.05.17；1927.06.29；1927.08.09；1927.08.15；1927.08.28；1927.11.19
汤用彤（锡予）	1927.01.21；1927.06.20；1927.07.05；1927.07.12；1927.07.13；1927.07.19；1927.07.20；1927.07.23；1927.08.09；1927.09.27；1927.09.28；1927.10.01；1927.10.03；1927.10.13；1927.10.14；1927.10.19；1927.10.20；1927.10.24；1927.10.28；1927.11.29；1927.12.01；1927.12.08
唐邦治（子均）	1927.02.10；1927.07.24；1927.07.26；1927.08.01；1927.08.29
唐凤楼	1927.06.08
唐仁寿（端甫）	1927.03.15
唐文荟	1927.08.05；1927.08.25；1927.08.29；1927.09.01；1927.09.14；1927.10.17；1927.10.19
唐文蒨	1927.07.29
唐仲冕	1927.11.16
陶基承	1927.10.13
陶少甫、陶绍甫	1928.01.14；1928.01.16
陶惟坻	1927.12.02
陶知行	1927.04.02
陶竹书	1927.09.31
童世亨（季通）	1927.01.21

W	
汪东（旭初）	1927.11.26；1927.12.04
汪懋祖（典存）	1927.05.21；1927.07.12
汪汝燮（汪调之、汪调翁）	1927.07.01；1927.07.06；1927.10.05；1927.10.17；1927.11.30；1927.12.07；1928.01.04；1928.01.05；1928.01.11
汪叔眉（叔梅）	1927.05.22；1927.08.18
汪文达	1927.07.09
汪文端	1927.10.10
汪彝伯、汪义伯	1927.10.16；1927.10.21；1927.10.25；1927.11.04
汪闿（霭庭）	1927.09.31；1927.10.06；1927.10.21；1927.11.29；1927.12.25；1928.01.03
汪藻	1927.10.07
王伯秋	1927.06.16；1927.06.19；1927.07.18
王伯群	1927.07.23
王凤鸣	1927.02.11；1927.12.18
王芙生	1927.12.27
王公弢	1927.07.02
王光宇	1927.10.05
王鸿绪	1928.01.13
王厚贻	1927.04.09；1927.12.24
王驾吾（焕镳）	1927.07.26；1927.08.02；1927.08.09；1927.08.26；1927.10.02；1927.10.16；1927.12.30
王杰	1928.01.12
王琎（季梁）	1927.04.03；1927.10.06
王静安、王静庵	1927.05.10；1927.05.11；1927.06.19；1927.06.28
王镜弟	1927.08.29
王理成	1927.11.28
王仁堪（可庄）	1927.02.09
王少中	1928.01.24
王世杰（雪艇）	1927.07.08
王顺	1927.07.01

续表

王崧生	1927.07.31
王锡侯	1927.11.08
王遐杰	1928.01.24
王孝伯	1927.11.28
王瀣（伯沆、伯谦）	1927.04.02；1927.06.30；1927.07.15；1927.07.26；1927.07.27；1927.09.12；1927.11.01；1927.12.04；1927.12.28；1928.01.02；1928.01.12
王星拱（抚五）	1927.06.28；1927.07.08
王雪舫	1927.07.09
王仰斋	1927.03.05；1927.03.25
王易（晓湘）	1927.10.03；1927.10.06；1927.12.04
王英初	1927.09.21
王庸（以中）	1927.07.20；1927.08.26；1927.08.29；1927.09.08；1927.09.12；1927.09.14
王玉章	1927.06.07；1927.06.12；1927.06.17；1927.06.18；1927.06.28；1927.07.07；1927.10.14
王堉（养吾）	1927.07.05
王则先	1927.04.03；1928.01.14
王桢甫	1927.04.06；1927.04.09；1927.04.10；1927.04.26；1927.05.03；1927.05.05；1927.05.13；1927.05.15；1927.05.21；1927.05.23；1927.06.07；1927.06.26；1927.06.30；1927.07.03；1927.07.21；1927.09.09；1927.09.22；1927.09.24；1927.09.26；1927.09.27；1927.09.28；1927.10.17；1927.10.20；1927.10.24；1927.11.01；1927.11.10；1927.11.23；1927.11.24；1927.12.01；1927.12.24
王震保（春霆）	1927.06.14；1927.09.07；1927.09.31；1927.10.06；1927.10.09；1927.10.11；1927.10.18；1927.10.19；1927.10.23；1927.10.24；1927.11.06；1927.12.01；1927.12.02；1927.12.06；1927.12.07；1927.12.27；1927.12.31；1928.01.09；1928.01.22
王之舒	1927.07.01
王致敬（德普）	1927.08.29
王佐才	1927.06.05；1927.06.06
韦润珊	1927.05.26；1927.05.27；1927.06.07；1927.07.20；1927.09.01；1927.09.08；1927.09.18

续表

吴子龙（绍骧）	1927.01.25；1927.01.28；1927.02.06；1927.02.07；1927.02.15；1927.02.16；1927.02.17；1927.03.20；1927.03.23；1927.03.25；1927.04.06；1927.04.11；1927.04.12；1927.04.21；1927.04.26；1927.05.04；1927.08.14；1927.10.17；1927.10.20；1927.10.24；1927.10.29；1927.11.03；1927.11.19；1927.11.22；1927.11.23；1927.11.24；1927.12.01；1927.12.08；1927.12.11；1927.12.22；1927.12.23；1928.01.18；1928.01.23
吴梓林	1927.04.09
吴佐清	1927.06.21
武同举(霞峰、一尘)	1927.08.18；1927.08.26；1927.09.17；1927.09.21；1927.10.11；1927.10.16；1927.11.13；1927.12.04；1927.12.27；1927.12.30；1928.01.04；1928.01.15

X

希卝	1927.04.11
夏崇璞	1927.12.12
相菊潭	1927.06.10；1927.06.17
向达（觉民）	1927.07.20；1927.08.09；1927.08.07；1927.11.30；1927.12.09；1927.12.29；1927.12.30；1928.01.11；1928.01.12；1928.01.17
向仙乔	1927.10.13
项燕北、项燕白、项燕伯	1927.03.29；1927.05.04；1927.05.05；1927.05.21；1927.05.22；1927.06.08；1927.06.18；1927.08.13；1927.09.01；1927.09.04；1927.09.08；1927.09.18；1927.10.04；1927.10.15；1927.10.16；1927.10.29；1927.11.17；1927.11.20；1927.11.23；1927.11.27；1927.11.29；1927.12.25；1928.01.06；1928.01.08；1928.01.22
萧纯锦（叔䌹）	1927.01.20；1927.02.11；1927.02.12；1927.02.20；1927.02.26；1927.03.06；1927.03.26；1927.03.31；1927.04.14；1927.04.26；1927.05.02；1927.05.03；1927.05.04；1927.05.10；1927.05.11；1927.05.16；1927.05.17；1927.05.18；1927.05.25；1927.06.03；1927.06.29；1927.08.01；1927.08.14；1927.08.16；1927.08.18；1927.09.05；1927.09.08；1927.09.10；1927.09.11；1927.09.16；1927.10.01；1927.10.14；1927.10.23；1927.11.01；1927.11.21；1927.12.01；1927.12.08；1927.12.25；1928.01.02；1928.01.14；1928.01.25

续表

萧俊贤（厔泉）	1927.01.21；1927.08.21；1927.08.22
萧绳祖	1927.08.17
萧素园	1927.05.07
谢焕文（季璋）	1927.07.19；1927.11.27
谢仁冰	1927.07.12；1927.10.13；1927.11.23
解朝东（震皋）	1927.07.24；1927.07.31
心谷	1927.12.14
辛延年	1927.12.19
熊庆来（迪之）	1927.01.22；1927.04.03；1927.09.13；1927.10.01；1927.12.25
熊叔厚	1927.07.14
熊遂	1927.08.18
熊正理（雨生）	1927.06.17；1927.06.19；1927.07.05；1927.07.08；1927.07.13；1927.07.20；1927.08.30；1927.10.03
徐翿（徐南州、徐南舟）	1927.01.19；1927.03.26；1927.04.21；1927.04.22；1927.10.08
徐德昌	1927.03.07；1927.05.06；1928.01.20
徐枋（俟斋）	1927.09.15
徐国安（静仁）	1927.05.10；1927.05.12；1927.06.19；1927.06.20；1927.06.26；1927.08.03
徐河珍（河甥）	1927.02.11；1927.02.22；1927.02.23；1927.03.09；1927.03.17；1927.04.01；1927.04.28；1927.05.06；1927.05.28；1927.05.29；1927.06.01；1927.06.03；1927.06.05；1927.06.13；1927.07.14；1927.07.25；1927.08.10；1927.08.12；1927.08.18；1927.08.19；1927.08.20；1927.08.24；1927.08.27；1927.08.28；1927.08.30；1927.08.31；1927.09.03；1927.09.22；1927.10.14；1927.10.28；1927.11.01；1927.11.02；1927.11.09；1927.11.19；1927.11.24；1927.12.05；1927.12.08；1927.12.13；1927.12.14；1927.12.16；1927.12.26；1928.01.04；1928.01.05；1928.01.13；1928.01.16；1928.01.18；1928.01.27
徐鸿逵	1927.01.19
徐怀生	1927.10.02
徐怀芝	1927.10.13
徐剑书	1927.07.26

徐俊岑、徐峻岑、徐俊臣	1927.01.26；1927.02.03；1927.04.10；1927.05.14；1927.09.08；1927.12.18；1927.12.23；1928.01.21
徐任民	1927.01.19；1927.02.21；1927.04.08；1927.05.25；1927.06.24；1927.07.16；1927.07.26；1927.08.25；1927.09.25；1927.10.09；1927.10.30
徐天闵	1927.12.04
徐韦曼（宽甫）	1927.02.17；1927.04.01；1927.04.08；1927.05.10；1927.06.01；1927.12.02
徐渊摩（厚甫）	1927.05.09；1927.10.28
徐云青、徐云卿	1927.01.24；1927.01.28；1927.02.03；1927.03.25；1927.03.29；1927.06.02；1927.07.15；1927.11.27；1927.11.30
徐止敬	1927.12.15；1927.12.16
徐祖光	1927.07.11
许寿裳	1927.11.24
许文雨（文玉、维周）	1927.10.23；1927.12.02；1927.12.04；1928.01.08
薛伯王	1927.05.18；1927.05.21；1928.01.20
薛福成（叔芸）	1927.03.15
薛光琦（仲华）	1927.11.20
薛竞	1927.06.18

Y

严梦九	1927.04.07
严艺甫	1927.01.23
颜福庆	1927.06.11
杨伯衡	1927.09.02
杨伯屏	1927.10.30
杨大培（植之）	1927.04.22
杨端	1927.06.11
杨方震	1927.02.28
杨谱琴	1927.07.30

杨铨（杏佛）	1927.02.17；1927.02.18；1927.05.07；1927.05.10；1927.05.25；1927.06.01；1927.07.08；1927.07.09；1927.07.12；1927.07.23；1927.07.26；1927.08.09；1927.09.16；1927.09.17；1927.10.06；1927.10.14；1927.10.17；1927.10.20；1927.11.17；1927.11.19；1927.11.21；1927.12.30；1928.01.07；1928.01.09；1928.01.16
杨守敬（星吾）	1927.03.19；1927.10.11；1928.01.06
杨天骥（千里）	1927.11.25；1927.11.29
杨熙昌	1927.10.18
杨孝述（允中）	1927.05.16；1927.05.17；1927.06.11；1927.07.11；1927.07.20；1927.09.18；1927.10.01；1927.11.01；1927.12.08；1927.12.26
杨沂孙（濠叟）	1927.11.29
杨子佚、杨子西	1927.08.11；1927.09.15；1927.09.19；1927.09.20；1927.10.01
姚佛崖	1927.03.23；1927.04.11；1927.04.17；1927.04.19；1927.04.24；1927.04.25；1927.04.26；1927.04.29；1927.05.15；1927.06.07；1927.06.23；1927.06.24；1927.07.21
姚明辉（孟埙）	1927.07.14
姚永朴（仲实）	1927.10.07；1927.10.24
姚鹓雏	1927.08.16
耀文	1927.12.14
叶楚材	1927.04.28
叶适（水心）	1927.12.02
叶玉森（葓渔、荭渔）	1927.02.01；1927.02.08；1927.02.09；1927.04.06；1927.04.07；1927.04.08；1927.04.09；1927.04.10；1927.04.11；1927.04.15；1927.04.17；1927.04.23；1927.04.24；1927.04.28；1927.05.01；1927.05.02；1927.05.05；1927.08.18；1927.10.03；1927.10.09；1927.10.10；1928.01.22
叶仲经	1927.04.03；1927.06.28；1927.07.22；1927.07.24
叶宗源（楚伧）	1928.01.14
殷溥如	1927.05.28；1927.05.29

殷善甫	1927.01.27；1927.01.28；1927.01.29；1927.02.06；1927.03.06；1927.03.17；1927.03.23；1927.03.24；1927.04.25；1927.05.01；1927.05.02；1927.05.04；1927.05.06；1927.05.24；1927.05.26；1927.06.06；1927.06.07；1927.06.22；1927.07.02；1927.08.01；1927.09.09；1927.09.18；1927.10.15；1927.11.07；1927.11.21；1927.12.28
殷仲诚	1927.09.24；1927.09.26
于康蕃	1927.05.12；1927.08.29
于敏成	1927.12.19
余丙东	1927.09.13；1927.12.30
余东屏	1927.01.22
余萧客	1927.11.06
余铮	1927.10.02；1927.10.11；1927.10.12
俞明颐（寿丞）	1927.11.06
俞庆棠	1927.07.29；1927.08.09；1927.08.17；1927.10.06；1927.10.16；1927.10.17
俞樾（曲园）	1927.03.15；1927.10.16
俞兆和	1927.07.02
袁鹏程	1927.04.08；1927.06.07；1927.06.17；1927.06.28；1927.07.07；1927.10.14；1928.01.05
袁树珊	1927.02.11；1927.08.14
袁长春（伯庸）	1927.11.27；1927.12.04；1927.12.05；1927.12.29；1927.12.30
云企韩	1927.06.28

Z

臧佛根	1927.01.23
曾国藩（文正）	1927.03.13；1927.03.15
曾世荣（荫千、曾甥婿）	1927.03.26；1927.05.09；1927.07.05；1927.07.09；1927.07.12；1927.07.14；1927.07.15；1927.07.19；1927.07.23；1927.07.26；1927.08.05；1927.08.17；1927.08.20；1927.08.27；1927.08.31；1927.09.05；1927.09.09；1927.10.29；1927.11.13；1927.11.14；1927.11.19；1927.11.24；1927.12.10；1928.01.01；1928.01.12；1928.01.16；1928.01.18

张从之（勉予）	1927.01.29；1927.02.15；1927.02.16；1927.02.20；1927.02.23；1927.02.26；1927.03.01；1927.03.09；1927.03.19；1927.03.25；1927.03.29；1927.03.30；1927.04.04；1927.04.16；1927.04.18；1927.04.19；1927.04.20；1927.04.21；1927.04.28；1927.05.05；1927.05.06；1927.05.27；1927.05.28；1927.05.29；1927.05.31；1927.06.21；1927.06.24；1927.06.25；1927.06.26；1927.06.27；1927.07.01；1927.07.02；1927.07.04；1927.07.05；1927.07.06；1927.07.07；1927.07.08；1927.07.12；1927.07.13；1927.07.24；1927.08.02；1927.08.05；1927.08.06；1927.08.07；1927.08.08；1927.08.10；1927.08.13；1927.08.14；1927.08.20；1927.08.21；1927.08.25；1927.09.10；1927.09.11；1927.09.13；1927.09.14；1927.09.16；1927.09.17；1927.09.21；1927.09.22；1927.09.24；1927.09.25；1927.09.30；1927.10.01；1927.10.03；1927.10.04；1927.10.14；1927.10.17；1927.10.19；1927.10.20；1927.10.24；1927.10.28；1927.10.29；1927.11.01；1927.11.03；1927.11.13；1927.11.14；1927.11.17；1927.11.19；1927.11.20；1927.11.23；1927.11.24；1927.11.29；1927.12.01；1927.12.08；1927.12.09；1927.12.15；1927.12.18；1927.12.27；1927.12.29；1928.01.01；1928.01.05；1928.01.07；1928.01.12；1928.01.16；1928.01.18；1928.01.19
张迪	1927.05.01
张东山	1927.02.08；1927.08.14；1927.12.19；1927.12.20；1927.12.21；1927.12.24
张逢辰（祖言）	1927.12.26；1927.12.27；1928.01.05；1928.01.11
张国仁	1927.03.25；1927.03.27；1927.04.01；1927.07.03
张浣英	1927.05.26；1927.05.27；1927.08.09
张继曾（省三）	1927.12.07；1928.01.15
张理庭	1927.06.09

张梦岩（孟髯）	1927.01.24；1927.01.25；1927.01.27；1927.02.05；1927.02.08；1927.02.09；1927.02.23；1927.02.26；1927.02.27；1927.03.01；1927.03.09；1927.03.13；1927.03.17；1927.03.23；1927.03.28；1927.03.29；1927.03.30；1927.04.06；1927.04.12；1927.04.13；1927.04.17；1927.04.18；1927.04.22；1927.04.27；1927.05.03；1927.05.04；1927.05.05；1927.05.06；1927.05.13；1927.05.14；1927.05.15；1927.05.17；1927.05.21；1927.05.24；1927.05.25；1927.05.26；1927.06.05；1927.06.06；1927.06.07；1927.06.23；1927.06.28；1927.06.29；1927.07.26；1927.09.23；1927.09.26；1927.09.30；1927.10.13；1927.10.23；1927.12.10；1927.12.11；1927.12.20；1927.12.22；1927.12.23；1927.12.26；1927.12.27；1928.01.02；1928.01.03；1928.01.05；1928.01.08；1928.01.13；1928.01.19；1928.01.23；1928.01.27
张慕陶	1927.02.28
张乃燕（君谋）	1927.05.10；1927.05.15；1927.06.11；1927.06.18；1927.06.26；1927.06.27；1927.06.28；1927.07.02；1927.07.03；1927.07.08；1927.07.09；1927.07.15；1927.08.10；1927.08.11；1927.08.18；1927.08.20；1927.09.15；1927.09.19；1927.09.21；1927.09.28；1928.01.04；1928.01.05；1928.01.17
张鹏（翼云）	1927.06.30；1927.11.23；1927.12.21
张其昀（晓峰）	1927.02.17；1927.02.18；1927.02.21；1927.02.27；1927.03.05；1927.03.09；1927.03.13；1927.03.26；1927.03.29；1927.04.17；1927.06.01；1927.06.03；1927.06.07；1927.06.15；1927.06.21；1927.07.01；1927.07.04；1927.07.08；1927.07.19；1927.07.21；1927.07.24；1927.07.28；1927.07.29；1927.08.01；1927.08.09；1927.08.17；1927.08.18；1927.08.23；1927.08.25；1927.09.11；1927.09.16；1927.09.19；1927.10.02；1927.10.05；1927.10.15；1927.10.16；1927.10.19；1927.10.24；1927.11.01；1927.11.26；1927.12.02；1927.12.04；1927.12.09；1927.12.26；1927.12.30；1928.01.07；1928.01.17
张琴（治如）	1927.11.14；1927.11.15；1927.11.16；1927.12.30；1928.01.02
张善昌（咏韶）	1927.02.26；1927.04.08；1927.04.10；1927.04.12；1927.05.01；1927.05.06；1927.05.14；1927.09.30
张善夫	1927.12.06

续表

张寿镛（咏霓）	1927.08.02；1927.08.09；1927.08.24；1927.09.19；1927.10.17
张天才	1927.09.14
张蔚如	1927.11.13
张奚若	1927.08.18
张锡庆	1927.06.18；1927.11.26；1927.12.03
张遐龄	1927.08.21
张小楼	1927.05.11；1928.01.02
张星烺（张亮尘、张亮臣）	1927.04.30；1927.05.01；1927.05.25；1927.07.12；1927.07.13；1927.07.14；1927.07.15；1927.07.24；1927.08.01；1927.08.17；1927.08.22；1927.10.16
张衣言	1927.03.23；1927.04.01；1927.04.06；1927.04.08；1927.04.17；1927.05.06；1927.06.03；1927.06.15
张颐（真如）	1927.07.24；1927.08.01
张轶材	1927.04.03；1927.05.04；1927.05.17；1927.05.18；1927.05.22；1927.08.21；1927.10.18；1927.11.27
张轶侪	1927.05.12；1927.06.23；1927.08.27；1927.10.02
张裕钊（濂亭、廉卿）	1927.03.14；1927.03.15；1927.03.17
张毓骅	1927.10.17；1927.10.18
张月琛（季言）	1927.01.20；1927.01.21
张质夫	1927.01.20；1927.02.03；1927.05.13；1927.05.31；1927.06.06；1927.08.06；1927.08.09；1927.08.18；1928.01.21
张仲书	1927.07.22；1927.07.24；1927.08.24
张宗昌	1927.03.31
章邦直（西园）	1927.04.04
章楚伯	1927.04.03；1927.04.04
章学诚（实斋）	1927.11.16
赵步洲	1928.01.09
赵诚卿	1927.12.23
赵棣华	1927.06.23；1927.06.30；1927.10.03；1927.12.08；1928.01.08
赵洪年	1927.07.10；1927.07.12

赵鸿谦（吉士）	1927.01.24；1927.01.26；1927.01.28；1927.02.08；1927.02.20；1927.02.26；1927.02.27；1927.03.01；1927.03.03；1927.03.04；1927.03.08；1927.03.23；1927.03.25；1927.03.27；1927.03.28；1927.03.29；1927.04.01；1927.04.02；1927.04.03；1927.04.06；1927.04.08；1927.04.12；1927.04.15；1927.04.17；1927.04.18；1927.04.24；1927.04.27；1927.05.06；1927.05.25；1927.05.26；1927.06.03；1927.06.12；1927.06.15；1927.06.22；1927.06.23；1927.06.25；1927.06.26；1927.06.27；1927.06.28；1927.06.29；1927.06.30；1927.07.01；1927.07.09；1927.07.11；1927.07.12；1927.07.14；1927.07.18；1927.07.23；1927.07.26；1927.08.17；1927.08.22；1927.08.25；1927.09.01；1927.09.04；1927.09.05；1927.09.08；1927.09.10；1927.09.11；1927.09.19；1927.09.24；1927.09.25；1927.09.29；1927.10.02；1927.10.07；1927.10.10；1927.10.25；1927.10.29；1927.11.12；1927.11.14；1927.11.15；1927.11.19；1927.11.21；1927.11.25；1927.11.26；1927.11.27；1927.11.29；1927.11.30；1927.12.07；1927.12.08；1927.12.09；1927.12.17；1927.12.18；1927.12.25；1927.12.26；1927.12.27；1927.12.28；1927.12.31；1928.01.01；1928.01.05；1928.01.06；1928.01.08；1928.01.10；1928.01.12；1928.01.13；1928.01.17；1928.01.21；1928.01.22
赵锦堂	1927.08.11；1927.10.21
赵庆杰	1928.01.26
赵汝梅	1927.07.23
赵声（伯先）	1927.09.25
赵世盛	1927.11.07
赵祥瑗	1927.06.30；1927.07.30
赵勋禾（森甫）	1927.02.03；1927.03.04；1927.03.17；1927.09.22；1927.10.12；1927.10.25
赵宧光	1927.11.08
赵永平	1927.04.04
赵仲滨	1927.08.18
赵宗抃（蜀琴）	1927.02.17；1927.02.18；1927.05.08；1927.05.11

续表

赵宗煌	1927.04.22
赵宗周	1927.02.03
郑明华	1928.01.12
郑绍觉	1927.10.17
郑旺华	1927.11.07
郑宗海（晓沧）	1927.05.21；1927.06.11；1927.06.30；1927.07.30；1927.12.08
支伟成	1927.06.26；1927.06.28；1927.06.29；1927.06.30；1927.07.01
钟叔进	1927.06.30；1927.07.02；1927.07.06；1927.07.08；1927.09.14
周承考	1927.10.12
周骾生	1927.07.08；1927.07.09
周光午	1927.07.14；1927.08.09；1927.11.27；1927.12.08；1927.12.09
周光倬	1927.04.02；1927.06.17
周君英	1927.05.28
周玲荪	1927.07.19
周慭（雁石）	1927.08.01；1927.08.03；1927.08.17；1927.08.21；1927.08.25；1927.10.19；1928.01.14
周星白、周星伯	1927.06.16；1927.11.11；1927.11.12
周之槱	1927.10.07
周篆竹	1927.04.01；1927.04.03
周子经	1927.06.11；1927.06.13；1927.06.18；1927.06.19；1927.06.20；1927.06.27；1927.07.11；1927.07.19；1927.12.09；1927.12.26
朱伯房	1927.02.17
朱德龙	1927.03.28
朱国桢	1927.11.11
朱积祺	1927.04.02
朱觉卿	1927.08.13
朱经农	1927.05.07

续表

朱君毅	1927.07.13
朱菉卿（鹿卿）	1927.05.11；1927.06.17；1927.06.19
朱沛霖	1927.03.28
朱闰生	1927.01.19；1927.01.20；1927.01.23；1927.03.26；1927.04.21
朱亦松	1927.12.08
诸葛麒（振公）	1927.05.07；1927.09.14；1927.09.15；1927.10.02；1927.12.28
竺可桢（藕舫）	1927.07.09；1927.10.20
宗汉章	1927.06.11
宗嘉禄（受于）	1927.03.31；1927.04.02；1927.04.03；1927.05.12；1927.05.13；1927.05.15；1927.05.16；1927.05.18；1927.05.19；1927.05.20；1927.05.21；1927.05.22；1927.06.10；1927.06.19；1927.06.20；1927.06.26；1927.06.29；1927.07.10；1927.07.24；1927.08.09；1927.08.18；1927.08.29；1927.10.04；1927.10.11；1927.10.18；1927.10.21；1927.11.11；1927.12.05；1928.01.08；1928.01.10；1928.01.15；1928.01.17
宗嘉谟（伯皋）	1927.05.29；1927.12.15
宗之洪	1927.07.25
宗之鸿	1927.05.29
宗之华	1927.07.02
宗之櫆（白华）	1927.05.15；1927.05.16；1927.07.05；1927.07.12；1927.07.23；1927.07.30；1927.11.14；1927.11.17
邹秉文	1927.04.02；1927.04.03
左熙章（敬忱）	1927.11.16

日记图档

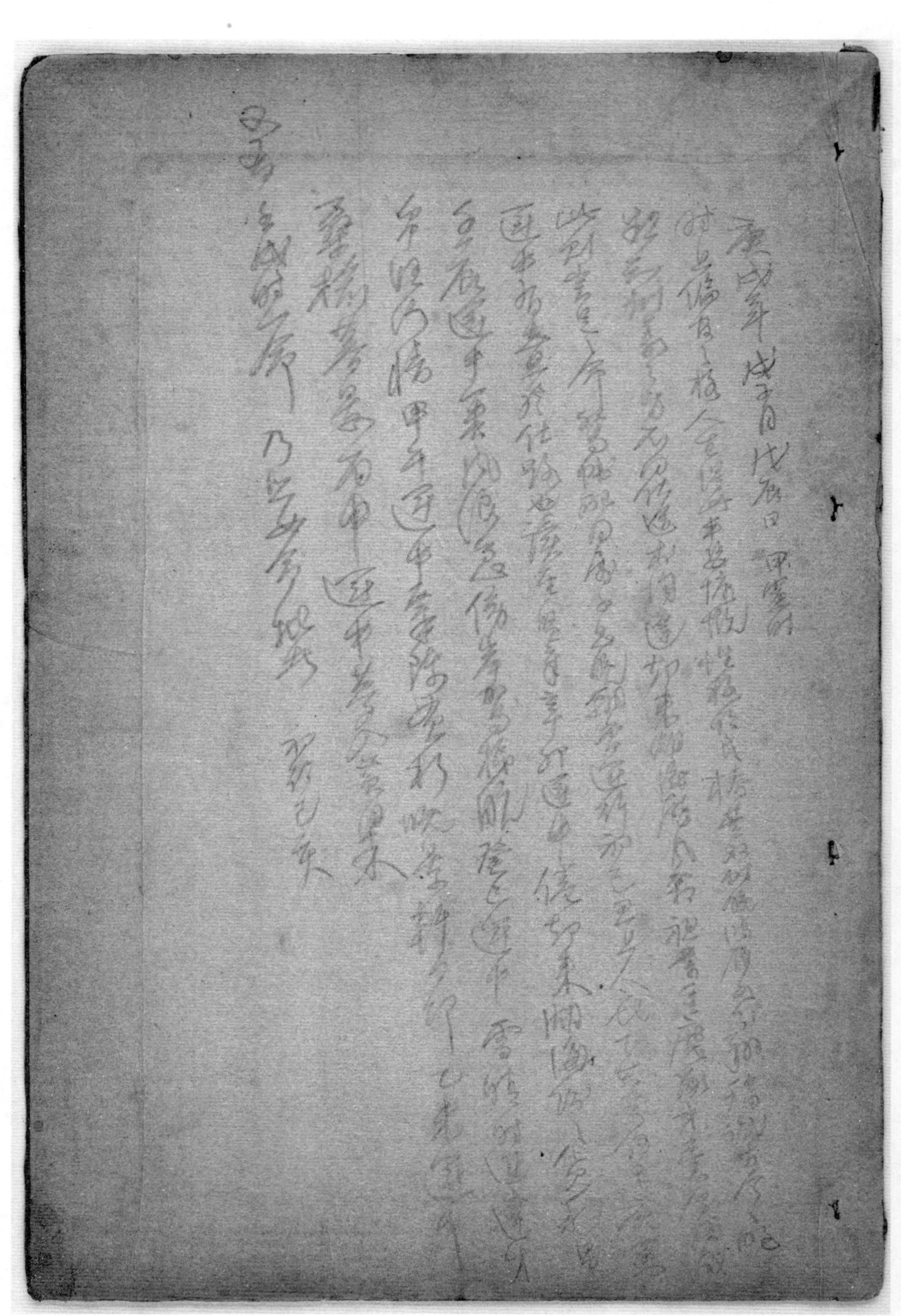

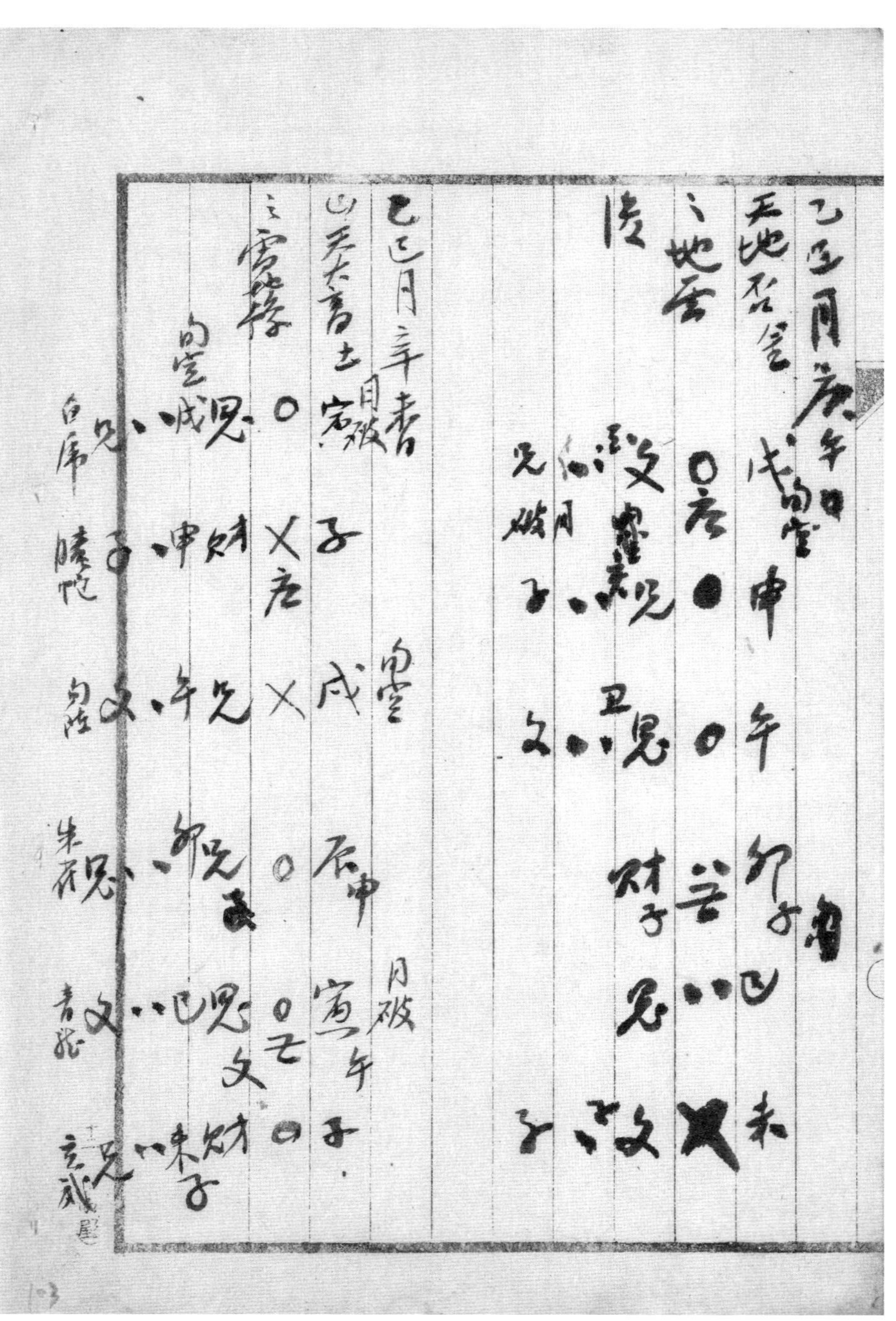

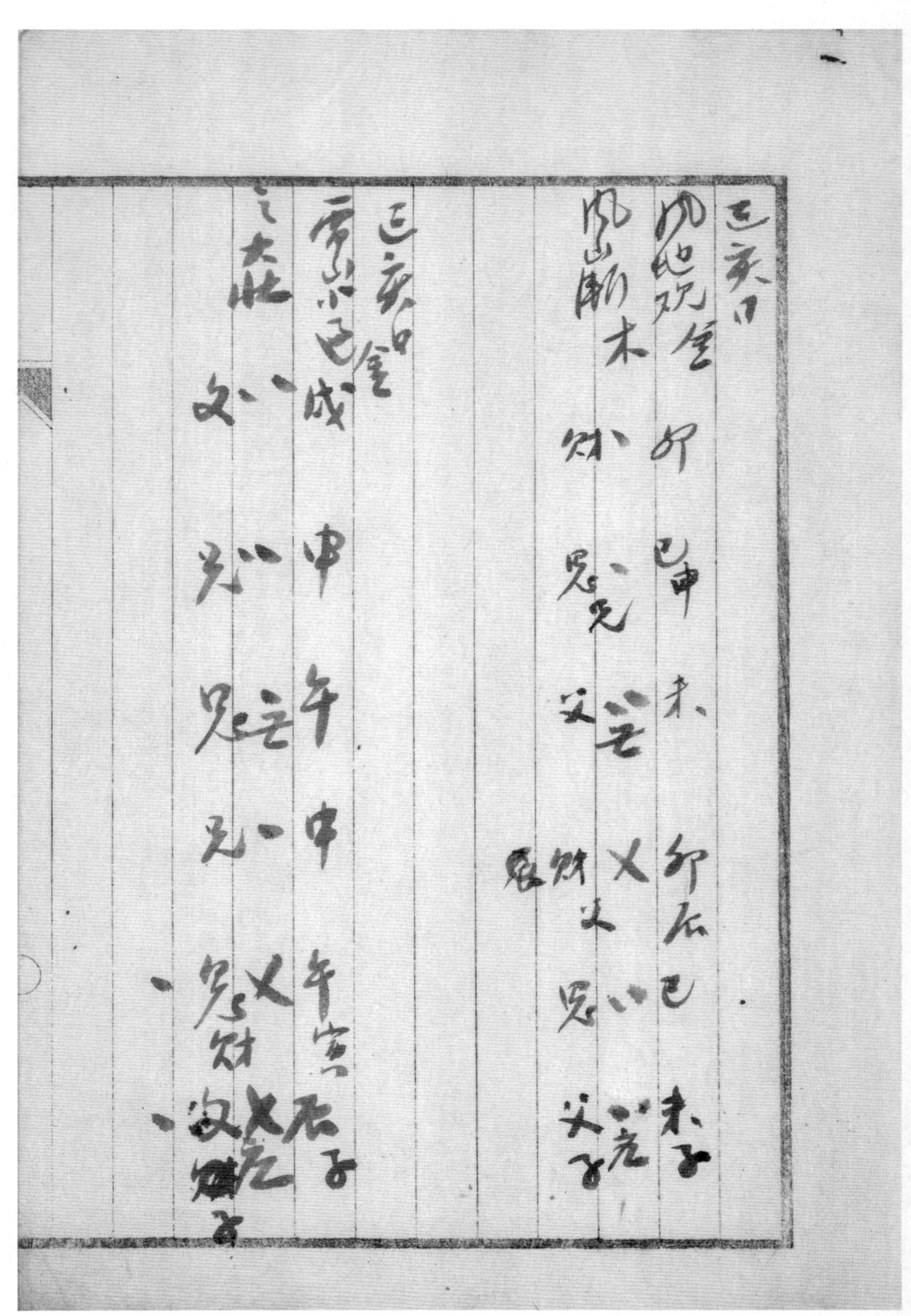

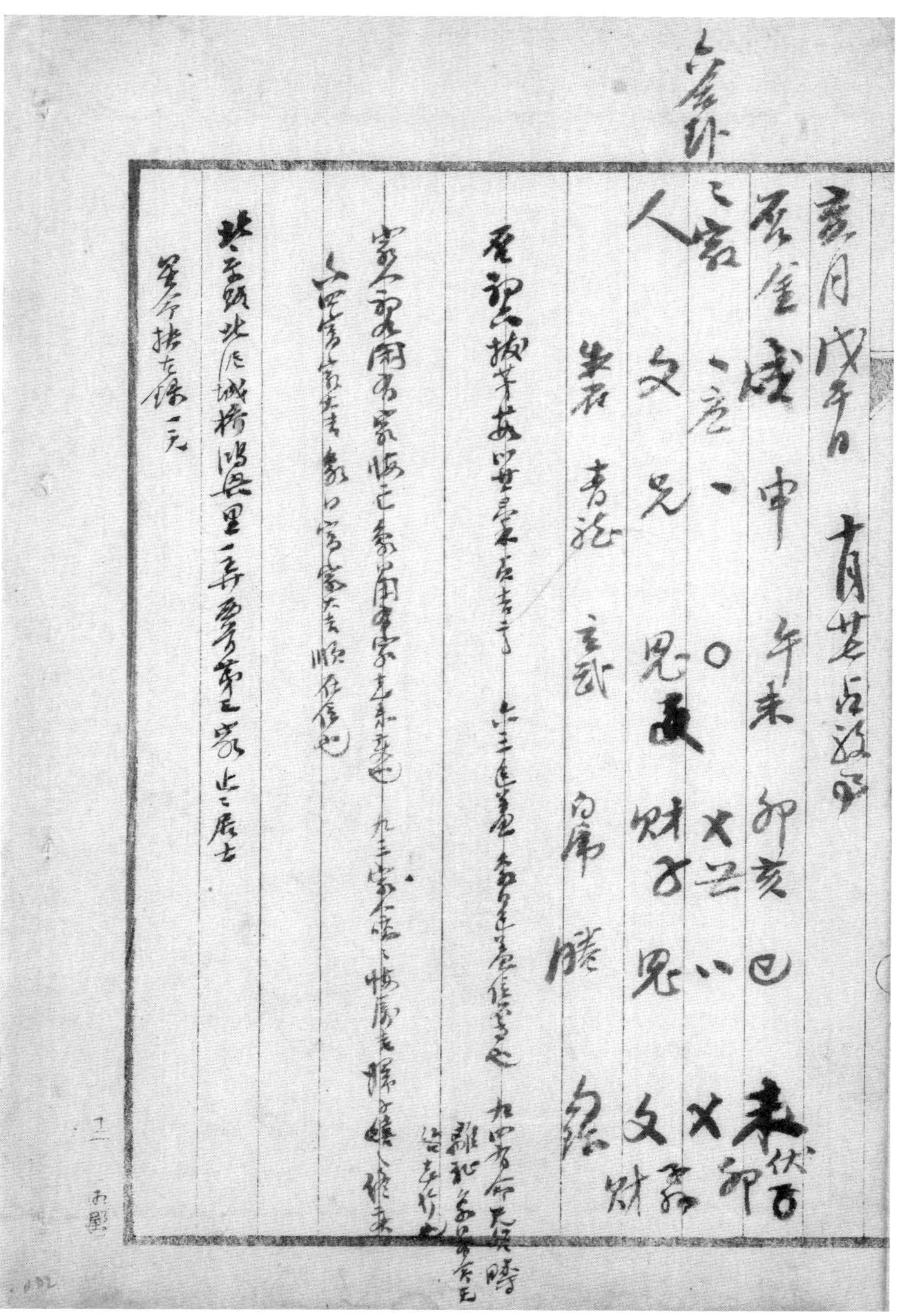

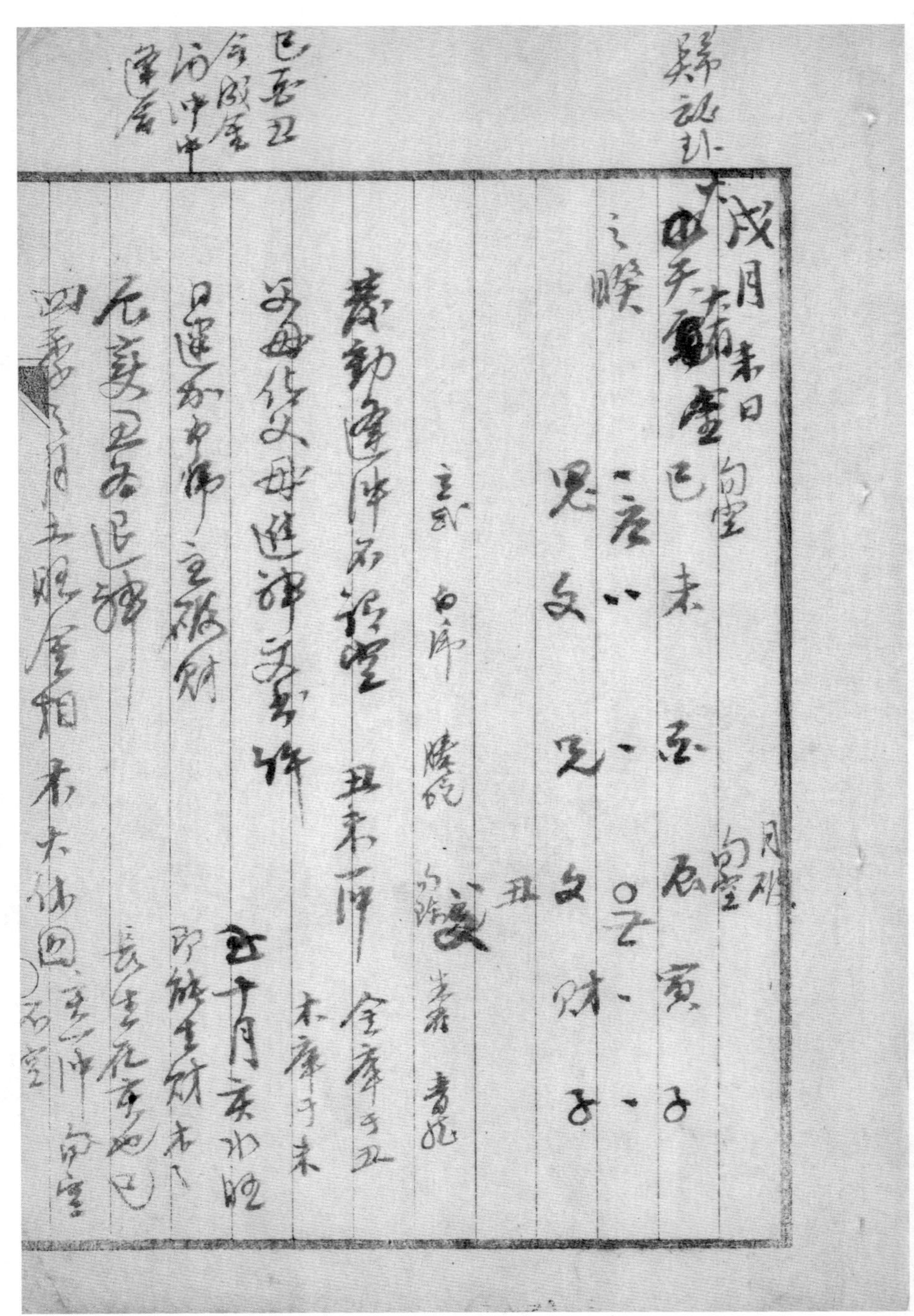

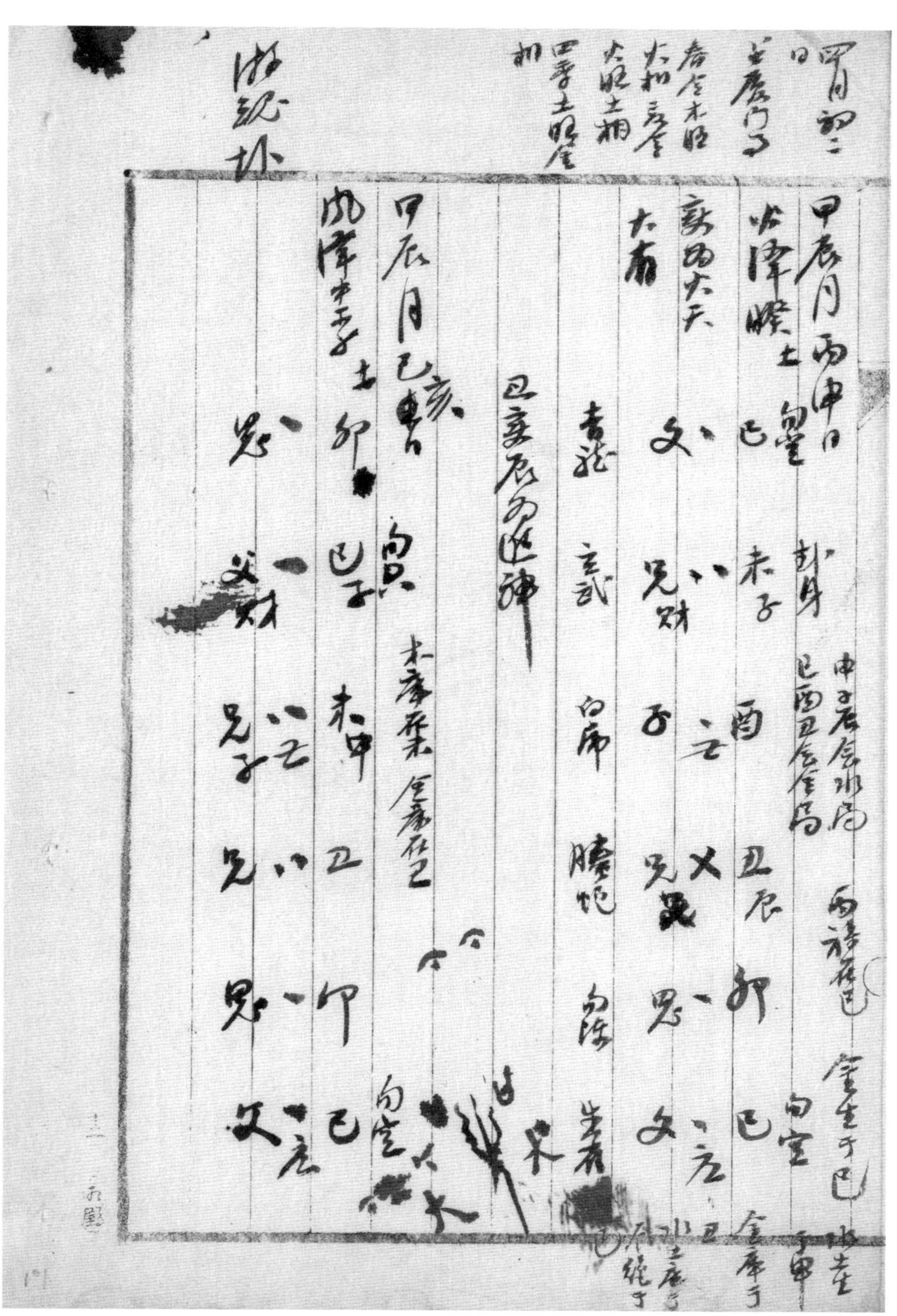

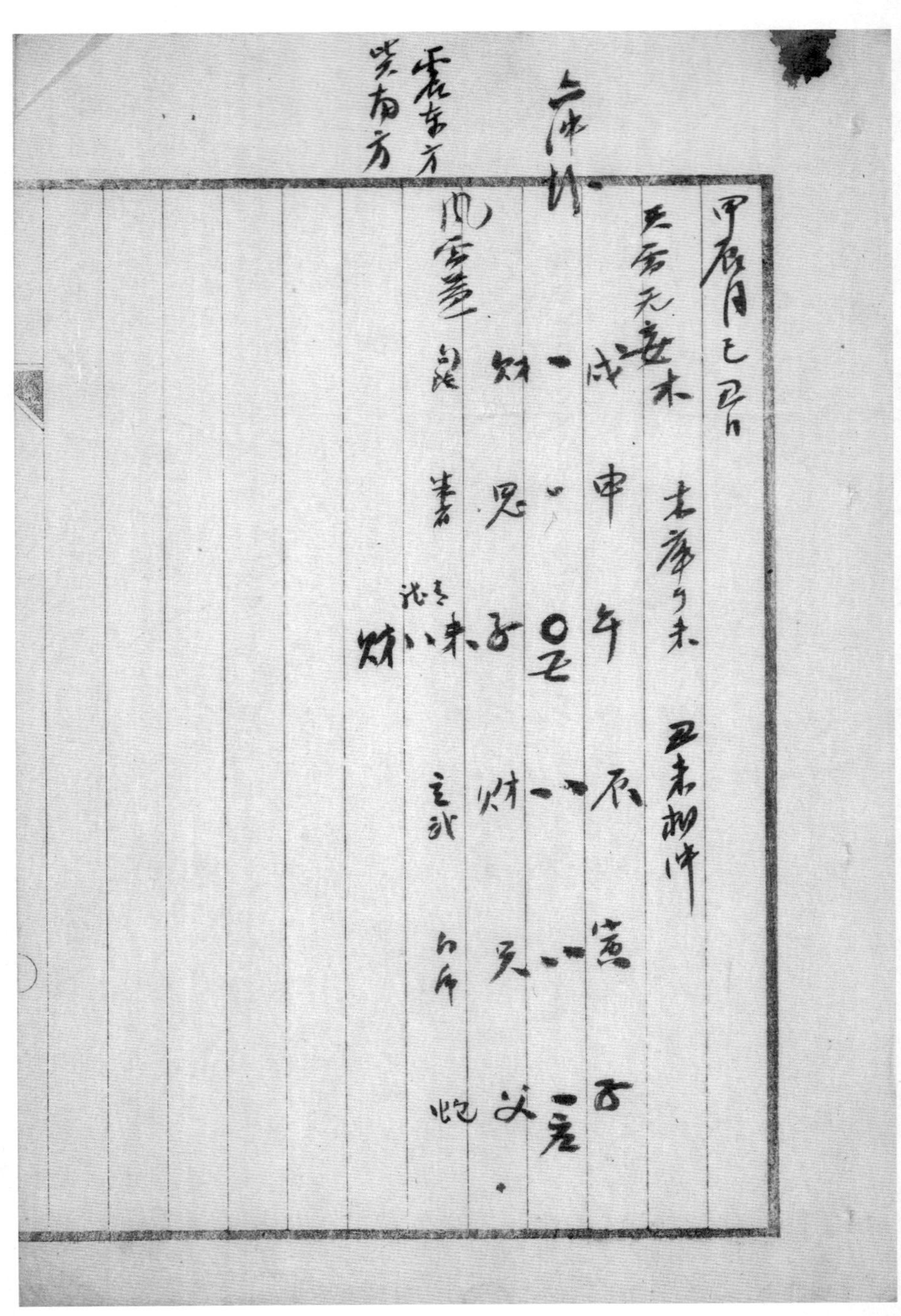

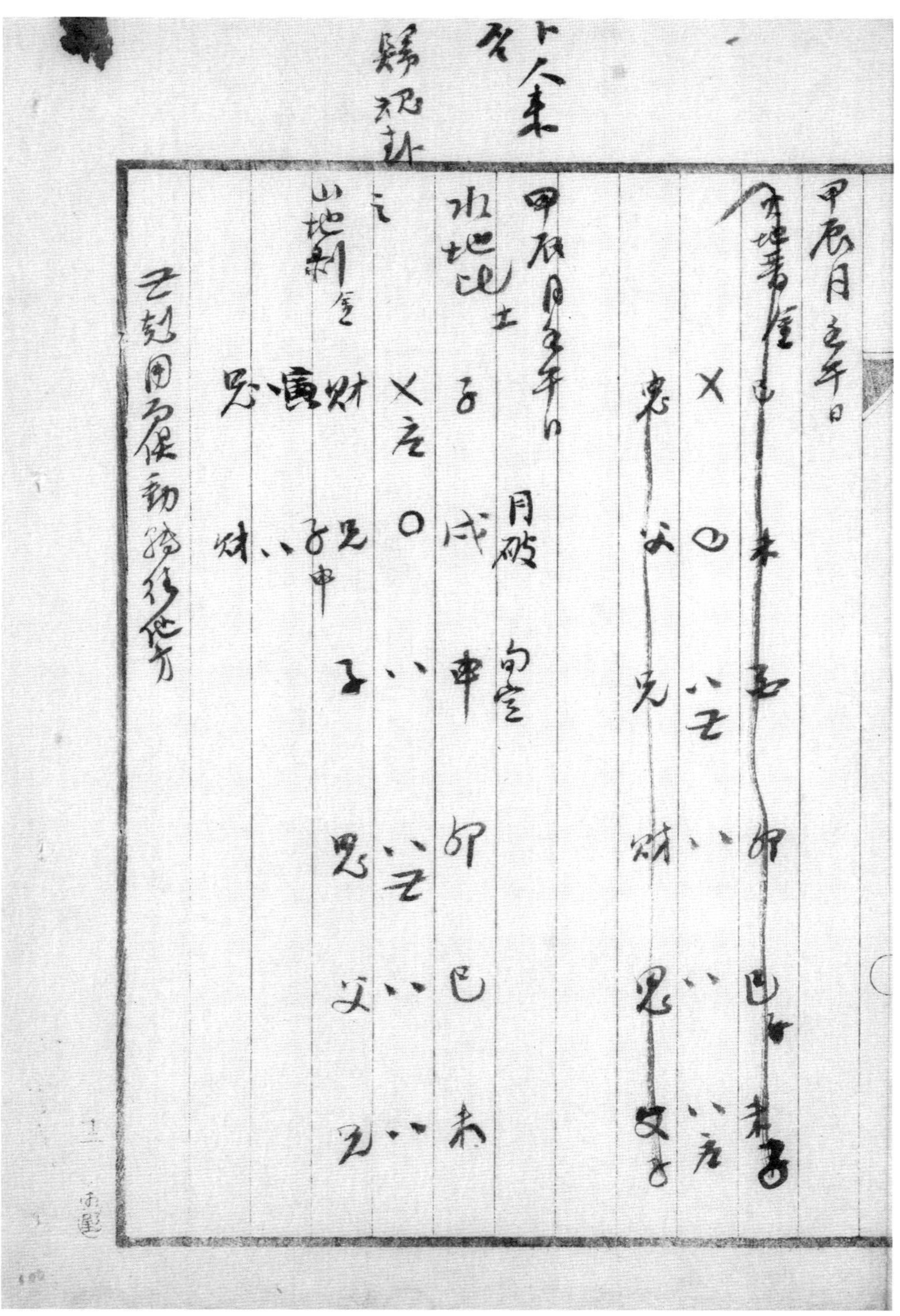

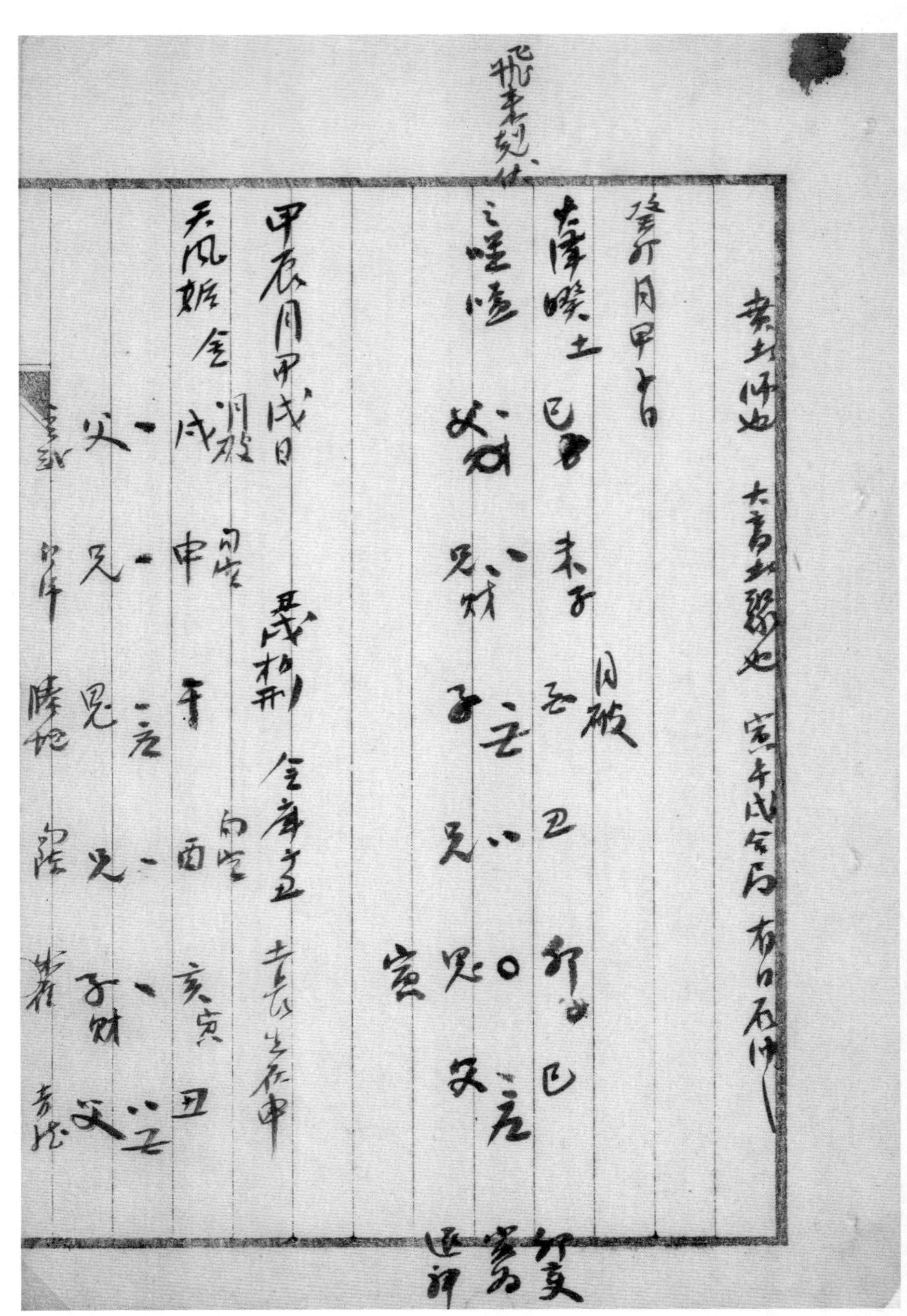

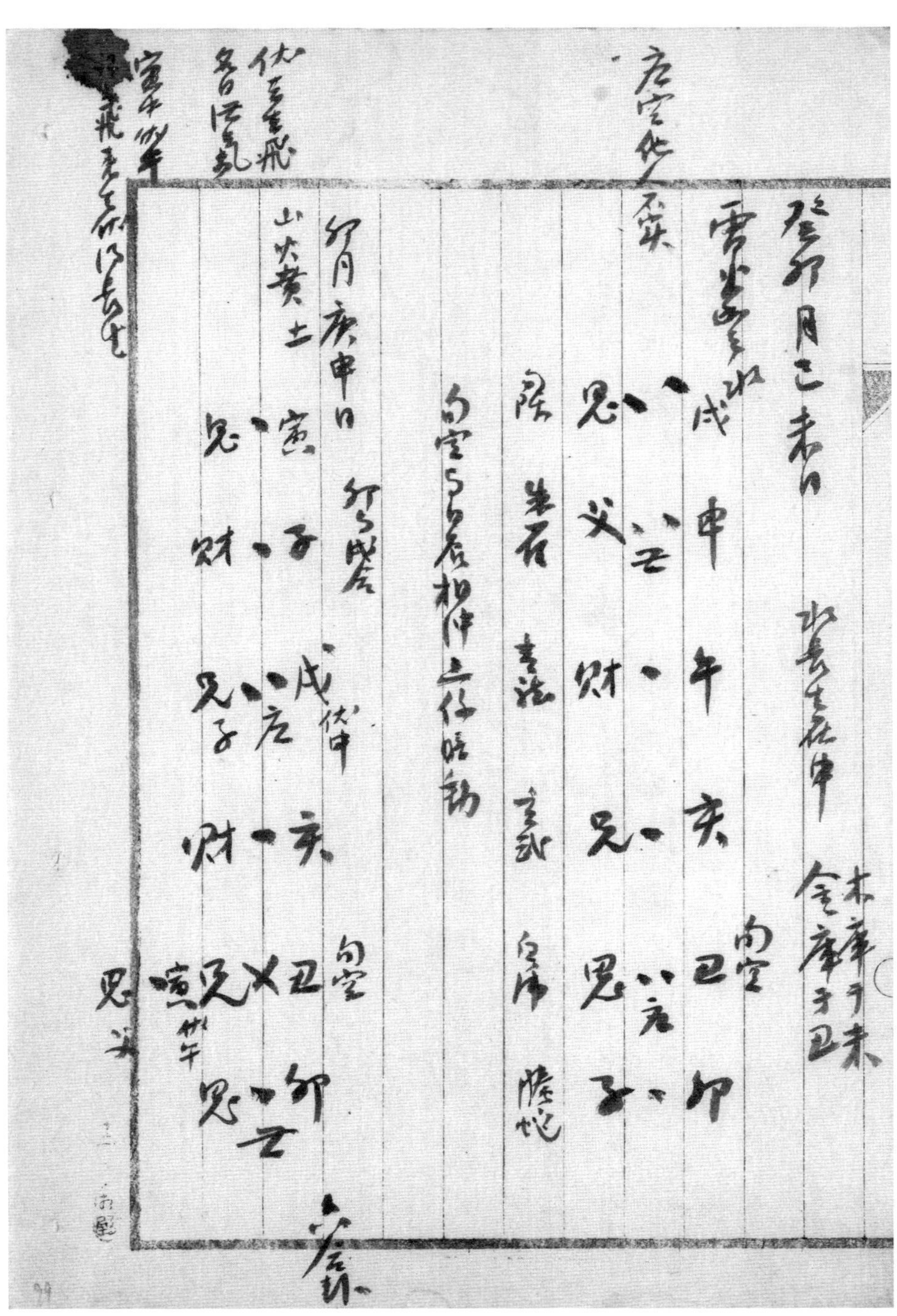

生於巳上
为天寒
申子辰年
生人
劫煞在巳
孤辰在巳
驿马在寅
桃花在亥、
驿马只许
为丧杖
日録第编
财之象

戊土长生
长生在申 沐浴在酉 冠带在戌 临官在亥
帝旺在子 衰在丑 病在寅 死在卯 墓在辰
绝在巳 胎在午 养在未

只需挨去铁云 木绝于子 金绝于午 木死于午 金死于子

绝之对宫为死 死之对宫为绝 凡格年常见不利 好见为吉

盖此系逢衍反言称也

火刃于午 水土刃于子 火胎于子 水土胎于午

刃之对宫为胎 胎之对宫为刃 凡格年常见不利 好见为吉

各程我所之喜 中至辰也

申子辰年 ……戊癸 ……化气 得财……

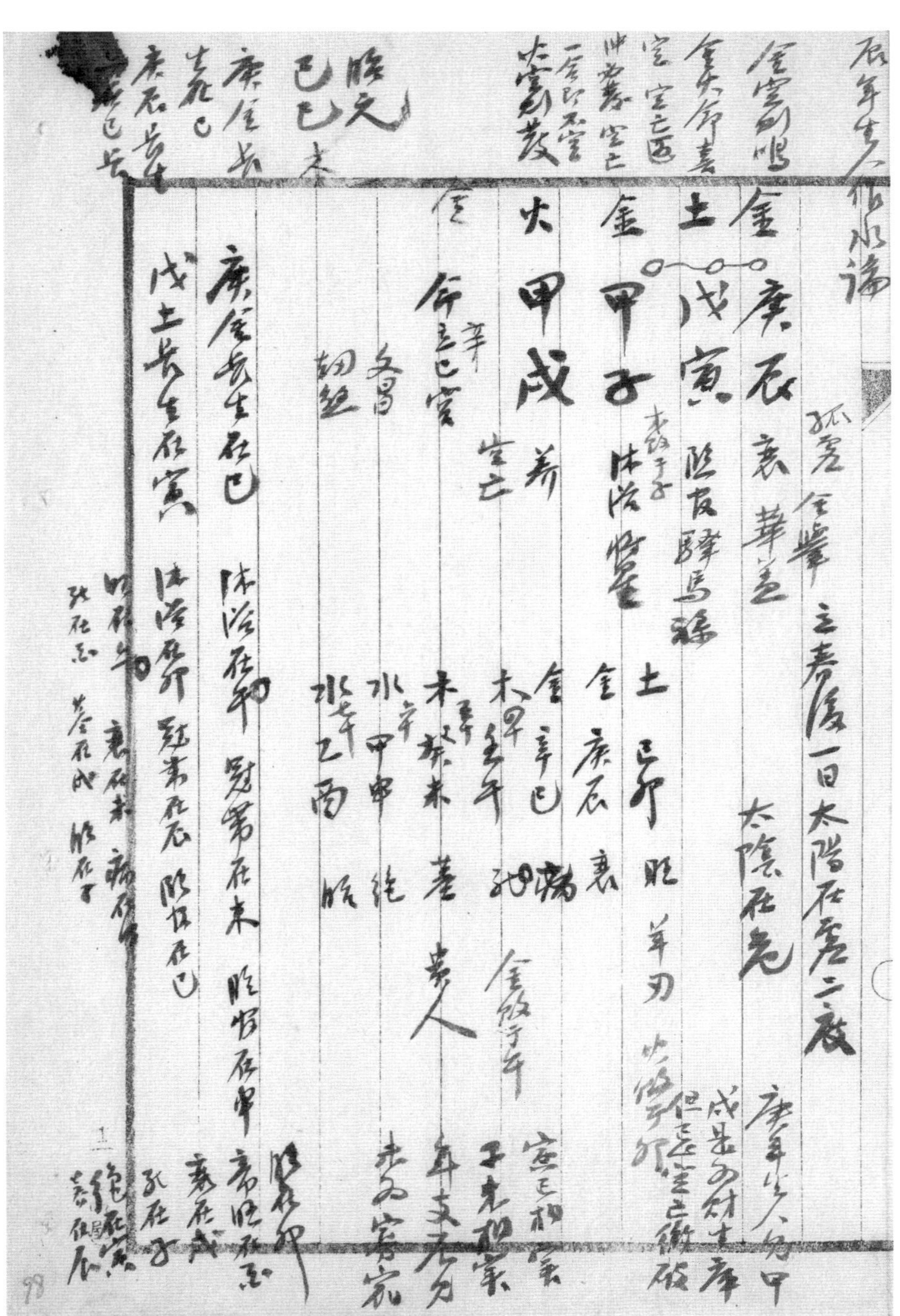

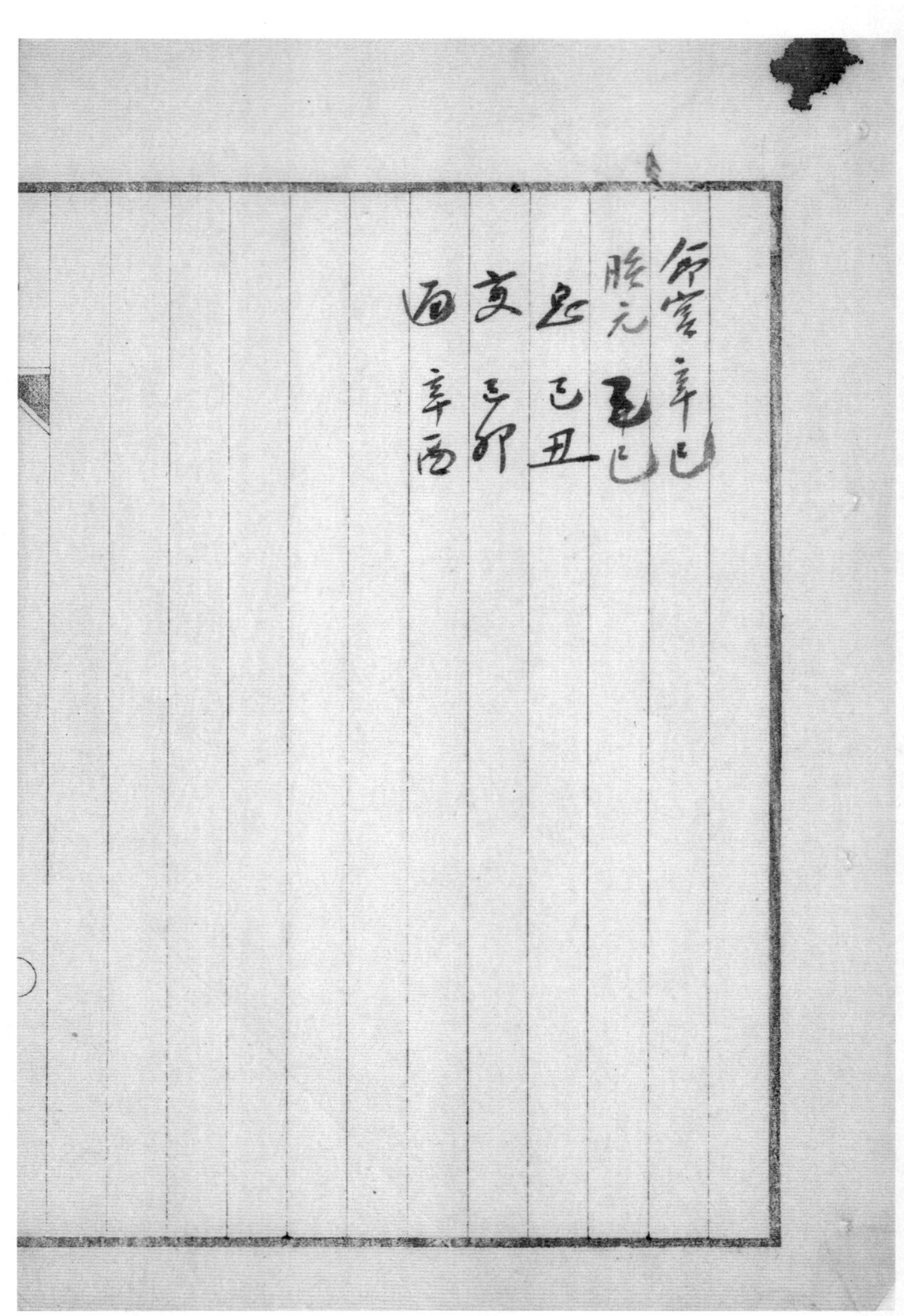

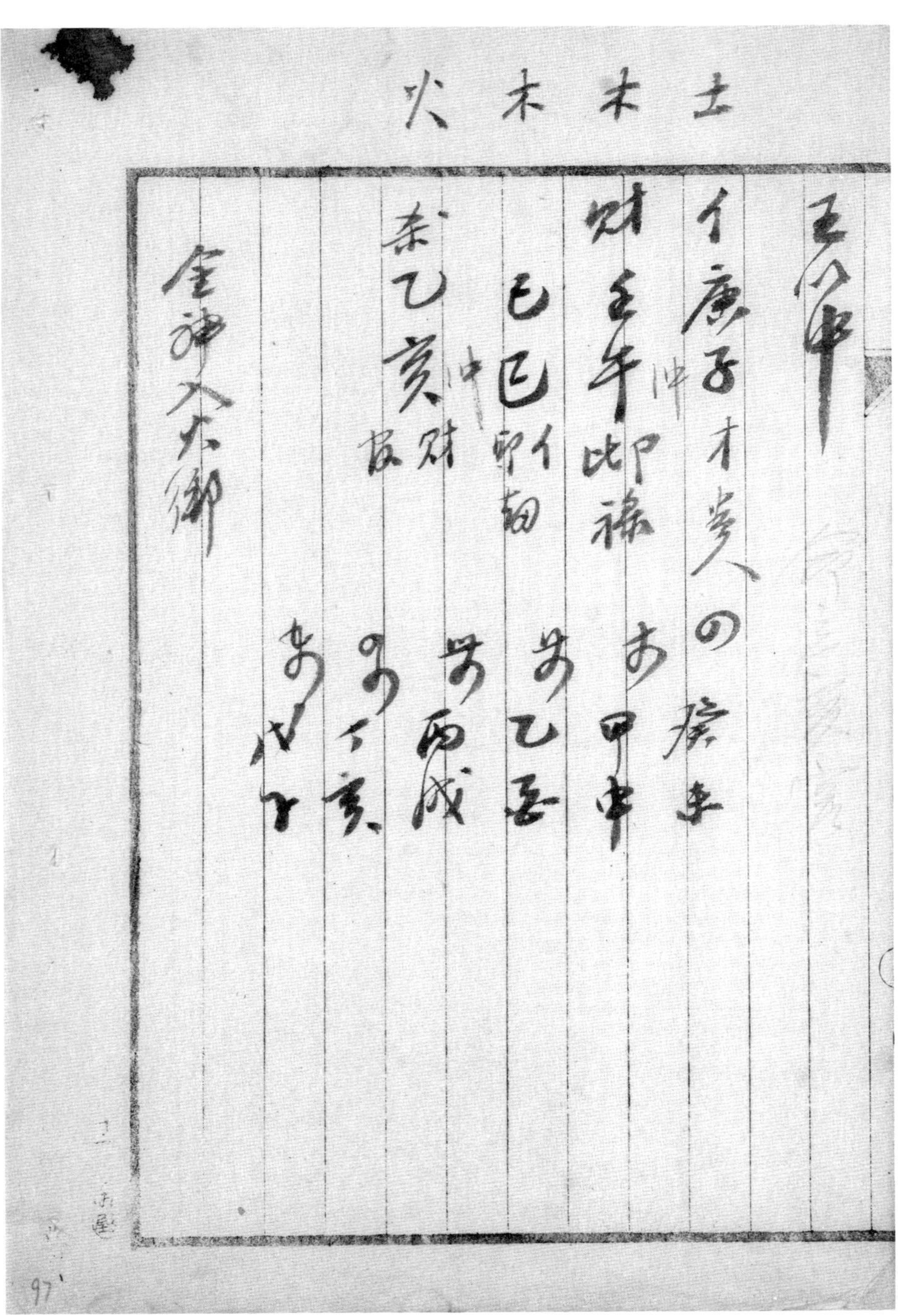

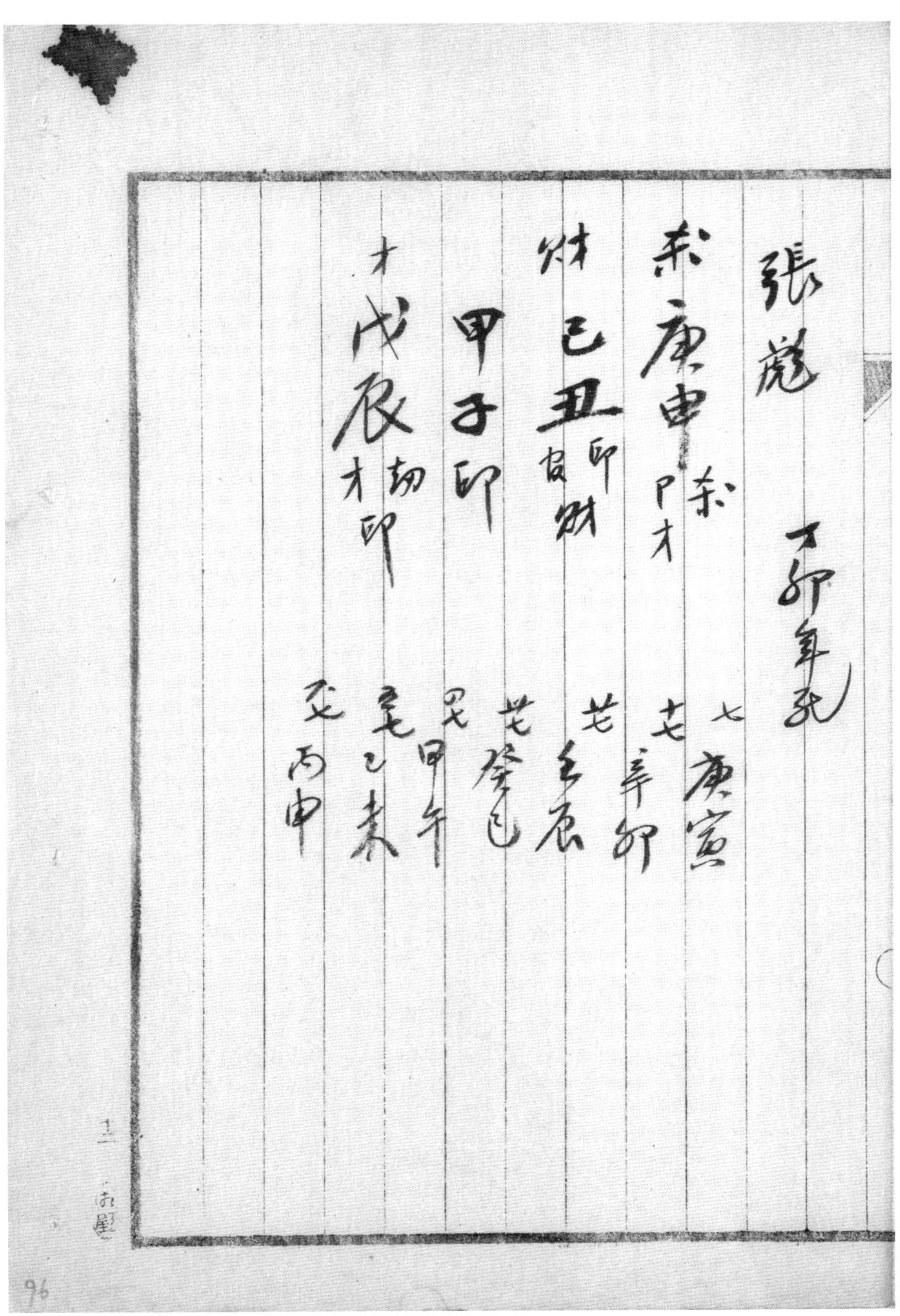

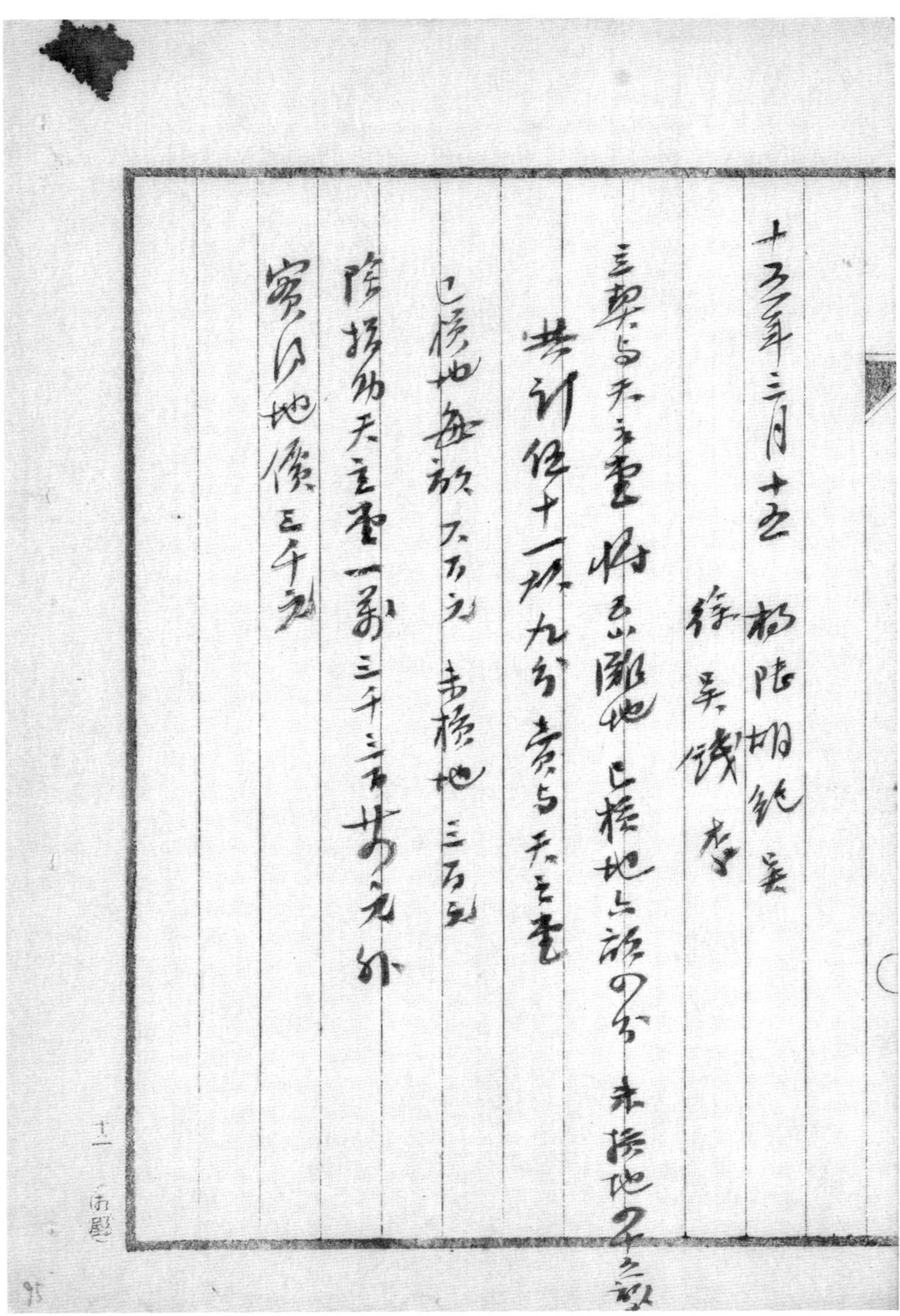

十五年三月十六　杨陆胡钱吴

徐吴钱李

三契与天主堂将已出让地　已接地与旗四分　未接地不足六亩

共计伍十一亩九分卖与天主堂

已接地每亩六万元　未接地三万元

除接收天主堂一万三千三百卅元外

实收地价三千元

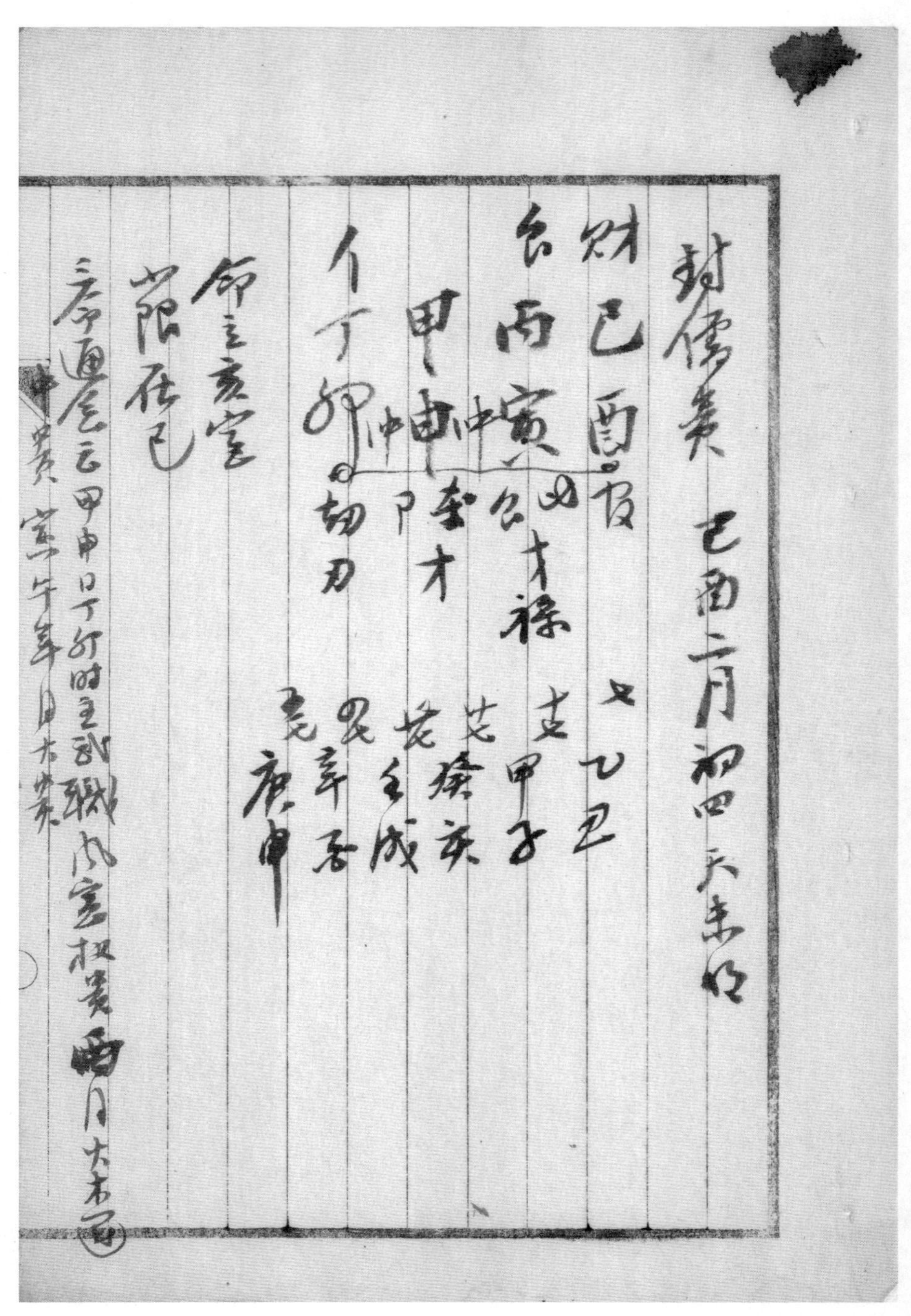

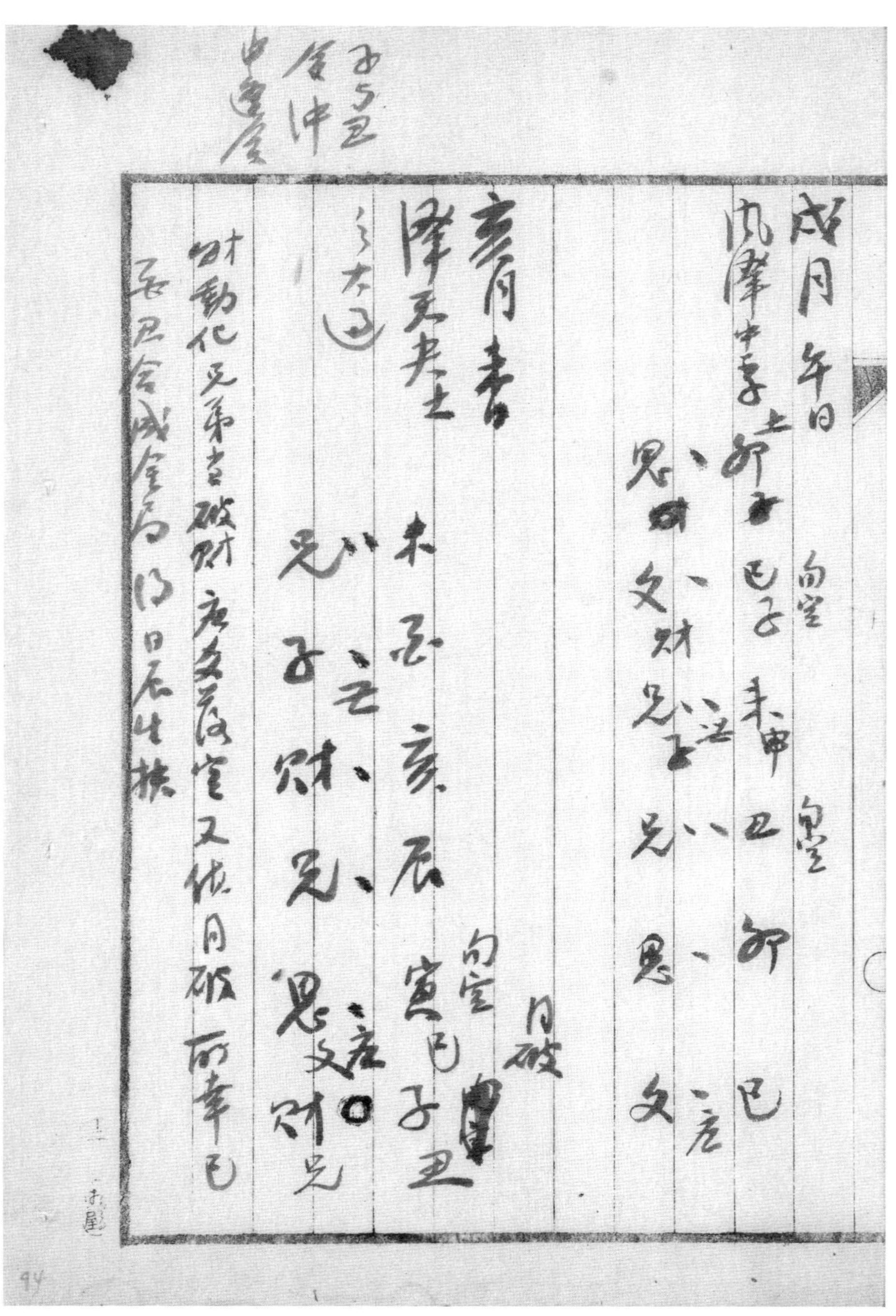

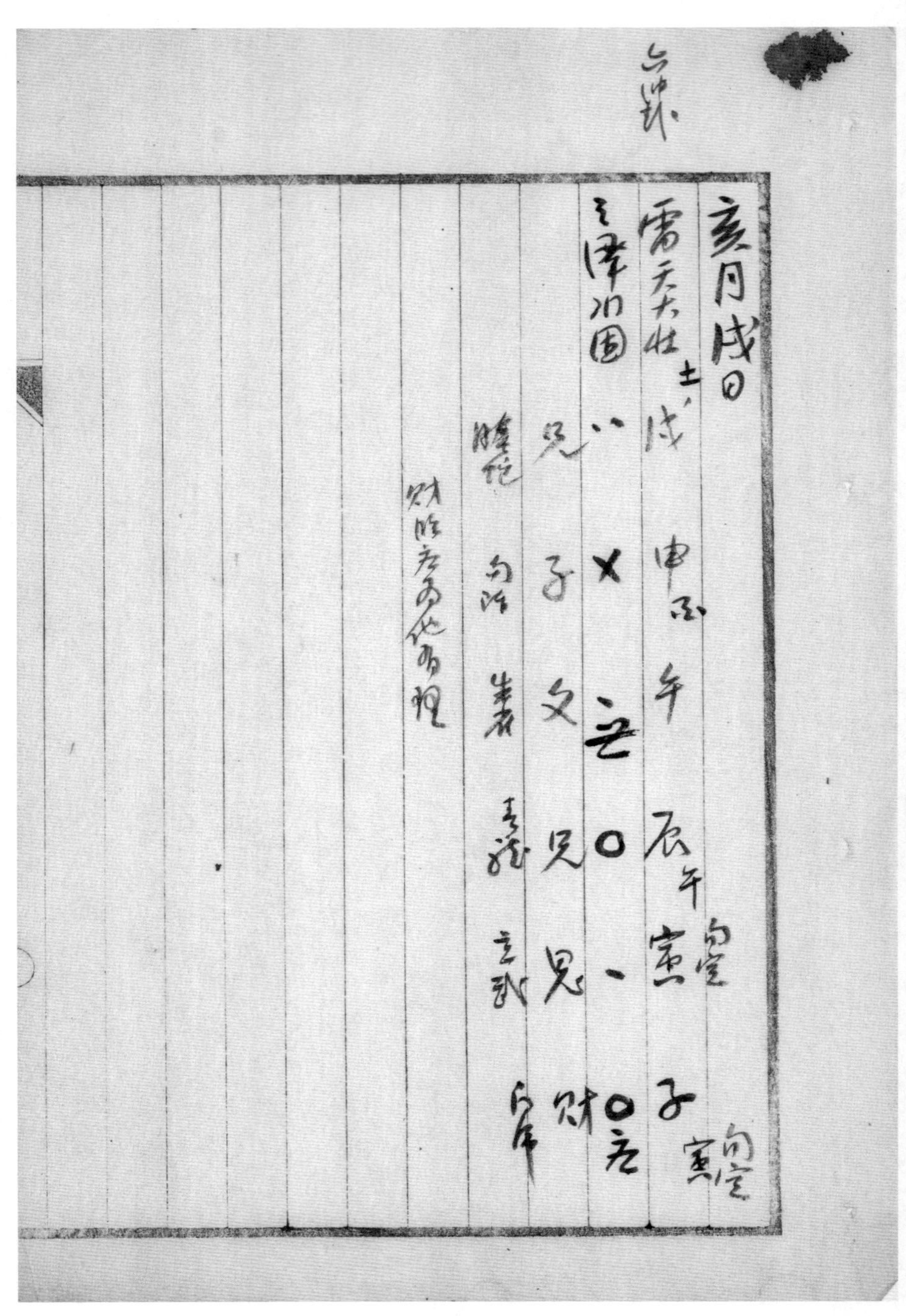

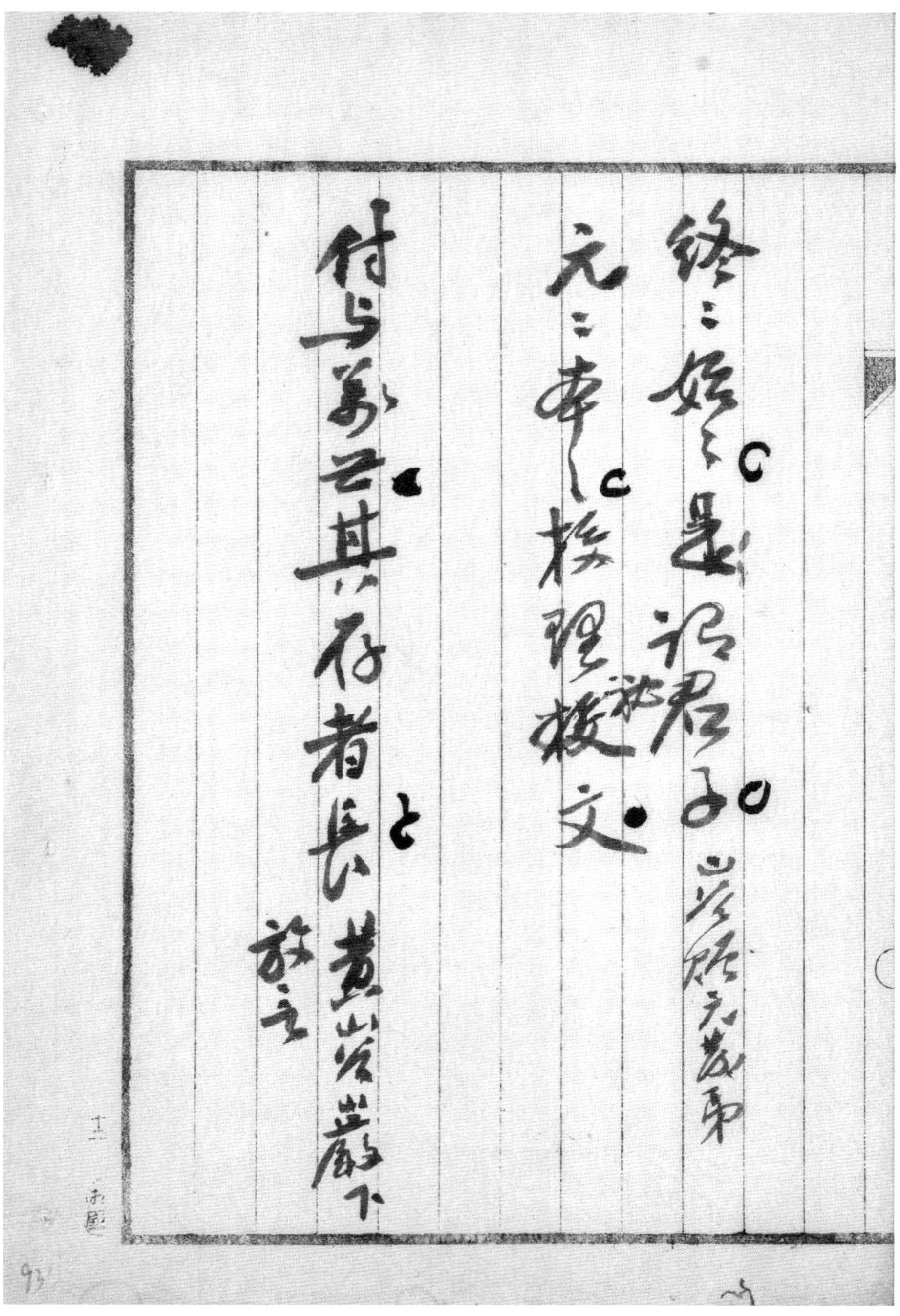

终终始始，是谓君子。山谷赠元发弟
元元本本，探理探文。
付与万古，其存者长。黄山谷岩巖下
敬之

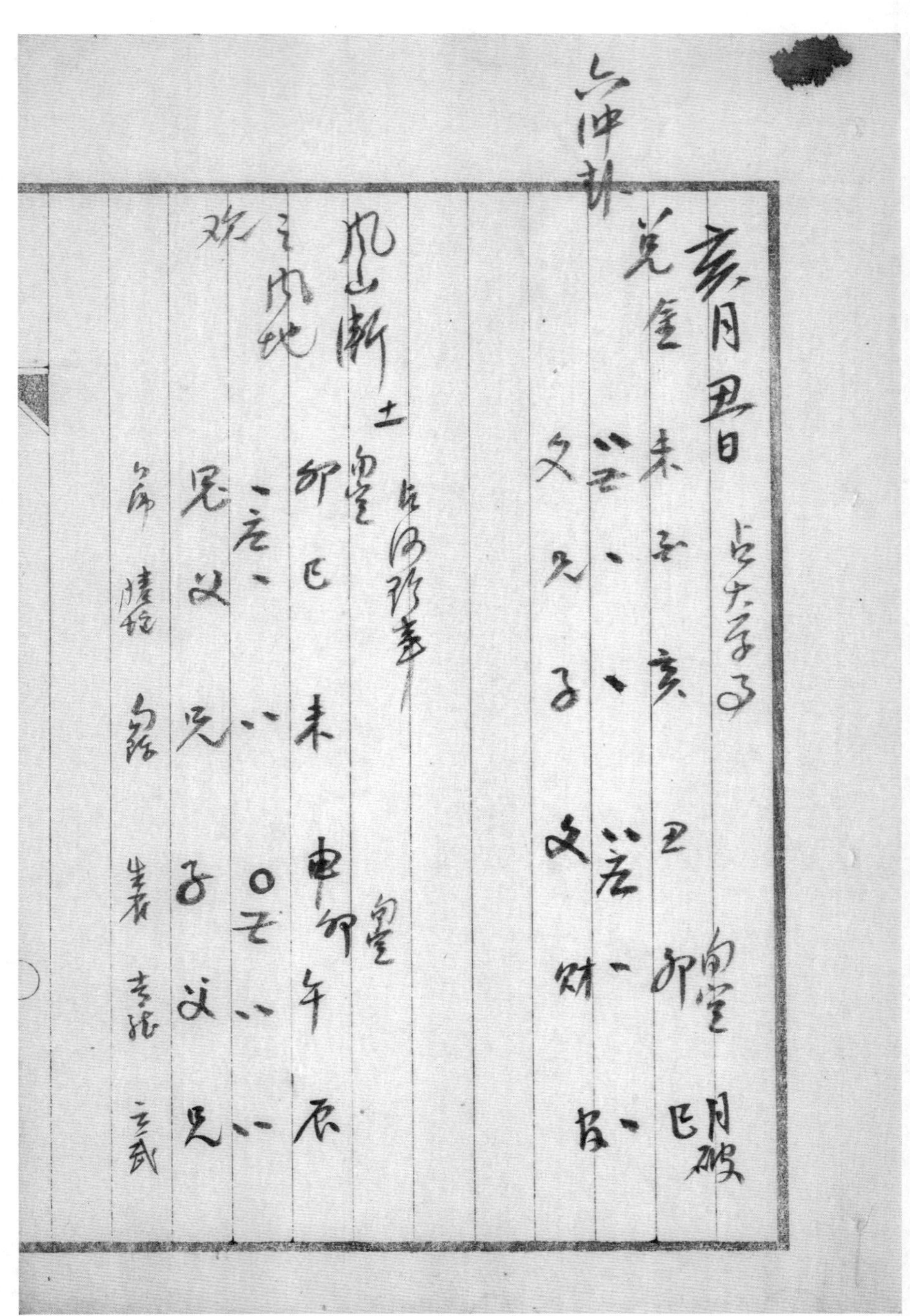

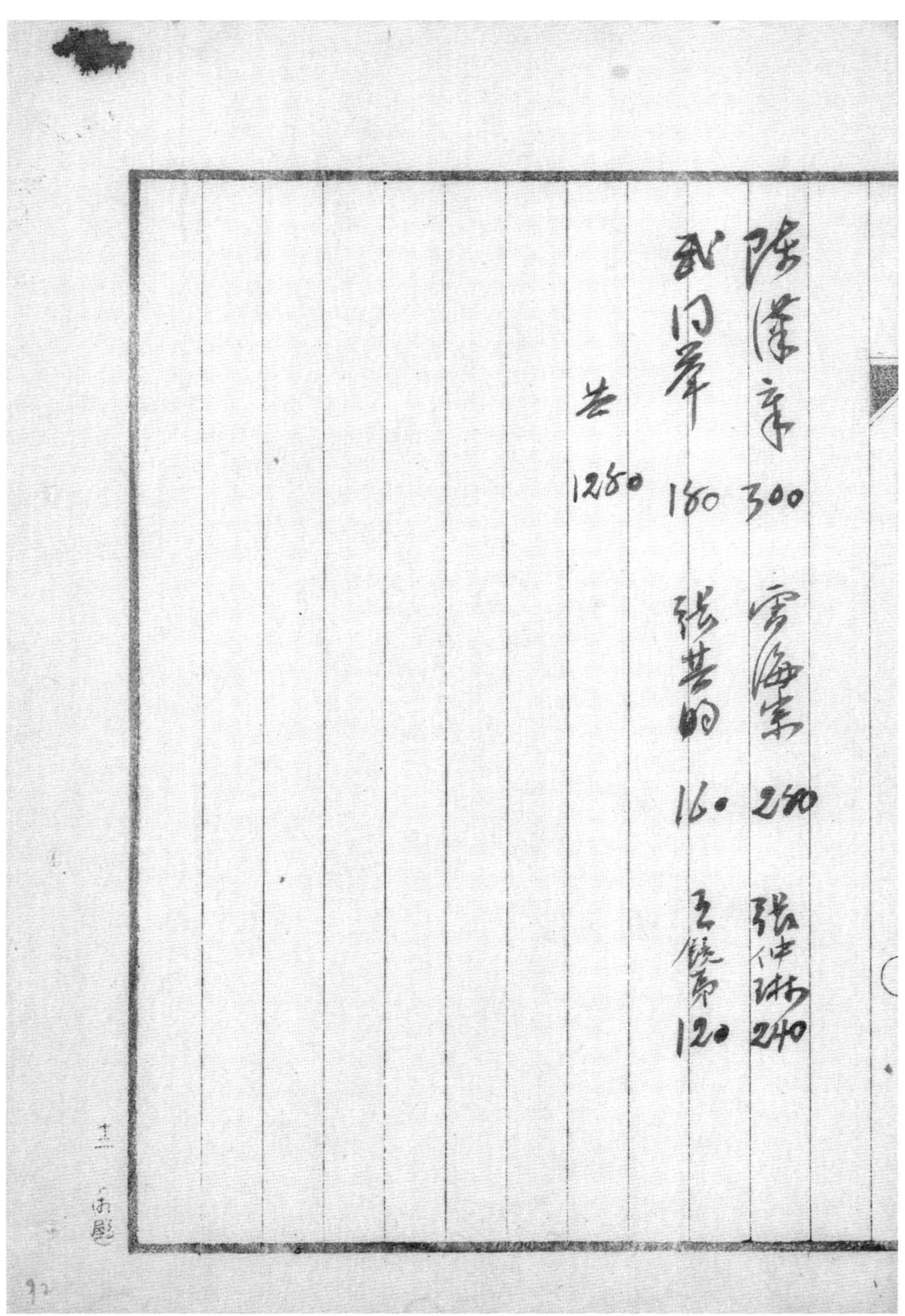
陸漢章 300
雲海宗 240
張仲琳 240
武同舉 180
張其昀 160
王鏡吾 120
共 1280

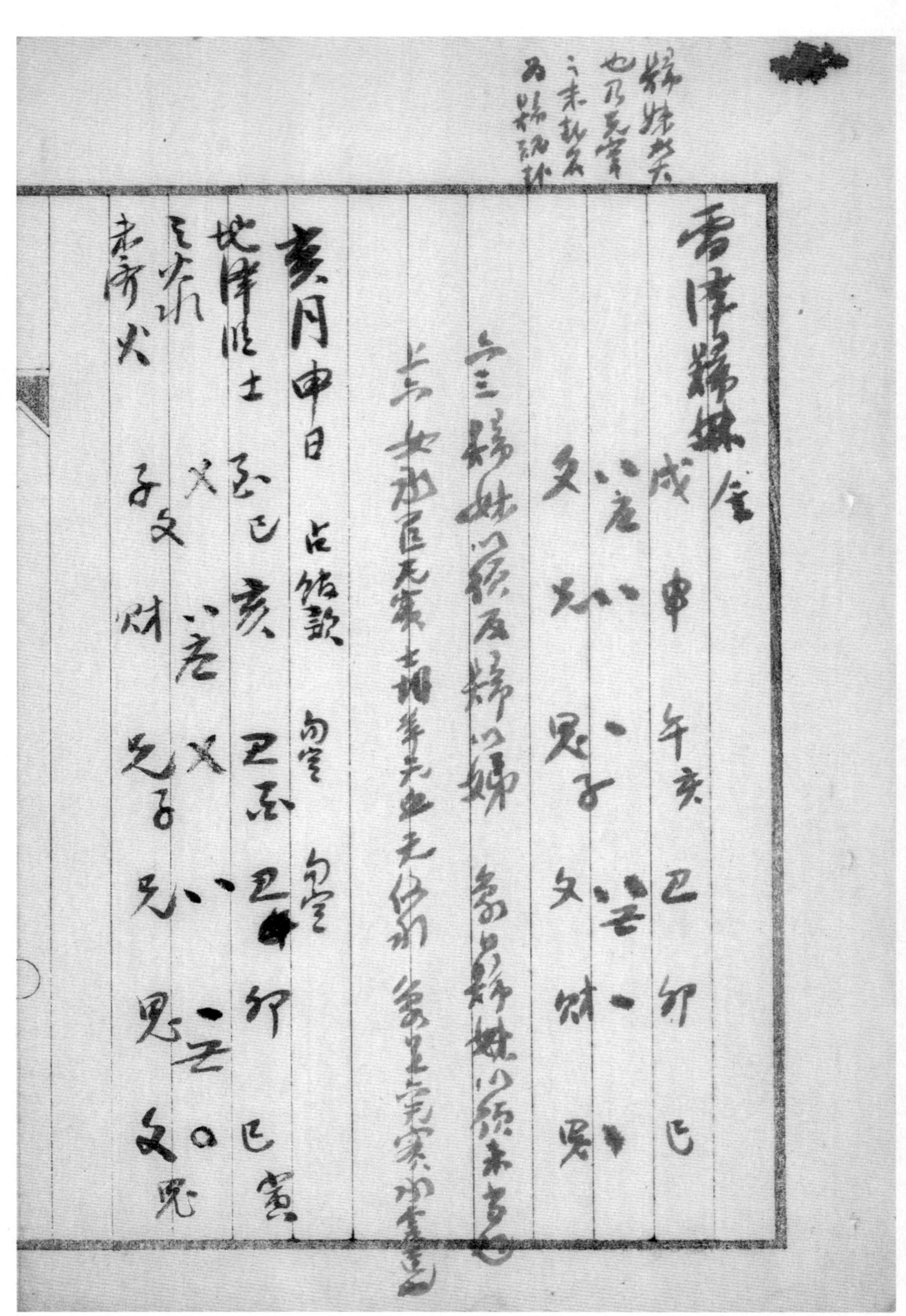

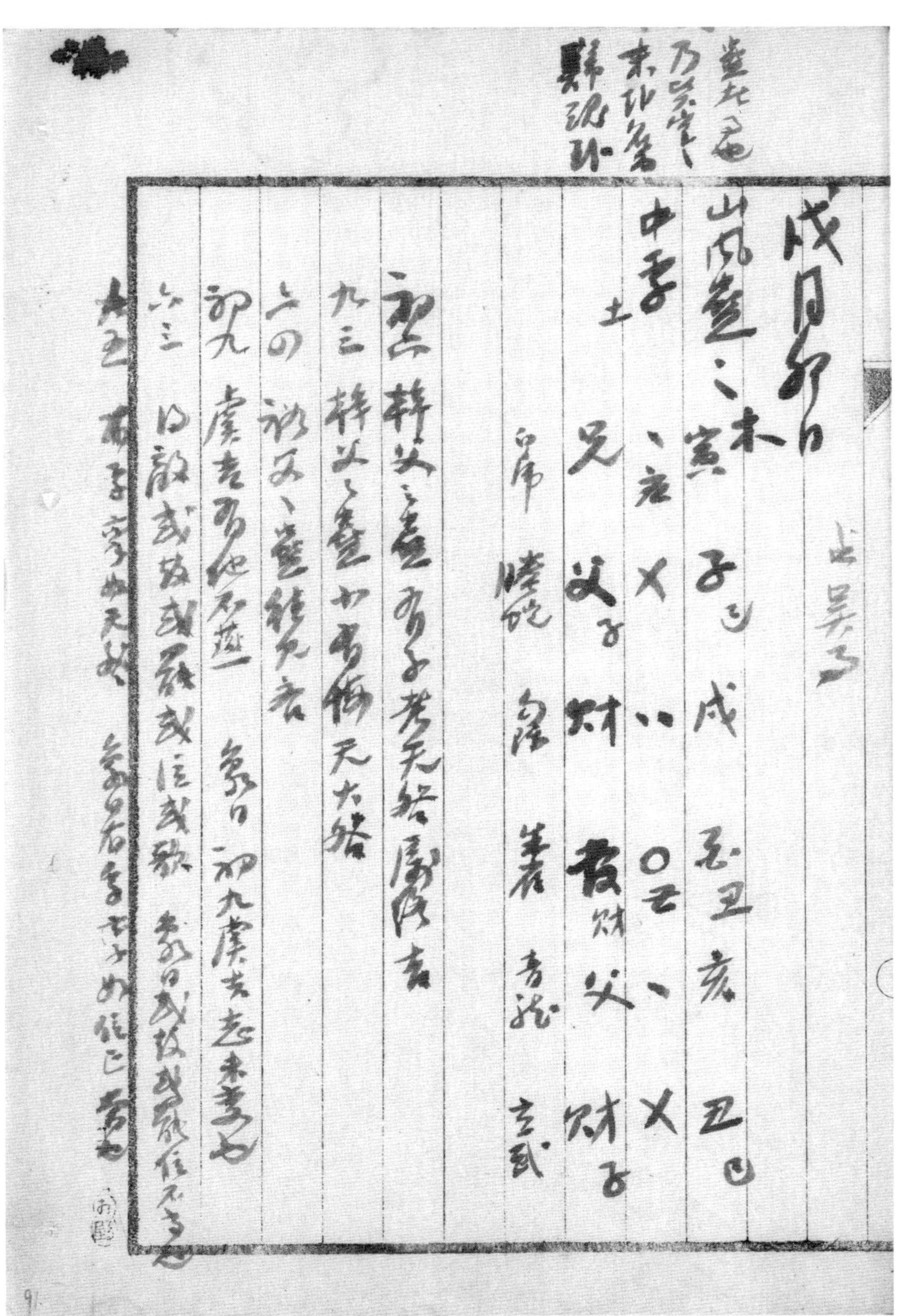

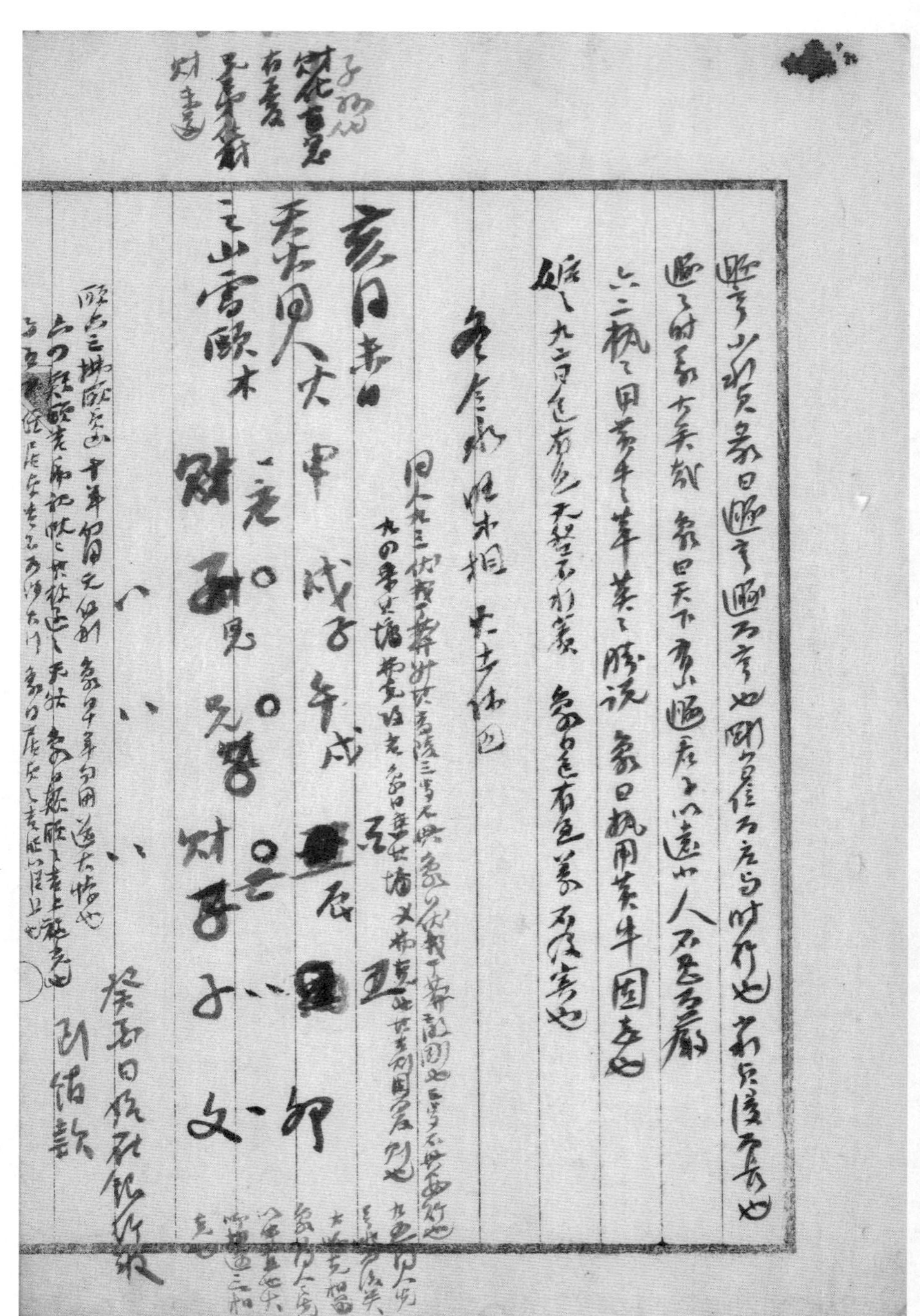

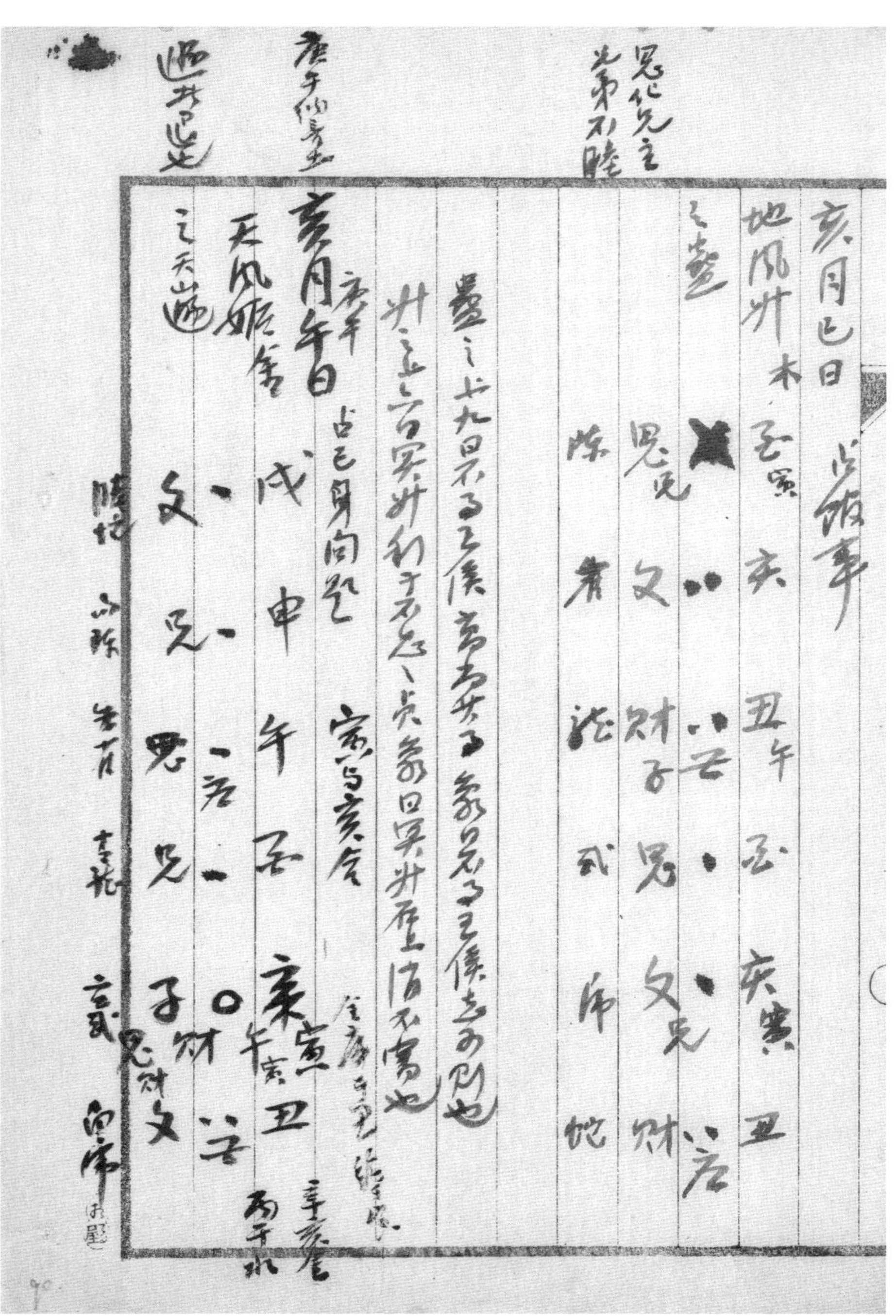

上中林
化安宫宗
长

壬子月丙子日　占大孙子

山天大畜土　寅　子申　戌午　辰申　寅午　子

之乾金　〃　又巳　X　〃　〃巳　〃

官　财　兄　兄子　兄父　财

亥月癸酉　子　戌向官　申　午丑　亥　寅

坎水〃　纳巳　〃　〃　又寅　〃　〃

井　兄　兄　父　财父　兄　子

上三来之坎坎险且枕入于坎窞勿用　象曰来之坎坎终无功也

九三井渫不食为我心恻可用汲王明并受其福　象曰井渫不食行恻也求王明受福也

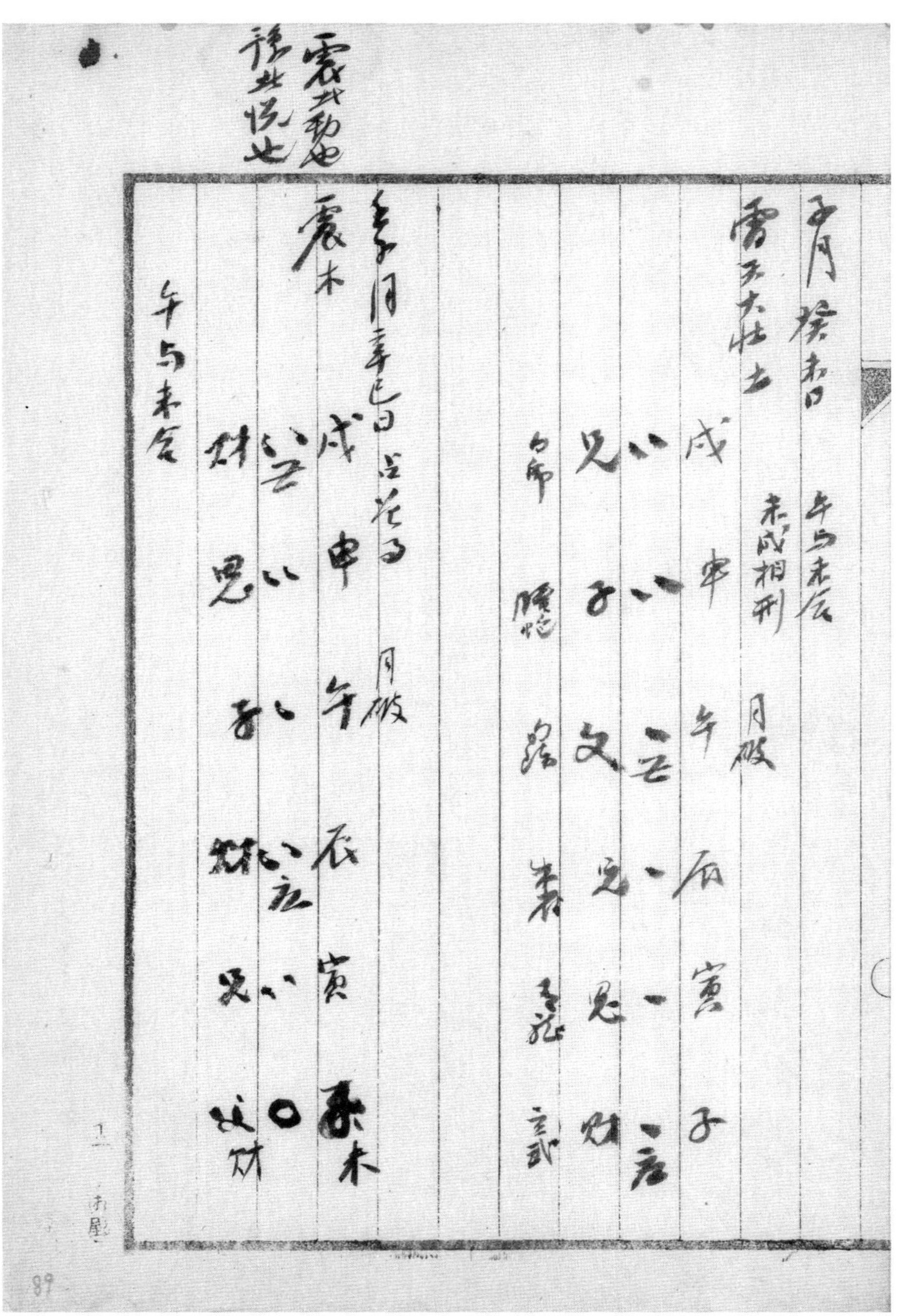

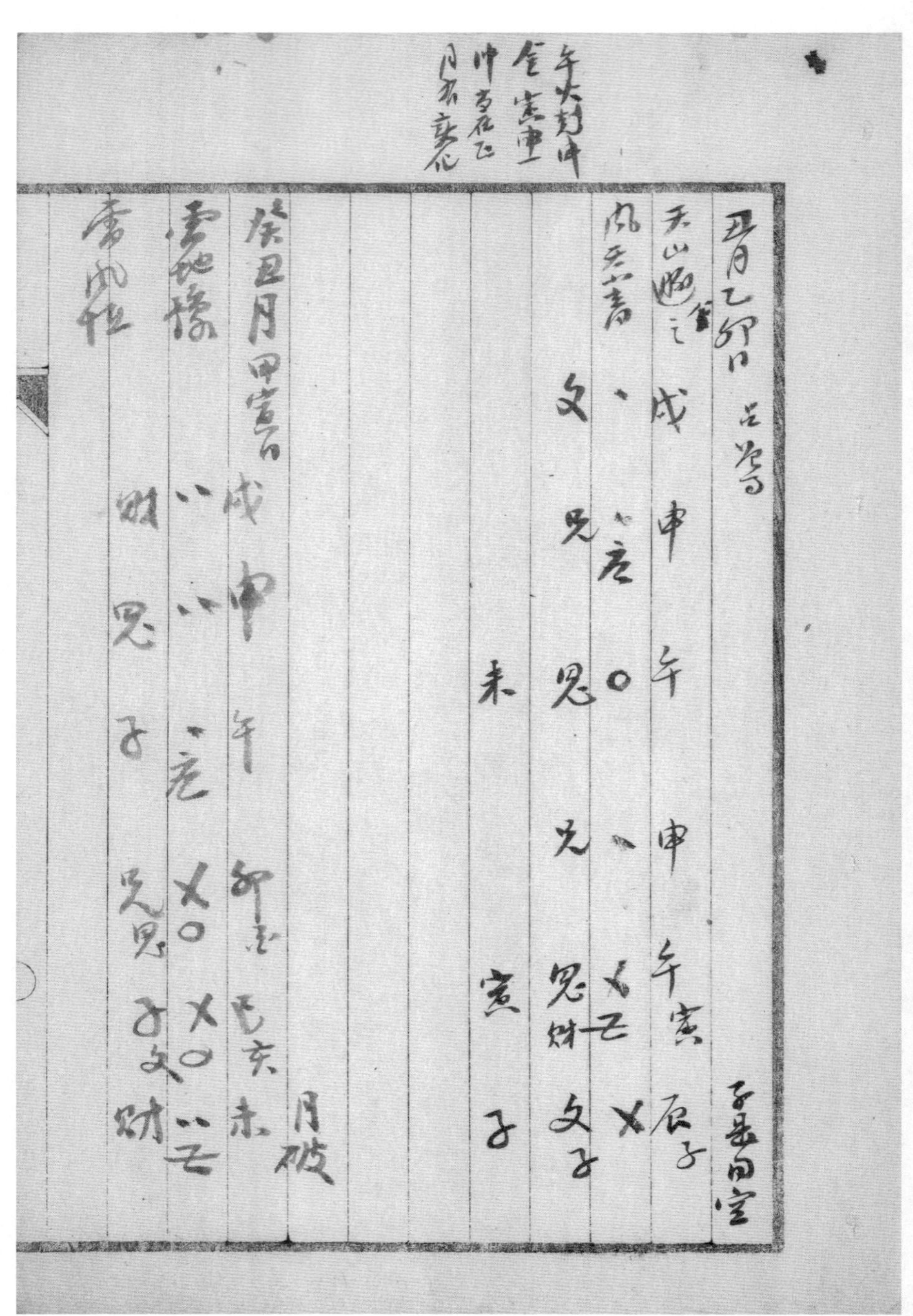

昨在写稿欲以姻[illegible]之说作论[illegible] 鸡兄嫁女循例[illegible]邪况又娼

词三不[illegible]而冒昧荷戋上陈 全媛安于归四三载 上辞姑嫜 中失

[illegible]如赖 洪姑何物 爱情 敌以宗[illegible] 凡在姻未遇不[illegible]何 惟荫千[illegible]

安未遇寒居住 全媛安享其安寄居 [illegible] 一切均祈多加照拂

惯其琐屑 [illegible]年[illegible] 抚之如妹 俾荫千与内[illegible] 爱姻[illegible]以[illegible]之[illegible]

论语	一五	七	六九	一六七	一
孟子	一〇	一三	二六	八九	
易经	七六	一〇二	七〇五	一三〇一	
孝经	一三	一三	一九	五九	
五经经文	五五	五五	四八	一二〇三	
小学训诂	二八	三八	三二一	七〇	
字书	八〇	九六	四八一	八五二	
韵书	五〇	五〇	一七九	三〇四	九

范君新编经部目录 凡678种 800部 4245册 9827卷 又不分卷55部

26 不分卷 10168 4370 723 69 … 卷 册 部 种

子类	种	部	册	卷	不分卷之部
易	一二〇	一二〇	七〇〇	一二九七	七
书	四四	四三	一一八	三〇六	一
诗	四九	五五	六六二	五五九	二
仪礼	二六	三〇	八〇	二三三	二
周礼	一八	二三	一〇〇	三五七	
礼记	二〇	二二	二〇三	六二一	二
三礼	七	七	2	一三九	
通礼	四〇	五〇	九六	四〇七	
杂礼	五	九	二三	三四〇	一
乐	九	九	2	二三九	
春秋左传	一二	一〇	九五	二二五	

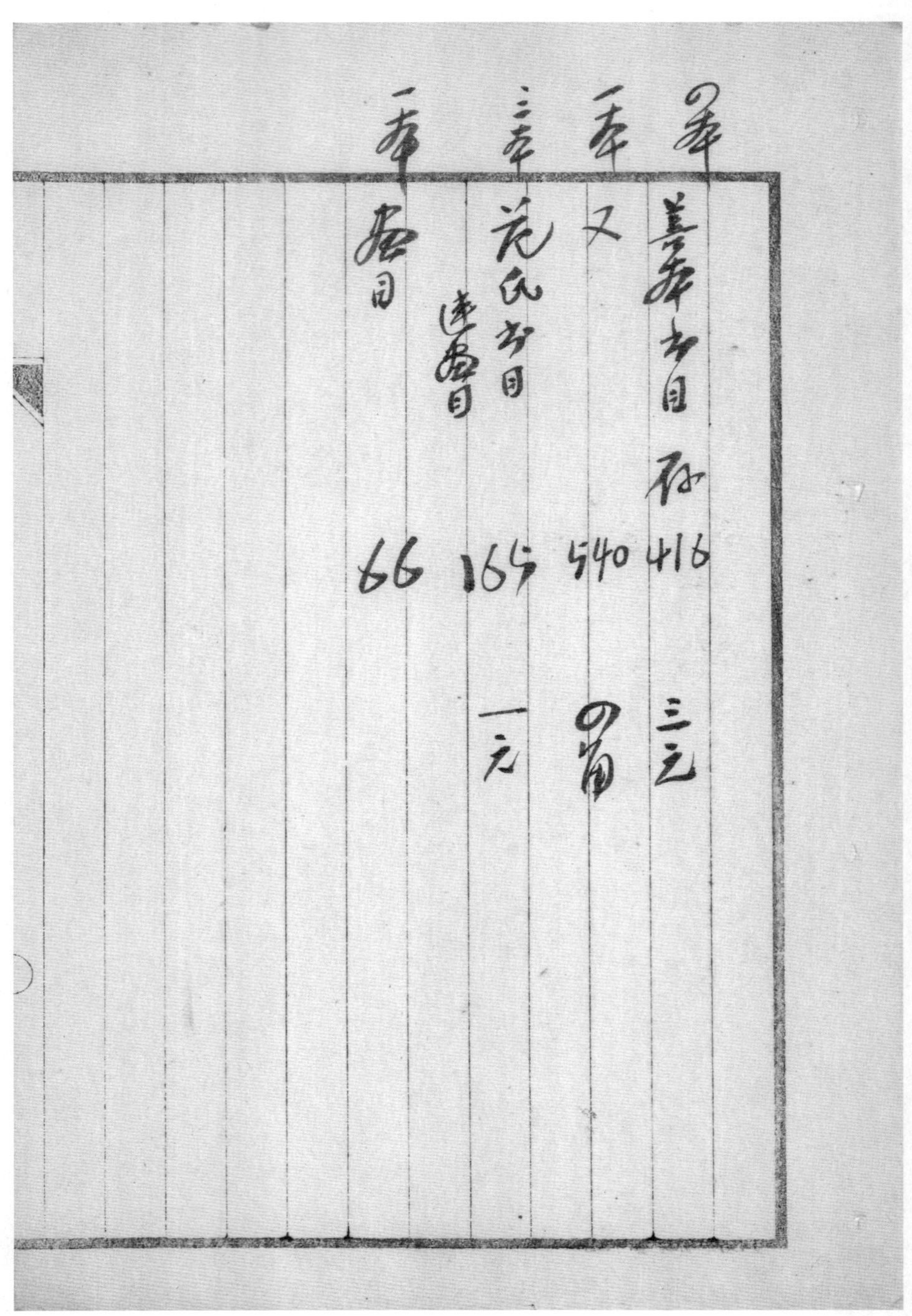

四本 善本书目 存 416 三元

一本 又 540 四角

三本 范氏书目 速画目 165 一元

一本 画目 66

十七年
丹崖初二
装寄
王云五一
王季刚

计印钞后送人书目

高啸青一部　　赵聿士　郭秉民一部

谭组安六部　　王孝贞　文一部

陈仲侠一部　　胡仲询

南通馆一部　　程善修

常熟图书馆一部　　范来研

共送十九部　の本共　　陈寿颂庵

$\frac{416}{397}$

刘坊本一部　一本共

抱经堂一部

$\frac{540}{538}$

十二　闲堂

86

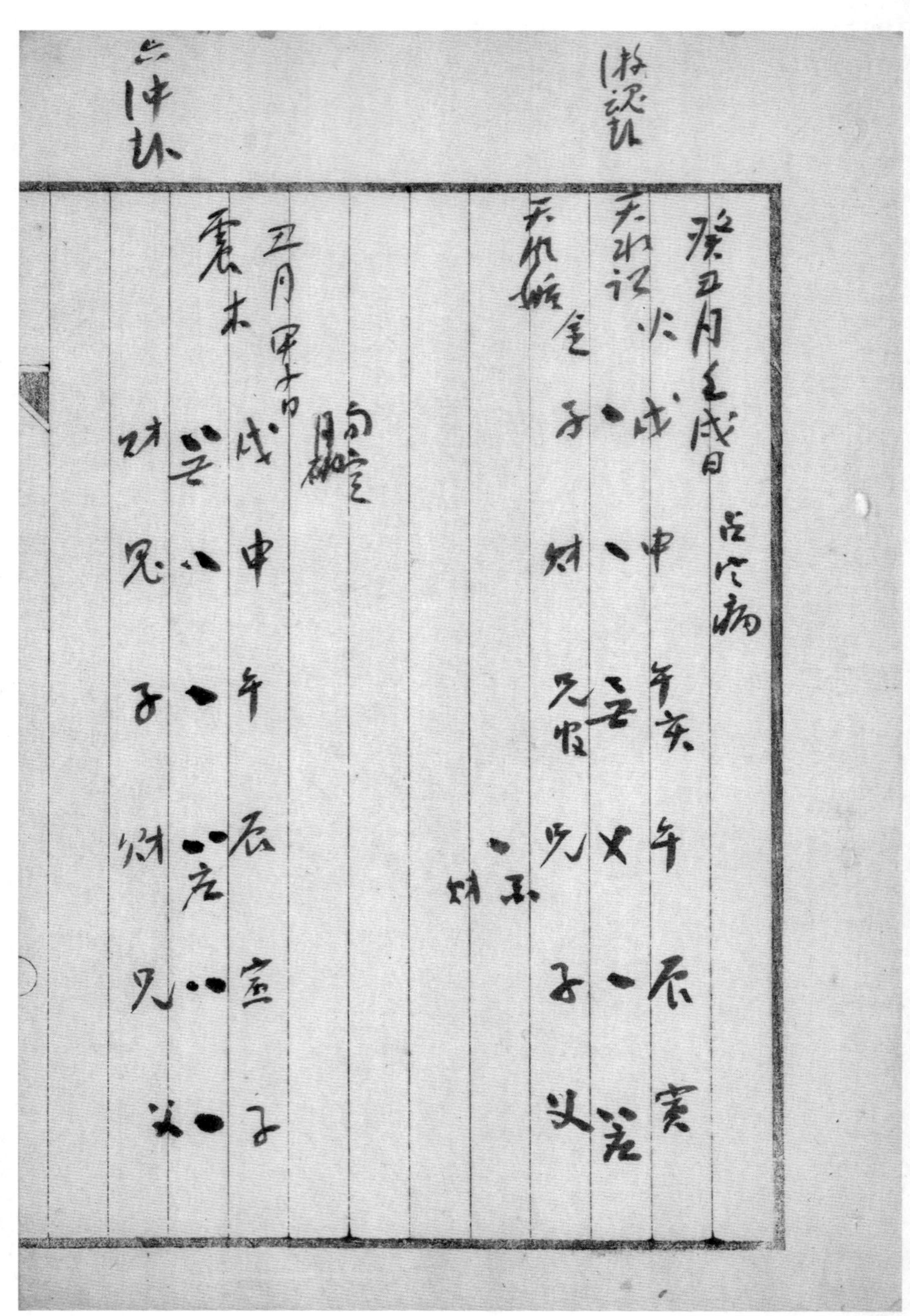

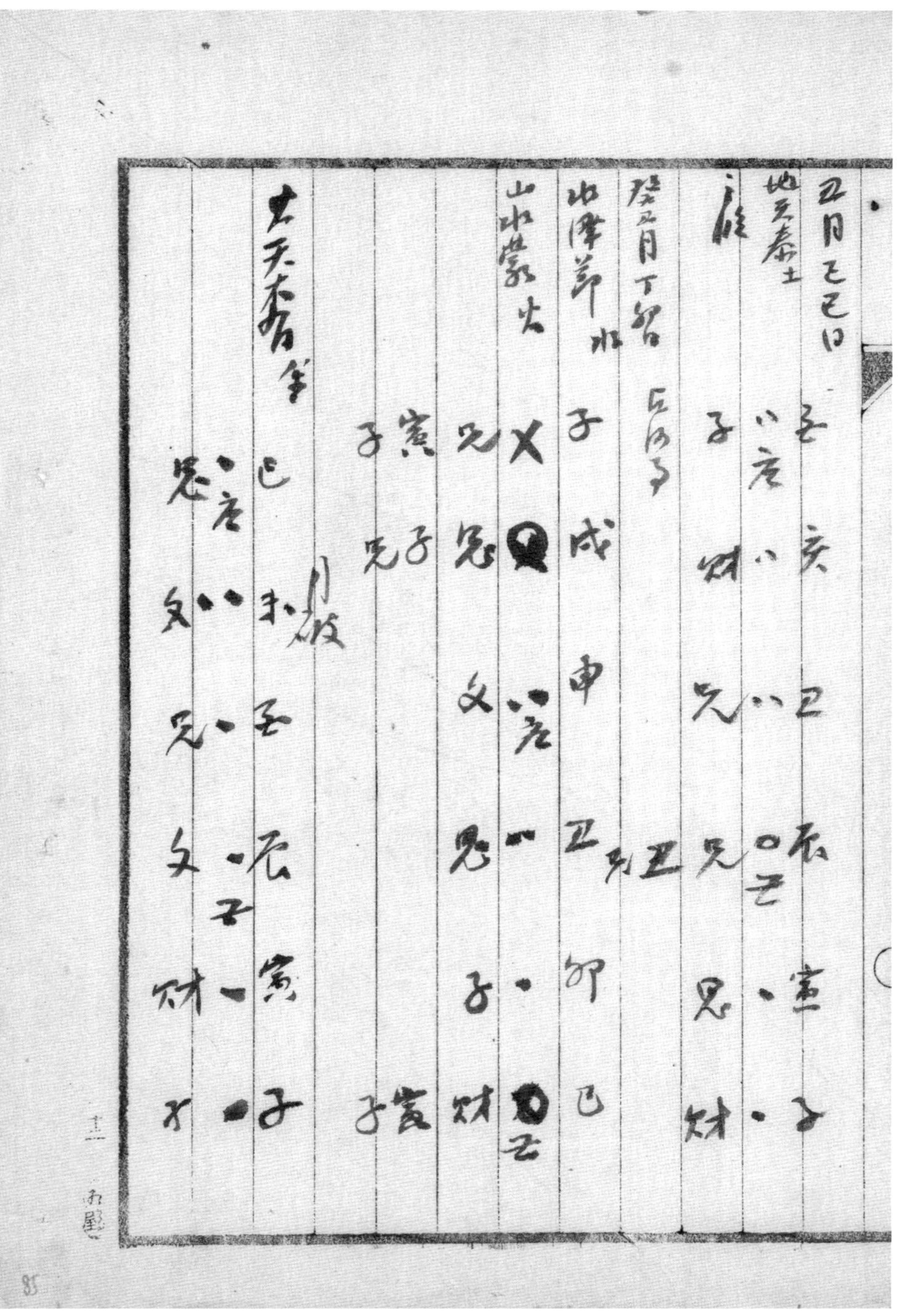

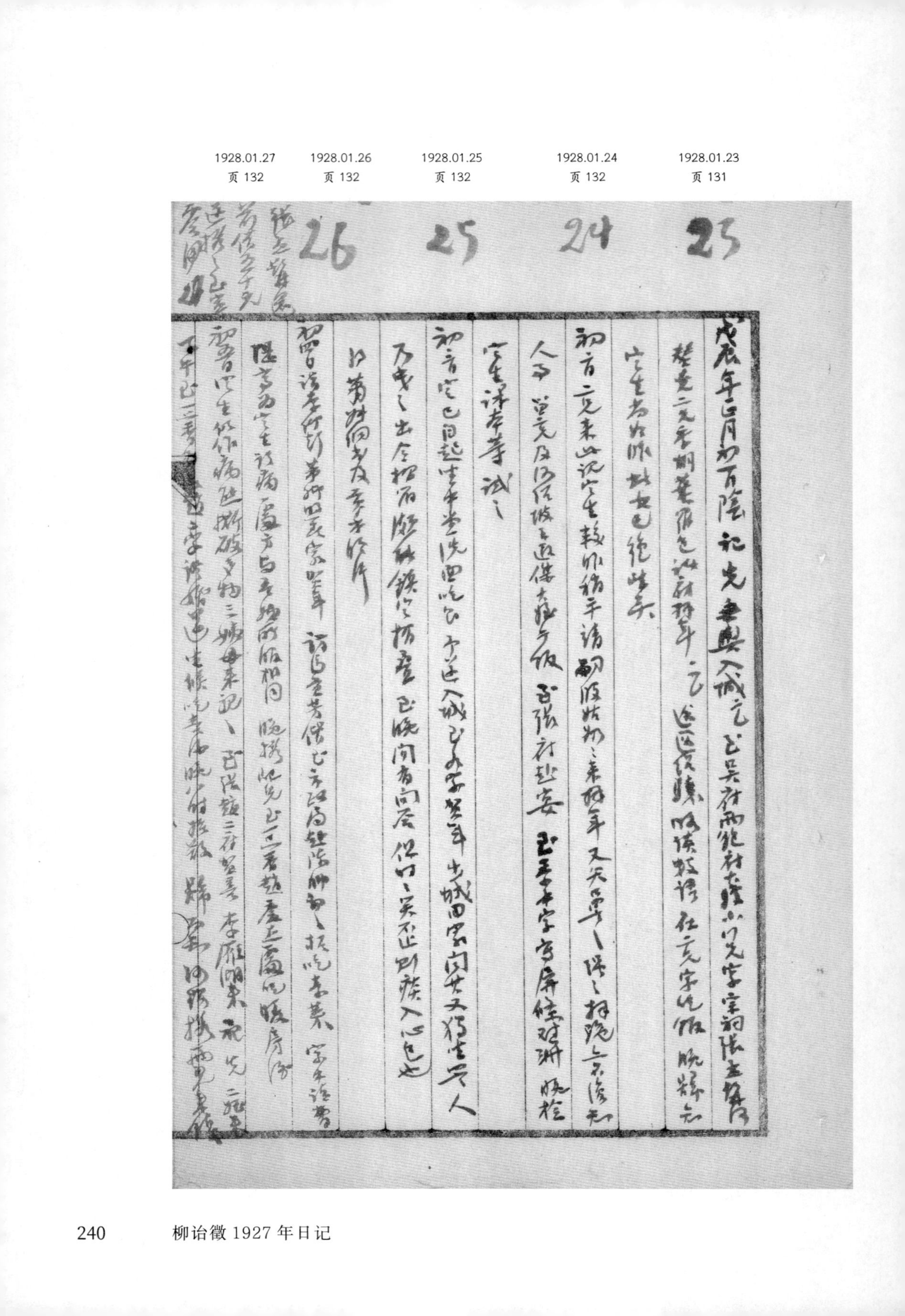

1928.01.27 页 132

1928.01.26 页 132

1928.01.25 页 132

1928.01.24 页 132

1928.01.23 页 131

1928.01.22
页 131

1928.01.21
页 131

1928.01.20
页 131

1928.01.19
页 130

1928.01.18
页 130

1928.01.17
页 130

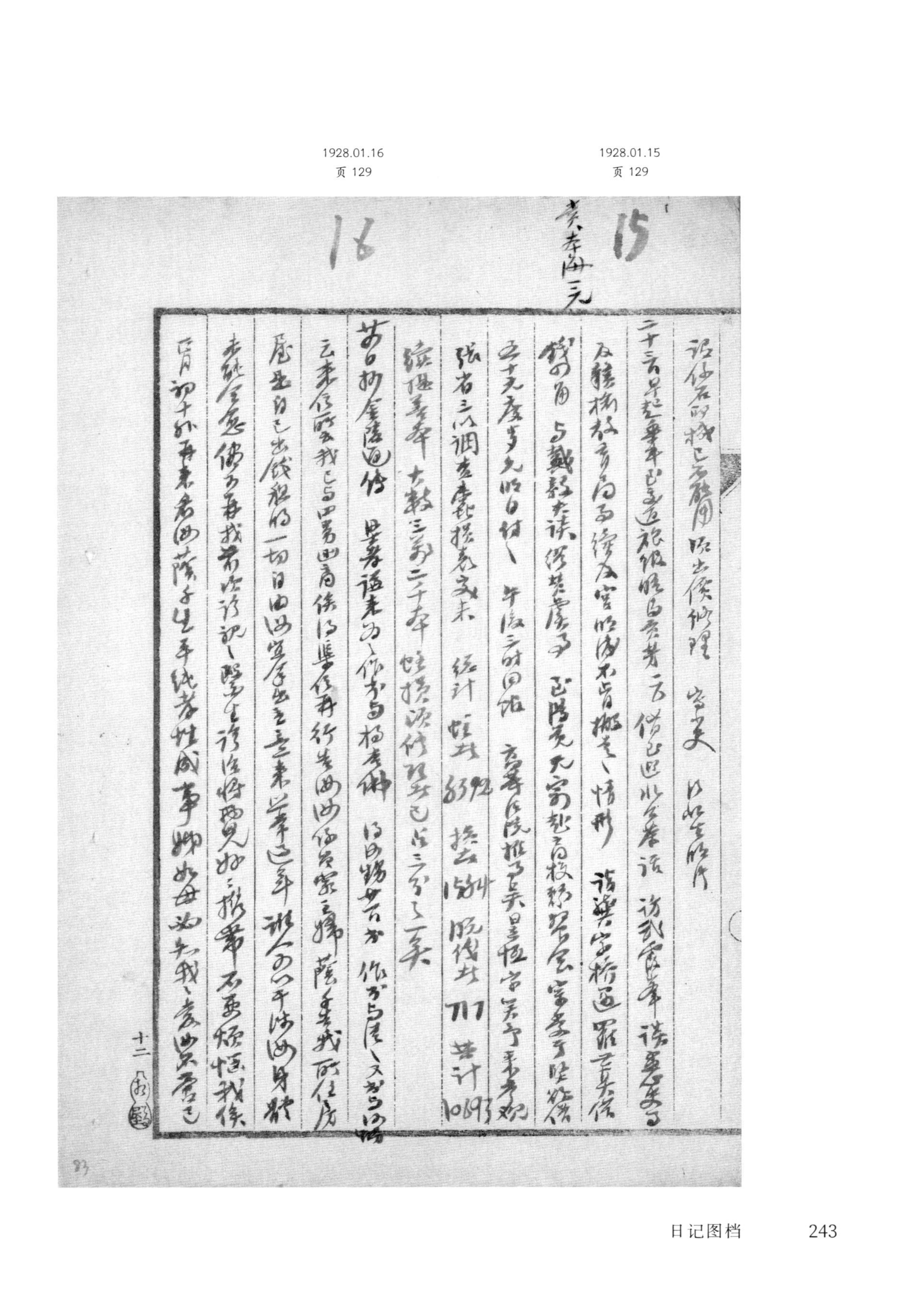

1928.01.16
页 129

1928.01.15
页 129

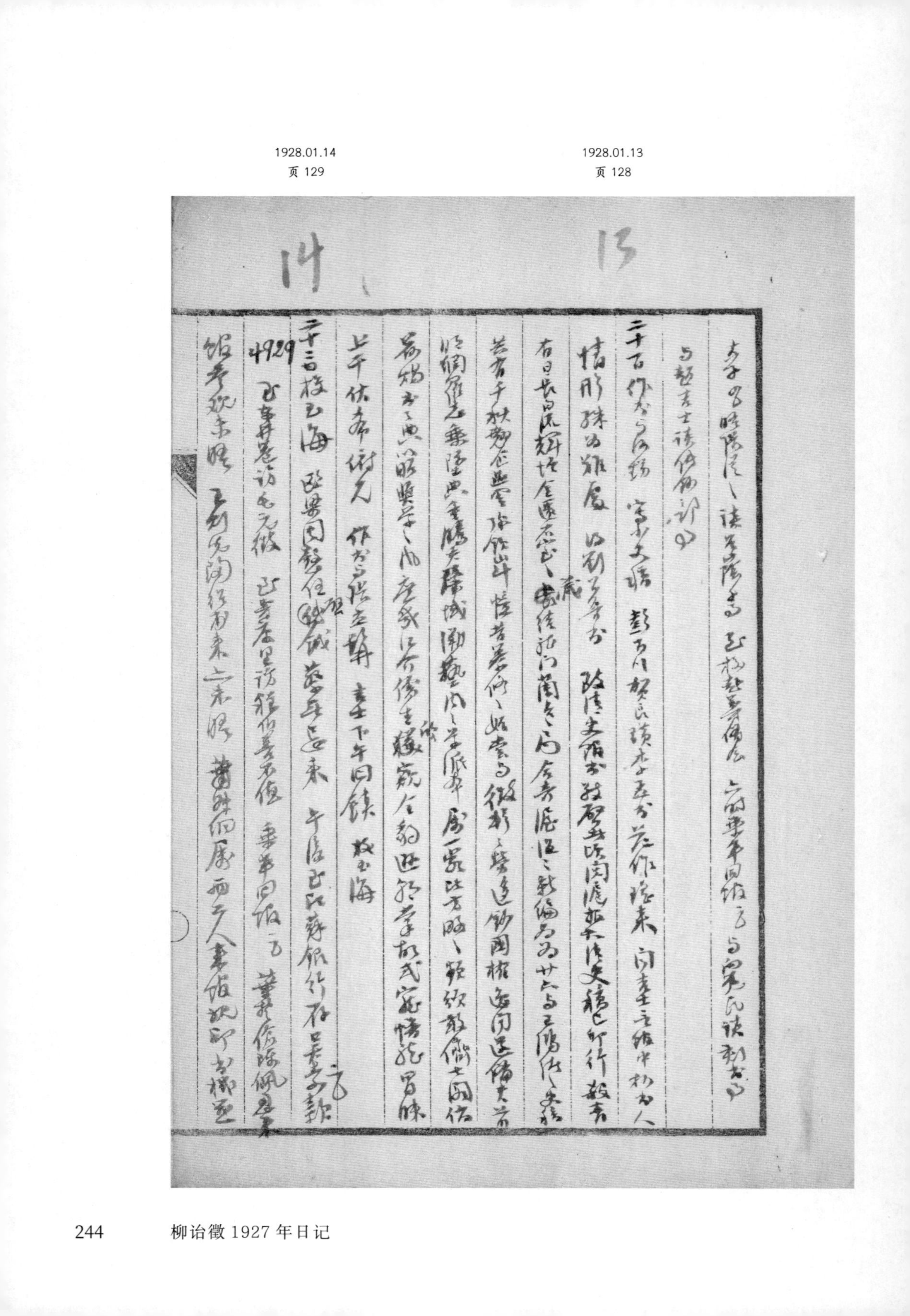

1928.01.14
页 129

1928.01.13
页 128

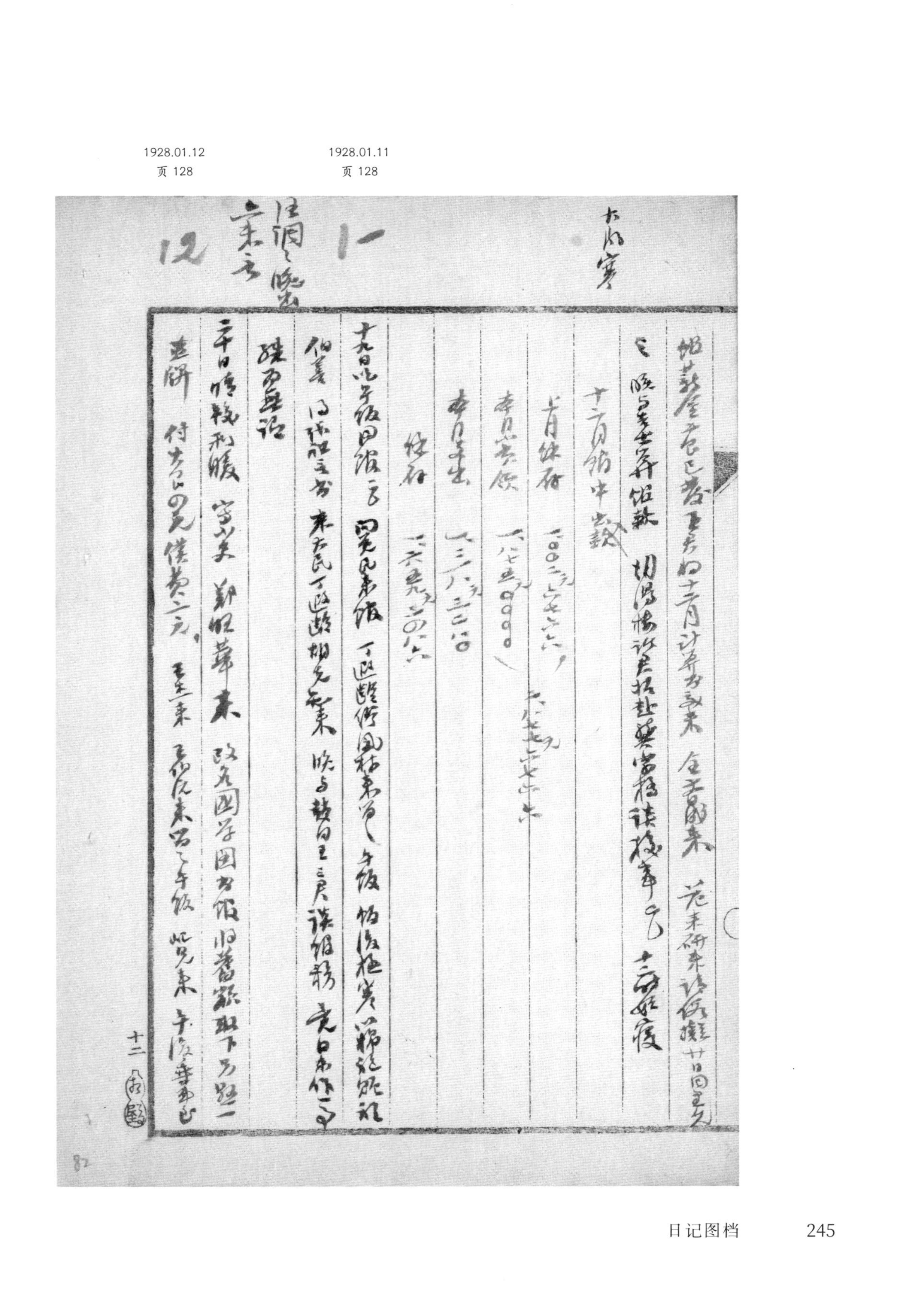

1928.01.12
页 128

1928.01.11
页 128

1928.01.10
页 127

1928.01.09
页 127

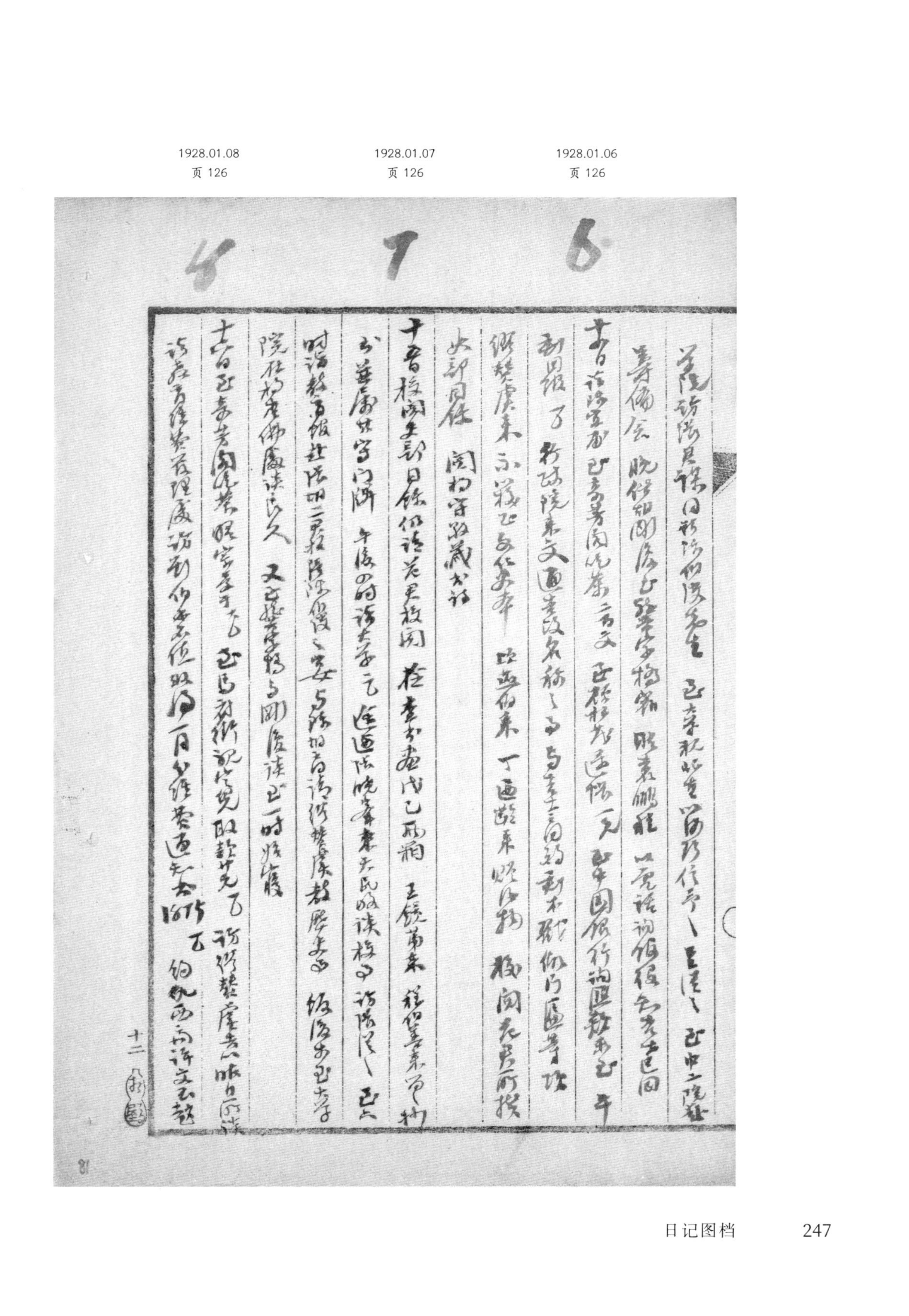

1928.01.08
页 126

1928.01.07
页 126

1928.01.06
页 126

十二

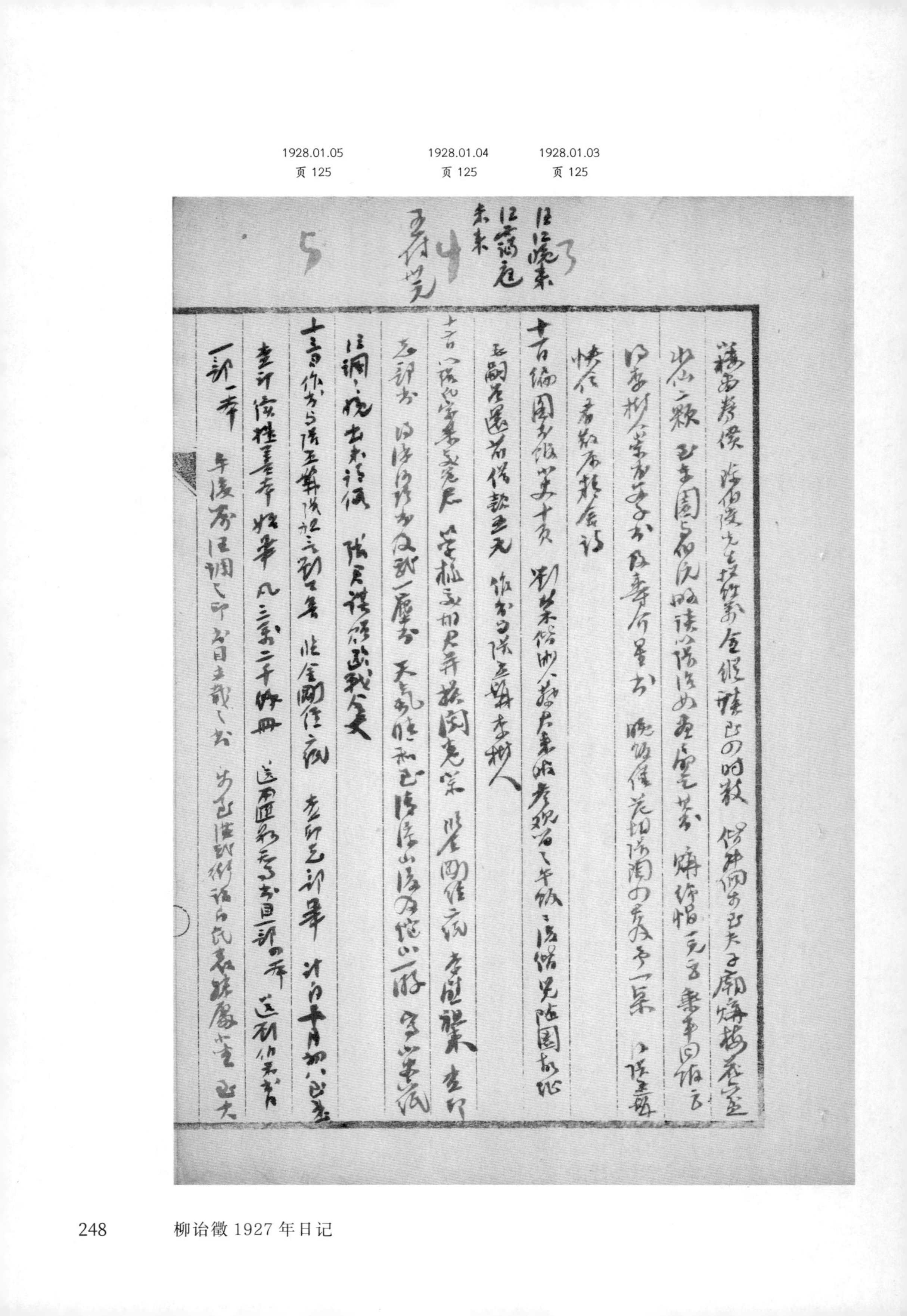

1928.01.05
页 125

1928.01.04
页 125

1928.01.03
页 125

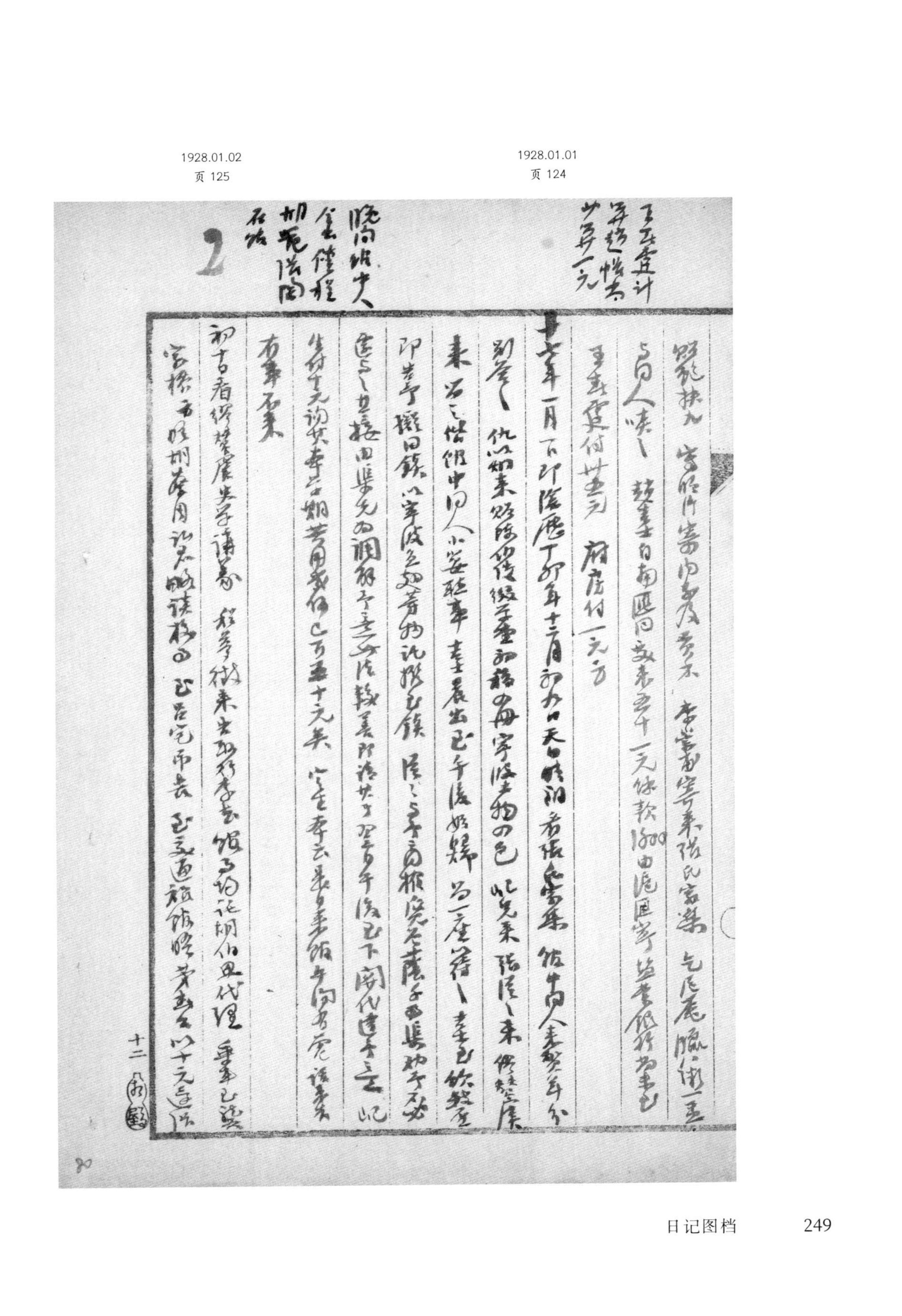

1928.01.02
页 125

1928.01.01
页 124

十二

1927.12.31
页 124

1927.12.30
页 124

1927.12.29
页 123

1927.12.28
页 123

1927.12.27
页 123

1927.12.26
页 122

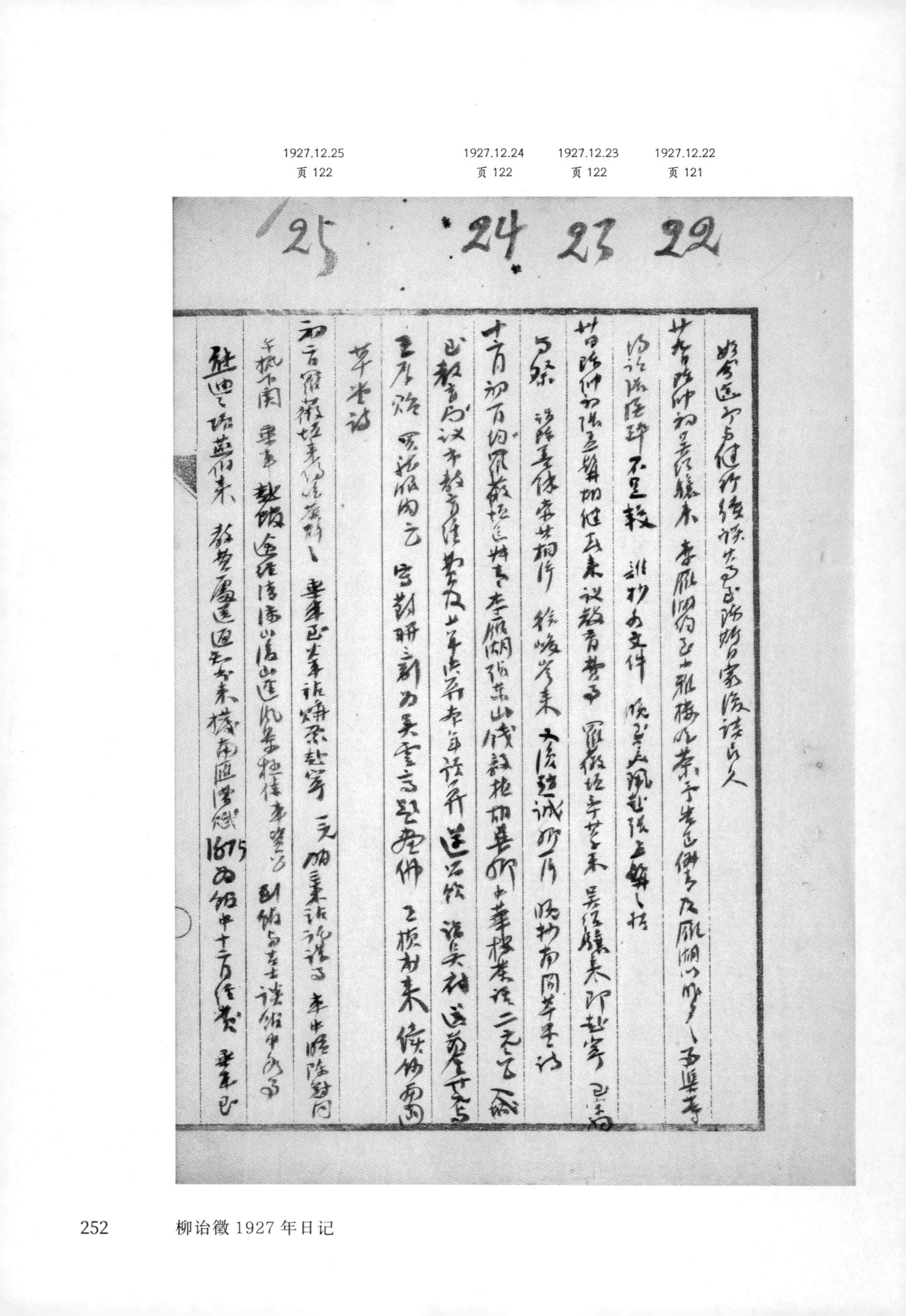

1927.12.25
页 122

1927.12.24
页 122

1927.12.23
页 122

1927.12.22
页 121

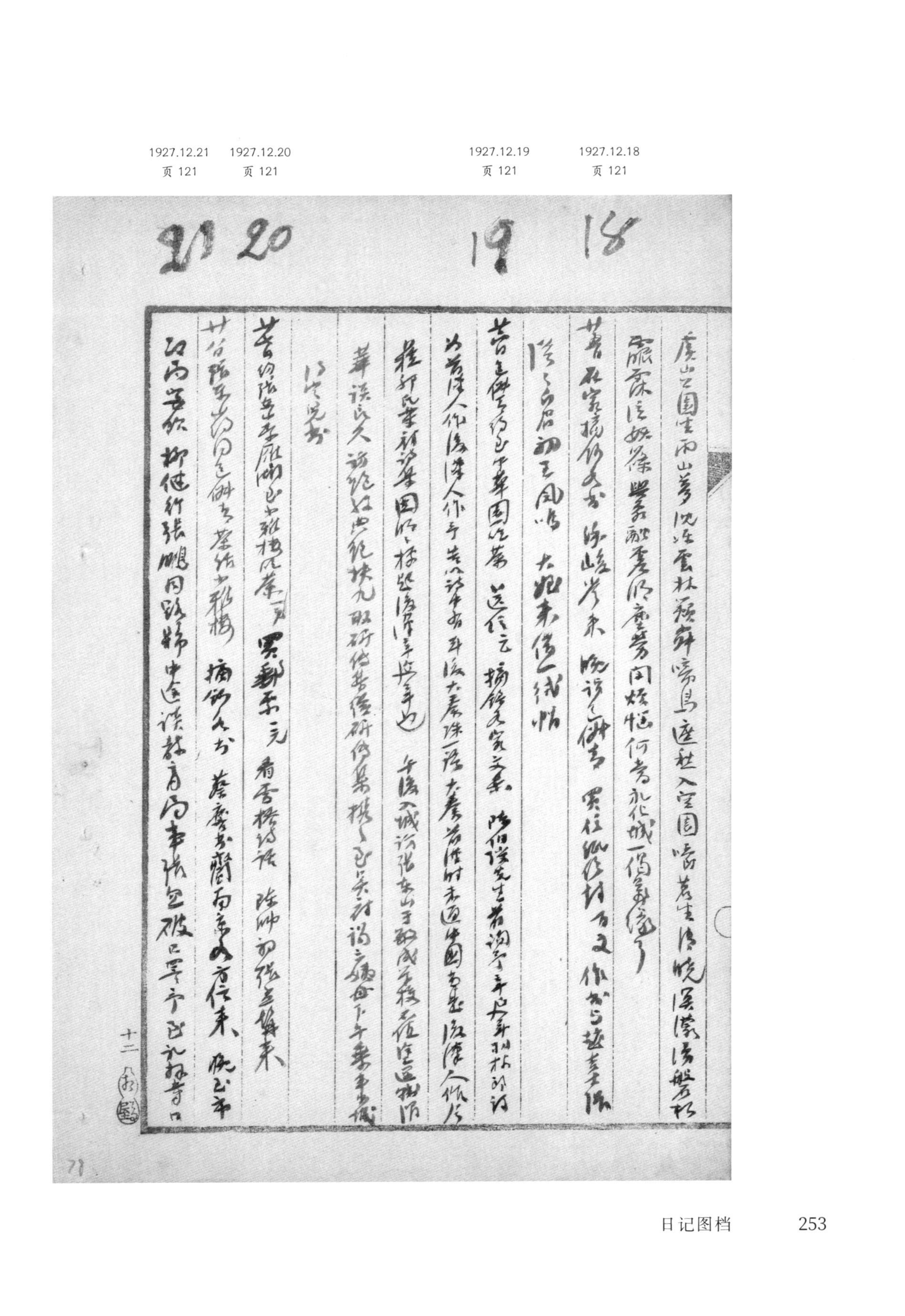

1927.12.21
页 121

1927.12.20
页 121

1927.12.19
页 121

1927.12.18
页 121

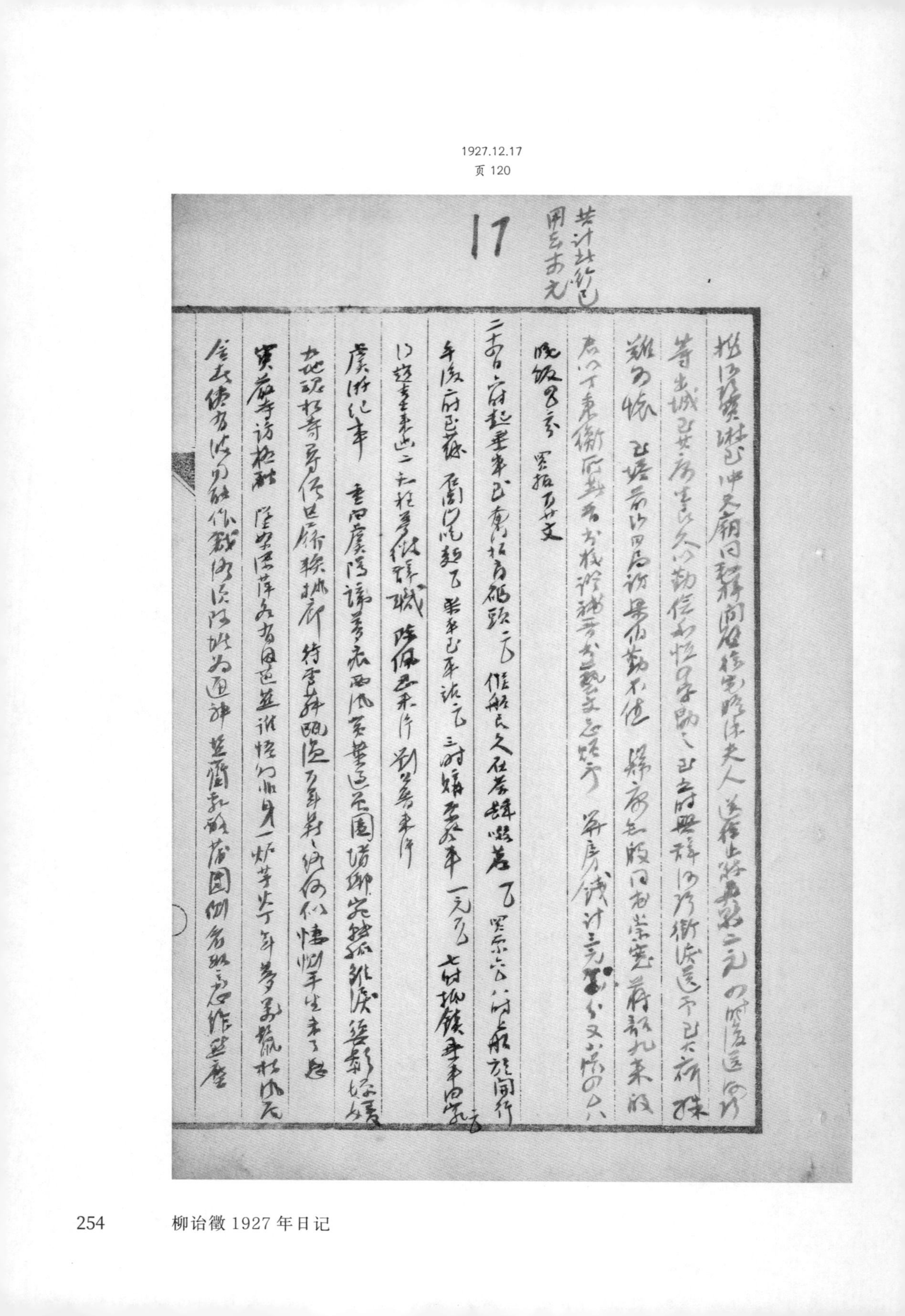

1927.12.17

页 120

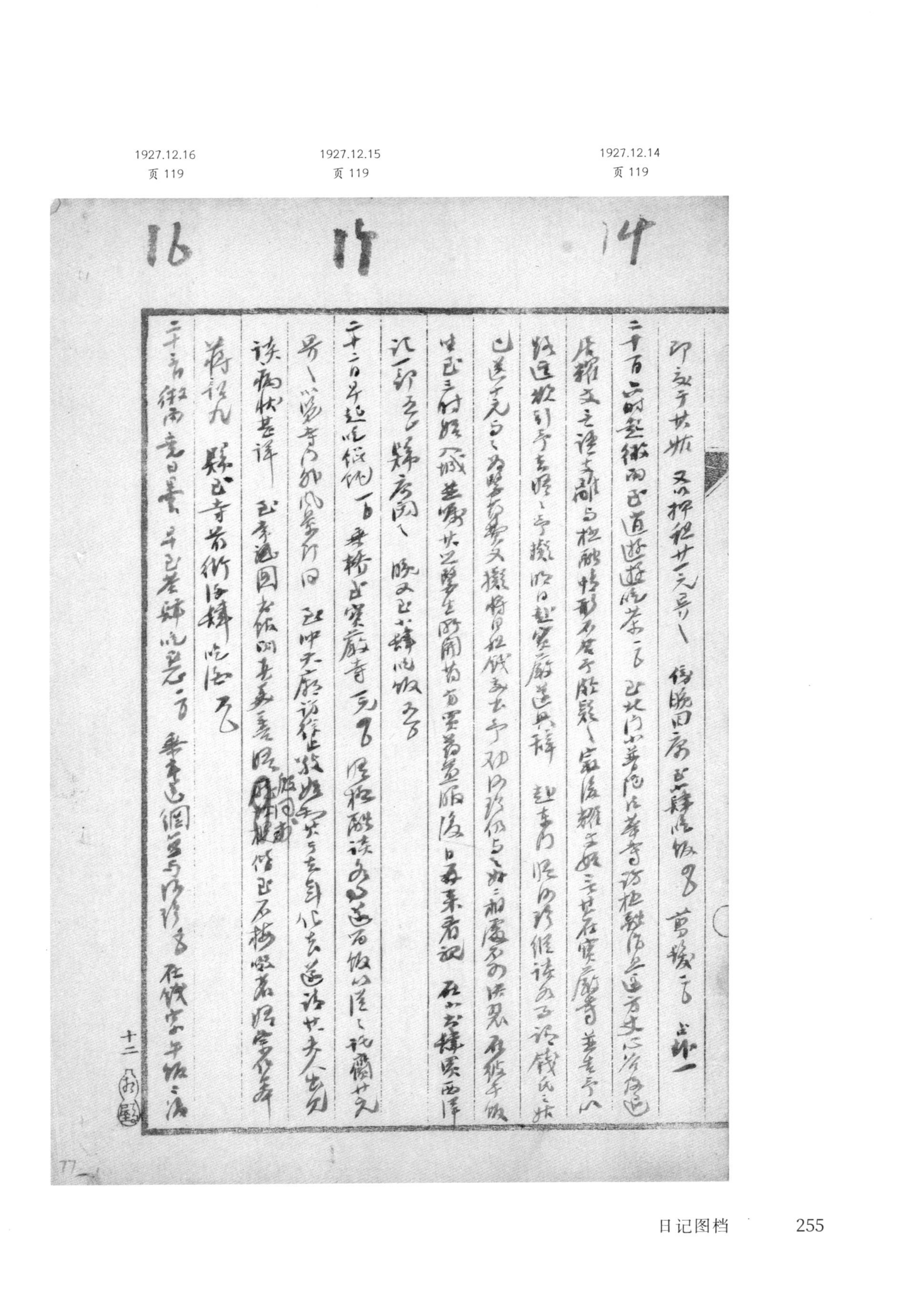

1927.12.16
页 119

1927.12.15
页 119

1927.12.14
页 119

1927.12.13
页 118

1927.12.12
页 118

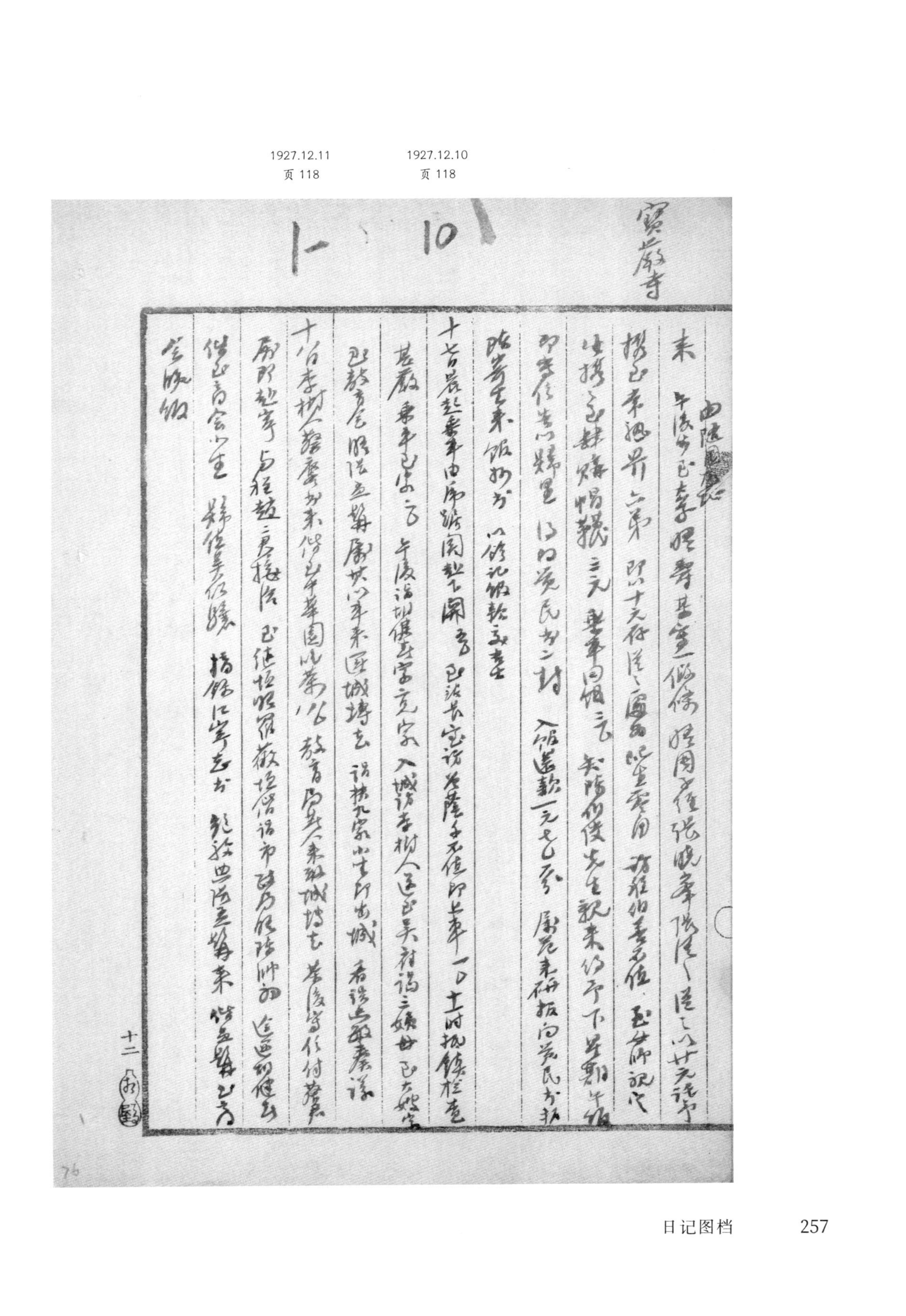

1927.12.11
页 118

1927.12.10
页 118

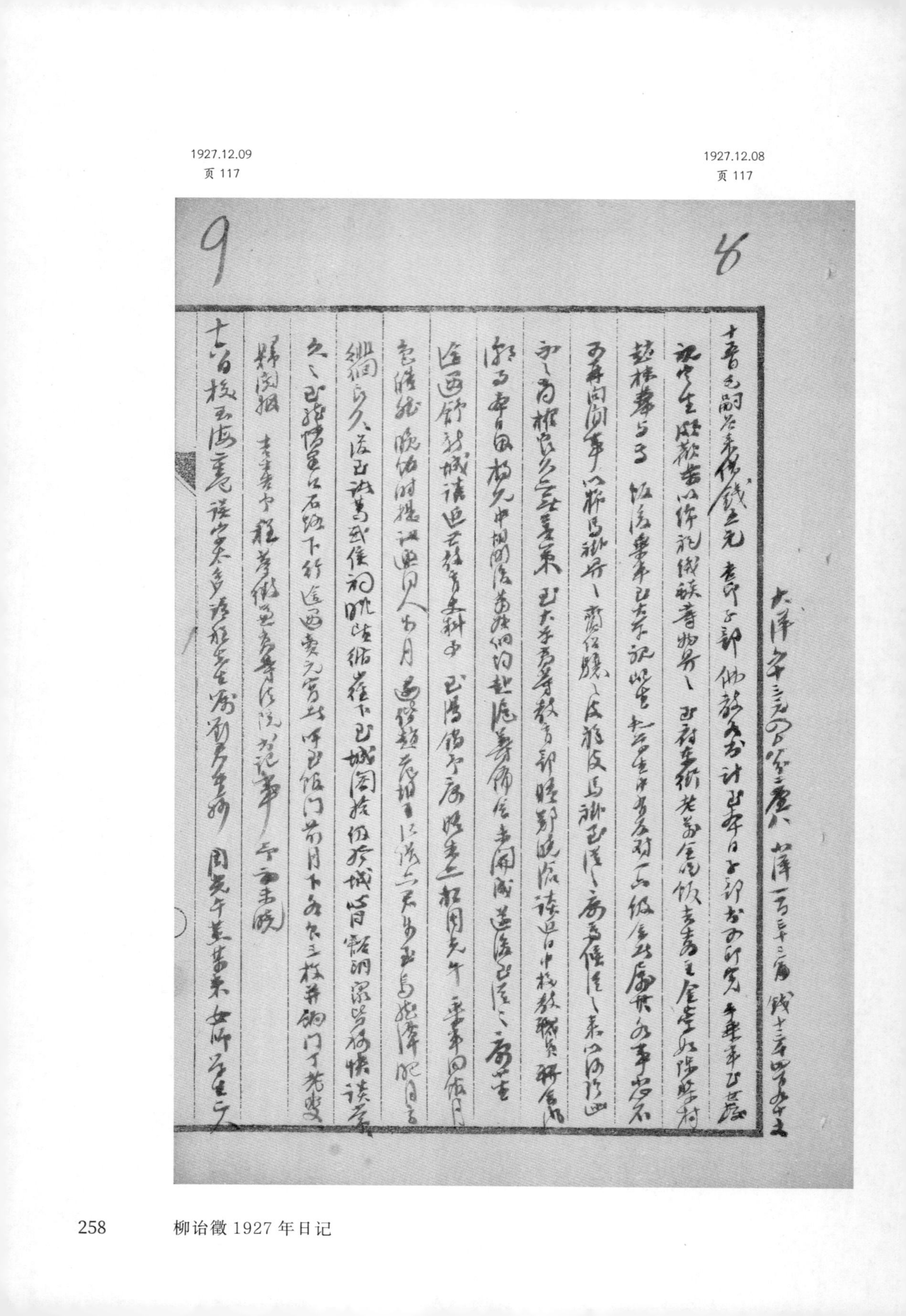

1927.12.09
页 117

1927.12.08
页 117

9

8

7

以石印定价不对不行 写信给四叔对办一刻 作书与陈万大 校芝先生所编书目
竞华来 约胡先生来谈至夜 阅报知中学[illegible]对[illegible]
十四日续校书目竟 张荷三来谈饭下 查印书部分 往调[illegible]
[illegible]年级 [illegible] 赴[illegible]来 饭[illegible]事 [illegible]一箱来 有[illegible]
修改[illegible]分别[illegible] [illegible] 王[illegible]送[illegible]来 计十一月共用一二八九元
前结存 四〇二元六五六 [illegible] 上海银行摺 40
本月实收 一七五〇元〇〇〇〇 江苏银行摺 740
支出 一一六九元六一七 付又一千元 内除用[illegible] 712 计存 2286 又入[illegible]
结存 一〇〇二元六七六 共计存有 1026 又存[illegible]
实计王柳两处结至十一月底有 一〇三四元四三六六
除去用支 一〇〇二元六七六
余有三十一元〇角六分 即为上海银行摺存之款 柳将摺交与[illegible]
外柳[illegible] 款内[illegible]柳一元〇角六分

十二

1927.12.06
页 115

1927.12.05
页 115

[illegible]4　5

晤訪芳甚久　要車回寓已　十一月匯知芳薪款1750　扣[illegible]付600來信[illegible]補照九

十兩月薪4400以款存招商存款750元　以陳保之寄來股票[illegible]遠　以陶[illegible]書等本

代表談校事經費因其誤會[illegible]之[illegible]　午後查可子訪[illegible]內有[illegible]

心[illegible]學記之[illegible]事　乃[illegible]所藏　惜僅二冊[illegible]即[illegible]　作書與李樹人吳[illegible]

寄[illegible]及內子

初十日　查可子訪[illegible]　張[illegible]處李[illegible]來[illegible]款壽[illegible]生來　作[illegible]生詩序

早間至[illegible]持匯[illegible]來及印招[illegible]　[illegible]此兒十元　[illegible]

十一日　查可太平御覽[illegible]廣[illegible]氏[illegible]印本[illegible]不[illegible]為善本　午刻乘車已

女校[illegible]生未晤　以[illegible]交校役[illegible]　[illegible]安陪[illegible]伯[illegible]試一[illegible]了晚

[illegible]作子張曉[illegible]許維[illegible]付帳廿元[illegible]一元[illegible]胡健[illegible]之款也

安[illegible]陪[illegible]兄[illegible]人[illegible]久[illegible]世初伯[illegible]園[illegible]晚乘車[illegible]

廿[illegible]菴[illegible]宿

十二

74

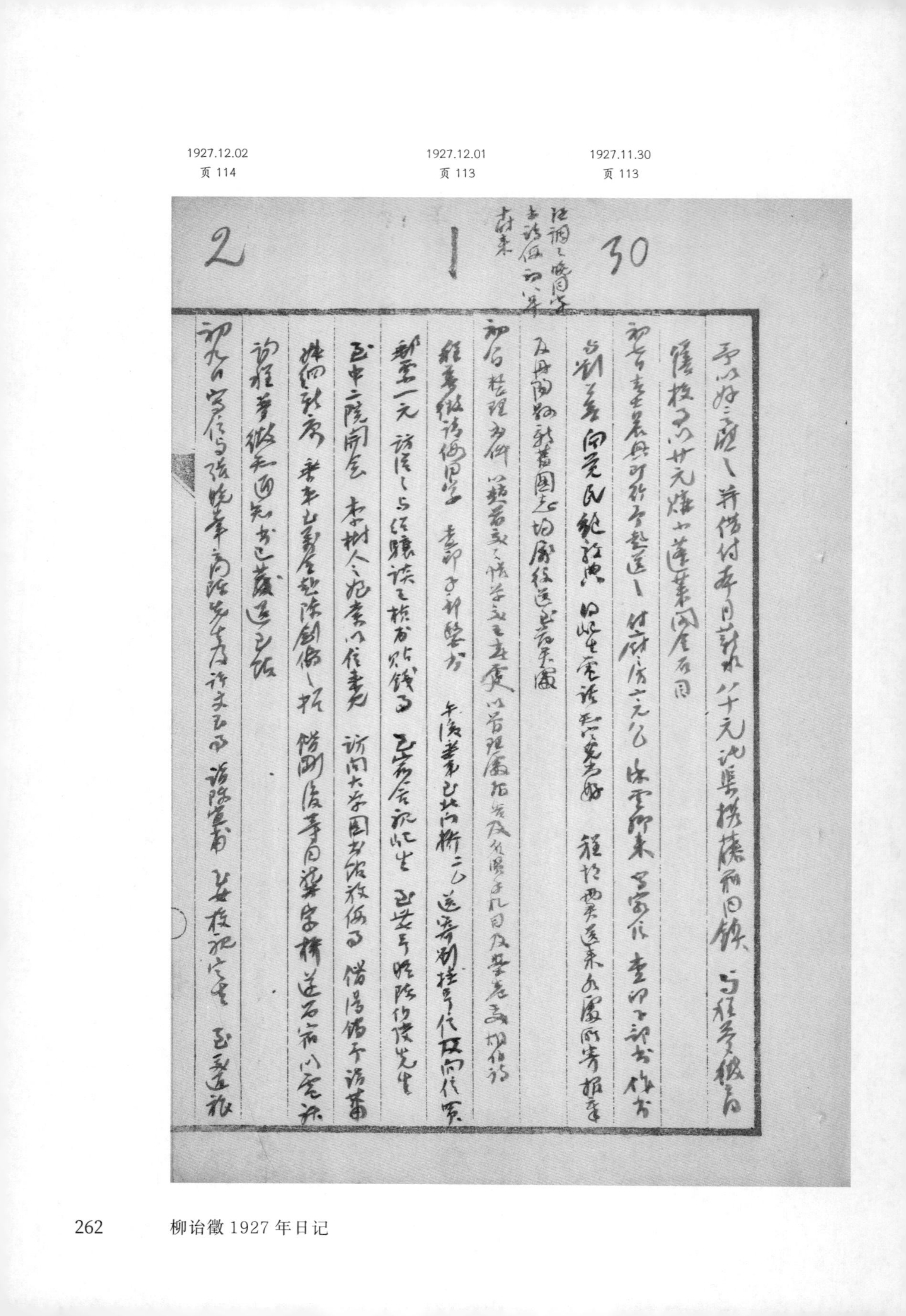

1927.12.02
页 114

1927.12.01
页 113

1927.11.30
页 113

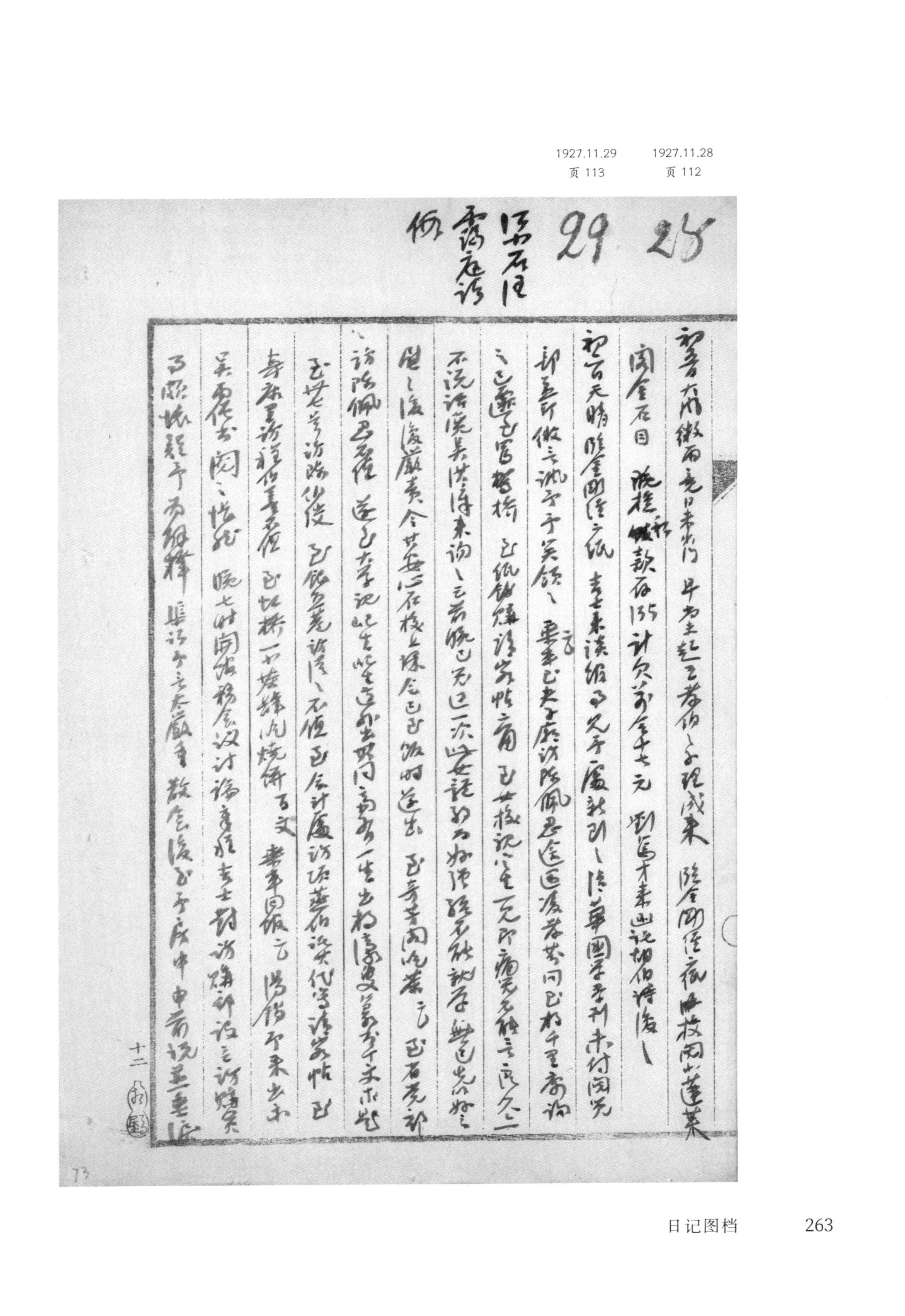

1927.11.29 1927.11.28
页 113 页 112

29 28

1927.11.25
页 112

1927.11.26
页 112

1927.11.27
页 112

房 九千元 光华江 日派存 陶陶利 大兴张 及去往之 合付 已付费 补发

应收刘某吴衡仲、刘镇江借款四千元 买纸烟一包 乘车回馆 下午
后查印书，有路仁铭之乡所出比铁内有金道志友比国之经检有关于收
清文殖之史事 看收学史两册完 下午乘车赴大学之 未见开会之人 返
馆与刚复、侃如共叙款 据此事已经之处 以生陈钩以吴雨僧函相示 谓之心虚树
去试相示 铁珍出其院子来谈 伊弟子已于门楼之 子弟之言能依我语要之
乃姊极好 以珍不知何故 乃有不好之解 且切嘱于田妈 要将此家之钥匙
不好去了 乃也现在田妈与在此家手，若日不在吾日既已不在，何必再过问，暂为
此宜据以珍等已寄回居，不为文章，谈下同房，后邀我又往集之家寂好
静静于我等后来来移之，地方尽说也乃此之之气事乐抗静无之平日
好吗 我们再谈 乘车归已 写杂三万文 阅佛之读抄九段经赞字情
形迅不速迹平文 阅余之佛经 心绪不静 王校者评寿晨全家成秉均
来眠

十二

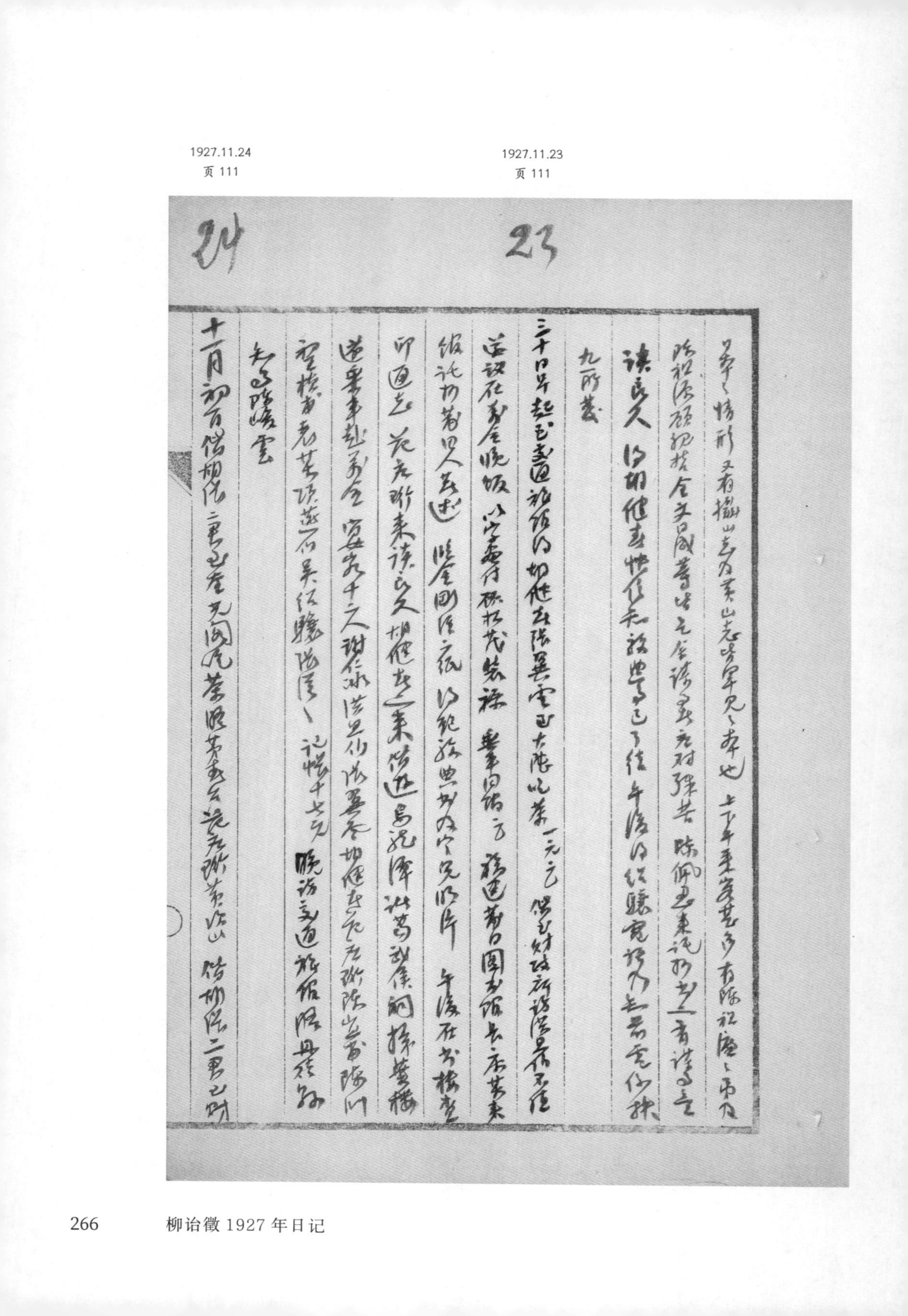

1927.11.24
页 111

1927.11.23
页 111

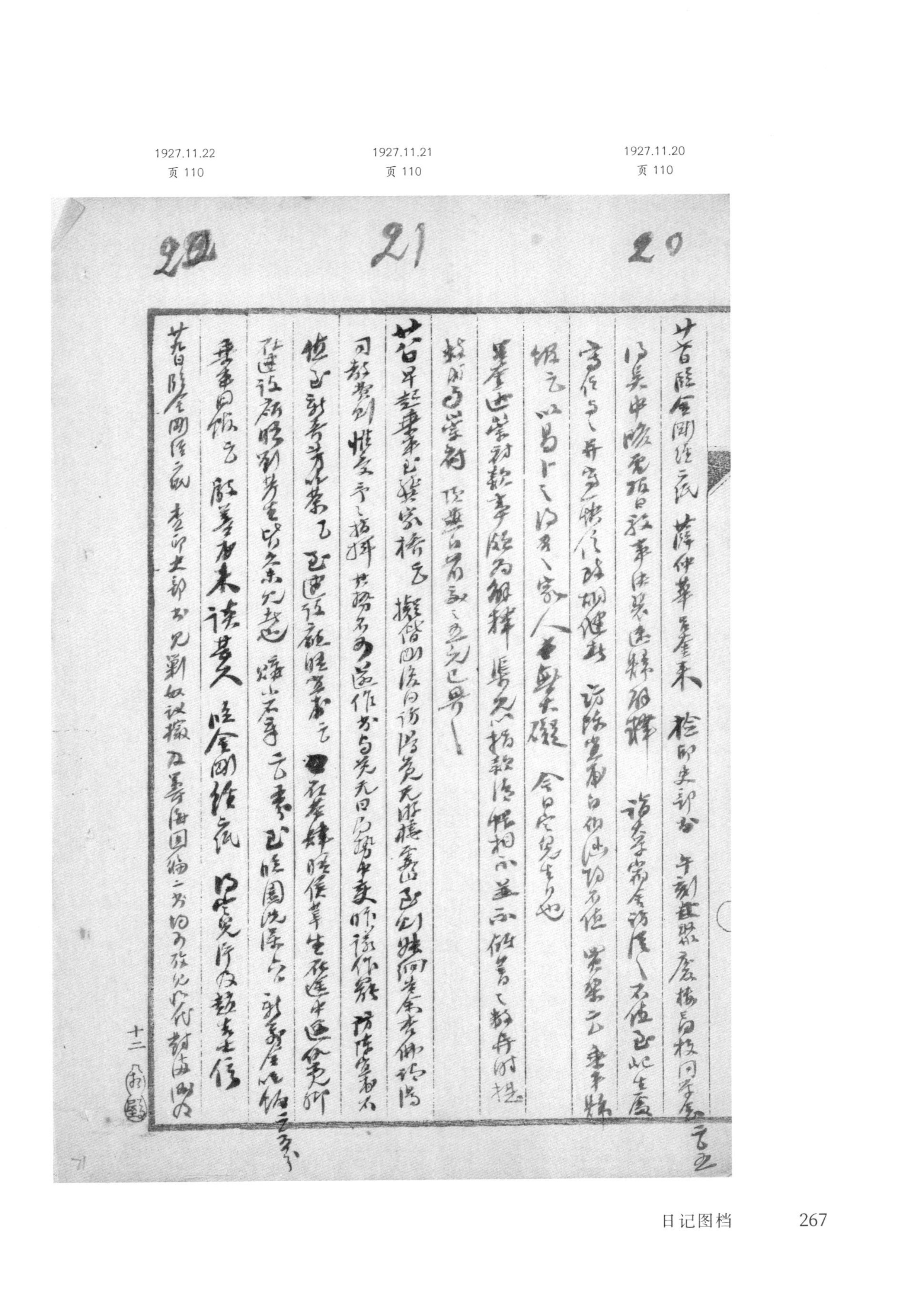

1927.11.22
页 110

1927.11.21
页 110

1927.11.20
页 110

你知道一切前因後果，回廣之事如此堅。不錯，你是很愛我的，以境寬展不如

環境所困，復將其付多細詢，當前無備，孔何無知，所以依靠家庭，護持病人

之道不待吾一一指導也。未幾所云何甚，產後積勞未得相當之調養，子宮

受損，肝胃不調，積成此狀。能常得在家的服時覺輕，中不適者未來之憂也。現

在我何以回廣？回廣後既斷好了，此以算無落子之，不來者我連年如等回廣

之物矣。此外尚有近習慣，我說在家即在此，我回廣，回廣後如何生活，如何

調養？一經先生，我此時去了，以後我對她負有相當責任，吳說概不受我話，如

無廣居，則其亦不受如此疏忽，我侯得她即來廣，現她一切仍出自家，借

至如之弟須出外，當家無俄，由她召侍她一身開銷甚重，不如教訓，免出己

嫁。近日天氣乾燥，她日覺頭暈，服用等物，俄不購，緩落子現有經了

她亦在手無錢，從她自細看家當，作則作，當無則除，其自當經先，似由

吾如寄付，無以斷也。　依如與趙吉生

1927.11.19
页 109

1927.11.18
页 108

18

談[illegible]送[illegible]宿　[illegible]

廿五日　訪[illegible]新[illegible]吃茶　又買[illegible]罐[illegible]煙一[illegible]　[illegible]車回館[illegible]　以[illegible]午[illegible]　午後三時至群學社[illegible]社友會[illegible]　[illegible]　[illegible]車至[illegible]　[illegible]晚飯[illegible]　晚後至[illegible]烟[illegible]雜談[illegible]　送[illegible]車[illegible]　談[illegible]　午後[illegible]　[illegible]

19

廿六日　[illegible]　送訪[illegible]　[illegible]　訪[illegible]　[illegible]

十二

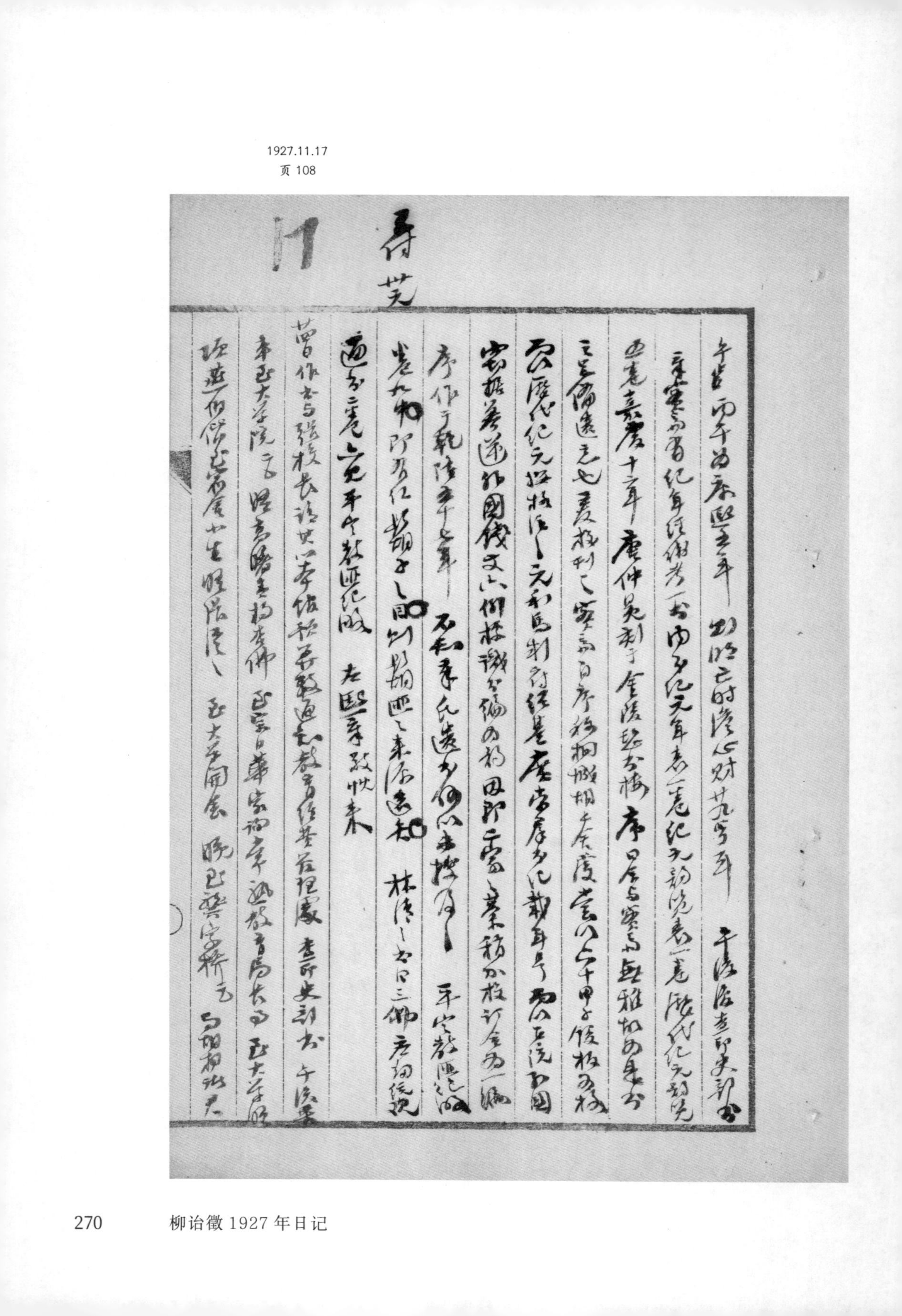

1927.11.17

页 108

1927.11.16
页 107

1927.11.15
页 107

1927.11.14

页 107

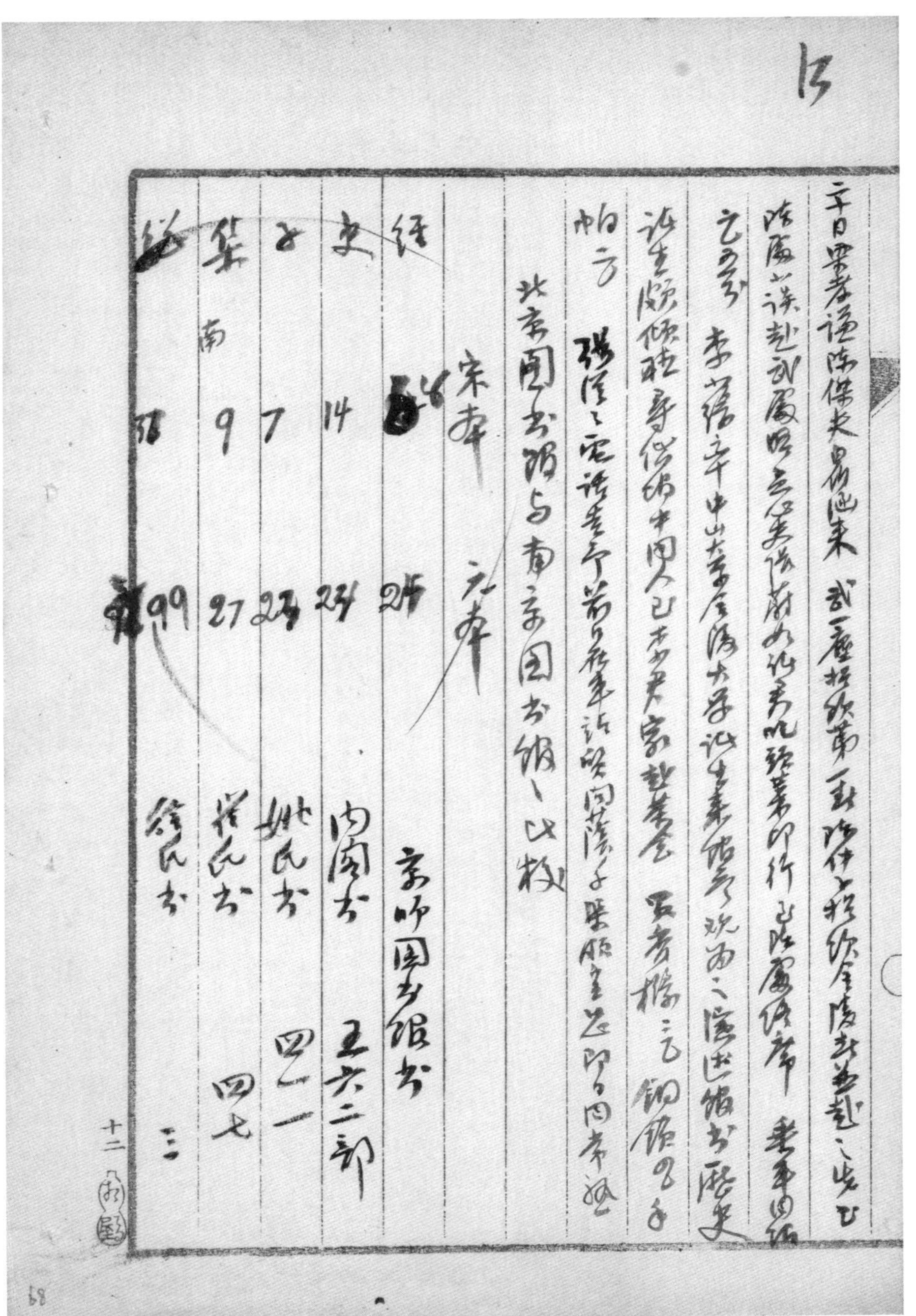

十三日 寄孝谨、陈佛来、易培基函 二十三日
陈宝泉、蒋观云、朱家骅 寄观云、宝泉函 孝谨函 宗贤函 至陈宝泉信、张作霖函
之兴、李宗侗 孝谨 中山大学文学院 研究所
陈寅恪、顾颉刚、容庚……
帕斯

北京图书馆与南京国书馆之比较

经		宋本	京师图书馆书
史	14	23	内阁书 五六二部
子	7	23	姚氏书 四一一
集	南 9	27	丁氏书 四七
丛		99	徐氏书 三

十二

1927.11.12
页 105

1927.11.11
页 105

1927.11.10
页 105

1927.11.09
页 105

1927.11.06
页 104

6

十三日看山谷诗 校书五卯 梁君福来未晤 陆金刚经 以刘篆书送来二
十年前山阴主刻余旧藏古经 胡纫秋伯假原件以所藏本刻本重加校订者
以书为邑人罕见者 书楼为之作跋识之 李主侯程君放来参观 陈子寿之
子来 来敬来谈胡山君事 谭组安俞寿丞寿之人来借看书 谭告予以乌

1927.11.07
页 104

7

陆调元为避谦谷民乌二祠题其事 晚偕佐血 付杂钱一元四角 王君在借辞
十四日看汪往江程之谈其不存馆 看吴美彝杂志 赵叔威来 以郑照华
龚以帮殿善本来 午后以极殿寄来净土书数种 作书与毛元[illegible]及刘[illegible]

1927.11.08
页 104

8

以丁氏善本书室藏书志校馆中宋椠善本书目竟经部一册 未匡正第二册
橋
十五日看观音灵感颂 借往江阴之吴孟郎 经部小学类书 赵宦光说文长笺极佳
王[illegible]佐字广[illegible]则军兄之本也 校阅丁氏善本室志目竟史部 晚子佐血
[illegible]陆[illegible]

十二

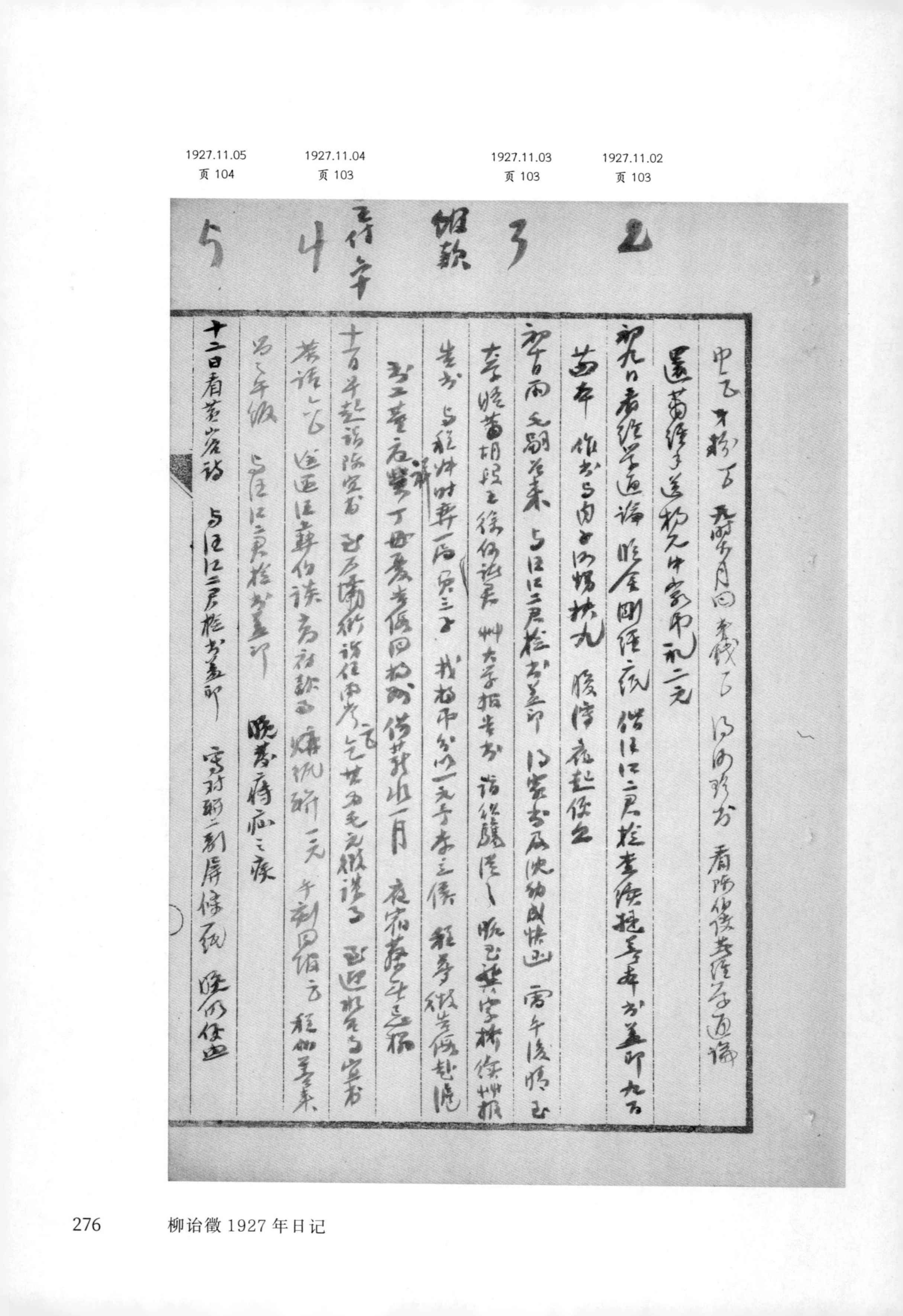

1927.11.05
页 104

1927.11.04
页 103

1927.11.03
页 103

1927.11.02
页 103

1927.11.01
页 103

1927.10.30
页 102

1927.10.29
页 102

1　30　29

之前陈[illegible]送[illegible]至教育馆晚饭[illegible]胡刚复[illegible]二元。至
大学[illegible]视此生[illegible]女子学院[illegible]四时赴[illegible]五时半回
饭。看近人所刊[illegible]年谱[illegible]作书与
内子。送[illegible]刚[illegible]元。
[illegible]五元[illegible]饮
初五日[illegible]至[illegible]房内检点所存馆中文件。[illegible]来。
[illegible]来。[illegible]来。[illegible]饭。偕至夫子
庙游玩。为馆中购印泥[illegible]元。[illegible]二元。[illegible]饭二元。付厨房二元二毛。
初六日 编馆中字帖。临金刚经二纸。看山谷诗。得初五日家信及[illegible]杨伯
屏[illegible]作
初八日 看山谷诗。临金刚经二纸。偕[illegible]至[illegible]印[illegible]
王[illegible]午饭[illegible]视[illegible]至大学晤胡刚复、张晓峰[illegible]
晚[illegible]至[illegible]

十二

1927.10.28
页 102

1927.10.27
页 102

1927.10.26
页 101

1927.10.25
页 101

1927.10.24
页 101

1927.10.23
页 100

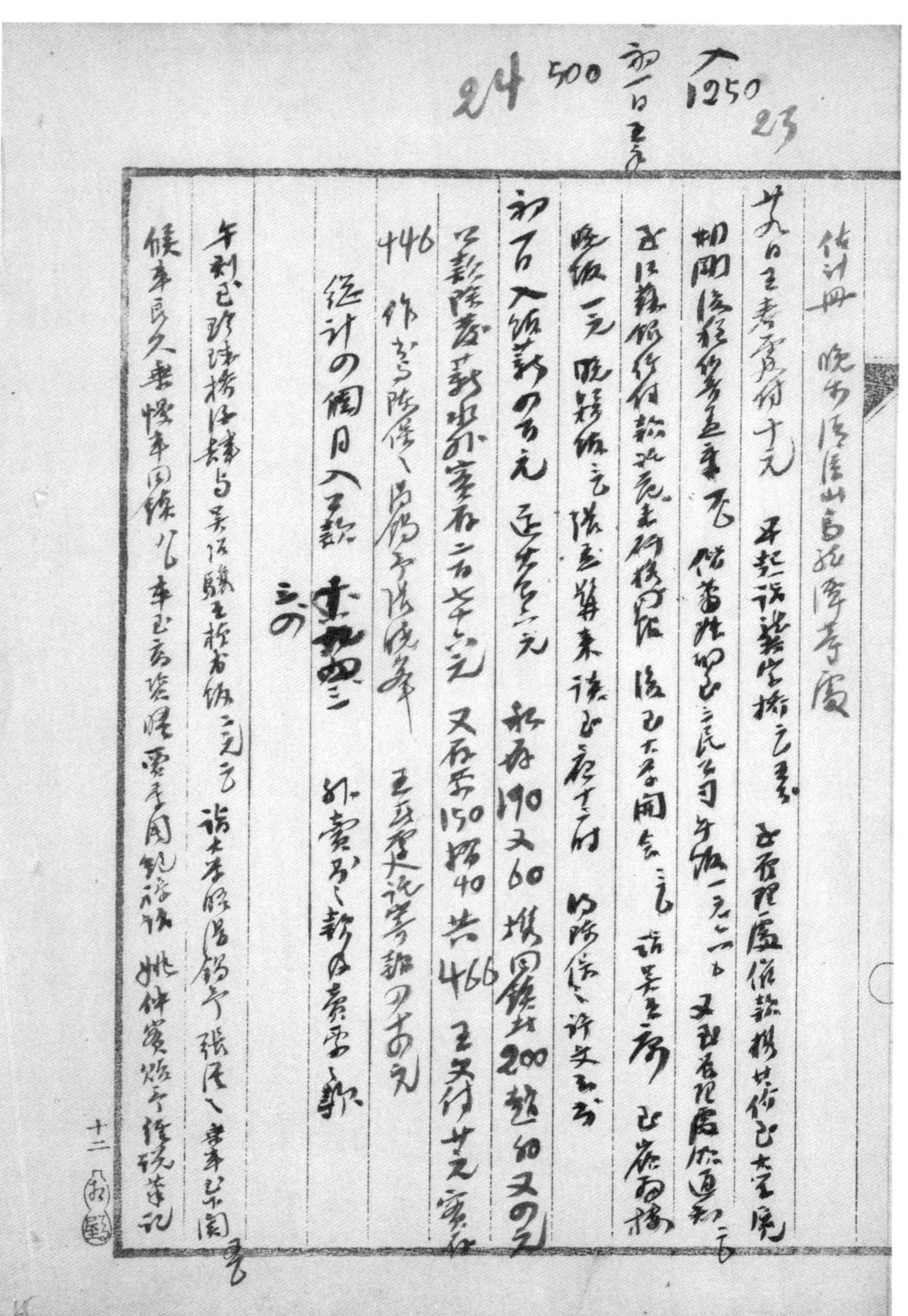

1927.10.22
页 100

1927.10.21
页 100

1927.10.20
页 099

1927.10.19
页 099

20　19

伏园及惠迭函见赠西书每甚迟医云难治　得刘子恭书　杨鉴吾
快信寄镇　王云霞送付卅元　范来研院档案中检出清季道署藏书楼
文卷一宗　自光绪卅年四月派员赴日　宣统元年九月告成　用款三万二千
余两　有详细报告及预计图　书则主山阴小学长何揭鉴吕　前楼之地为藏楼十三
间　拟去垂览　并作函复李先生
蓄陈亮周龢来　访金湘帆　庚大卷辞职与之谈　以私旨说　以卅元与之
长庭付房本月薪　至北门楼上海银行晤陈南表　诉其见取北京分行存款 27634
至大学现此见晤张君　适载录大学钞本诸人　至东之院赴评议会筹备会　至银行
芜修陈之　五时回寓　作书与胡适　托招伪城刘作家来寓
廿日　早起　晤吴君楼之上　晤王祖前　偕至中山大学候选之　不豫　至宗恺　晤吴俊
遂偕至大学院　晤金湘帆及刁师能　至教育馆午饭　偕访大学院　晤杨杏佛
以二篇钱　并告晤告诸人　至杏宇开教授会　审查会　审查之　未遇　晤吴作

十二

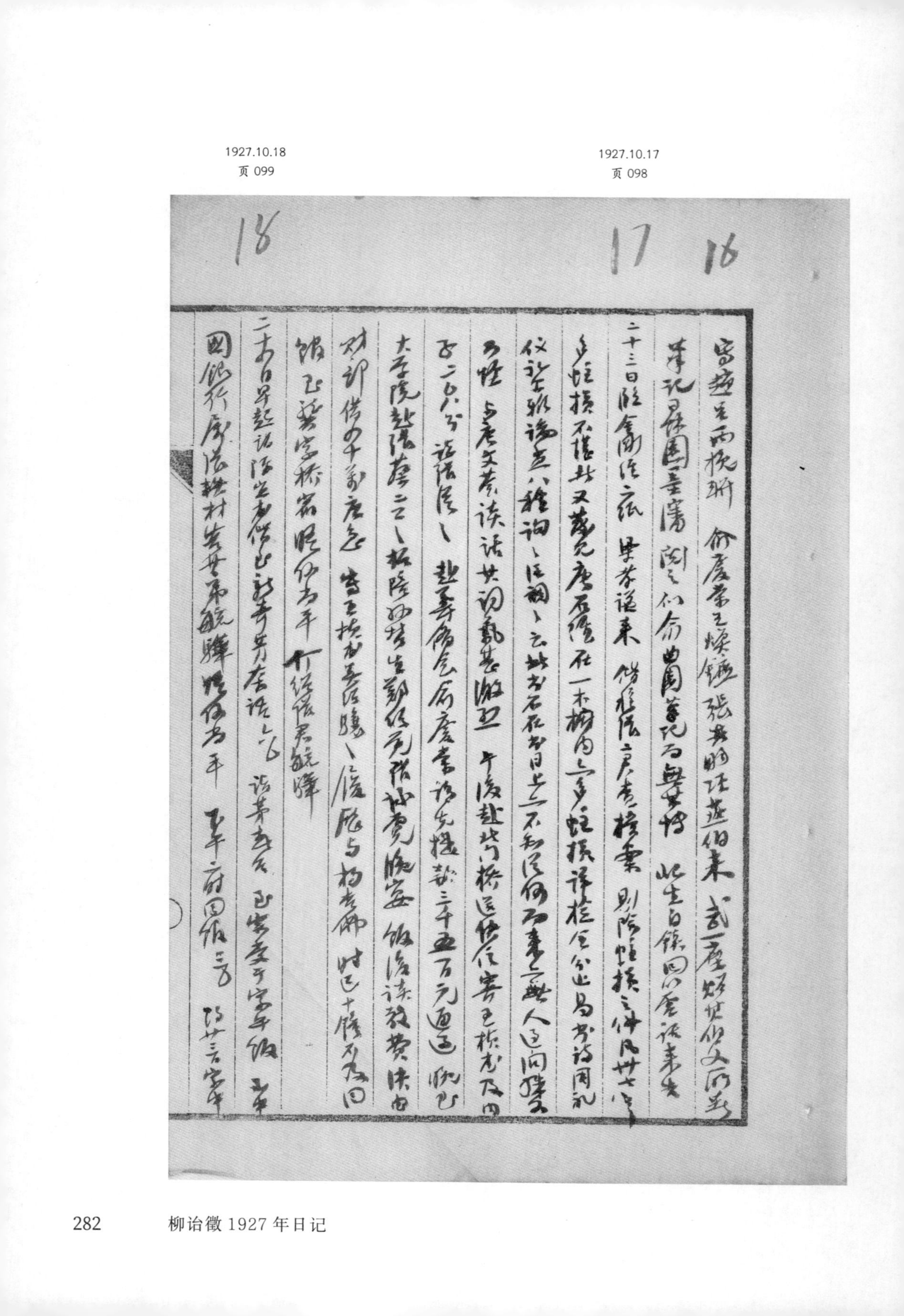

1927.10.18
页 099

1927.10.17
页 098

1927.10.16
页 098

1927.10.15
页 098

1927.10.14
页 097

14

二十日 晴 海军午餐 梁孝通来 作书与柏青伊 张凤之与此生先后来 留之午饭

午后访女校职员病 ……读女校风潮事 访龚宝椿姊

细 同李君段调元过 …… 李协和来 江山石痛 ……

基龙来 ……寄 ……

15

二十一日 午 访龚宝椿 ……至女校晤 ……

学部 ……送 ……

高校同学 ……

龚宝椿 ……

罗由甫来寄 ……

……社 ……印送一元四角

十六日

二十二日 陈亮来 …… 董 ……来 托钞秦淮海集 ……

来 以张亮臣书 作书与 …… 上海 ……文 ……路 ……

十二

招商旅行	目上	二千四百	一三七
左 一号邑宁船		一千	二九
二号		六百	二八
三号		六百	二八
一号		九百	二八
二号		五百九十	二八
三号		五百九十七	二八
镇中特设船木身外包钢板		四百	五五
镇[illegible]		四百	五四
镇东		三百五十	[illegible]
镇西		三百五十	五四
镇南		同	同
镇北		同	[illegible]

日记作冰多郎告录与柳传专 是日在饭款中取出五千元 王先生等付
廿元 陶基借十元 李屡存廿元 计拨用及买眼镜已去五元 以有存
李后若君往日海军年报 伊克说十年前所计 共计有我舰廿六艘 云
舰十二艘 守船十六艘 练运等船八艘 共大小四十三艘

镇远 钢面铁甲厚十四英寸 马力六千匹 用人三二九
定远 同 六千 三二九
致远 钢板快船 穹面厚二寸至四寸 七千五百 二〇二
济远 快船 穹面铁甲厚十英寸 二千八百 二〇二
靖远 钢板快船 穹面厚二寸至四寸 七千五百 二〇二
经远 钢板快船 穹面厚二寸 铁甲厚英九寸半 五千 二〇二
来远 同上 五千 二〇二
超勇 快船 木身外包钢板 二千四百 一三七

十二

1927.10.13
页 096

杨杏佛寄来研究工作为部 特别委员会委员一纸 陈宝箴元阁[illegible]来 [illegible]

来 希颐索诗

十三日阴 金陵[illegible]之纸 希颐索诗 与[illegible]张二君[illegible]查后楼下所[illegible][illegible]

馆以为[illegible]图及吴[illegible]山海[illegible]图[illegible]图计廿二幅 汤锡予来

为[illegible]作与[illegible] 柳健行[illegible]陆[illegible]健[illegible]陈[illegible]出来[illegible][illegible][illegible]

问与健行乘车往[illegible]内[illegible]王彭园[illegible][illegible]人[illegible]铁[illegible]上白[illegible]

下车[illegible]眼镜[illegible]一[illegible]下[illegible][illegible][illegible]健行[illegible]

[illegible][illegible]人[illegible][illegible][illegible][illegible]车[illegible][illegible][illegible]健行[illegible]

[illegible]出[illegible]文[illegible]健行[illegible]中[illegible][illegible][illegible]

[illegible]医院[illegible]为来[illegible]加[illegible]

[illegible]谢[illegible]与[illegible]都[illegible]

[illegible]眼镜五元[illegible]乘车回[illegible]

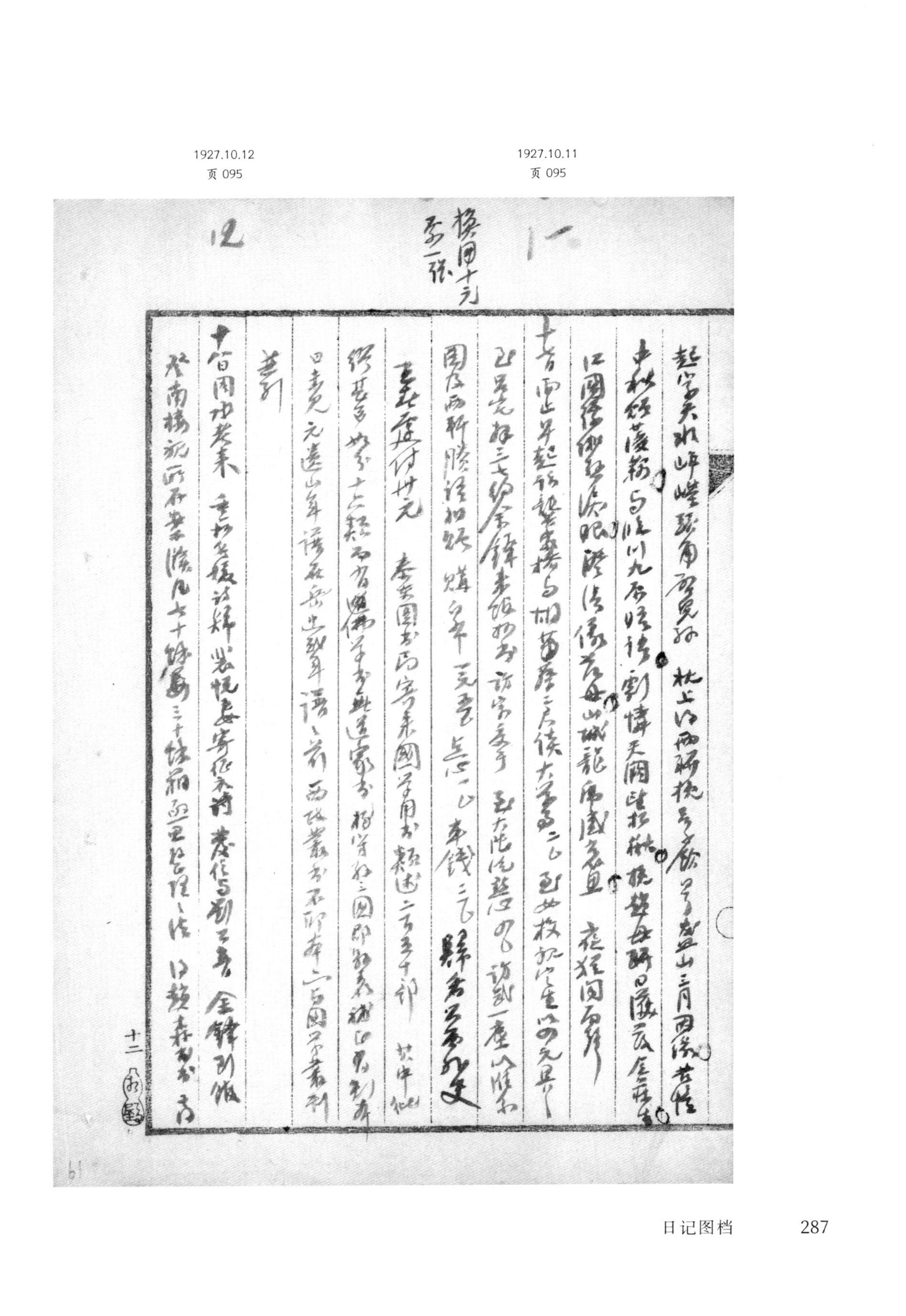

1927.10.12
页 095

1927.10.11
页 095

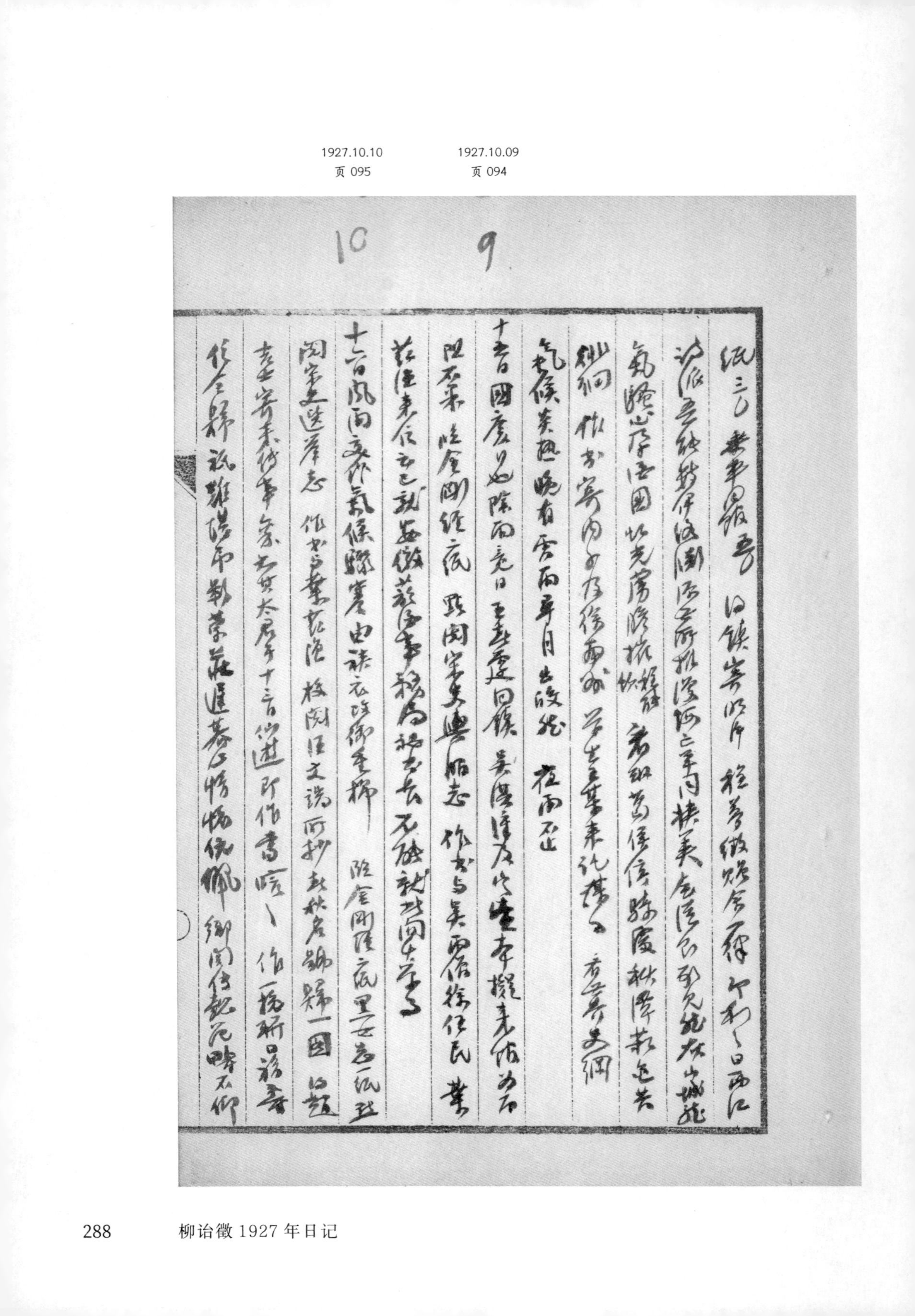

1927.10.10 1927.10.09
页 095 页 094

10 9

十二

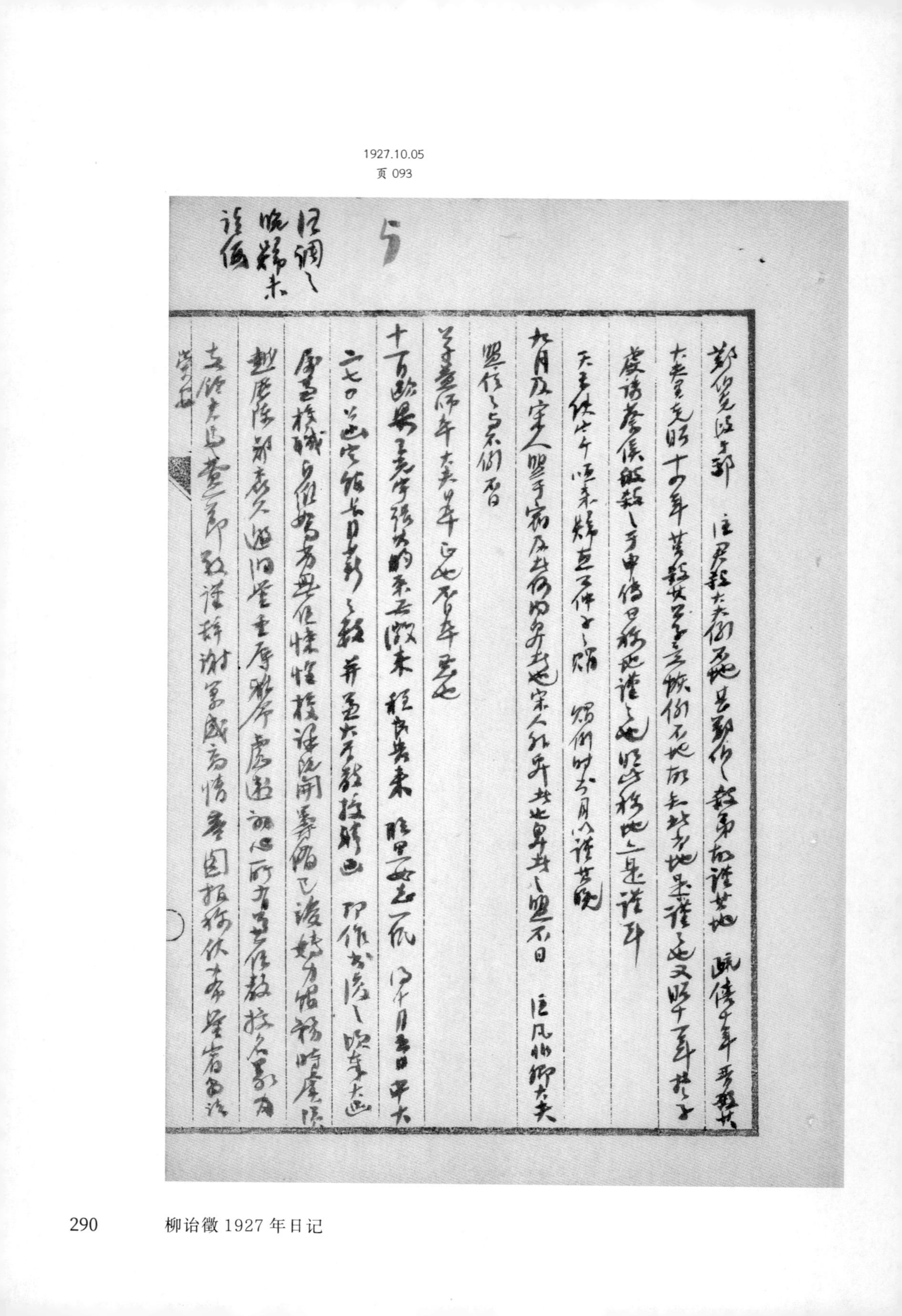

1927.10.05

页 093

報安侍疏　三月庚申鄭伯及宋盟于昧　不日共盟府也　知此例不日者葉之年秋八月

庚辰及戎盟于唐　六年夏五月辛酉公會齊侯盟于艾　此皆書日故知此例不日今

不日故無所盟略之也　左氏以大夫為卿日以日月為例自成書此例書其往時者

為之例其以日月相承共事而集史氏記而無書是文其大夫例報而武譯武昭故

知此日此伸尼略之見義故耳

二十年三月鄭伯克段于鄢　注段有徒衆攻之為害必深故謹而月之　疏曰二年有衞

人殺祝吁于濮傳曰其月謹之也君討賊例時此衞人不能即討祝吁致令出入自恣故

謹其時月所在以著臣子之緩慢也此云為害必深故謹而月之　彼祝吁以二月弑君衞

人以九月始討傳云其月謹之明知謹臣子之緩慢此乃屢謀而後殺之所言則知往悉

也故爲害必深故謹而月之　桓九年有人殺宋公和不書月此書而報後殺例時月

者以成公之辜重大故直書時也宣十一年楚人殺陳夏徵舒則因其殺君之賊為陳力能討而

孫林父報福時去而還也

十二

文具 三九元九〇四
邮寄 七〇〇
储蓄 六一六七八
消耗 二九六〇四
杂支 四五三八
修缮 二四九九四
共计 二〇八七九八
俸薪 五一七〇〇

香[illegible] 二二〇〇
写字板 一七三三二
钢[illegible]钩 一四〇〇
痰盂 六五〇〇
节菜 三〇〇
松板 一一七五〇
洋钉 二四一〇
石灰 一五〇〇
印书费 二〇〇〇〇
修缮 二四六九四
九二一〇六

88

统已是日共用四七八元
二四〇

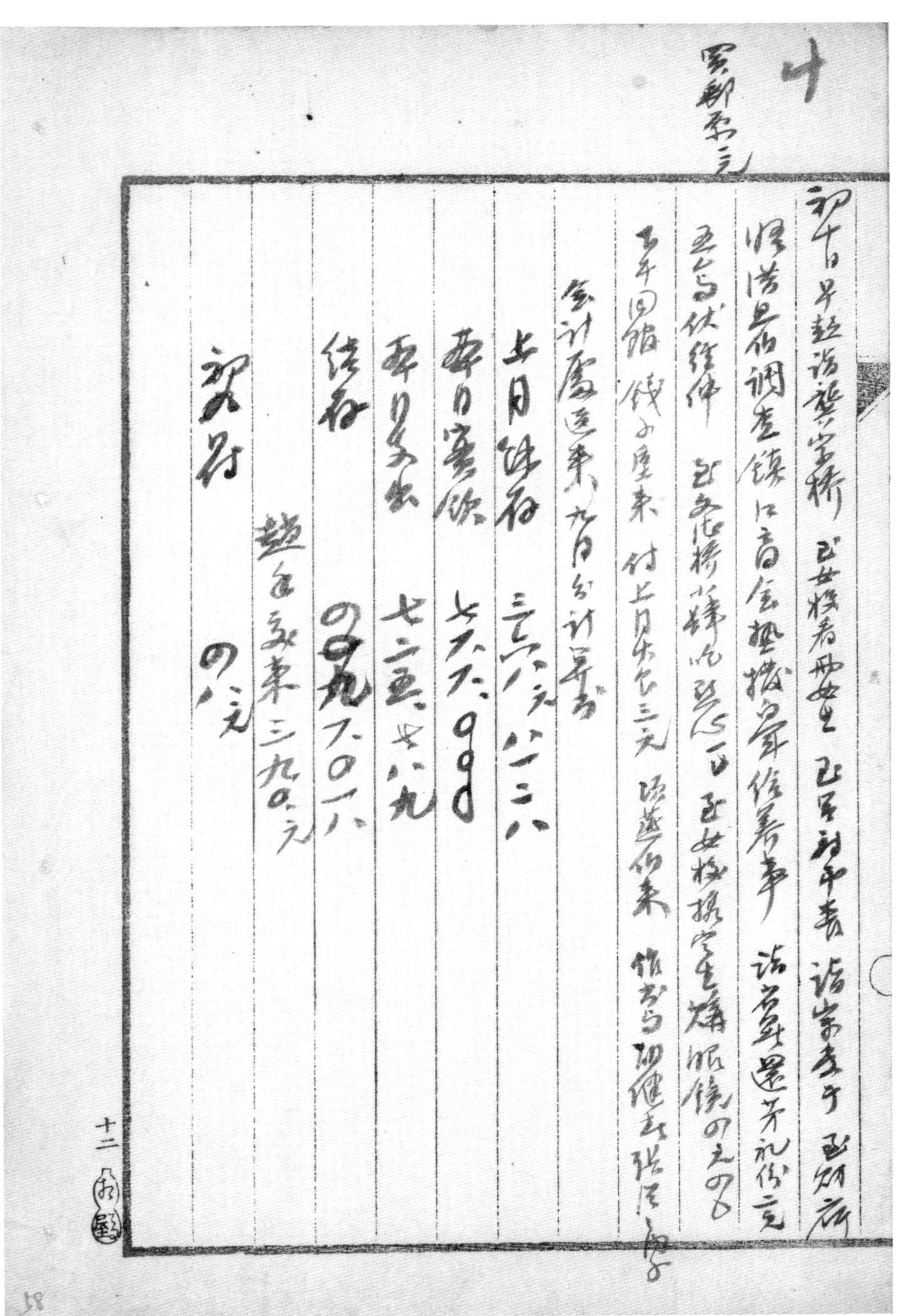

廿

买邮票三元

初十日 早起访龚宝铨 至女校看母亲 至日新书店 访宋孝子 至[illegible]

归 谒昌伯 调查[illegible]江商会垫拨军饷事 访[illegible] 还[illegible]

至[illegible]伏维伸 至[illegible]楼[illegible] 至女校[illegible] 眼镜四元四[illegible]

下午回馆 钱子屏来 付上月房饭三元 [illegible]来 [illegible]与胡继[illegible]张[illegible]

会计处送来九月份计算书

上月结存 三二八元八一二八

本月实领 七六六、〇〇〇

本月支出 七二五、六八九

结存 四〇九、六〇一八

赵[illegible]交来三九〇元

现存 四八元

十二

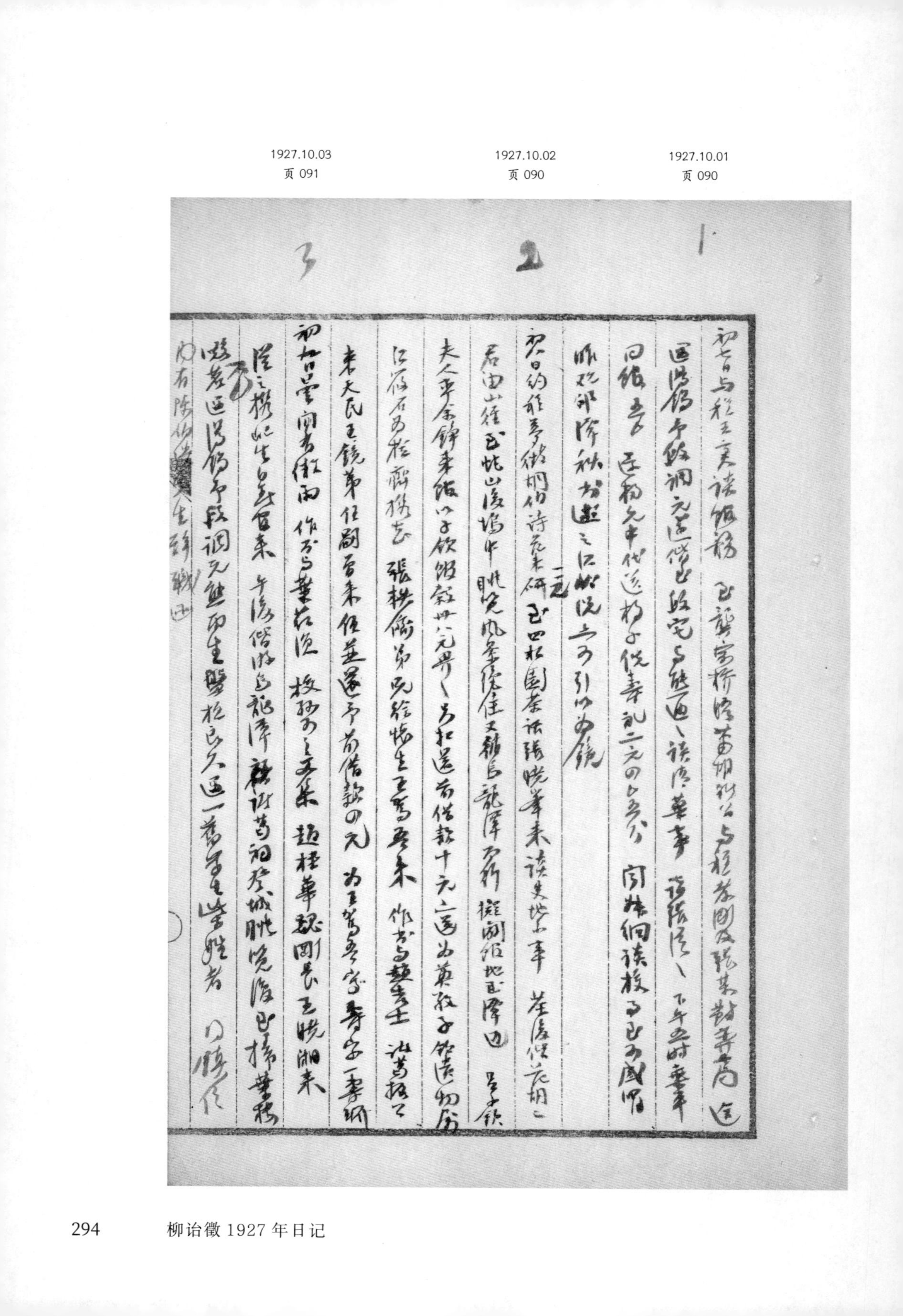

1927.10.03
页 091

1927.10.02
页 090

1927.10.01
页 090

1927.09.31
页 090

1927.09.30
页 089

31　30

偕宜甫至公园茶话二小时　看清稗类钞　归屺兄、阡及芝庭兄来

初五日　至亮[illegible]家贺[illegible]二十生日　入城至吴府三姨母方在睡未叙[illegible]　同洪

[illegible]姊母之病势较好　李[illegible]约至中华楼午饭　饭后[illegible]至姊处　陈师

初[illegible]张善[illegible]健行等[illegible]教育[illegible]事　因托胡[illegible]

张[illegible]大[illegible]请[illegible]为[illegible]　晚归[illegible]

[illegible]主[illegible]　看清稗类钞　[illegible]雨晚渐大　[illegible]来[illegible]

归[illegible]

初[illegible]来　[illegible]午后[illegible]

马车入城至[illegible]中学　偕二女[illegible]饭　[illegible]

[illegible]中[illegible]事[illegible]三[illegible]　[illegible]用去大洋[illegible]元[illegible]

十二日　[illegible]十一时[illegible]　[illegible]

[illegible]

十二

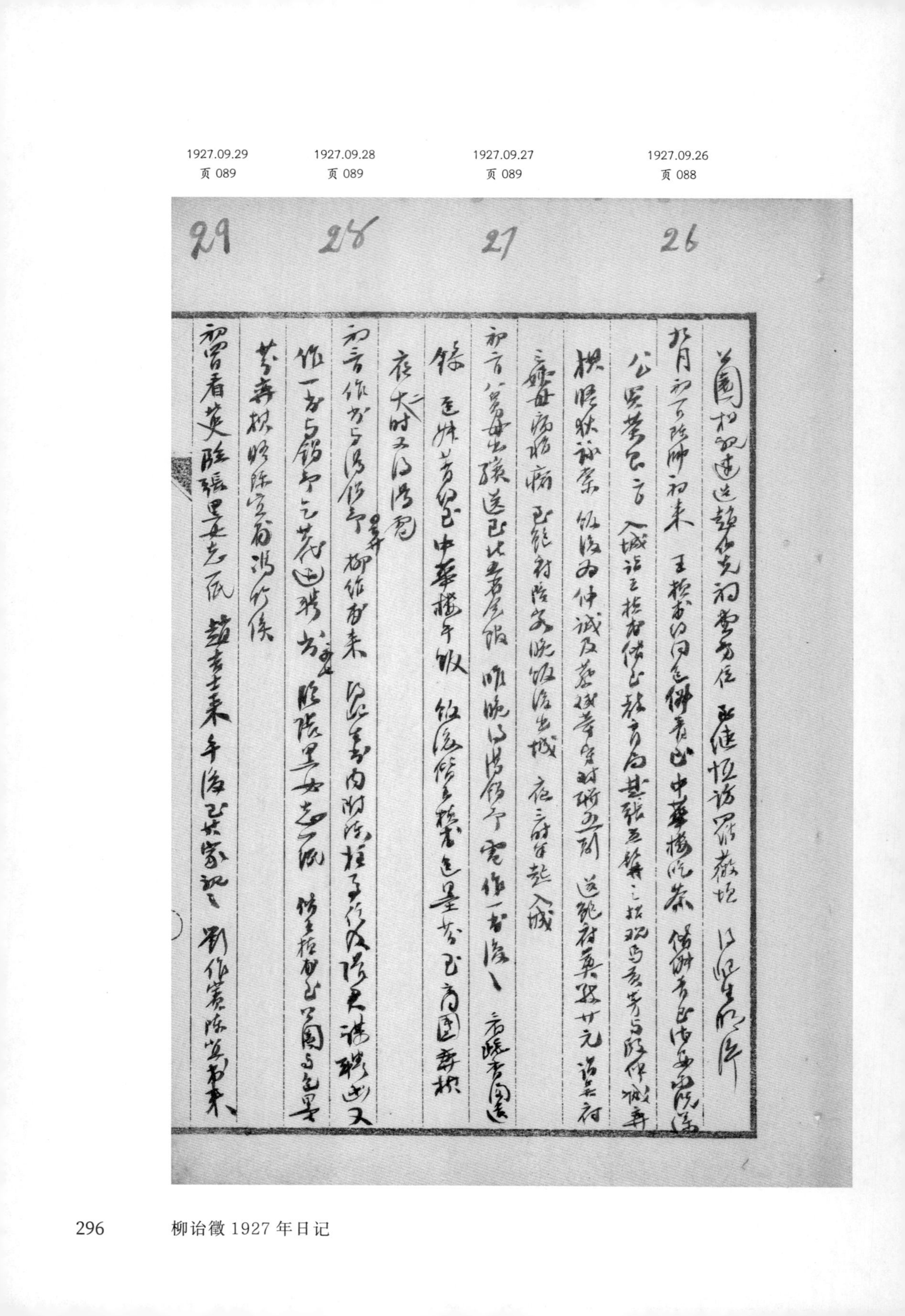

1927.09.29 页 089

1927.09.28 页 089

1927.09.27 页 089

1927.09.26 页 088

1927.09.22
页 087

1927.09.23
页 088

1927.09.24
页 088

1927.09.25
页 088

22

二十七日 二兄偕陈[illegible]来学 至中华园茶话 [illegible] 至胡健春 赵森[illegible]西家山
[illegible]入城访三姨母 [illegible] 访陈[illegible] 至王[illegible]家 [illegible]
[illegible] 即往[illegible]劝勉之 为学生[illegible] 赴宁 晚[illegible]胡健春来

23

二十八日 陈[illegible] 中华园茶话 晤马[illegible] [illegible]
[illegible] 三姨母[illegible]寿衣料入城[illegible]
出城[illegible]

24

二十九日 陈[illegible] 中华园茶话 胡健春来 送此兄赴宁[illegible]
[illegible]

25

三十日[illegible] 入城[illegible] 访三姨母[illegible]
出城[illegible]
[illegible]

十二

1927.09.21
页 087

1927.09.20
页 087

1927.09.19
页 087

1927.09.18
页 086

1927.09.17
页 086

1927.09.16
页 086

1927.09.15
页 085

1927.09.14
页 085

16 15 14

1927.09.13
页 085

1927.09.12
页 085

1927.09.11
页 084

1927.09.10
页 084

1927.09.09
页 084

1927.09.08

页 084

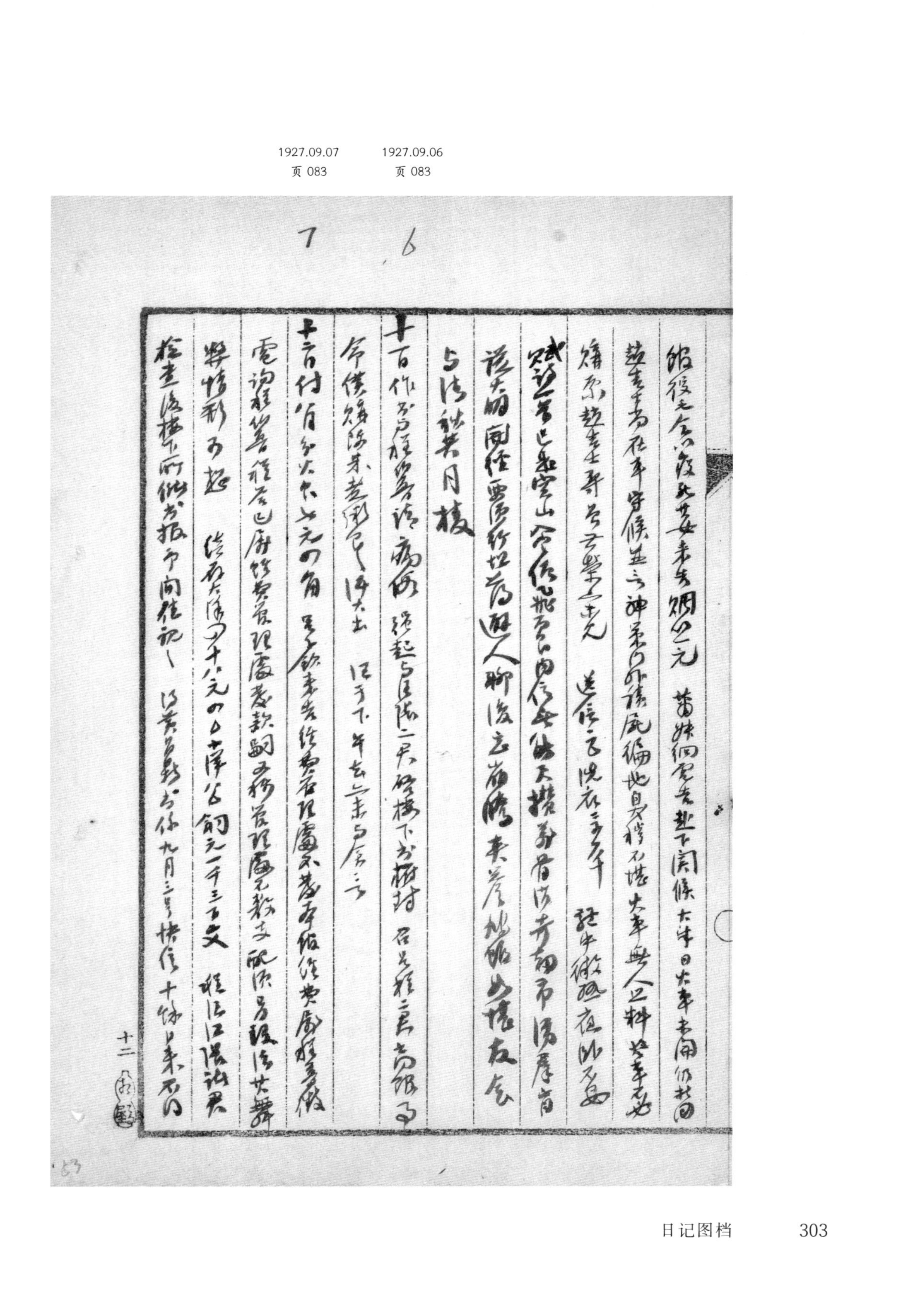

1927.09.07
页 083

1927.09.06
页 083

1927.09.05
页 082

1927.09.04
页 082

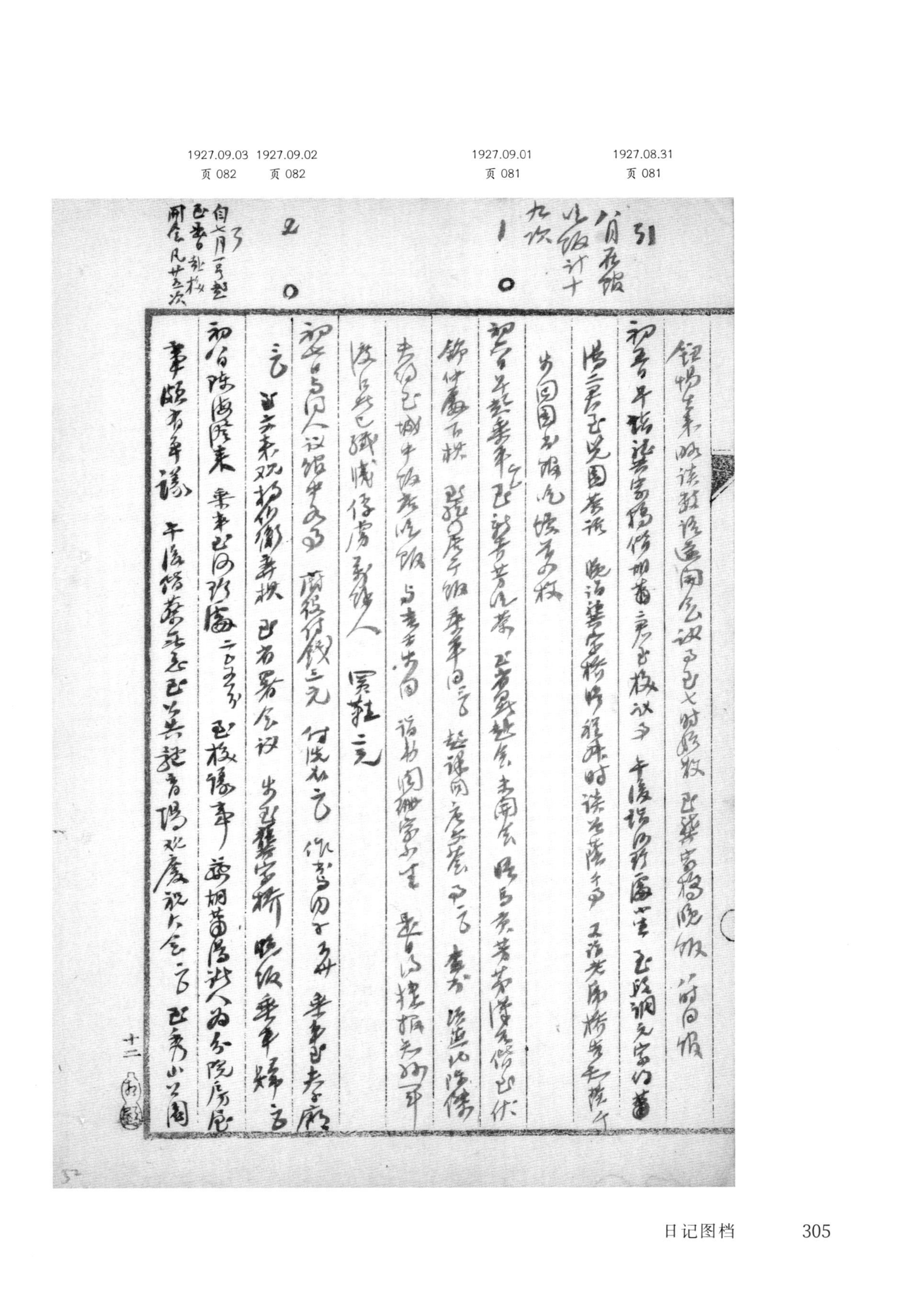

1927.09.03 页 082

1927.09.02 页 082

1927.09.01 页 081

1927.08.31 页 081

1927.08.30
页 081

1927.08.29
页 080

1927.08.28
页 080

1927.08.27
页 080

1927.08.26
页 079

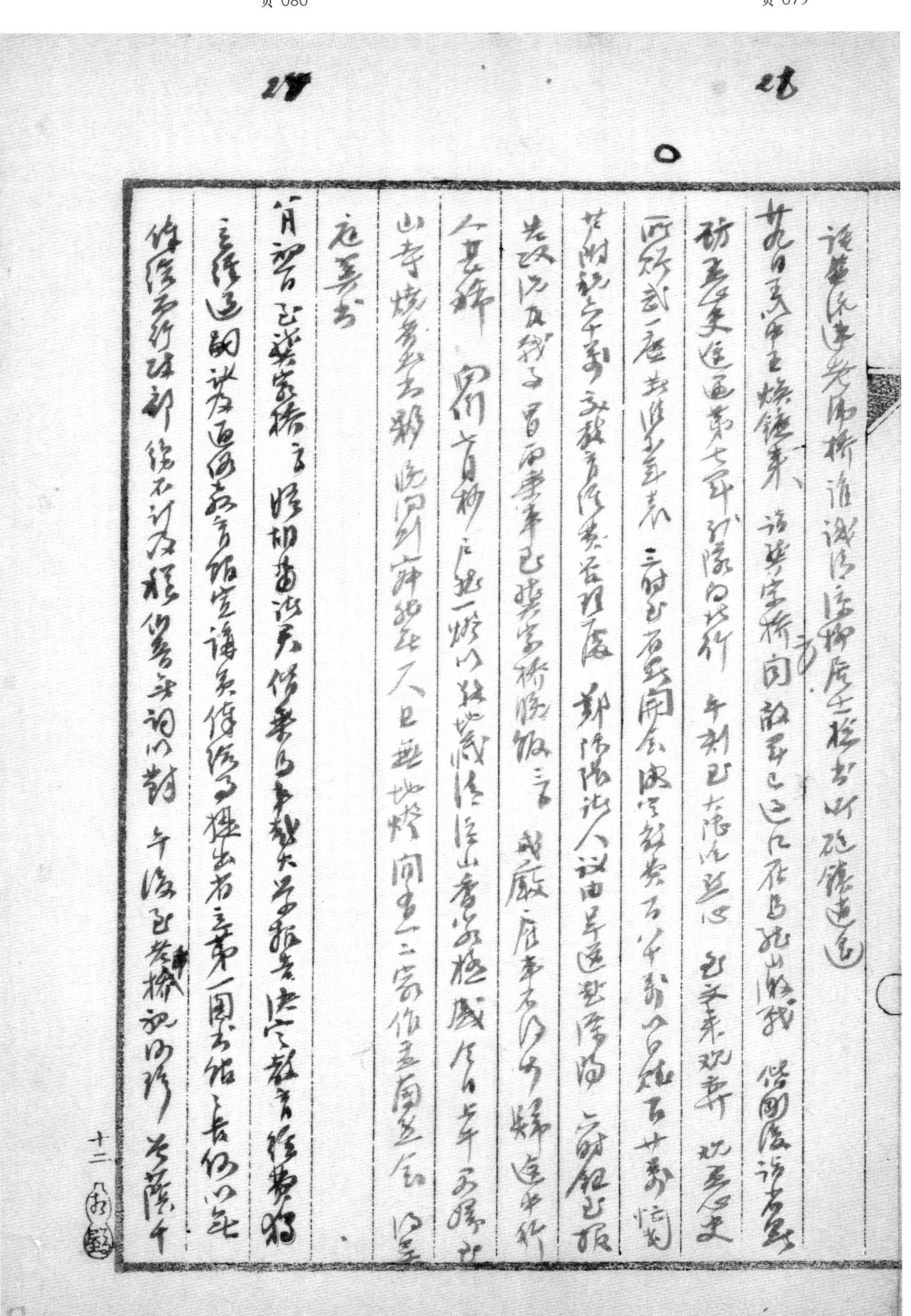

1927.08.25
页 079

1927.08.24
页 079

1927.08.23
页 078

1927.08.22
页 078

1927.08.21
页 078

1927.08.20
页 078

1927.08.19
页 078

陈国庵记书

[illegible] 引西湖记原文

二十二日在[illegible] [illegible]

[illegible] 送此[illegible]

二十三日[illegible] 作书[illegible]

[illegible]

二十四日作书[illegible]

国立[illegible]

[illegible]

二十五日[illegible] 作[illegible]

[illegible]

[illegible] 现款三百三十九元 [illegible] 四十元 [illegible] 二十元

十二

卅。

[illegible] 陈伯弢 [illegible] 张世昭 张[illegible]

[illegible] 雷海宗 黄元贲 赵仲滨 蔡[illegible]北大文学士[illegible]

蒋大华 [illegible]

陈仲子来 话[illegible]议以[illegible]代理[illegible]学院事 至中国银行[illegible] 至[illegible]

[illegible] 至[illegible]手[illegible] 至[illegible]道[illegible] 至[illegible]

[illegible] 至[illegible] 至[illegible] 借[illegible]

[illegible]银[illegible] [illegible]田本钱一元[illegible]

刘[illegible] 又[illegible]

[illegible]之文集 白云[illegible]记

[illegible]溪集 刘[illegible]刘[illegible]六人墓志铭

续通鉴长编 绍兴廿七年丁丑六月[illegible]

[illegible] [illegible]诗话一[illegible]

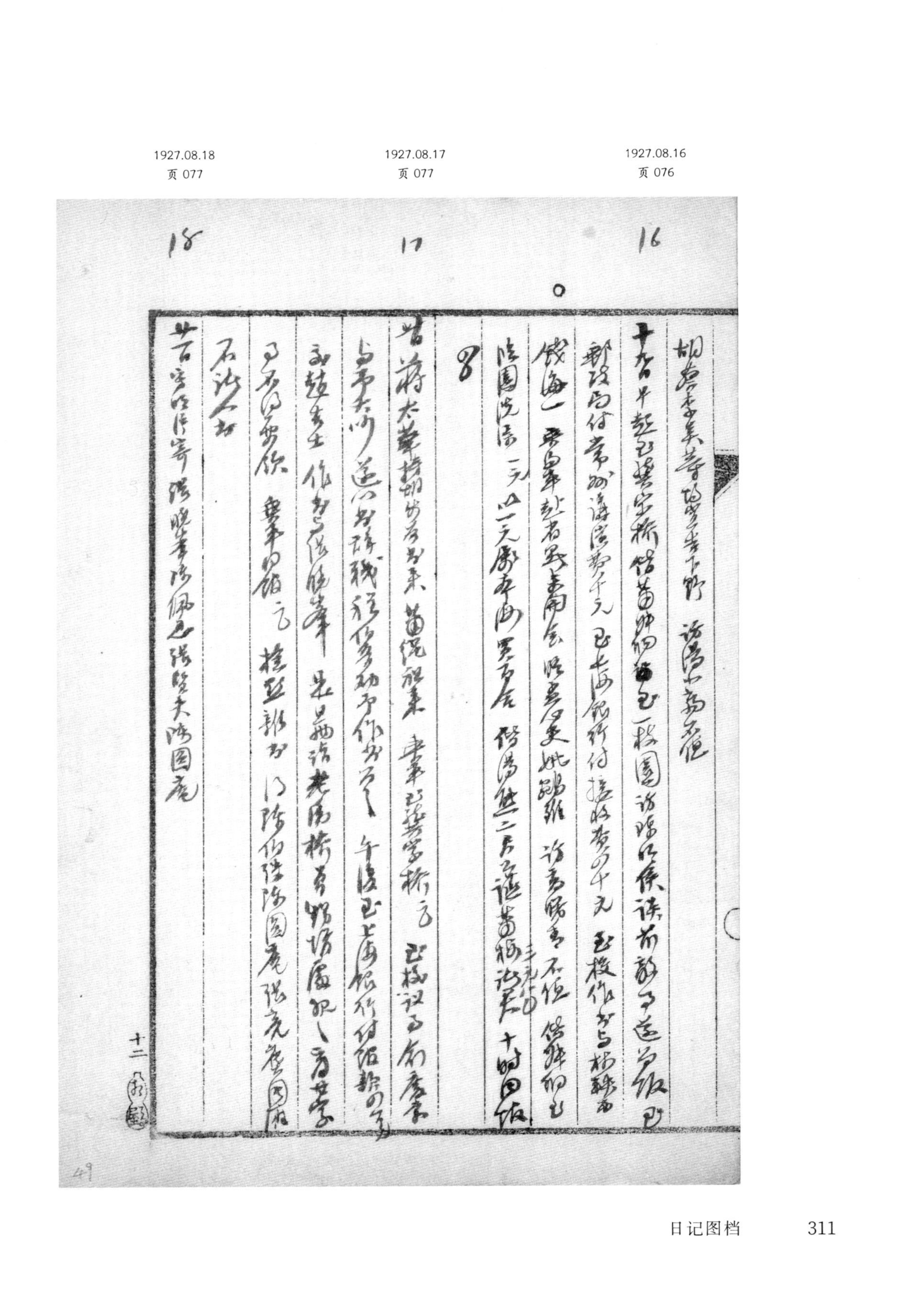

1927.08.18
页 077

1927.08.17
页 077

1927.08.16
页 076

1927.08.12
页 075

12

畴赵锦堂行事两 至龚宝铨午饭 作书与邵潭秋 冒雨乘车归 公

十二日检书 黄元秀来 午后偕彦晓南至萧君閣处 谒龚宝铨 宗恪与王雅

君至龚绍老第之赴明蓁华之招 乘车至下关坐夜车回镇 一元七 车与白君

华偕乘浴芬谈戏至晚 九点来二 十二时抵家 三姊母同妹妹在亭家

1927.08.13
页 076

13

十三日曹贶来赴常州 在车站遇[illegible] 一元 十二时半抵常 乘车至城 从庞又稍至常

州中学晤金彩一 宋彦卿同[illegible] 午饭后讲演一时 为唐君寄[illegible]

转帐三金君 归车费五元 乘晚车回镇 一元 七时抵家 后之同宾来 同宾处

1927.08.14
页 076

14

十四日三姊母去[illegible] 而夜由子安见 至[illegible]园晤君通 [illegible]张安山[illegible]

寿[illegible] 午后起宾 一元六 至龚宝铨晚饭 以外[illegible]

是相[illegible]常宝生夫妇[illegible]

中宿 归 后至三毗镇 睡

1927.08.15
页 076

15

十六日程伯善[illegible]来 [illegible] 午后至校 晚至龚宝铨 阅报[illegible]

1927.08.11 页 075　　1927.08.10 页 075　　1927.08.09 页 075　　1927.08.08 页 074

8　9　10　10　11　10

宿此。晨见到宋村宿。核正账本目录。写函四二。

十一日 到校，晤王钱、沈梅诸君之。到行政部议，遂看校务会议。到教育馆晚饭，四点之。

从之到王氏，至同晚饭。诸君来席。与戴毅夫到大学院。到宇桥晚饭。

从之来宿。

十二日 早起，访冯高胡刘诸君。到新青年社，一日。到大学院，访俞庆棠。

同访翁君二人。偕张晓峰、何炳松、王同到。到教育馆晚饭，完了。偕张校

长到蒋梦麟处，与张孟闻。作书与杨杏佛、黄光。归饭，偕赵往张。

君雅查阅览。又到甘府经部。同张、张英书。

十三日 到校议事。张君谋代表出席。与钱为定。

国之选。午后到图书馆。捐四十。钱代。同刘。

从之来宿。

十四日 早起，访胡刚复、张天谋。偕赵图书馆。到教育经费。

十二

48

1927.08.07
页 074

1927.08.06
页 074

1927.08.05
页 074

1927.08.04
页 073

1927.08.03
页 073

1927.08.02

页 073

七

卅日 之發出處所說在現內同係郵局數户多住現在仍以初三等手續接後

當來處經難期讓提再三月但教授薪水計作年課日可以充處先

所屬辦理校中來局如以此等可能仍未由後所行職已現充弟四年

大學係吳大路已經批准校中雖以職務及課程相處 上巳致謝大教

松近來圖書館職員有一張理方能進 送去九陰歷九月半日或可就

送睃以學用印本筆前 驗函及店號函附繳 程萝徵函徵與碟紙

中文事 請其為傳動部之轉送崔閱覽事宜

初三看李小緣圖書館計劃書 借往趙學江許人查校中與將相手札 吳子欽來談

午後往中央大學加費子修談 要本已議江蘇教育經費錢多所函校以

王燦璠吳鐸民陳延傑三人之往來 借來張二君已財政所照陰論覺談

教育經費了 已往楊先家小坐 已教育館晚飯了 冒雨來本歸了

回過往教育館訪陸之為圖書館之經出即作函與陸

十二

47

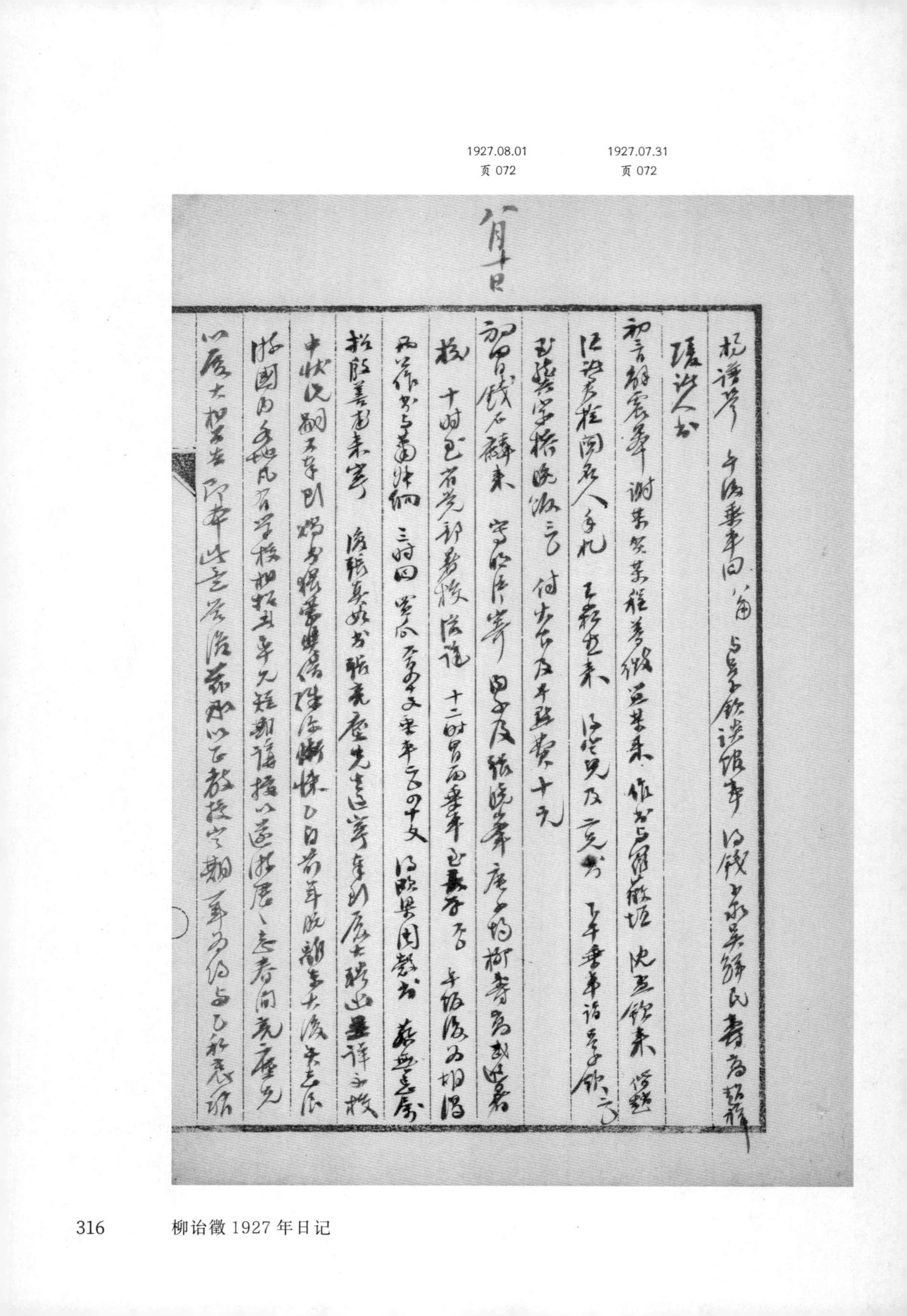

1927.08.01
页 072

1927.07.31
页 072

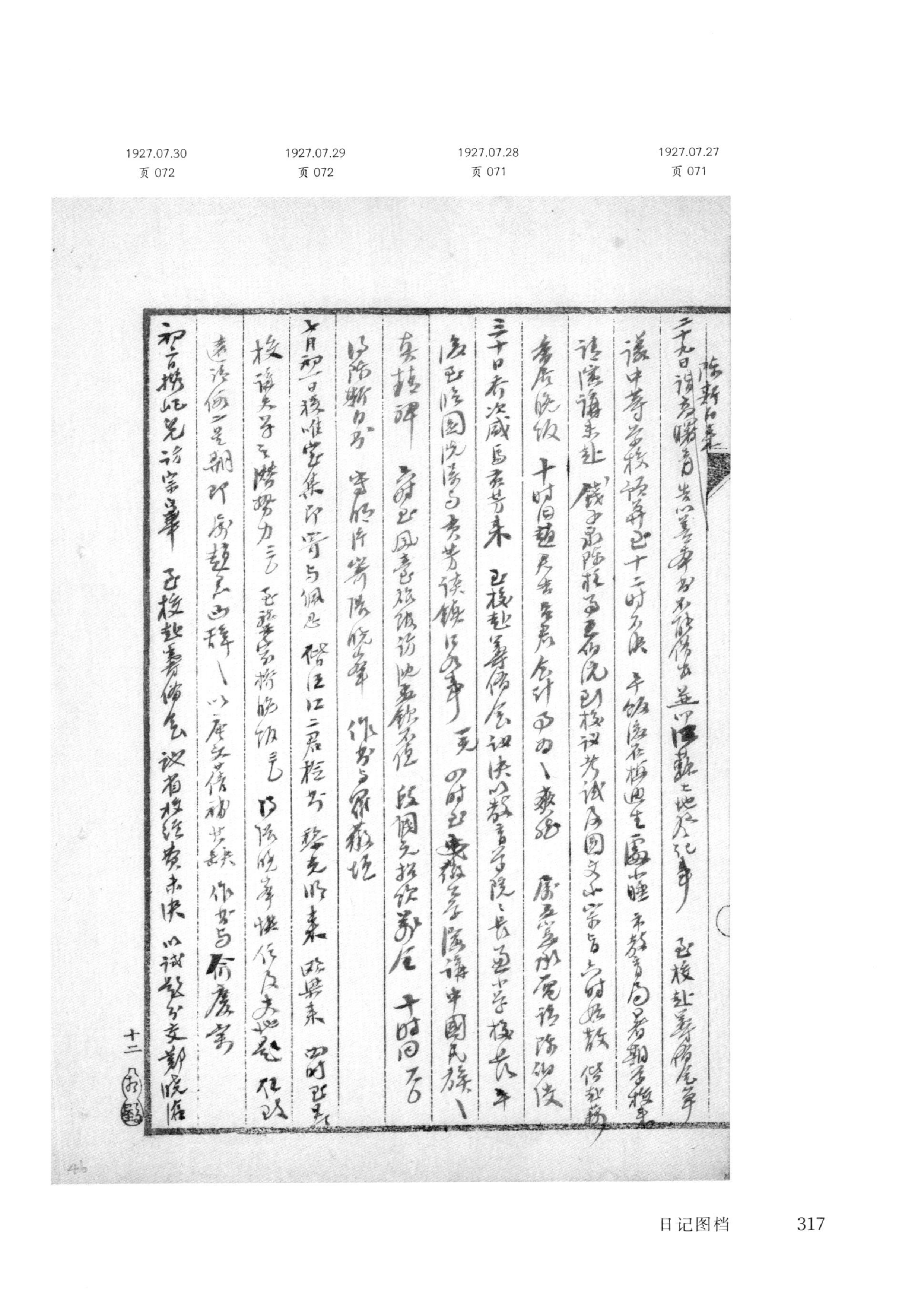

1927.07.30
页 072

1927.07.29
页 072

1927.07.28
页 071

1927.07.27
页 071

十二

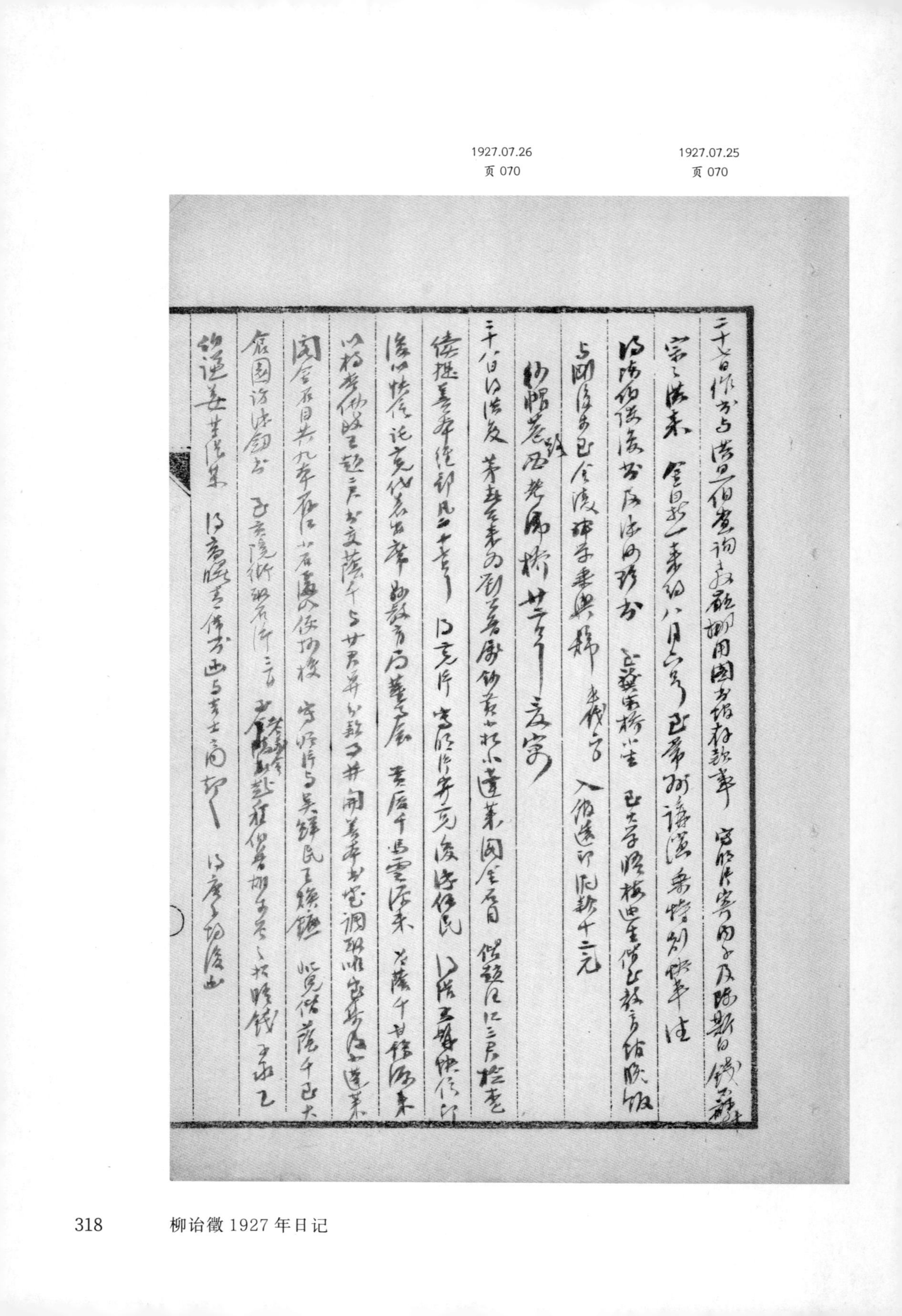

1927.07.26
页 070

1927.07.25
页 070

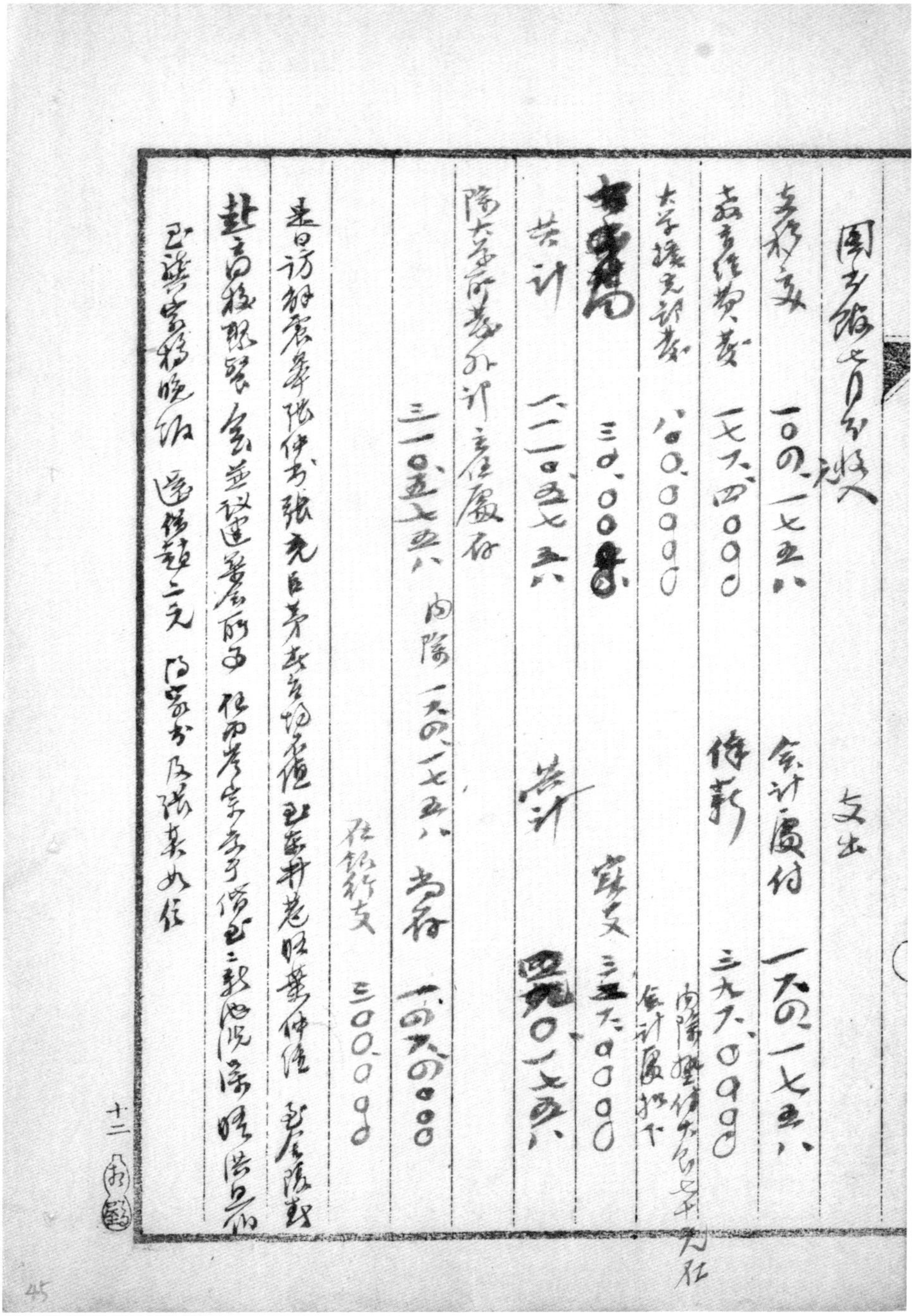

图书馆七月份收入　　支出

上月移交　一〇〇、一七五八　会计处付　一六〇、一七五八

本年经费　一七六、四〇〇〇　薪俸　三九六、〇〇〇〇

大学拨充购书费　八〇、〇〇〇〇　内除拨借六月份余平为在会计处扣下

[illegible]　三〇、〇〇〇〇　购支　三五六、〇〇〇〇

共计　三八六、五七五八　总计　四九〇、一七五八

除去支外计应在处存　三一〇、五七五八　内除一六〇、一七五八　尚存　一四六〇〇〇〇

在银行支　三〇〇、〇〇〇〇

是日访胡霖、张伯书、张元济、茅盾、赵家璧、郑伯奇、叶仲缘、黎烈文

赴高梦旦寓，并谈选书事，[illegible]

赴高梦旦晚饭，送[illegible]二元，[illegible]及张[illegible]

十二

1927.07.24
页 069

1927.07.23
页 069

1927.07.22
页 069

1927.07.21
页 069

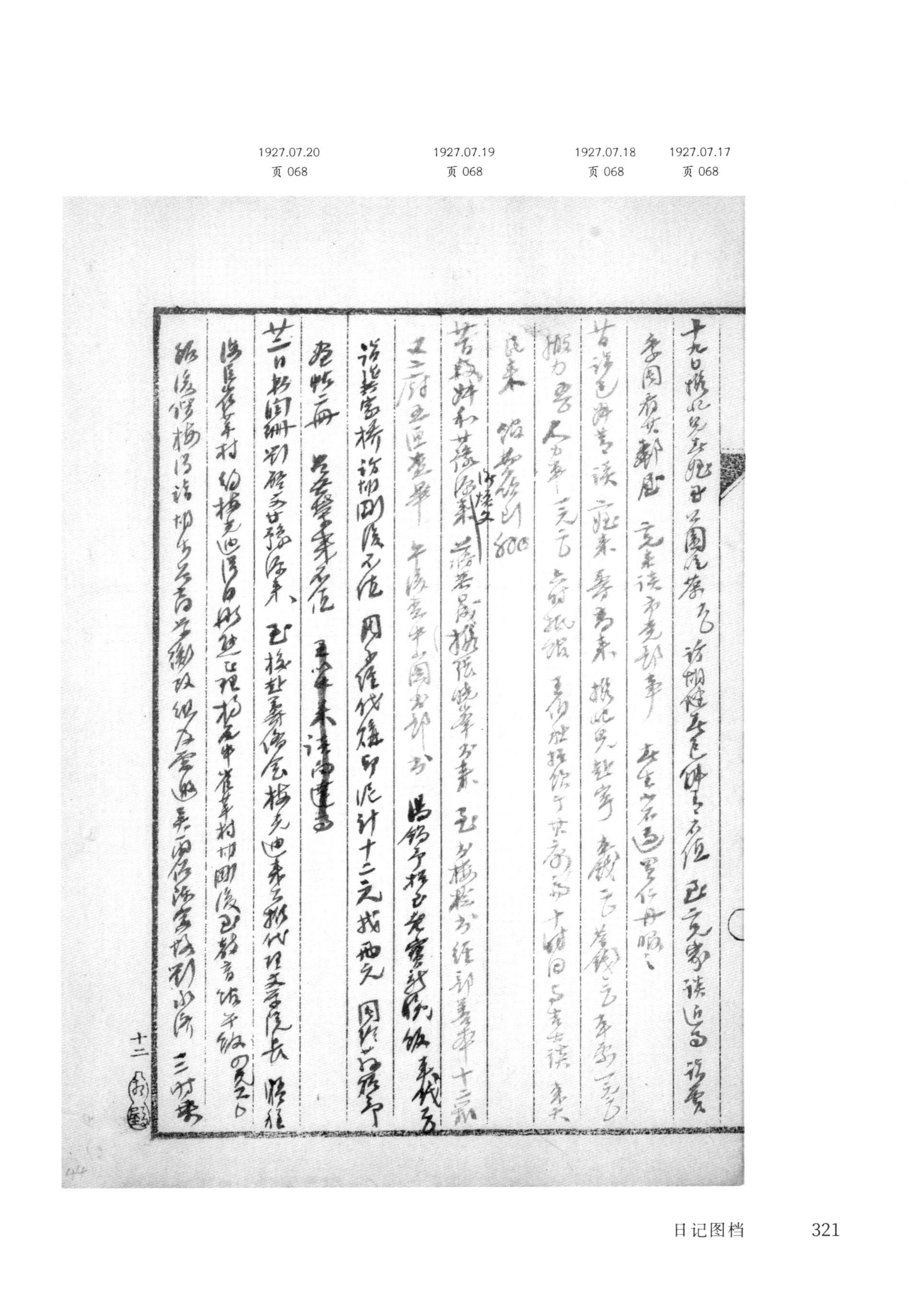

1927.07.20 页 068 | 1927.07.19 页 068 | 1927.07.18 页 068 | 1927.07.17 页 068

[illegible]

十二

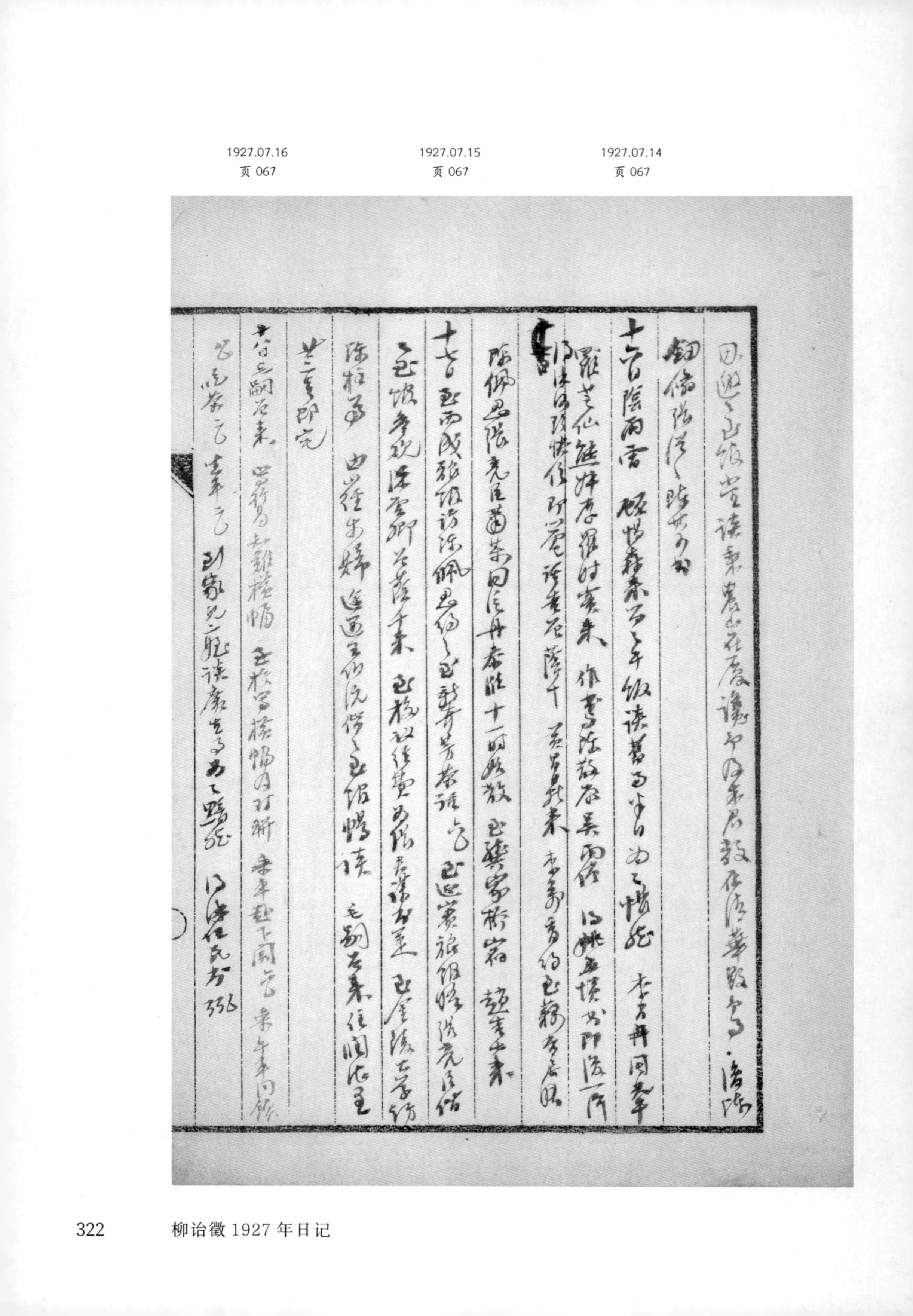

1927.07.16
页 067

1927.07.15
页 067

1927.07.14
页 067

1927.07.13
页 067

1927.07.12
页 066

1927.07.11
页 066

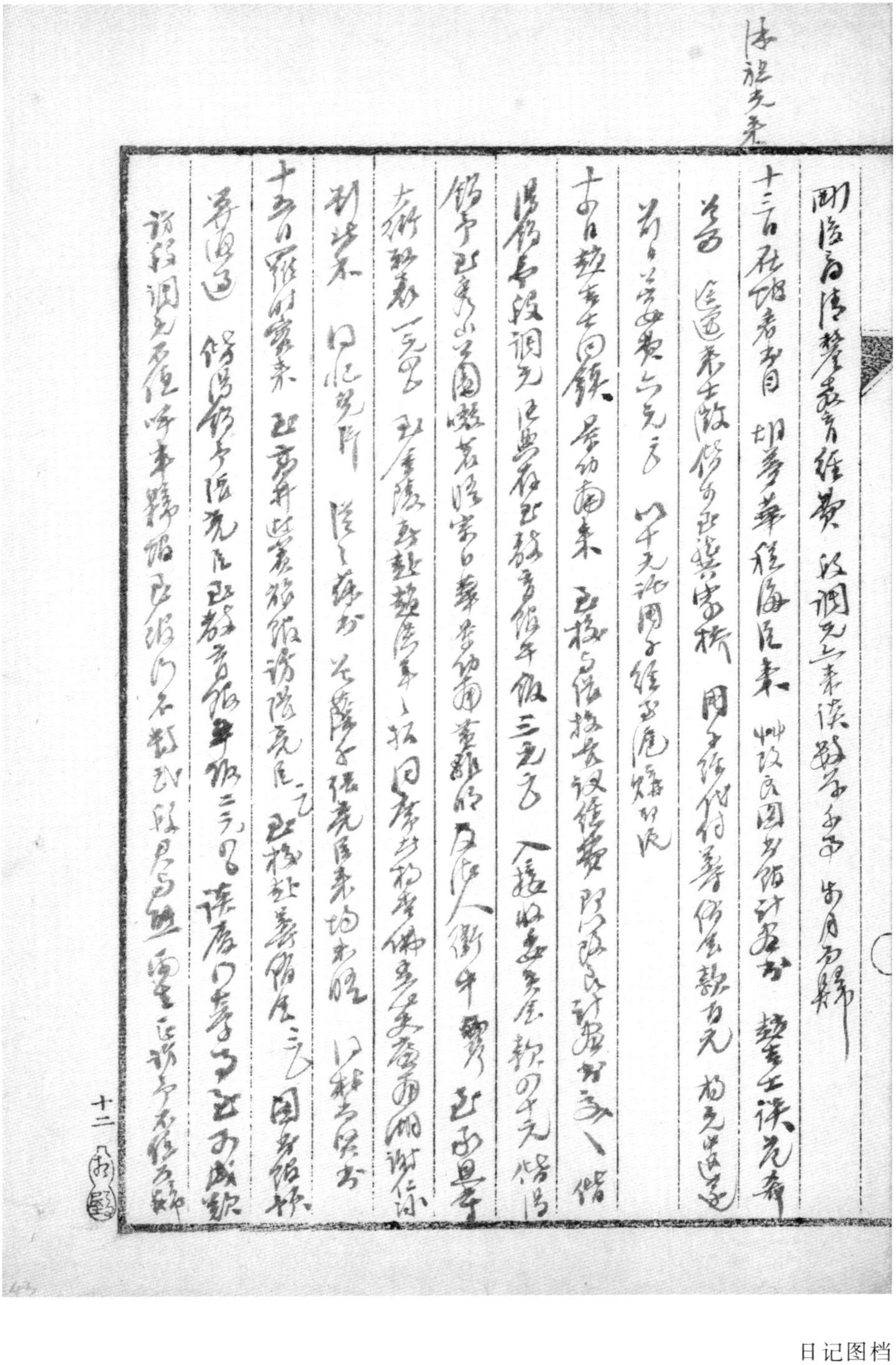

沐旅先来

删除高清整表青经费 段调元亦来谈数学事 出月而归

十二日 在馆看书目 胡梦华程海臣来 帅政臣图书馆计划书 赵[illegible]士谈花卉

并[illegible] 适遇李士敏傍晚赴[illegible]家捺 同手续代付寿仪会款百元 梅先生送

前日[illegible]费六元矣 以千元托周子经书庵[illegible]带取汇

十四日 赵[illegible]士回镇 吴幼南来 王[illegible]与张[illegible]投设经费 将以谈[illegible]计划书矣 借

得我与段调元见典存王教育馆半饭 三元矣 入城收安众会款四千元 借得

钱手王来山[illegible]国[illegible]茶话 宗白华吴幼南 董[illegible]及众人 衙中[illegible] 王与吴县等

大街新春一元四 王乘[illegible] 赵[illegible]等[illegible] 招同[illegible]佛[illegible]西湘谢仁[illegible]

刘步[illegible] 同往[illegible] [illegible]苏书 [illegible]张尧臣来均未晤 同和[illegible]书

十五日 罗时霖来 王[illegible]并送[illegible]报 访张尧臣 一元 王[illegible]赴[illegible]馆宴 三元 国书馆[illegible]

并回过 傍晚张尧臣王教育报年饭二元四 谈唐门学事 王不成欸

访段调元不值 呼车归 馆王[illegible]不对 我往[illegible]饭 [illegible] 王访予不值而归

十二

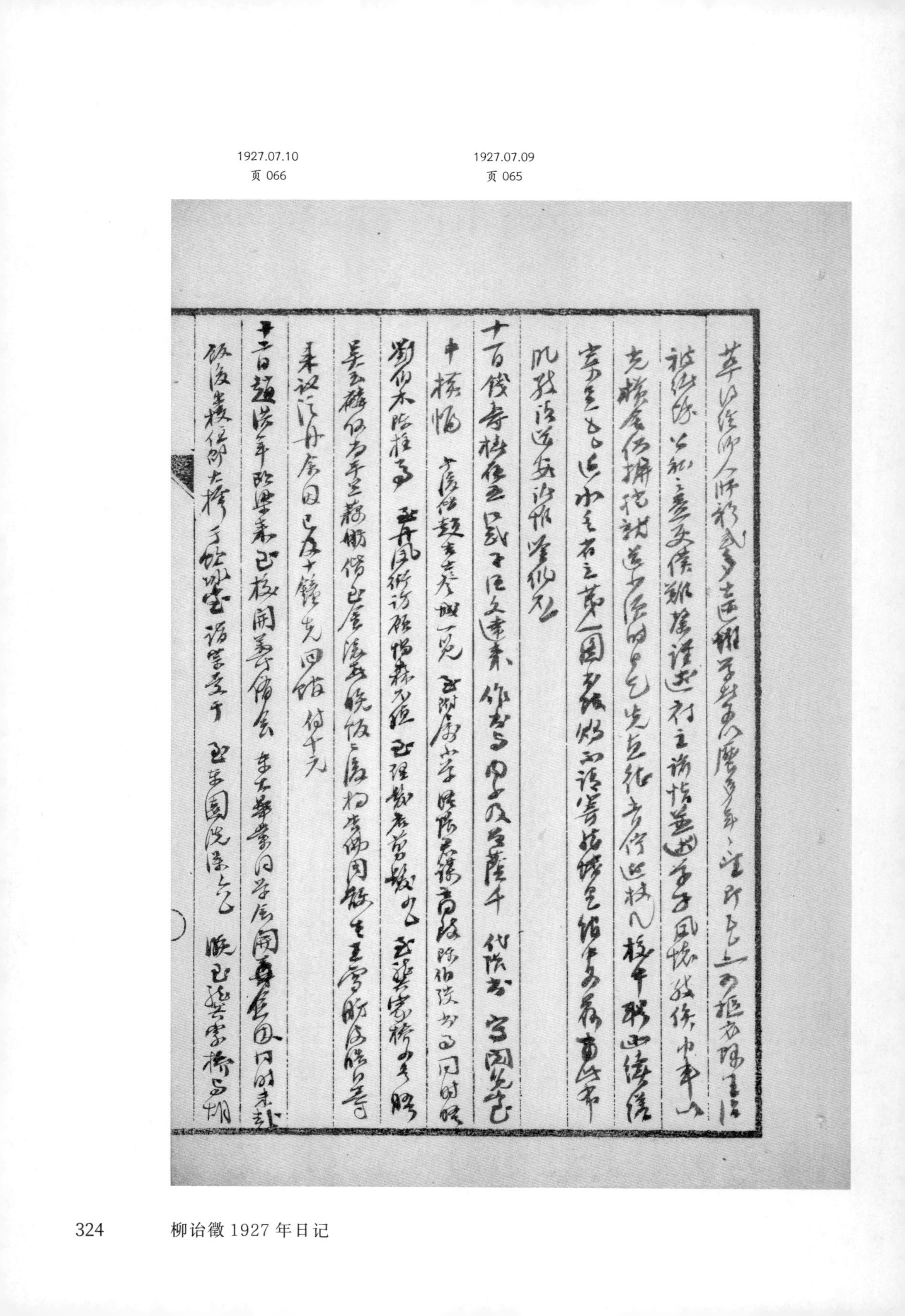

1927.07.10
页 066

1927.07.09
页 065

大府嘗聘南都新遷國學教劉蘇說士林念誦此得考修領學如執事此不足
以紹神州倫見之國學講財郝城無慮斯○○我陸秦走偏蓄直誠不鄙遠
為學士林之謹候薦稿出鍾生擁皇于江介惟持神州至德精攻
又都門學敷陳於年每懷盛德謹先因諸學閣諸程章日御者君雨平生
所未有也南遷以來時時縈懷陳於數詢無居側閱歷之林園經持方之道所在
健李錢何雲趙正洪輝詞沫皆能綜之南都學子所閱國史其之所資最為
斗山正所影響惟緣師林傳遠於上庠私淑雖殷者由欽矣茲就都群遷與新在
吳陸君錢先生主持全校嚴師重望先攬負者實為之奠地而長賴寧當憲稽
蕭說樞機橫到斯學擬請先生屬就之經之席備華日錢先生之講習
材節一惟高裁善數誠師之儀堪為已為約近期非虞令代達斯意
用了叔陸懷環江湖殷人風土相同較之比年遷之攝衛鄞雅壽春來同為
論學之暇亦可望邑墨尊兵子蒙為南雍今何等都國子蕭海內外俊髦所

十二

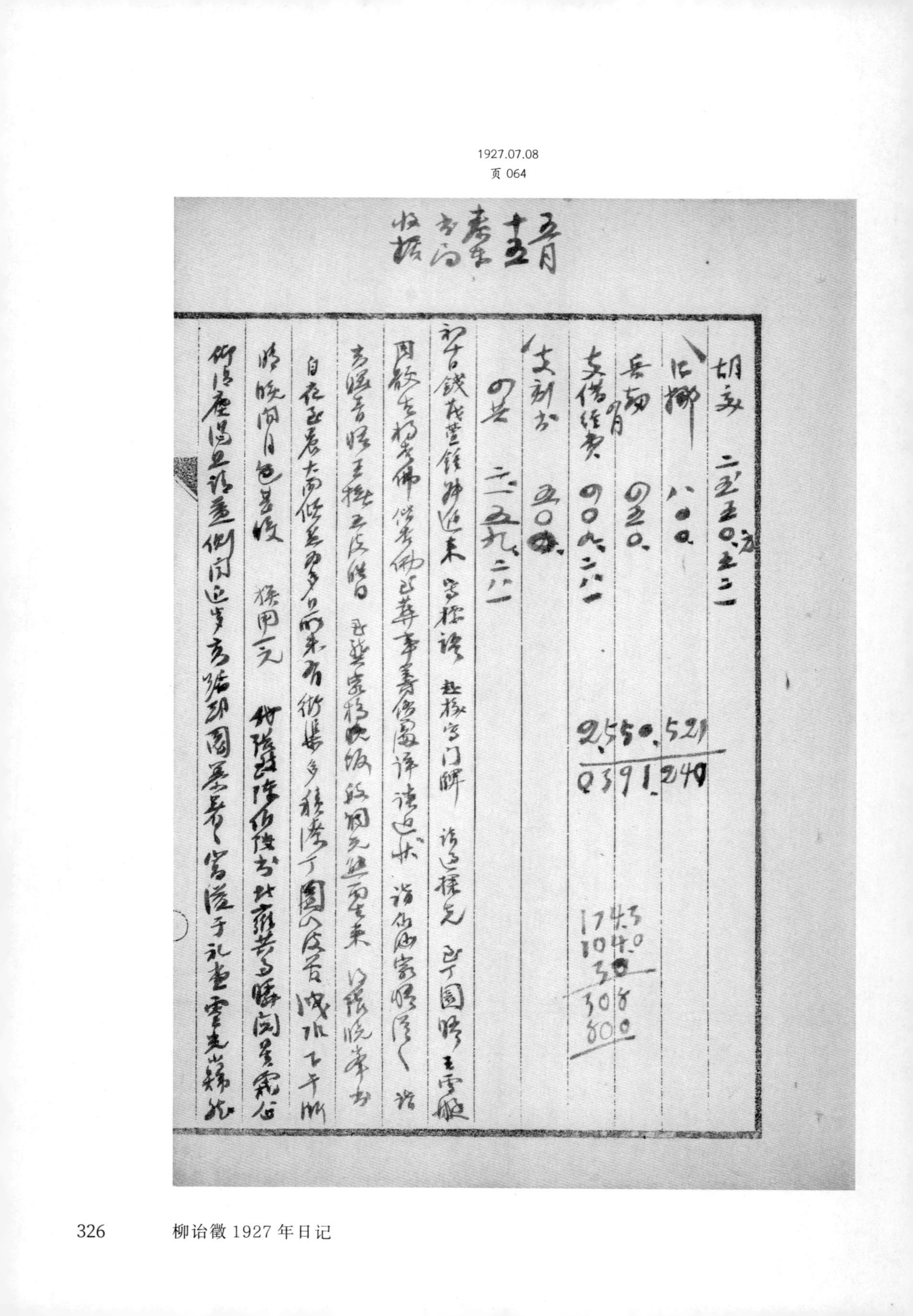

1927.07.08
页 064

1927.07.07
页 064

1927.07.06
页 064

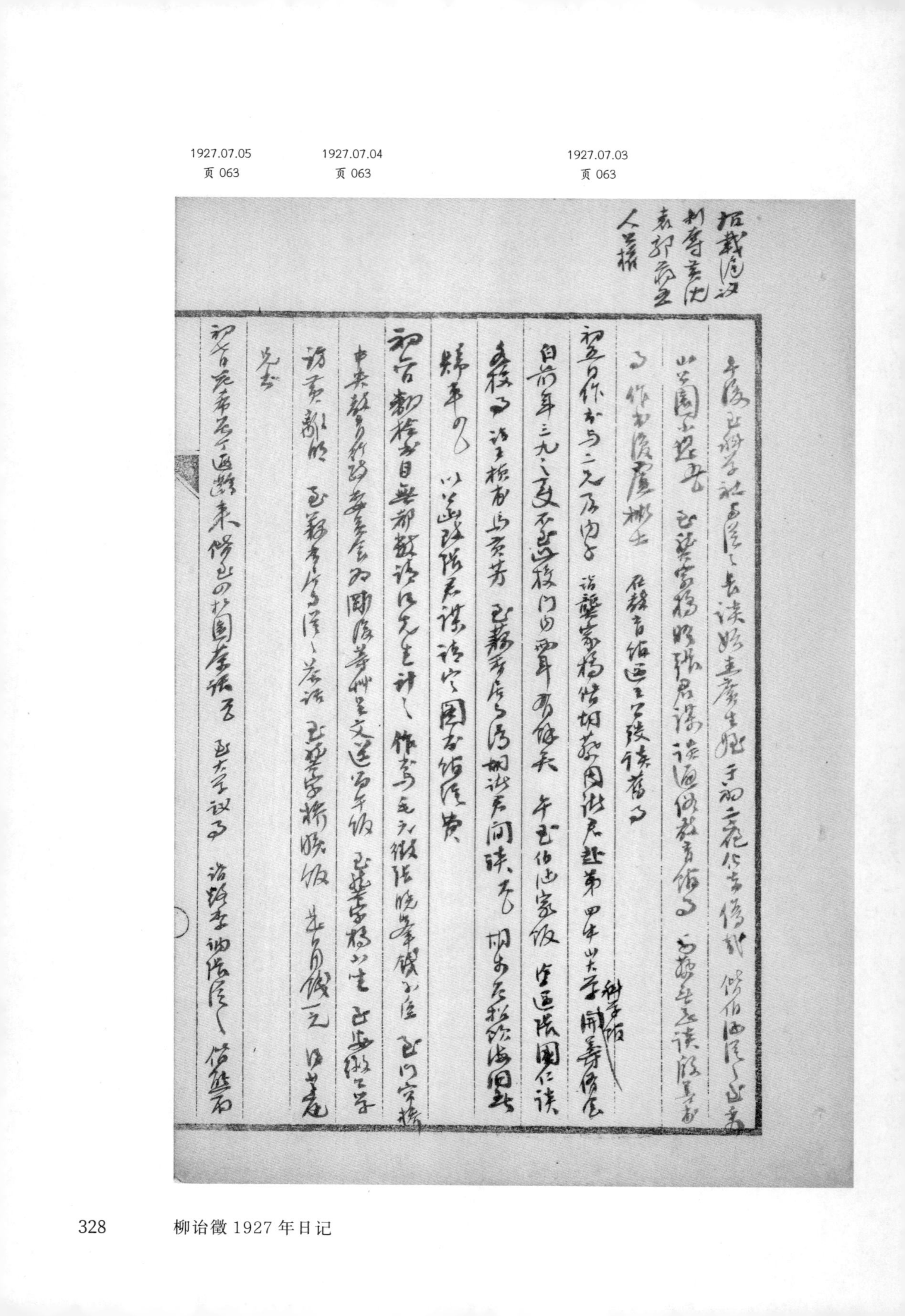

1927.07.05
页 063

1927.07.04
页 063

1927.07.03
页 063

1927.07.02
页 062

1927.07.01
页 062

1927.06.30
页 062

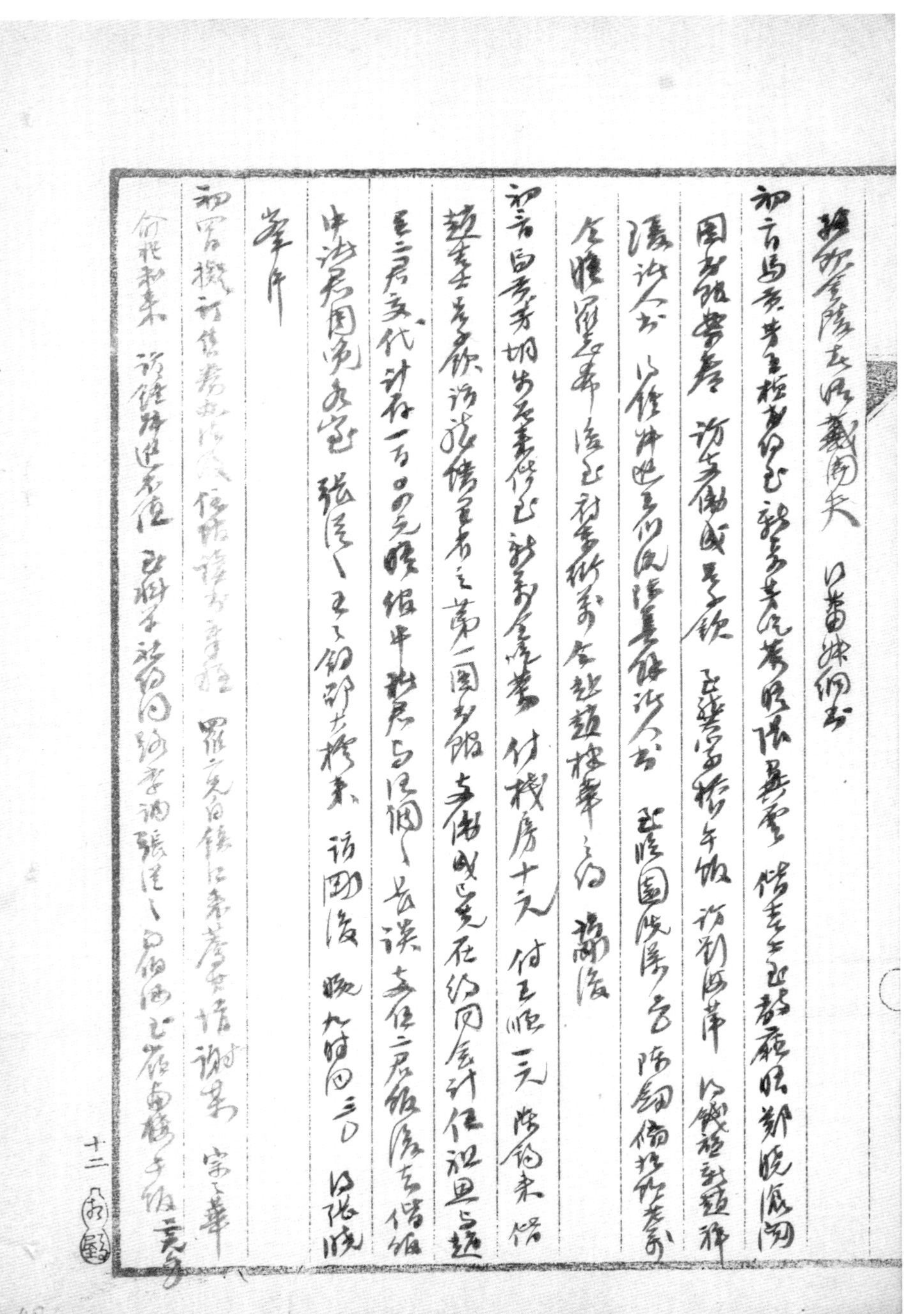

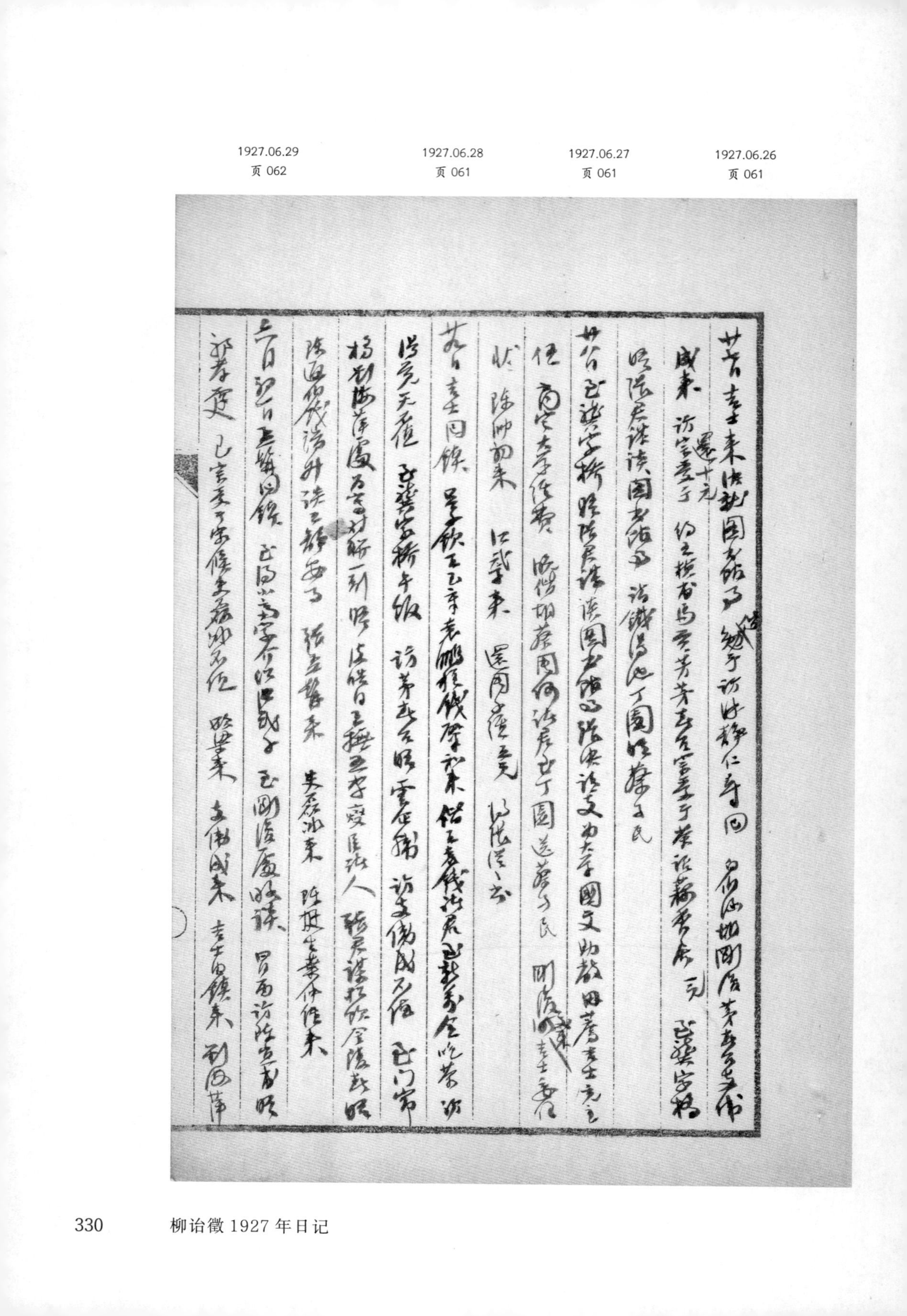

1927.06.29
页 062

1927.06.28
页 061

1927.06.27
页 061

1927.06.26
页 061

斷來

廿二日　大雨。晨覺目眩。寫金剛經二紙。寄厚子肆函。胡健[illegible]善甫來。竟素出。廣[illegible][illegible]

[illegible]。謁趙老。

廿三日　晴。寫金剛經二紙。寄大族樓書函。謁二兄，寄祝廣[illegible]（[illegible]千元）。入城至吳館二[illegible]。趙老[illegible][illegible]

[illegible][illegible]劉日張[illegible][illegible]來。姚佛蒼招至[illegible]菜，[illegible]大[illegible]。

一[illegible][illegible]

廿四日　至竟家，祝廣[illegible]。寄厚子肆函。[illegible]徐[illegible]民。謁[illegible]薇垣，[illegible]在[illegible]二元。[illegible]至[illegible][illegible]

樓[illegible]談。偕姚佛蒼至[illegible]園[illegible][illegible]。張[illegible]子來。作[illegible]徐[illegible]民。

廿五日　陰。[illegible]初來。寄[illegible][illegible]至[illegible]。偕張勉之、[illegible]子來赴寓，午後[illegible]至[illegible][illegible][illegible][illegible]

寓。來錢十元，換大洋元。至大觀樓[illegible]八[illegible]。[illegible]趙[illegible]相[illegible][illegible]君，至[illegible][illegible][illegible][illegible][illegible]

訪君[illegible]。圖書館[illegible][illegible]表。偕張勉之至[illegible][illegible][illegible][illegible][illegible][illegible][illegible]。偕勉之至[illegible][illegible][illegible]

[illegible][illegible]。晚[illegible][illegible][illegible][illegible]，[illegible][illegible][illegible][illegible][illegible]。

十二

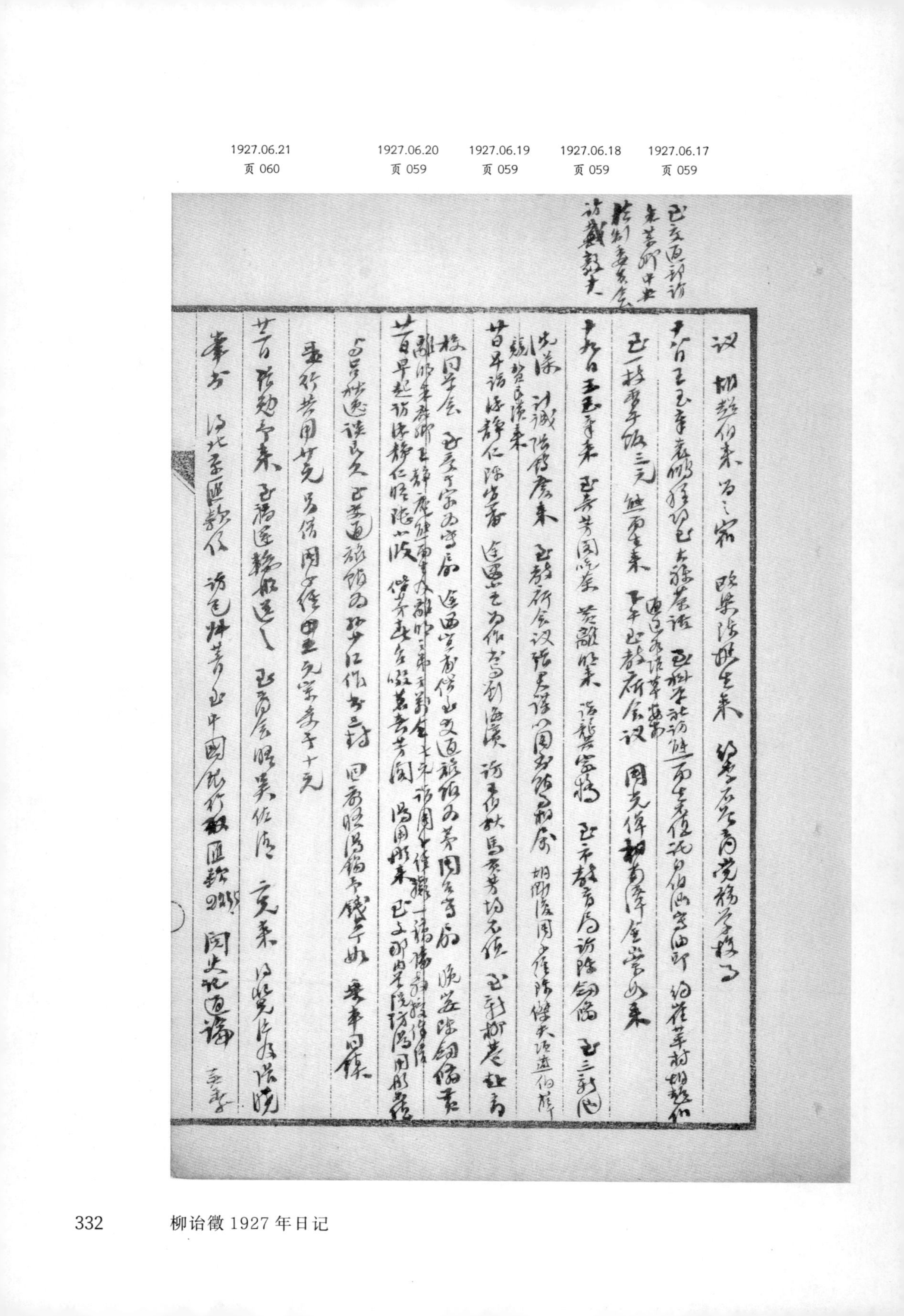

1927.06.21
页 060

1927.06.20
页 059

1927.06.19
页 059

1927.06.18
页 059

1927.06.17
页 059

1927.06.16 页 058 | 1927.06.15 页 058 | 1927.06.14 页 058 | 1927.06.13 页 058 | 1927.06.12 页 057 | 1927.06.11 页 057

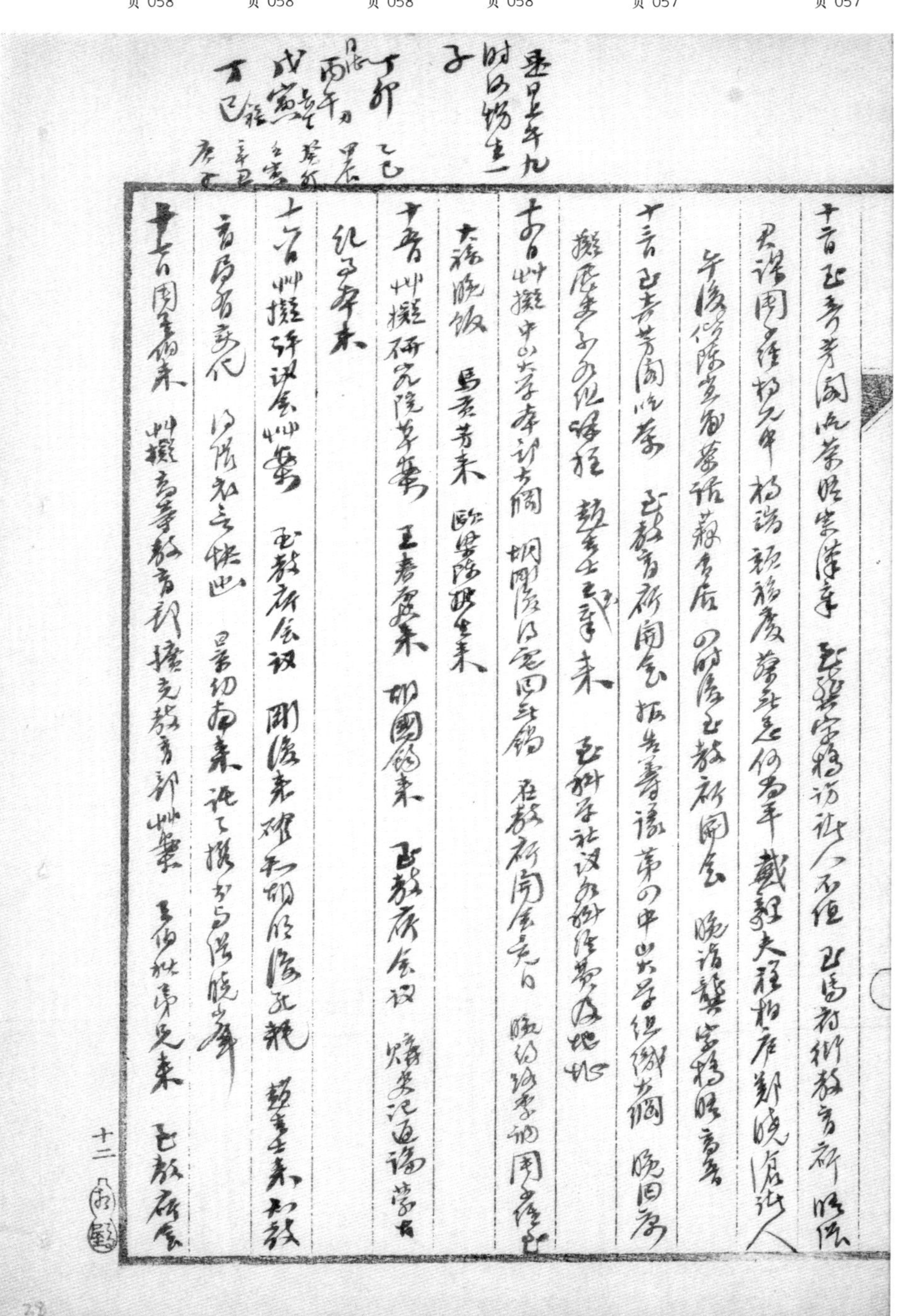

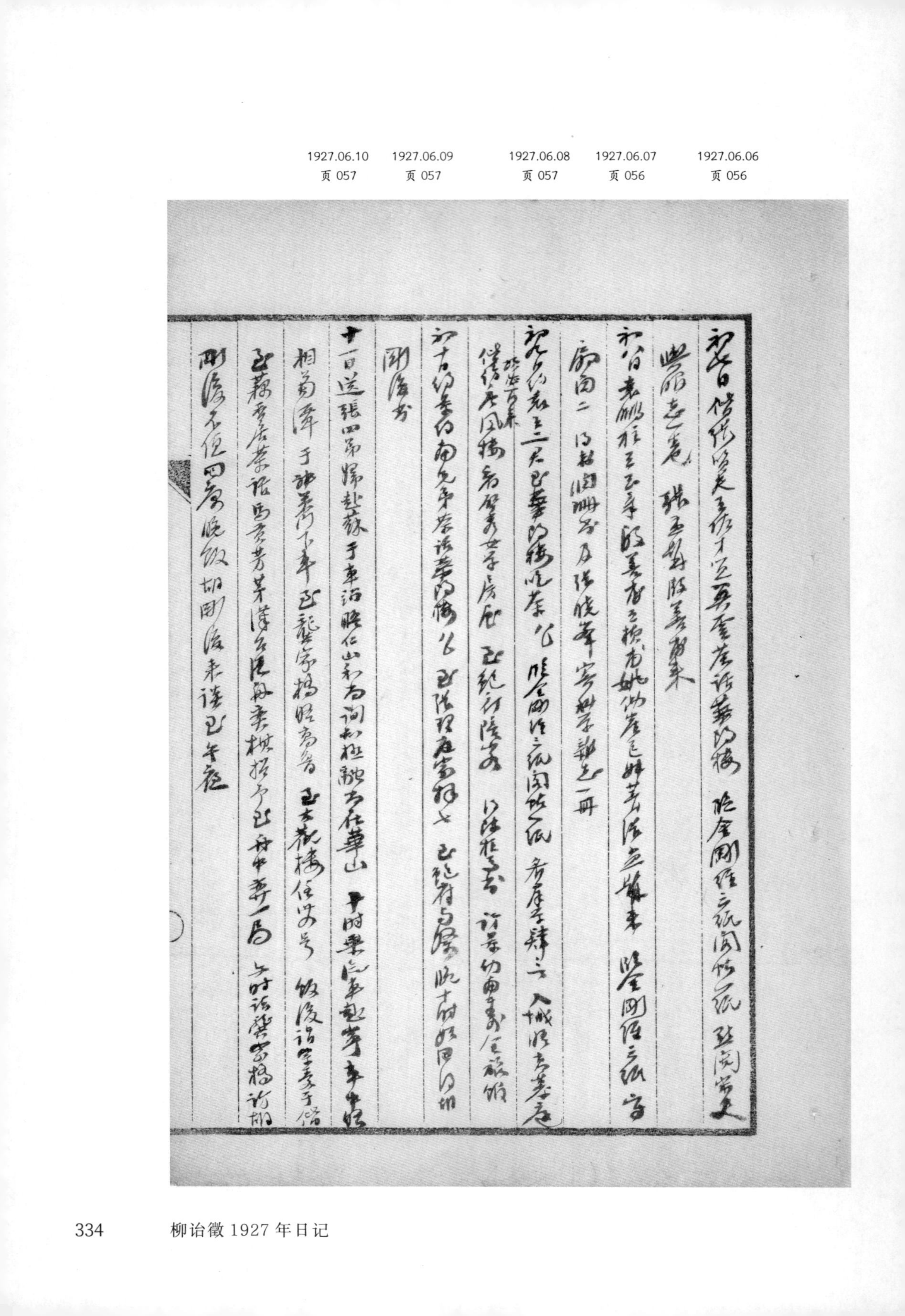

1927.06.10 页 057

1927.06.09 页 057

1927.06.08 页 057

1927.06.07 页 056

1927.06.06 页 056

1927.06.05 页 056

1927.06.04 页 056

1927.06.03 页 056

1927.06.02 页 055

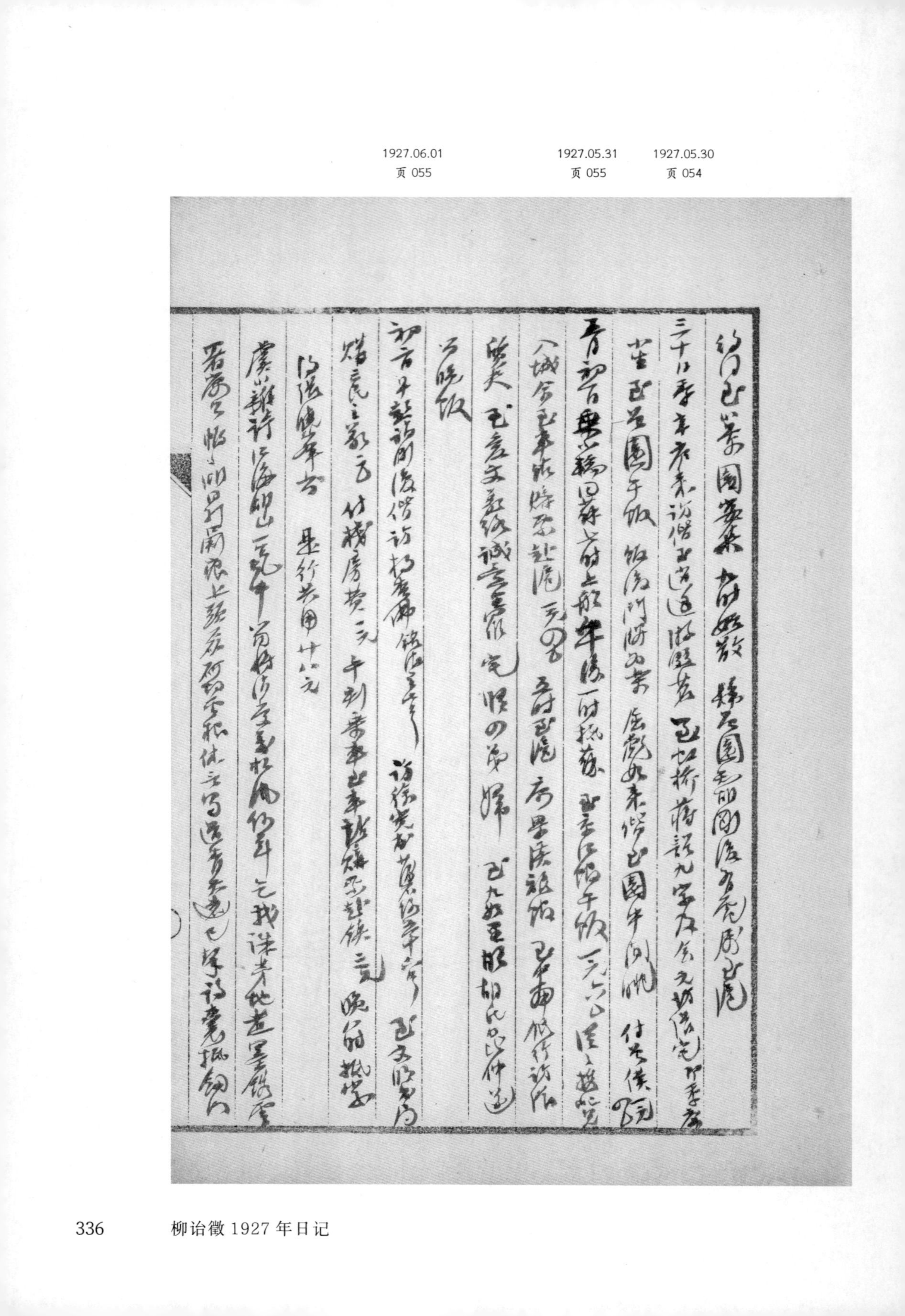

1927.06.01
页 055

1927.05.31
页 055

1927.05.30
页 054

二十九日 晴 往医西方寺 以厚生衣物付汤琮送伏庐 四元 张实送[illegible]元 送僧[illegible]广兴园
道逢潘[illegible]君 程蒋诸九宗[illegible]芝重 居[illegible]二君 登宁寿塔 以出[illegible]与二女子[illegible]
[illegible] 晚[illegible]七 深[illegible]多[illegible]也 [illegible]尾[illegible] 出城[illegible]桥 出城 沿山麓行[illegible]兴国寺 二有
朱[illegible]书 [illegible]内[illegible]阅[illegible] 道[illegible]二大字 寺僧谓华严大学旧时[illegible]文 [illegible]
佛教也 [illegible]善及佛教[illegible]说 [illegible]小[illegible]桥 [illegible]寺[illegible]纪 [illegible]杉[illegible]道[illegible]
[illegible]居[illegible]杉[illegible] 松风[illegible]行[illegible]日中 不觉[illegible]矣 [illegible]午[illegible]饭于僧房[illegible]
[illegible]饭[illegible] 午后[illegible]乘舆赴祖师庵 [illegible]有小桥 [illegible]居君[illegible]
湖日千顷 [illegible] 湖上小舟 方[illegible]帆行 [illegible]石[illegible]门[illegible]入寺[illegible]
君语[illegible]年中[illegible]是[illegible] [illegible] [illegible]母[illegible] [illegible]人[illegible]月[illegible]
[illegible]居氏家庵也 西有一楼[illegible]居氏先世[illegible]居君语[illegible]
[illegible]海日[illegible] [illegible]山[illegible]在目 出寺后[illegible] [illegible]中[illegible]
字[illegible]北门入[illegible] [illegible]舆[illegible]元 [illegible] [illegible]

十二

1927.05.28
页 053

1927.05.27
页 053

1927.05.26
页 053

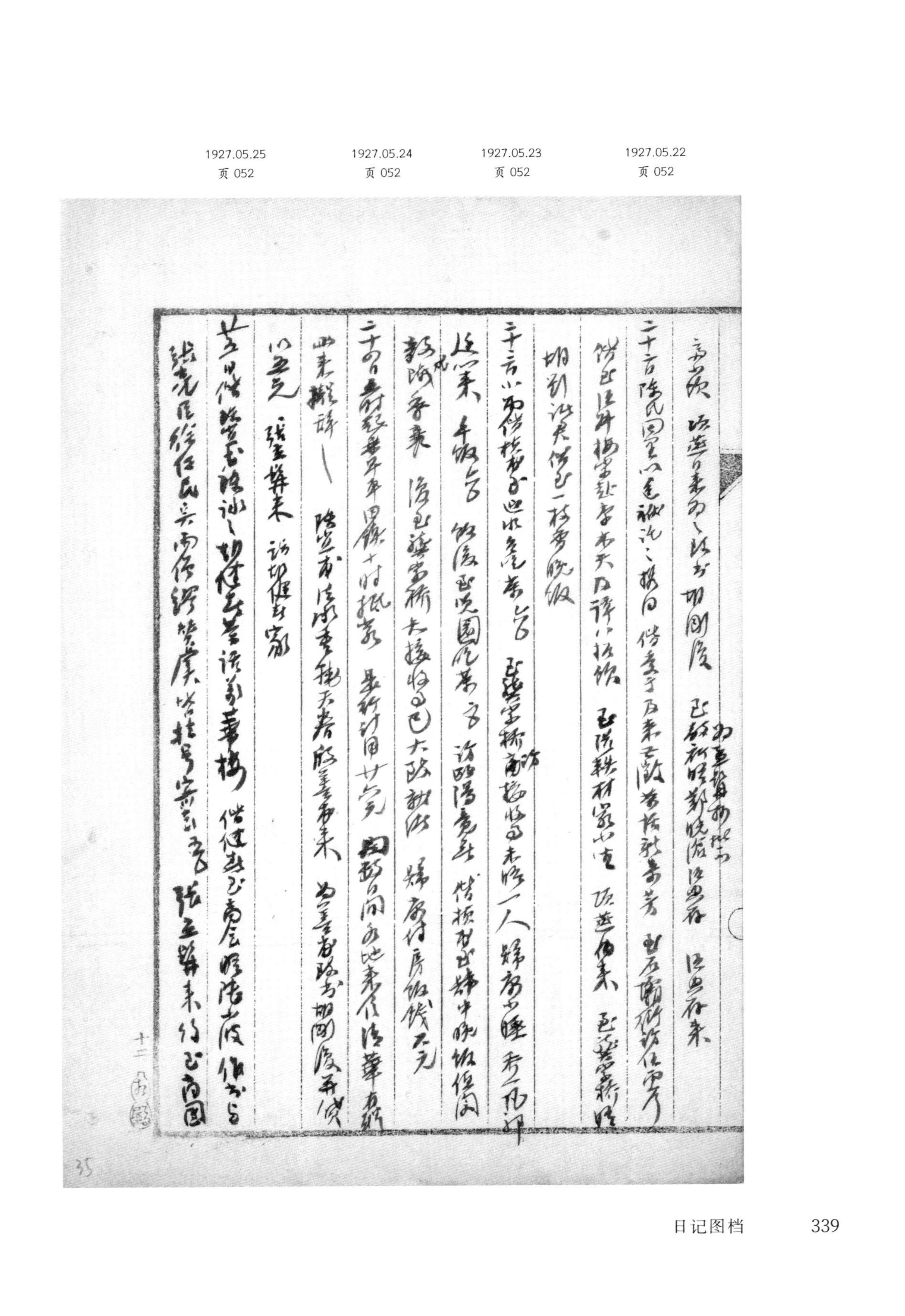

1927.05.25 页 052

1927.05.24 页 052

1927.05.23 页 052

1927.05.22 页 052

1927.05.18
页 051

1927.05.19
页 051

1927.05.20
页 051

1927.05.21
页 051

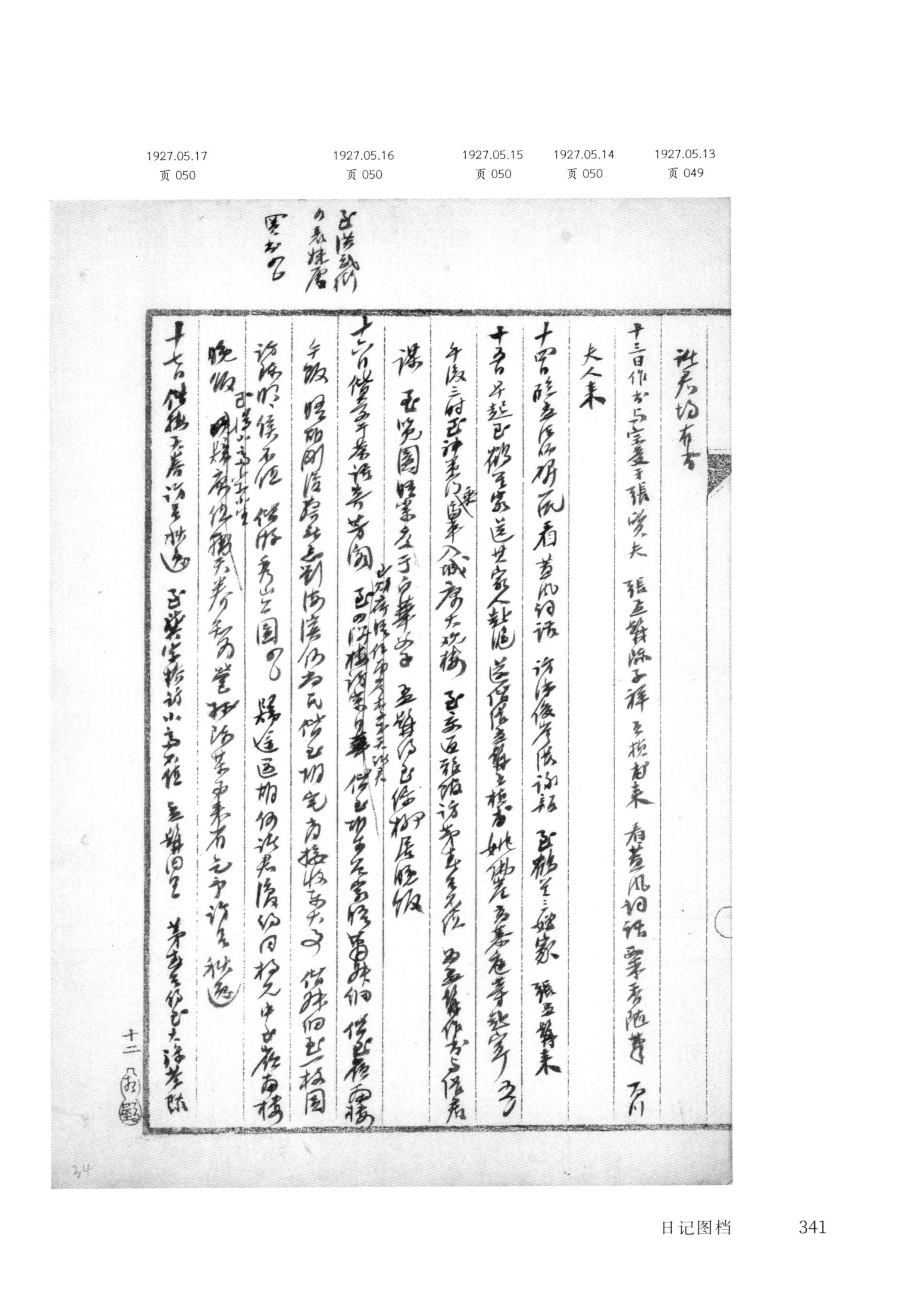

1927.05.17
页 050

1927.05.16
页 050

1927.05.15
页 050

1927.05.14
页 050

1927.05.13
页 049

1927.05.12
页 049

1927.05.11
页 049

1927.05.10
页 049

1927.05.09
页 048

1927.05.08
页 048

1927.05.07
页 048

1927.05.06
页 047

1927.05.05
页 047

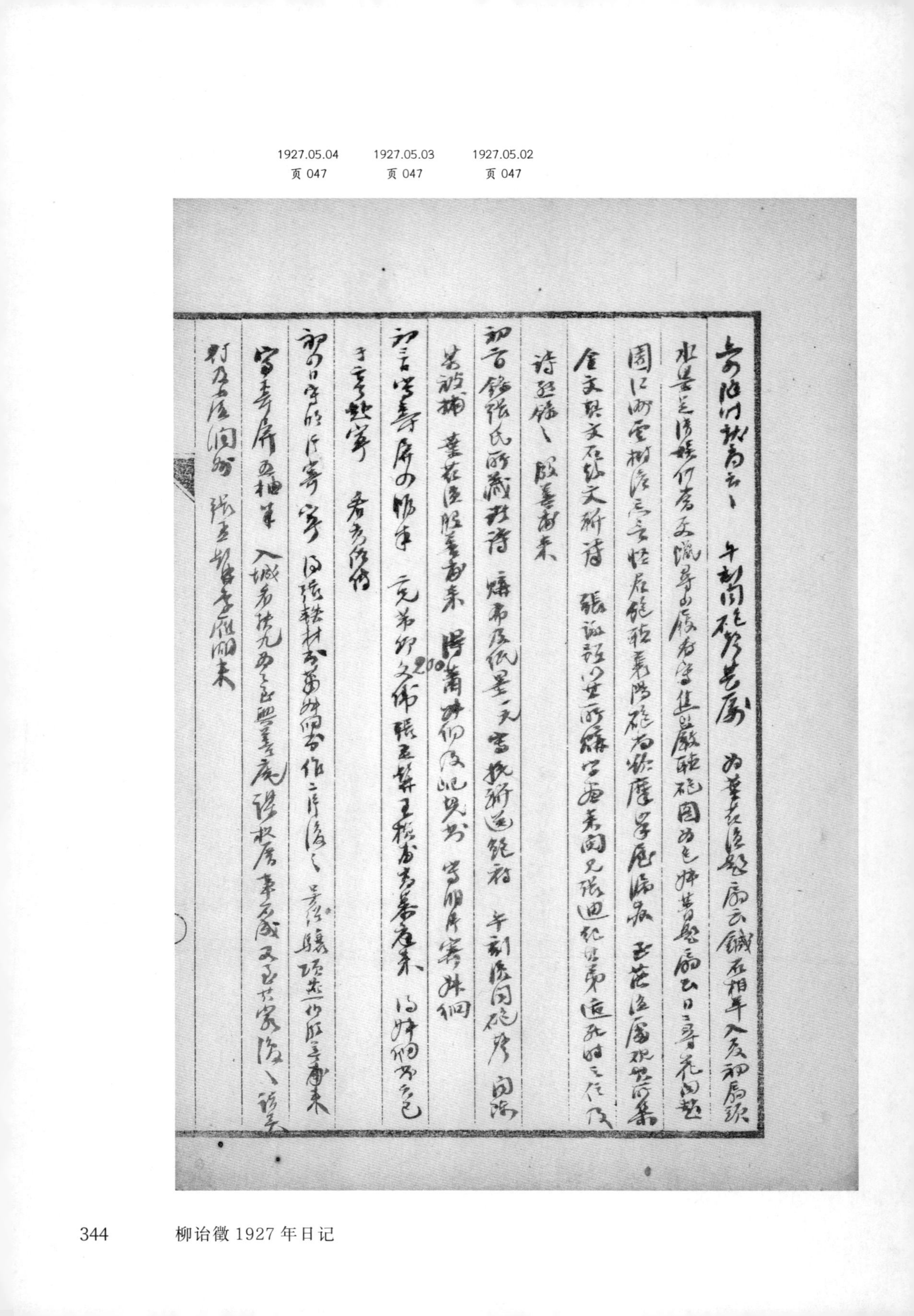

甚寤。閨中守寡辛苦之況。無[illegible]時[illegible]也。生子多不[illegible]。[illegible]九時[illegible]大父[illegible]為之慘

然。兩歲[illegible]男氏撫[illegible]。家境甚[illegible]。守節撫孤廿年。[illegible]皆[illegible]其中。[illegible]持門户。[illegible]

九八[illegible]家。[illegible]功偉矣。 大雨竟夜

四月初六入城省視執九及三嬸母 [illegible]前年[illegible]大本已[illegible]

[illegible]

[illegible]

[illegible]

[illegible]

[illegible]

[illegible]

[illegible]

十二

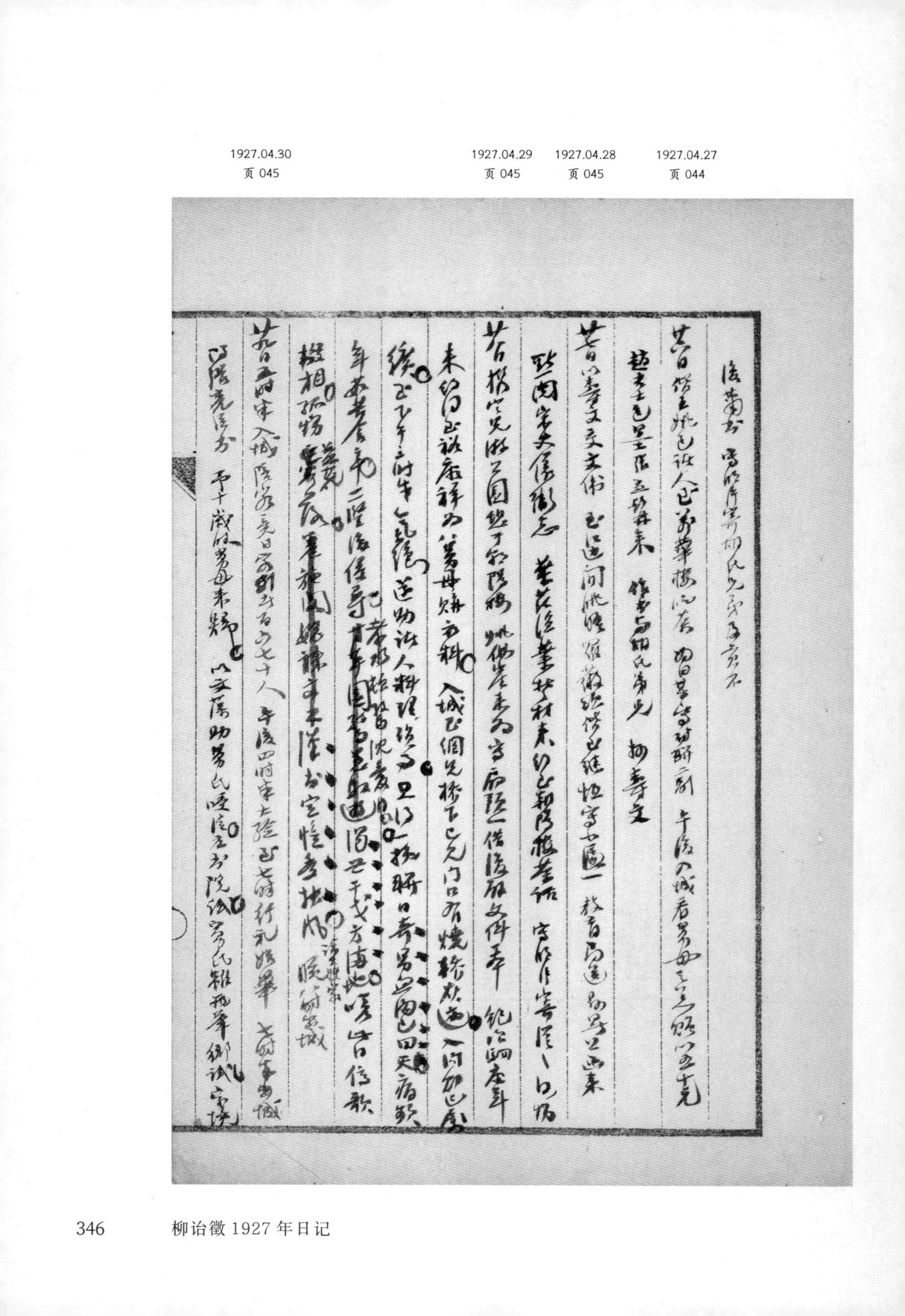

1927.04.30
页 045

1927.04.29
页 045

1927.04.28
页 045

1927.04.27
页 044

1927.04.26

页 044

心待其上矣上詐其下下詐其上則是上下析也如是則敵國輕之與國疑之權謀日行而國不免

危削綦之而亡齊閔薛公是也 人無百歲之壽而有千歲之信士何也曰以夫千歲之法自持

者是乃千歲之信士矣 [illegible]

汙漫突盜以先之權謀傾覆以示之俳優侏儒婦女之請謁以悖之使愚詔知使不肖臨賢

生民則致貧隘使民則綦勞苦是故百姓賤之如尫惡之如鬼日欲司間而相與投藉之去逐之卒

有寇難之事又望百姓之為己死不可得也

廿六 吳經熊來送法律書 [illegible] 王植楷來

[illegible]

[illegible]

[illegible]

[illegible]

[illegible]

十二

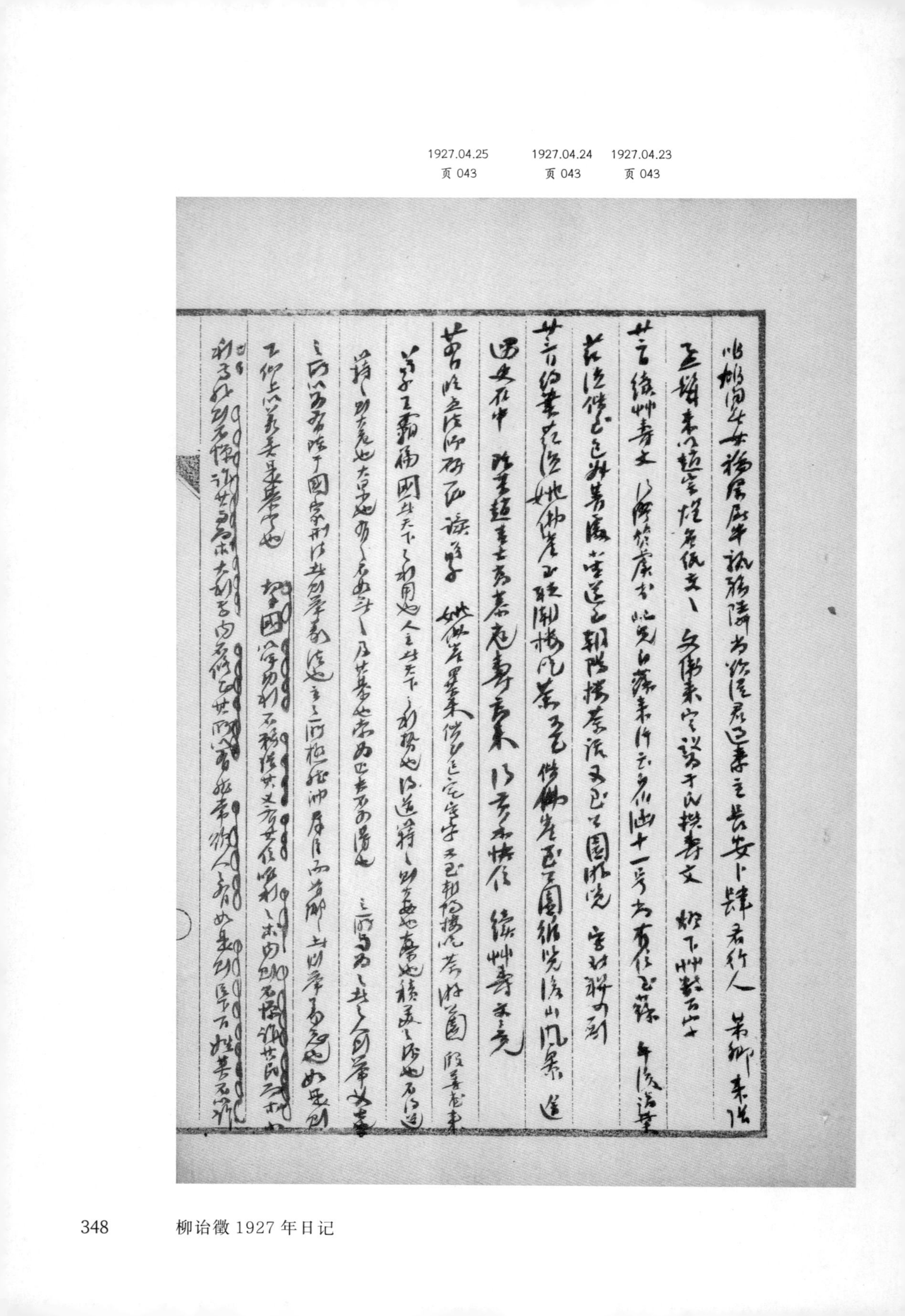

1927.04.25
页 043

1927.04.24
页 043

1927.04.23
页 043

1927.04.22 页 042　1927.04.21 页 042　1927.04.20 页 042　1927.04.19 页 042　1927.04.18 页 042　1927.04.17 页 041

虞孙侄已来镇，而克未来，所为无心。二姊来。晚饭后踏月

十七日 点阅宋史礼志 昨寄猿叔三纸 克来 张立声、张和声、顾吉生、陆熙同来 宿于许宅

家柱 偕张、赵二君叶话到阿横，同叶老、徐姚佛老 阅人镜 宿于许宅陈晓峰

十八日 点阅宋史礼志 校订说文 昨寄猿叔三纸 侄自家来，并二十三日由苏至镇，午夜抵

因来下车，直赴宋府，视母氏病也 包君青来谈，以事故(?)甚急 顾(?)陈来

十九日 偕侄往横山，到阿横，同叶姚佛老为家(?)送殡，来并与阿横 先侄入城，至绍封楼(?)

本(?)游阿横(?)猿膀 同苏叔叶老 夜雨甚大 与侄谈至半夜

二十日 吴君卫程自(?)江阴(?)来话 偕侄入城，至吴封手(?)段 下午至绍封与葛母病

二十一日 偕侄往镇(?)，赴华阳(?)旅店一元 弟青来 送侄之苏，赴苏纳(?)赴申 在来话

至付车钱五元 买送弟来一元 新茶 送弟二十角行 同弟陶宝洋菊丹 寿诗(?)

廿二日 清和(?)，庭阶(?)竹(?)，柳(?)棠(?)来 以地图十三帧(?)赠(?) 点阅宋史礼志 (?)

初日晴，偕此(?)嘆(?)，夜(?)至(?)江南(?)三(?)春(?)，兰亭(?)丁香(?)，双桃(?)金铃(?)……

十二

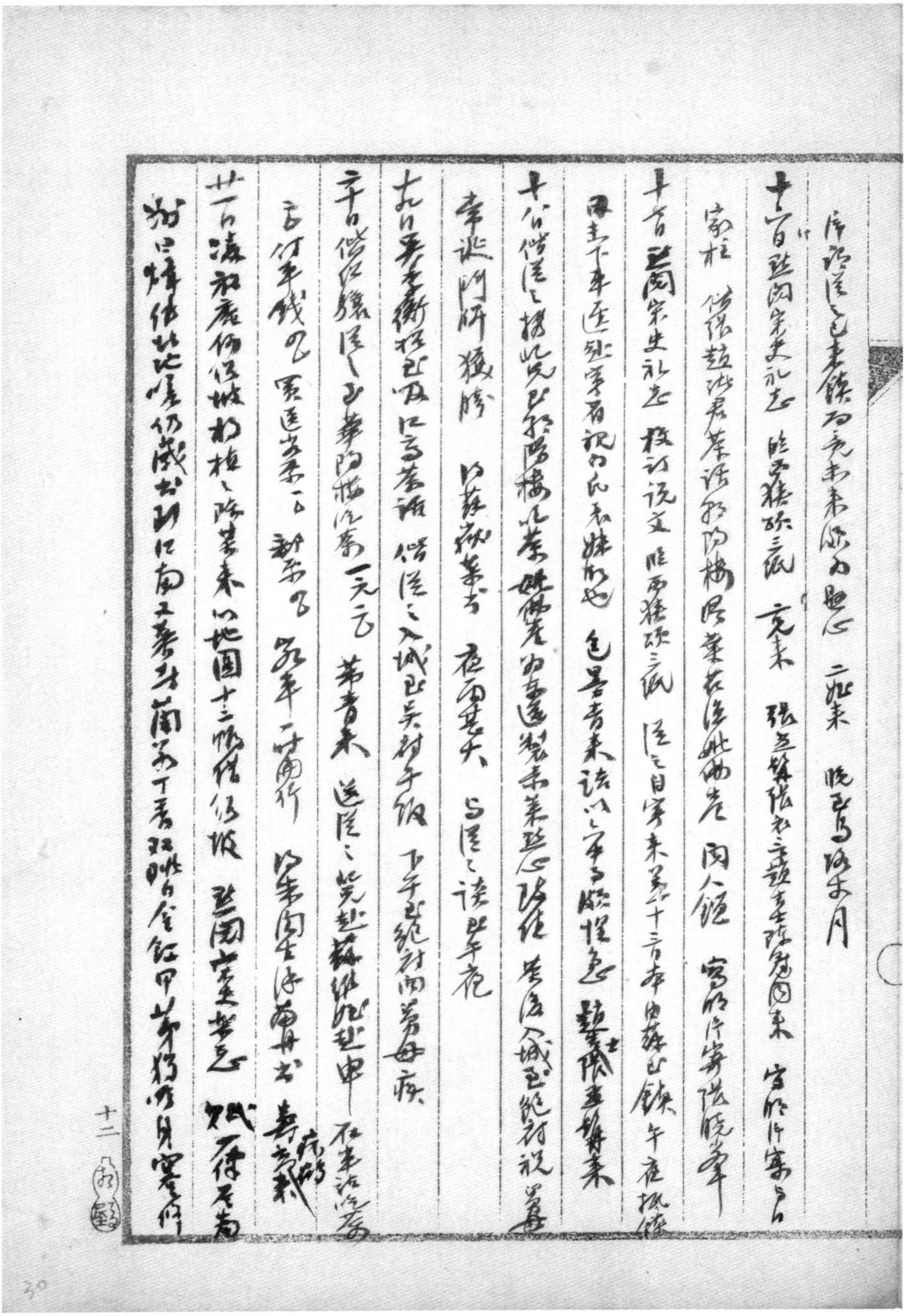

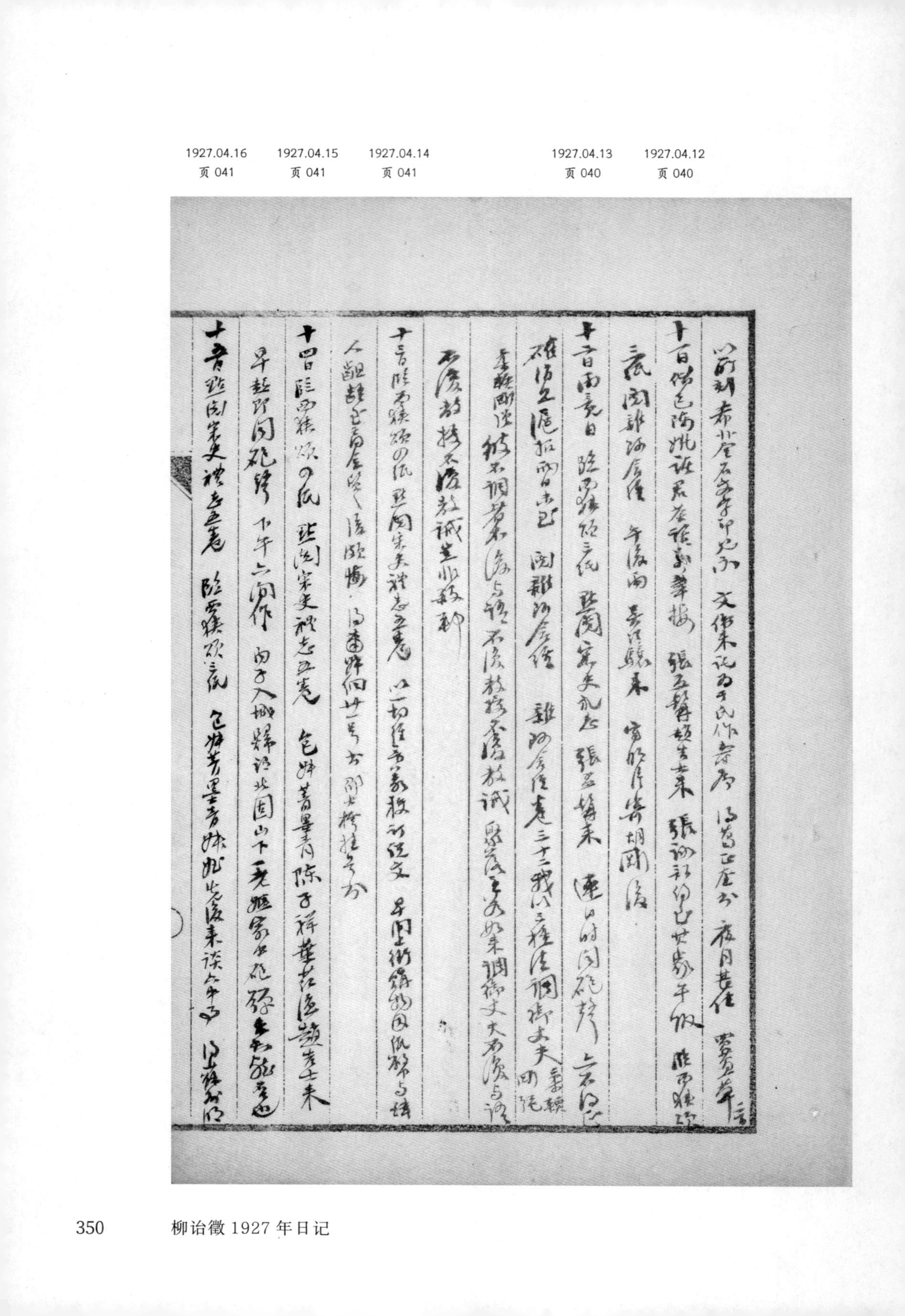

1927.04.16
页 041

1927.04.15
页 041

1927.04.14
页 041

1927.04.13
页 040

1927.04.12
页 040

1927.04.11
页 040

1927.04.10
页 040

1927.04.09
页 039

1927.04.08
页 039

1927.04.07
页 039

1927.04.06
页 038

1927.04.05
页 038

1927.04.04
页 038

1927.04.03
页 037

初三日偕宗子岱至鼓楼芳草街阅教育厅中江南造币厂竹庄之宗果多被劫寺被
劫家亦被劫 至后家桥吊黄九城之父 赙洋拾四元 红烛纸二元 旧房子收得廿元江苏所任
省立医院亦为农民所控 照业伊住国家所 在其妹中见有女吴花拍海藏书多种
医西医大新杨氏广君借出松月寓帐书册 至华帖亲手生印 至严家桥居安
至午后访段调元 因胜王季梁逛印柬文戴芳澜二家 遇聂家 陆李调回检先家人(遇着)
兵手抢至六布被失 集宾因宅年人居省兵阑入不无损失多少 段君与钱遇之上因遇兵手
外国医院亦有损失 访吴妹宗照农科学生蔡某 为西兵所杀 段君寻之未
(四日)杨辉养维科学生龙郁文陈士锋二君谈东大改组事 余为说之 檃梁当有三端
一教会性质 二改隶性质之经济宜归国自然用的二君必预皆手所未授
之学生 阅整书读一本 检二仪 王则先陈拟材来
初四日付房饭二元 约出城九时至车 十时抵家 见匡之来后文 李招生书 四川交
来 邑墨来 偕阅进人云凡教会教徒及居户房东停人名义者均被祸西医去

最近学生运动历史中伟大光荣之纪录　一万特著之教育　二新陈代谢之　三学生本身学校行政　四学生在革命执政者之论出版集会结社之自由　学校经济公开　六免除学费　七提高学校经费按大纲　八设置图书馆自然科学室　聘请名教授　又载浙江中学学生宣言　提倡旧校董事会等　午后与孙并雨先崇　一千二百文　同宗来访　作书与萧叔伺　是日寄正学小说　寄陈宠惠　马君芳谈同路　偕赵君至车站询火车时刻　因家所定未午后乘火车赴宁　偕妻在蓬莱旅馆　暂于晚九时始上车　晤张之江　张国仁时已甚雨　六时抵宁　又在煤炭港候轮　车已七时始抵站　宿于天封旅馆　一元

三月初一日　赴访正泰昨晚　四家客栈　一元八角　乘车入城　至洪武街省议会　晤白民表妹　述十日前避乱至正仁家　安居中无恙　幸书籍无损　仅少十元　至中正街交通旅馆　晤周光倬　述都东文园遇日被遗物及化先卿家被封　陶本行所藏书被劫　子被封等　晤偕光文于述荣尚籍玩　寄友银票遗物　房东因俗书损被之愿　免除等云　在宣家午饭　午后至近壹访王伯沆

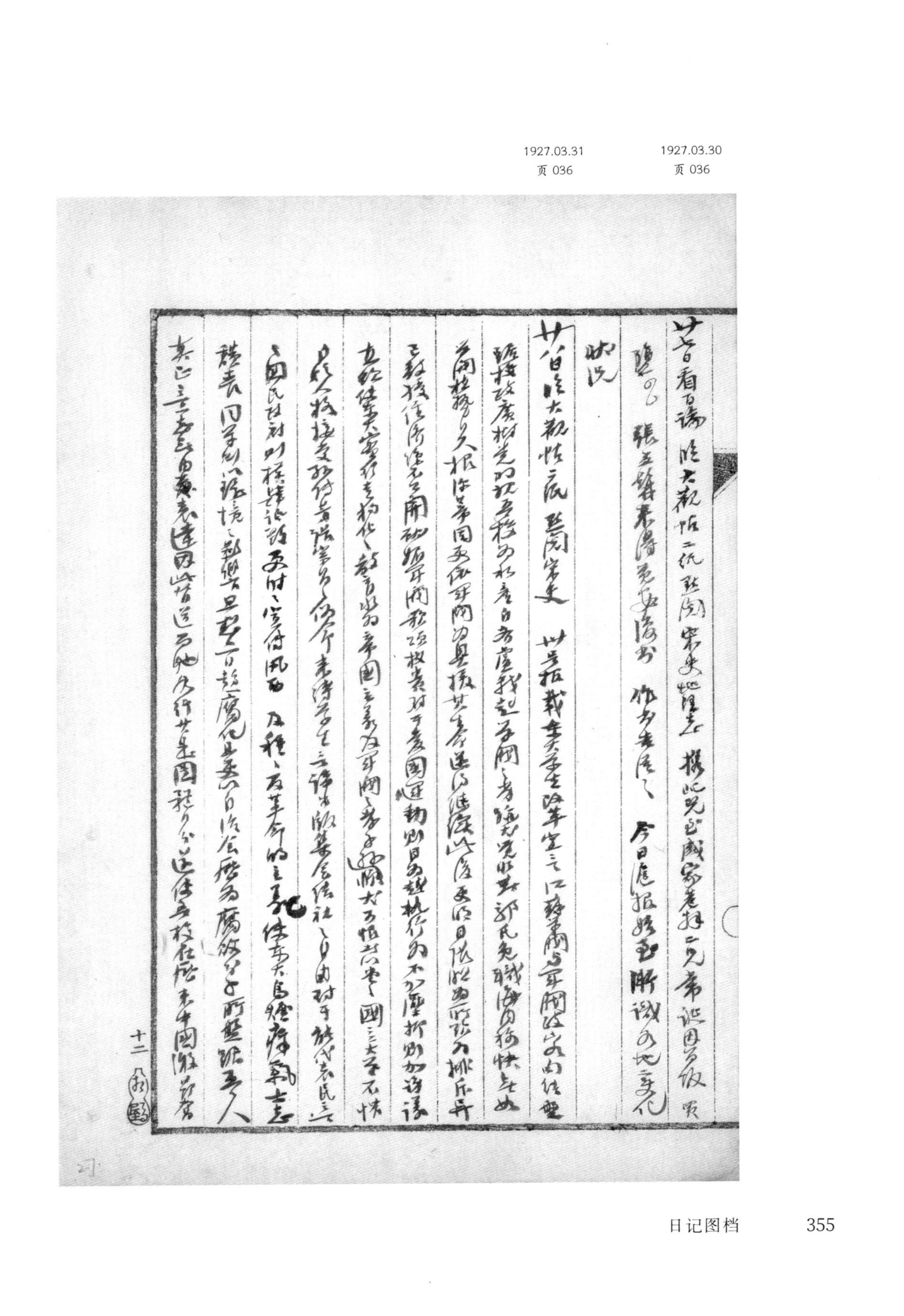

1927.03.31
页 036

1927.03.30
页 036

十二

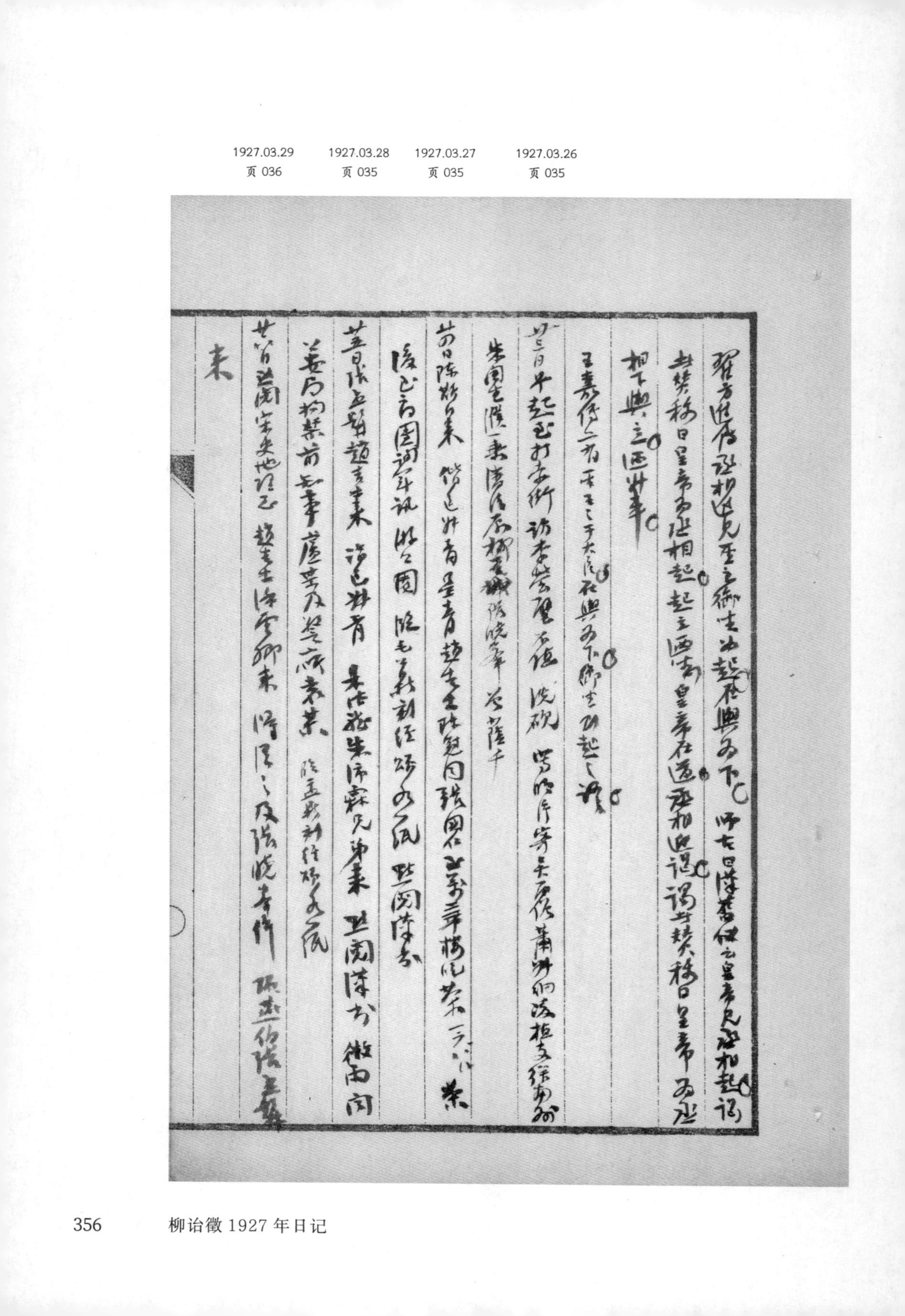

1927.03.29
页 036

1927.03.28
页 035

1927.03.27
页 035

1927.03.26
页 035

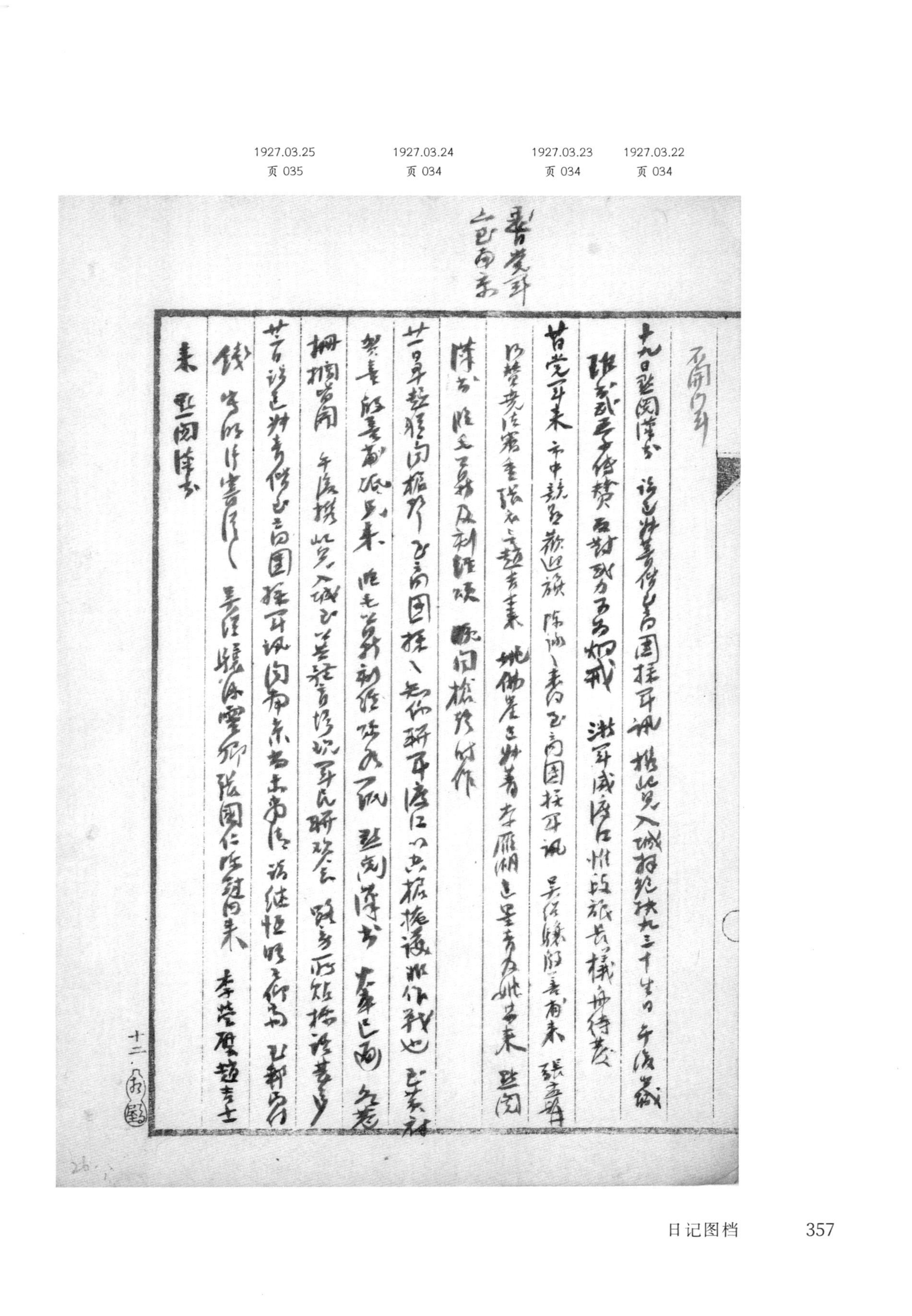

1927.03.25
页 035

1927.03.24
页 034

1927.03.23
页 034

1927.03.22
页 034

1927.03.21　页 034　1927.03.20　页 033　1927.03.19　页 033

[illegible]

十六日 写缘荫轩记廿七年着作李树人属予书 包明芳吴青林来 阅宋史地理志

杨星吾言宋地理志固可疑然尝有不载者于其尝与此尽一 此尝分载之说亦称未一

中山讨一年城紫之战

汉书刑法志曰凡兵所以存亡继绝救乱除害也故伊吕之将子孙有国与商周并至于末世

苟任诈力以快贪残争城杀人盈城争地杀人满野孙吴商白之徒皆身诛戮于前而功

灭亡于后报应之势各以类至其道然矣 此吾国人论报应之始

十七日 熙园萨书 吴汉骧来 入城谒吴鉴二新 为其九字寿诗 题薛武俊后李陵

律严通天留云存迹九年 不作君臣作姻娅白头切归缘各信 夜有警宗说

闻枪炮予寻酣睡未之闻也 火车不通 电报亦阻

十八日 陈诗未偕至节孝祠办公 张青园报讯 据说党人入城 谒吴鉴二新 下午出城

觉将女掖被囊赴南大师范学校南宿 少等移其家 街市平靖如常 惟大雨

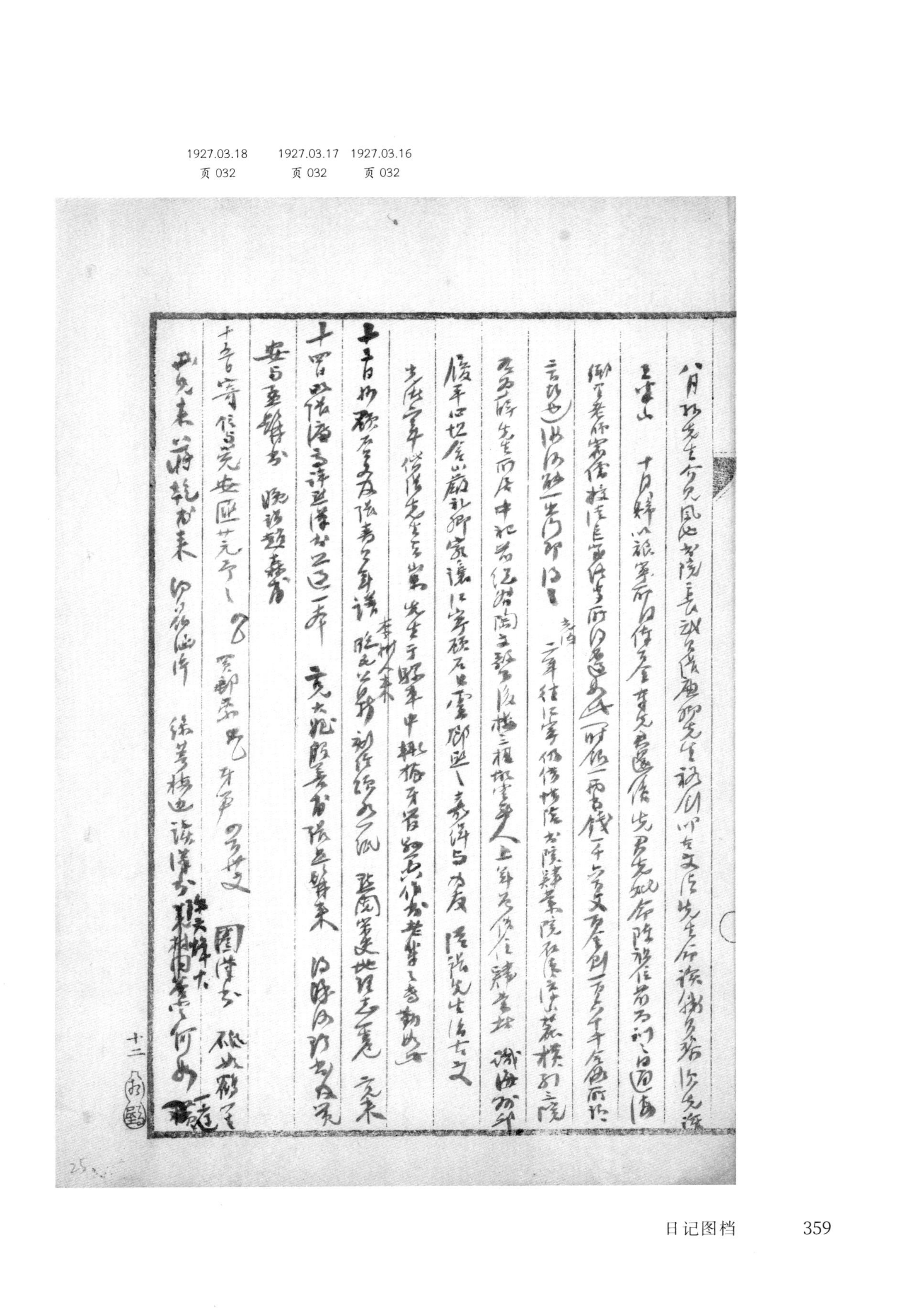

1927.03.18　　1927.03.17　　1927.03.16

页 032　　页 032　　页 032

十二

拚致不顧君職足徐入唐少獨節綿他固有瀛賸者所以異於不少遂以故藏於

正宮人劉蕙處於年少劉所駁事多而載書多隨手慕凌朋好中棄於多出自茲微

君少與外家親雅傳氏　文正公視師江南歷於三君且以卿色有學士大夫而君侯來王

君則以姜院正為莫中但織君深語祈制耳終能為劉寧闕王山有何異　君謝識

字闕生

張嗇翁自訂年譜

同治十三年甲戌年二十二歲　正月寓館孫雲錦子菴　三月初投考鍾山書院校官課取孫丹虔

錦非此前見擯不錄今夏氣憤極求示病旋生一人知此課傳他名尋識鍾山院長院川李小湖

先生聯請取第一後以寶識惟古課惜陰書院院長金陵薛慰農先生時取之一取第二竟

生李先生投錦書西江孫先生之請錦課取先生先生當以為希早少年任氣尤為少年

從吾香參與謝口白先生力全謝翁甲日前後收課取第一歸諸翁謝　從李先生問治

經讀史為古文法于先生亦見從所治學等先生　沙菴　洪先生云陳郡錄與書研君慶之埙

許經世石

詩張才頗多巖庵跋錢其尚校繼之臨邢子諒以先生書重吳之遺友所以自遂其一時文彩

盛並同未見者予於此先生得以繼往賢之時流傳上下其說論所評尤嘉處　半生

辛年子嵩年四十九

與先生詳傳　曾文正撰設書局金陵所延任校刊者甚眾才頗著儀徵劉氏毓崧德清戴氏望

海寧李氏善蘭唐氏仁壽寶應劉氏恭冕南匯張氏文虎江寧汪氏士鐸皆先生所延也

時主局務者盛未南

吳山尊惜抱談藝圖記

曾文正在江南時大興幕府一時招攬賢士以世甚於儲幕之文學杜之間桐城鍾山石頭

係遠多難於經營以初興兵由端于時間聞其事處去那之長國所出者死也

江寧傳吳嘉表

往金陵曾文正已出金陵聞江寧傳吳某字多舊存精整送上往還得其寫本稿後

吳仿校是時江表新經寇亂多散亡人持其入市量衡不出售賤如新書比於此

十二

劬堂盋山录

盋山谈艺录序　盋山精舍读书处附文字之友刘君[illegible]、[illegible]君[illegible]、郑君匡之、陈君[illegible]

宜田君撰异乡讲[illegible]并[illegible]柳师尤时绳[illegible]所以为之文以识之也

[illegible]先生行状　[illegible]钟山[illegible]两江[illegible]江宁[illegible]经书院[illegible]书院　院之讲江

靖九十年　书院故事月言[illegible]古经[illegible]天银[illegible]山长课以月十二日　大人不兼院务

郎仲如论书　《半书》论字　光绪二十一年正月廿二日

汪梅村先生行状　同治四年江宁郡城复，[illegible]曾[illegible]以[illegible]两江，自来[illegible]以

坤一政[illegible]送史序[illegible]

刘寿曾传　[illegible]李先生[illegible]学江南[illegible]长[illegible]刘[illegible]称曰[illegible]刘　[illegible]

文正公督两江，[illegible]金陵书局[illegible]校刊[illegible]经[illegible]中[illegible]向学[illegible]

李先生既来主钟山书院，[illegible]书院则合肥薛先生时雨主之，[illegible]文正公[illegible]并世

数又称[illegible]甚推其大义[illegible]成[illegible]为[illegible]大夫[illegible]知所[illegible]

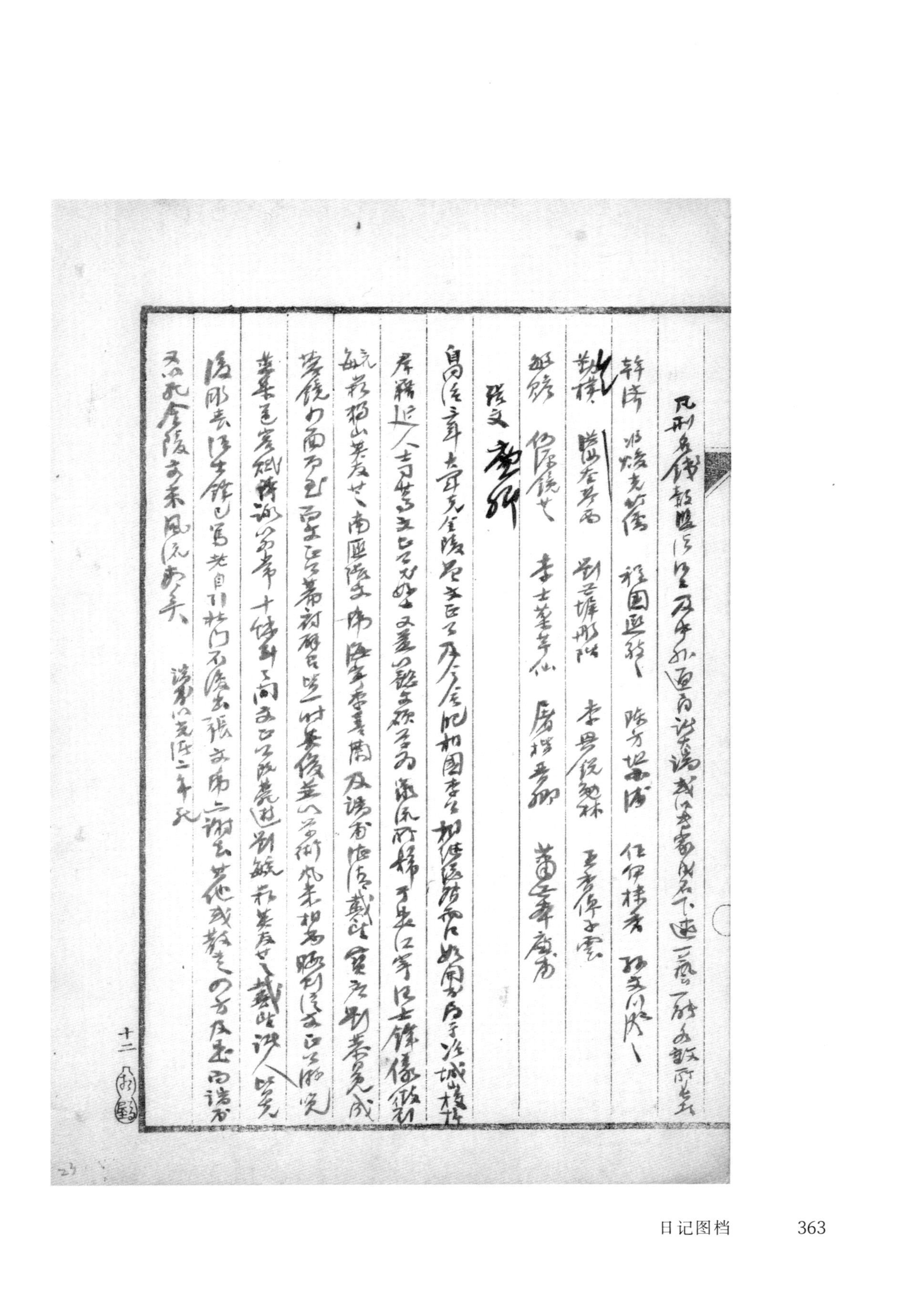

凡刊局[illegible]校[illegible]手[illegible]通[illegible]诸[illegible]或以书局名下[illegible]一[illegible]所[illegible]

韩[illegible]　邢燧光[illegible]　程国熙　陈方坦　任伊棣香　孙文川[illegible]

[illegible]　[illegible]　刘[illegible]　李[illegible]勉林　王孝[illegible]子云

[illegible]　何[illegible]镜[illegible]　李士棻芋仙　唐[illegible]　萧[illegible]康甫

张文[illegible]

自同治辛[illegible]先至金陵，是[illegible]及今合肥相国李公相继[illegible]如南[illegible]冶城山楼[illegible]

[illegible]人[illegible]又[illegible]之[illegible]江宁[illegible]士铎[illegible]

[illegible]出[illegible]南[illegible]戴[illegible]刘[illegible]

[illegible]一时[illegible]并[illegible]

[illegible]十[illegible]刘[illegible]戴[illegible]

[illegible]张[illegible]二[illegible]

又[illegible]金陵[illegible]风流[illegible]矣。　[illegible]二年[illegible]

十二

吴坤修竹庄　李鹤章季荃

硕德　李宗羲雨亭　李瀚章筱泉　梅启照小岩　唐训方义渠　陈兰彬荔秋

陈士杰俊臣　王家璧孝凤

诗　孙衣言琴西　周学濬缦云　何栻廉舫　高心夔碧湄

参谋　周腾虎弢甫　李榕申甫　倪文蔚豹岑　王定安鼎丞

凡以宿学客戎幕从容讽议往来不常，或招致书局并不责以公事者

文　吴敏树南屏　吴嘉宾子序　张裕钊廉卿

[illegible]　俞樾荫甫　罗汝怀研生　陈学受艺叔　夏燮谦甫　莫友芝子偲

王闿运壬秋　杨象济利叔　曹耀湘镜初　刘翰清开生　赵烈文惠甫

樸学　钱泰吉警石　方宗诚存之　李善兰壬叔　汪士铎梅村　陈艾虎臣

张文虎啸山　戴望子高　刘毓崧伯山　刘寿曾恭甫　唐仁寿端甫

成蓉镜芙卿　华蘅芳若汀　徐寿雪村

二君皆吴中钱庄出生 连日随王检阅未起 颇多说之 市面为之惟闻
年来和为吾物者五十余元耳 予尝欲撰金陵 记自光绪以后金陵近年
关系于风流富金陵之文人学士 并考其佚诗歌及其行事 以著金陵近数
十年文物之半 以苏州书籍名士之幕 寄寓依及张李卿 唐咏甫 墓志 皆佳料也
曾文 艺风阁藏后二十年 凡陈从吴中为清儒遗书者
[illegible] 李鸿章少荃 郭嵩焘筠仙 刘蓉霞仙 李元度次青
[illegible] 郭崑焘意城 何应祺镜海 郑[illegible] 罗[illegible] 甘[illegible]子大 陈[illegible]梅
许振祎仙屏 钱应溥子密 蒋嘉棫莼卿 凌焕晓岚
[illegible] 方翊元子白 李鸿裔眉生 柯钺[illegible] 程鸿诏伯敷 方骏谟元徵
向师棣伯常 黎庶昌莼斋 吴汝纶挚甫
凡以他事往还不入幕 或踪迹因或未入状者数之四十年
[illegible] 左宗棠季高 彭玉麟雪琴 李云麟雨苍 [illegible] 罗萱伯宜

十二

1927.03.15 页 028　1927.03.14 页 028　1927.03.13 页 028　1927.03.12 页 027　1927.03.11 页 027　1927.03.10 页 027

雲麾研刻經碑手跡　點閱宋史天文志五卷　函江道觀已去

初七日　詣亮家撰龐廷恨及高國淘軍事情形　萬兄江孫魏麟已　臨雲麾研刻經碑手跡　點閱宋史天文志五卷　得蘇州三梓上海匯書　題吳兩金

來函　贈

初八日　陰雨　紀撰九來　臨雲麾研刻經碑手跡　點閱宋史天文志五卷　五行志二卷

是日午晚均看報

初九日　陰雨　亮兒生日　臨雲麾研刻經碑手跡　點閱宋史五行志五卷　點閱梅伯言文

初十日　陰　點閱曾文正文　得張曉峯寄史學與地學　張其韓紀狀九來　羅薇垣招飲

留居印行文部匯所校藝稿

十一日　點閱張濂亭文　以年山志壽月有初　翁慕庭來　危後劉姓被捕

十二日　臨雲麾研刻經碑手跡　點閱宋史律曆志　詣龜姓青　二姪四姪來送梅

花以來語相三年還之翫　函高國淘時乃往五臨追產二月借遊公園　又賜桃膺

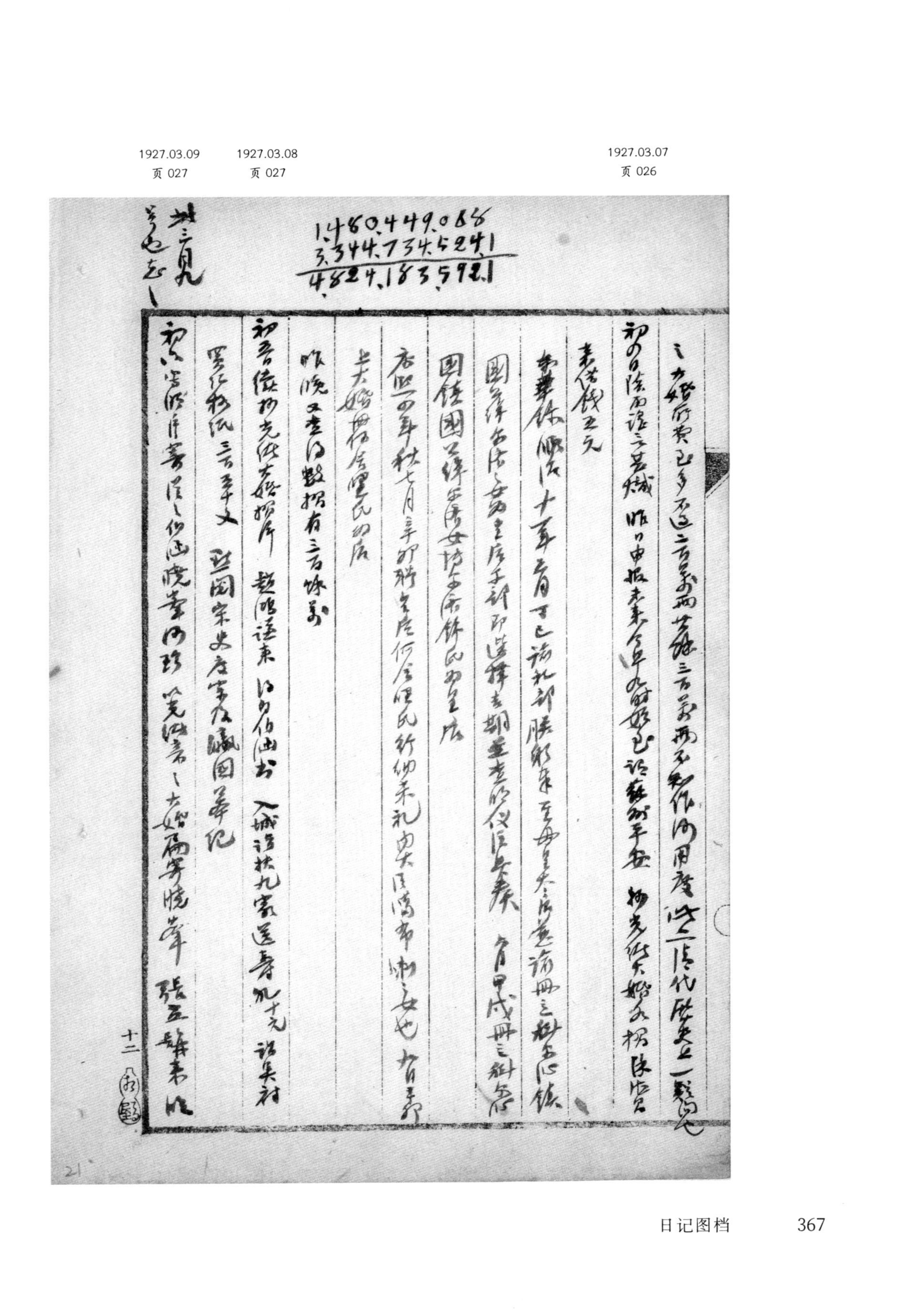

1927.03.09
页 027

1927.03.08
页 027

1927.03.07
页 026

1,480,449,068
3,344,734,524.1
4,824,183,592.1

賢淑莊立為皇后特諭　原任侍郎長敘之十五歲女他他拉氏著封為瑾嬪　原任侍郎
長敘之十三歲女他他拉氏著封為珍嬪　十二月初二日命李鴻藻為正使崑岡為副
使行大徵禮　十五年正月癸未命額勒和布為正使奎潤為副使持節詣皇后邸行
奉迎禮　派崇光為奉引大臣　陸潤庠議奏綱恩承為福壽崇紱祿熙鵬張翰
敘行諸禮慶典各處大臣　大婚禮成　諭本年命續昌詳冊徐郙請賞諭之后
於行冊立禮　甲申年懿旨本月著於本年迎皇后鳳輿進宮王大臣等均著加恩
桂祥之子承恩公著賞給三等承恩公紀錄一次該親王公等俟御前校尉均著賞食二兩賞給
侍衛等及侍衛校尉內務府護軍等均著賞食銀一兩由戶部給發　副都統護
軍統領承恩公桂祥著加恩以侍郎候補
光緒大婚經費共五百五十萬兩　總計各項用費有報部稽查凡用金一千…十四兩九錢
銀四千一百二十六兩九錢二分五厘　銀一百四十八萬〇四百〇十九兩六錢八分八厘　錢二
千百三十八千四百三十八文　共合銀…京平…十六萬兩從

光绪年
十一年
康熙四年

两，山东应二百万两，续拨山东应二八十六万两，剩钱二千五十余万两，铜钱五千余两，上[illegible]
以致归费数十万两，皆系提拨截留部库之款，将历年积余十分之余，余于数月以部库出
款之大略也。现在部库存款截至三月底止，统计银五百四十万两，其中除拨一百十万两借
备开放俸甲米折之用，与防经费二百三十八万两作为备拨放兵之需，防军之向无款存储
之所用，共只四成洋税一百二十三万两，而另已现在已额各款已经全数拨用，而无有应解奉年者
大概皆在本库开放之后，部中本年放款竟无余万两。现拟暂移款目，节节宽拟，免将四成
洋税一百二十三万两提归正项，以备开放月饷之需。至所提用之数，为数不无亏损，将来待
一项查洋药厘金，原作每年应归奉拨归以及部库，为弥补库储之用，今查此款自上
年五月开办，截止十一月，共一百九十余万，除去各省及海防拨用外，共余剩银一百万两，上
下拨饷，俟各省数提解部库，储存以备此项之需，请旨遵行 青乙未钦奉 懿旨
幸赖照孔若干以筹年正月章程 十月癸未，奉懿旨，皇帝宗祀[illegible]
兔[illegible]作配，依照[illegible]以协[illegible]，[illegible]

十二

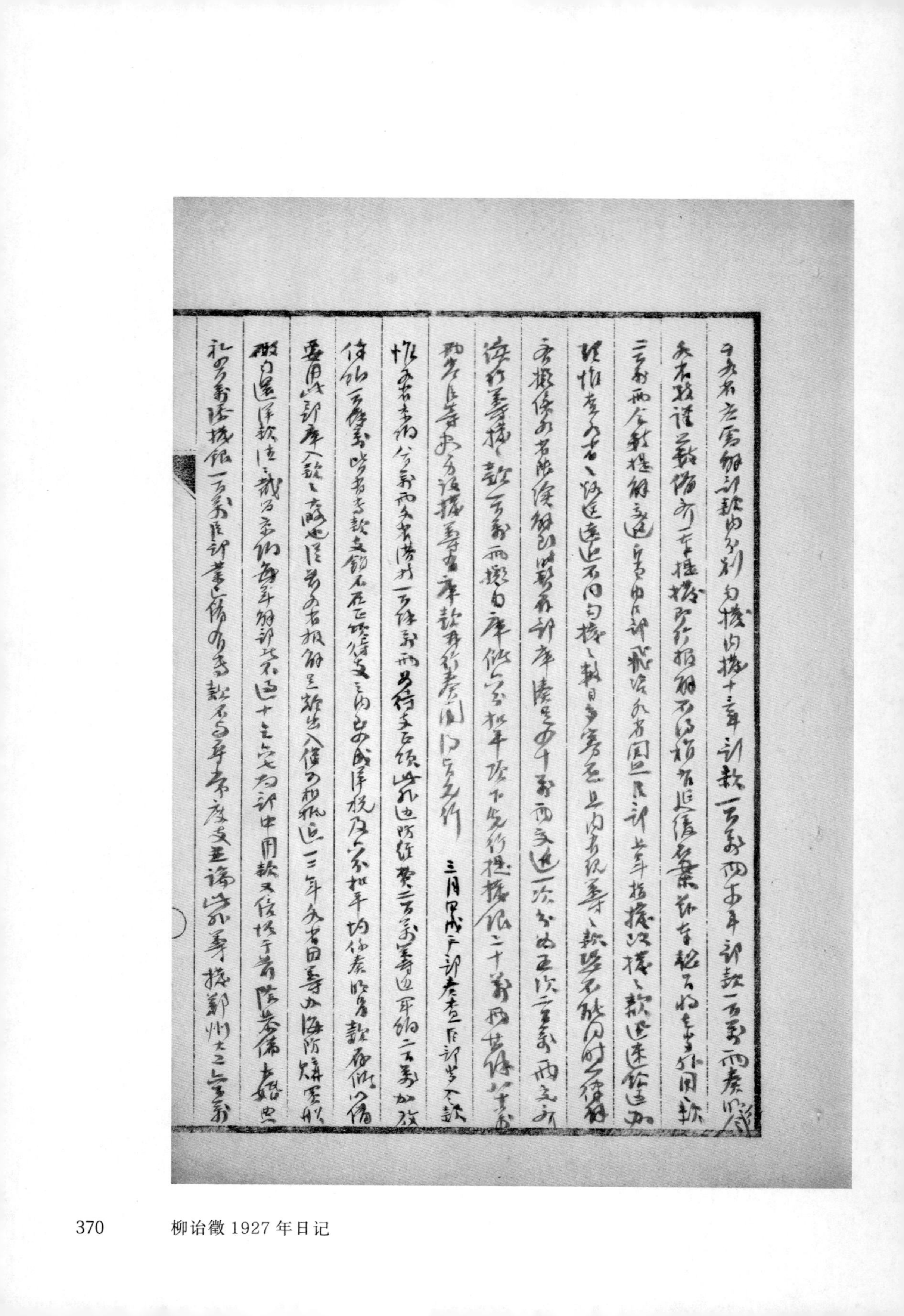

光绪十三年十月乙卯，皇太后懿旨选秀女[illegible]，[illegible]于下文议大婚[illegible]等[illegible]由神[illegible]出[illegible]

十一月庚辰奉懿旨：皇帝大婚所需款项，现在户部两淮筹备，着户部速拨银二百万两解

交大婚礼仪处钦遵备用。十二月庚寅懿旨：前经降旨，皇帝大婚典礼着[illegible]各件均先行

修理，[illegible]送礼仪处由大臣[illegible]等[illegible]办，[illegible]以[illegible]慎，[illegible]工部奏[illegible]

[illegible]送[illegible]等[illegible]陈[illegible]件已经解到[illegible]件[illegible]雪[illegible]铜等件

库[illegible]送[illegible]等[illegible]另件[illegible]办理[illegible]各衙门[illegible]典礼[illegible]用[illegible]件

[illegible]送[illegible]知照礼仪处[illegible]详慎

十四年正月己巳奉懿旨：办理大婚典礼，户部筹拨银[illegible]款二百万两，户部分批提拨

来年由礼仪处交送[illegible]，[illegible]礼仪处[illegible]修[illegible]

[illegible]再行[illegible]大婚[illegible]万两[illegible]用，户部再筹拨一百万两，[illegible]拨二十万两[illegible]

仪处交送，共银八十万两，[illegible]续筹拨。　十月甲申户部奏，光绪十五年正月十七日钦奉懿旨[illegible]

大婚典礼户部[illegible]续筹拨[illegible]户部[illegible]十五年三月[illegible]奉懿旨[illegible]户部

十二

礼成后即册封慧妃其瑜嫔珣嫔瑨嫔册封吉期著钦天监于十月内择吉举行　四月丙寅

仍派苏拉南传旨注计　六月丙辰以举行大婚典礼封皇后阿鲁特氏父翰林院侍

读崇绮为三等承恩公母宗室瓜尔佳氏为一品夫人　七月乙巳奉懿旨皇帝大婚典礼

著于本年九月十三日寅时皇帝御太和殿遣使行册立礼本日申时皇帝诣慈宁宫行礼毕

御太和殿遣使行奉迎礼皇后凤舆行于皇帝御殿遣使迎皇后由乾清宫行十五日

子时皇后升凤舆进宫后子时行合卺礼十六日卯时皇后诣慈宁宫行朝见礼十七日皇后时皇

帝诣慈宁宫行庆贺礼毕仍于皇后时皇帝御太和殿行庆贺礼十九日皇帝御太

和殿筵宴其慈宁宫筵宴时刻著由内务府届时举行　戊申遣礼部尚书灵桂为

正使侍郎内务府大臣寿为副使持节诣皇后邸行纳采礼并筵宴如例　八月己巳遣

礼部尚书灵桂为正使侍郎内务府大臣桂清为副使持节诣皇后邸行大征礼　九月甲午

以大婚册立皇后前期遣官告祭天地太庙后殿奉先殿　乙未寔上礼服御太和殿

阅视皇后册宝遣惇亲王奕誴为正使贝勒奕劻为副使持节即奉册宝诣皇后邸册封阿鲁特

十二

1927.03.05

页 022

壬戌孔子寅三辰皆土也 金生于巳 壮于酉 死于丑 三辰皆金也 水生于申 壮于子 死于辰 三辰皆水也

故五胜生一壮五终九 五九四十五 故神四十五为一从 此假数家三合之说所本

又甲乙寅卯木也 丙丁巳午火也 戊己四季土也 庚申辛酉金也 壬癸亥子水也 水生木 木生火 火生

土 土生金 金生水 子生母曰义 母生子曰保 子母相得曰专 母胜子曰制 子胜母曰困 以制击

杀 胜而无报 以专从事而有功 此亦用木胜土 土胜水 水胜火 火胜金 金胜木 木壮水老火

生金囚土死 火壮木老土生水囚金死 土壮火老金生木囚水死 金壮土老水生火囚木死

水壮金老木生土囚火死 要亦以水和土 以土和火 以火化金 以金治木 木还反土 五行相生所以

成器用

刘[illegible]伯函 华阳[illegible]说 [illegible]如[illegible] [illegible]作[illegible] [illegible]

赵[illegible]

谢也

初六日 偕罗[illegible]垣 王仰高 茶话华阳楼 [illegible] [illegible]研[illegible] [illegible]宋史 理宗本纪

十二

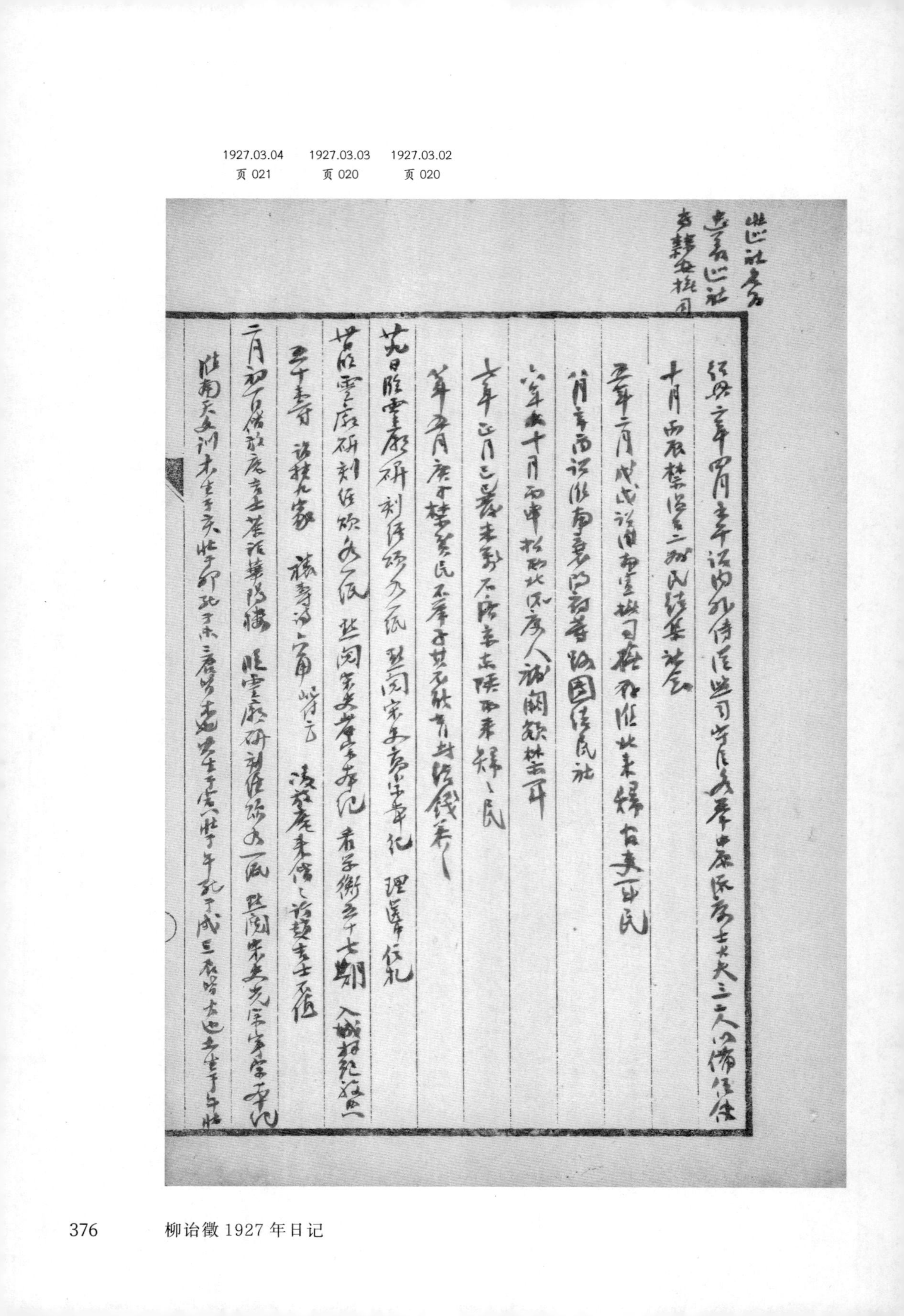

1927.03.04 1927.03.03 1927.03.02
页 021 页 020 页 020

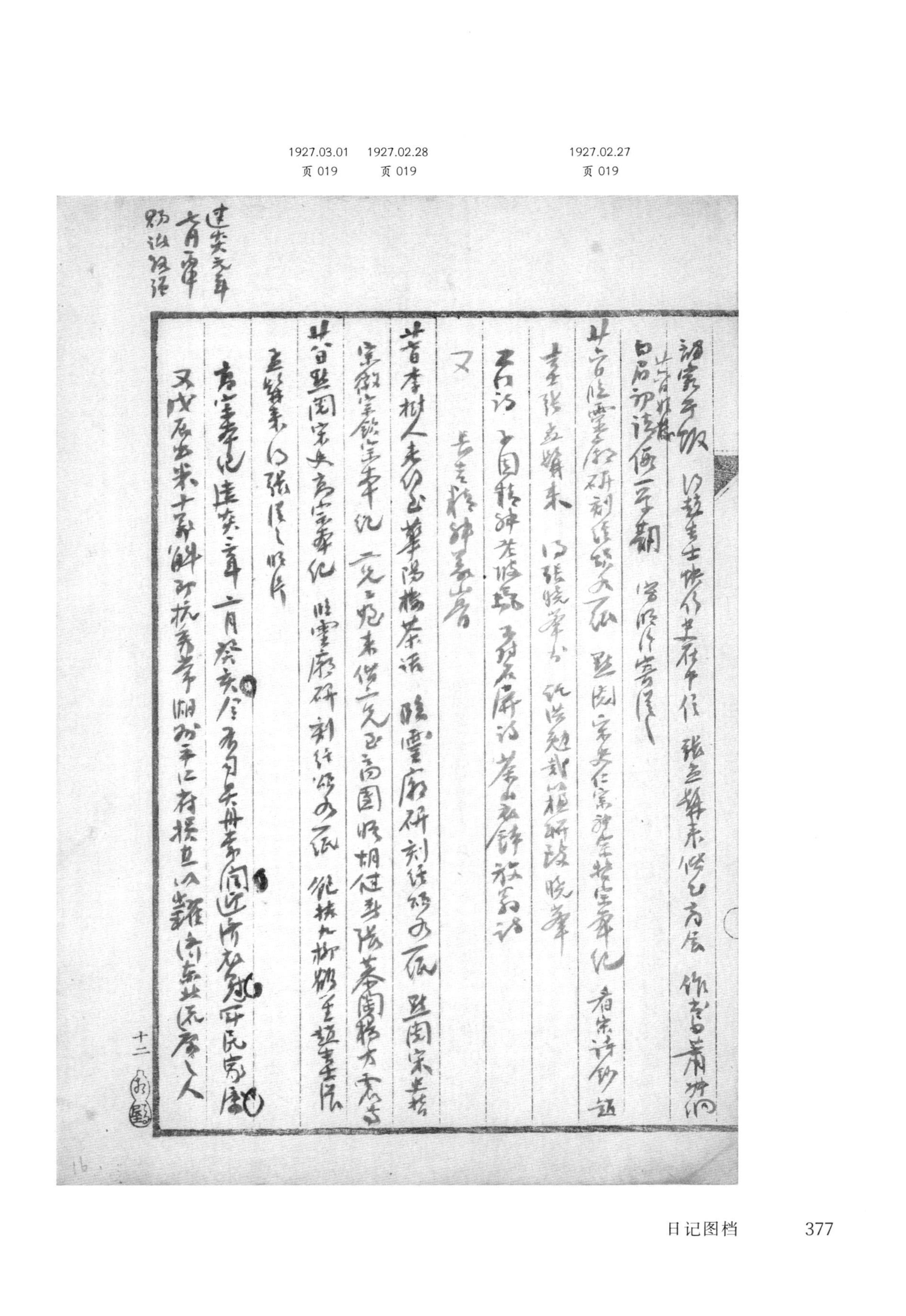

1927.03.01 页 019

1927.02.28 页 019

1927.02.27 页 019

十二

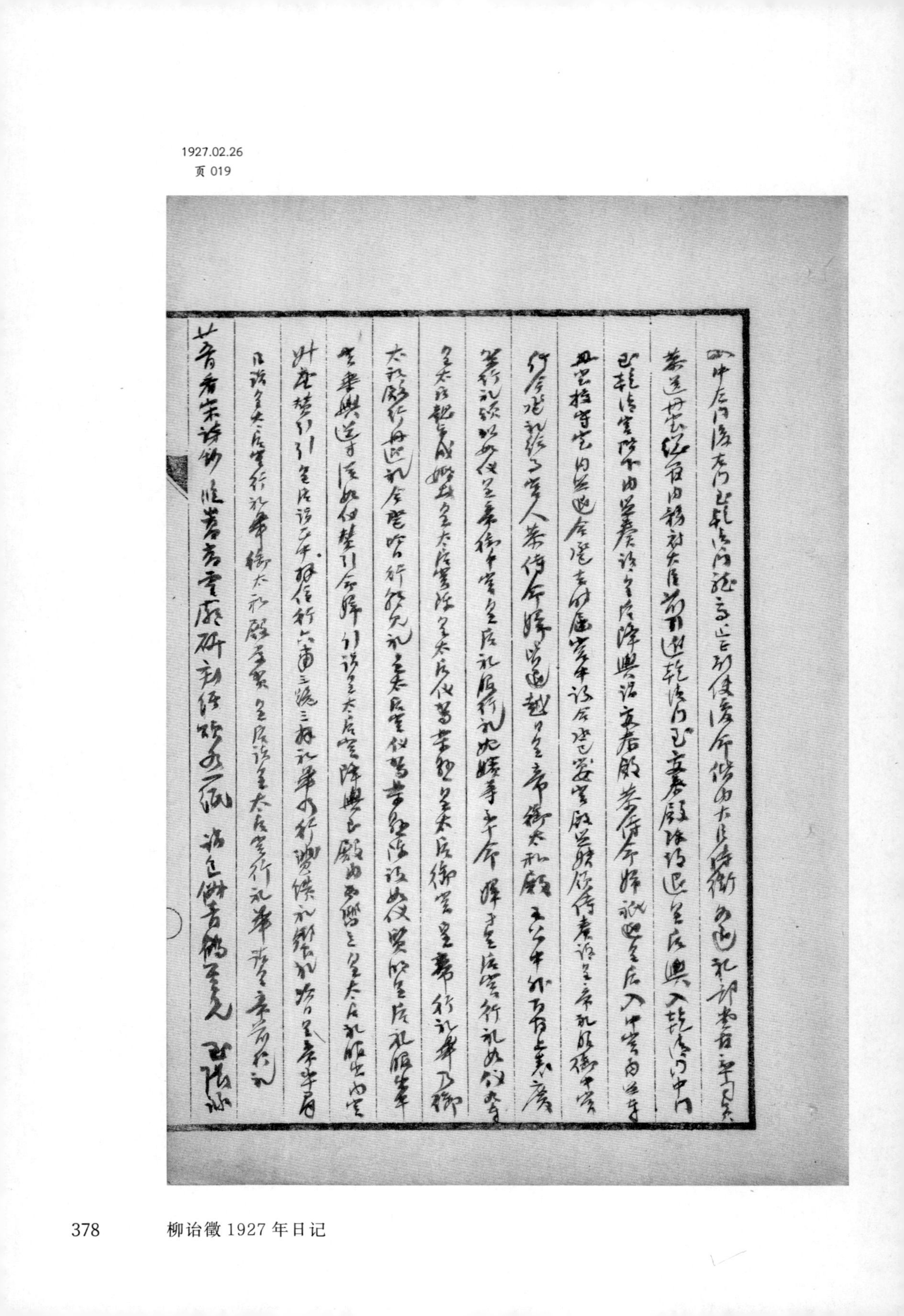

1927.02.26

页 019

皆三叩均。册宝亭校尉舁至太和门内，稳抬福晋等跪接，内监捧入接安首，以进于皇后

凤舆陈阶上正中，仪驾陈阶下左右。正副使至太和门内，导迎乐在大门左右，后母家人(?)跪迎

毕跪。使副行礼如仪，正使持节于内监引入，使奉册宝接内监，由中门入，至后邸，礼部引礼

女官等出迎于内中门道左，皇后跪，福晋跪，跪毕，进入内监奉节册宝，安陈于案

退。引礼女官引皇后就拜位跪，宣读女官读第二宝册宝，皇后受册受宝，行六肃三跪三

拜礼毕，女官册宝仪内监等奉节出，授正使，皇后乃还宫，福晋礼送如仪，女官奉册宝仍授内监分

设于舆内

皇后乃乘凤舆，陈仪驾以次前导。钦天监官报时，届时内监校尉舁凤舆于内堂阶

下正中。内銮仪卫后母家人跪送，毕，皇后升舆，后母家人跪送。正使执持节前行，福晋

跪送。导迎乐前导，陈仪驾次，母家乐随皇后凤舆前行，出大门内，从行，左右扶

舆内大臣侍卫乘骑护从，由大清门中门入，至金水桥，正副使下马，持节入，皇后舆至

午门外，止仪驾，止九凤曲盖前导，内大臣侍卫于金水桥步从，由午门太和门中门

十二

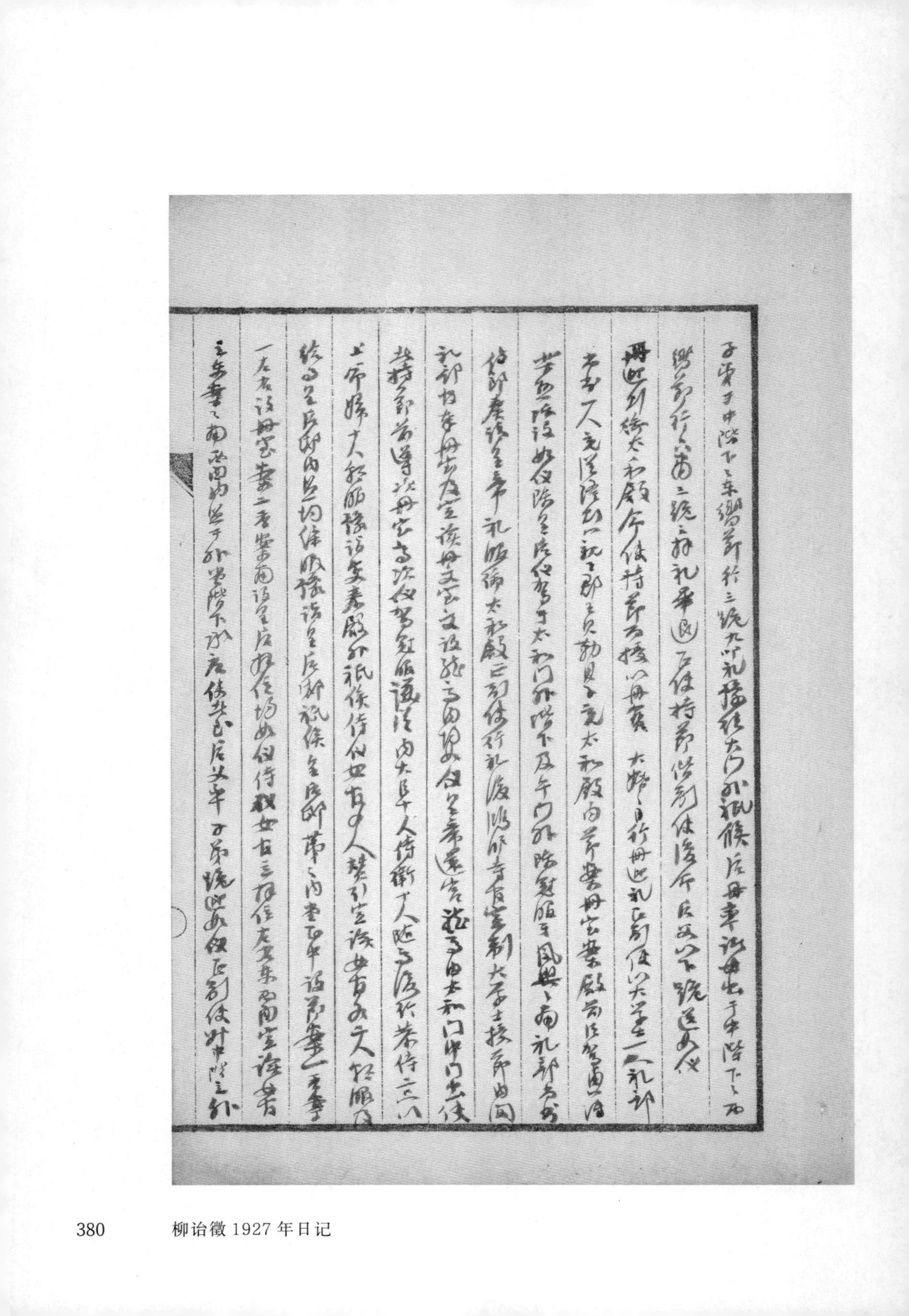

此命使持节以行礼焉　纳采大徵正副使以礼部尚书一人内务府总管一人充届期太
和殿内设节案内阁官奉陈如仪内务府官以次高分载仪物纳采甲胄弓矢陈丹陛
之左及左马在丹陛下左右銮仪卫陈仪物于丹陛上陈鞍马于丹陛下诸大学士捧节
随所奉宣制毕引礼赞礼内务府使者自丹墀东径行三跪九叩礼升东阶正丹陛北
面跪听宣制毕节如仪校尉舁亭卫士牵马拱仗前导出中门出使者乘轿护节至后
邸节出协和门下马臣父乘轿随节于大门外迎候跪迎使臣入大门内于中阶前陈所
于中案陈副使退立案东西面之旁随大臣仪门外止内务府官率仪物銮仪卫者
马入纳采列陈御甲胄弓矢于左如銮陈马于庭右如臣父升自西阶于中门外正中北
面跪正使北迎西面传制后臣父跪受行三跪九叩礼毕正使护送节出仪
副使随后臣父跪送于大门外如仪翌日纳采筵皇后邸设筵上命特命公主大臣命妇
筵后母于内内大臣侍卫旗员官员二品以上官筵臣父于外如仪筵毕内务府奏备其
缎列陈仪物于丹陛上鞍马于中阶下之两旁制如仪臣父跪受行礼讫平

十二

懿旨肆回宮差房門宮門迎娶先期以禮如常等皇帝大婚照禮大清相仍

擇吉之時居皇后自應遵辦理皇后之宅太后石虎胡同

光緒皇帝亦娶之後經過多年於光緒十五年大婚典禮在正月二十六日舉行

舉行之日實在無非係皇后居住東城方家園一所之上黃土墊道淨水潑

街道兩旁府第民房皆宜敬謹迎之樂中

清會典卷二十八禮部

凡大婚之禮納采　皇帝大婚前期御筆擇吉行納采禮用文馬十匹鞍具甲胄十副緞

百匹布二百匹由內務府預備

大徵　大婚納采後行大徵禮用金二百兩銀萬兩金茶筩一銀茶筩二銀盆二緞千匹文馬二十

匹鞍具閑馬二十駄甲二十副賜后父母金百兩銀五千兩金茶筩一銀茶筩一銀盆一緞五百

匹布千匹馬六甲胄一副弓一張矢一箙朝服各二襲衣各二稱貂裘各一領

一賜后兄弟及隨從人服物等項均由內務府預備

[illegible]

十二

四十六年上尊谥曰□□年崇陵之后十月令葬□祔太庙

端康皇贵妃他他拉氏总督裕泰女孙原任侍郎长叙女同治十三年甲戌八月二

十□生光绪十四年十月选为瑾嫔封号十五年二月册封二十年正月晋封瑾妃

后以某事六月慈庆令晋封瑾妃十月以忤太后命降为贵人二十一年十一月

仍复封瑾妃二十六年七月随侍西巡三十四年十月宣统帝尊为皇考瑾贵妃

国变后癸丑年二月晋为今名

珍妃他他拉氏端康皇贵妃胞妹也光绪二年丙子生十四年年十三选

同时被选为珍嫔明年同日册封二十年随同时晋珍妃后同时降为贵人明年

仍同时册封珍妃二十六年七月为所陷拟戕云逐积以太后西狩将其□□附近

妃坠宫中井中死年二十五明年十月追谥宣统晋为珍贵妃葬西直门外田村

国变后癸丑年移葬祔葬崇陵年丙二月追晋今名

孝钦皇后叶赫那拉氏□□即□进□□□□三字□太后□□三年□□□

十二

以光绪年六月进为珣嫔封为珣贵妃三十四年十月宣统帝尊封为皇考珣皇贵妃

逊国后癸丑年二月晋封为庄和皇贵妃辛酉二月辛卯日祔葬惠陵

瑾贵妃他他拉氏同治时以选为瑾贵人十三年十一月诏封瑾嫔光绪

二十年正月进封瑾妃皇太后六旬万寿庆所晋封为瑾妃三十四年十月宣统帝

尊封为皇考瑾贵妃逊国后癸丑年二月晋封今位号

德宗景皇帝

孝定隆裕宽惠慎哲协天保圣景皇后叶赫纳喇氏副都统承恩公以后晋都统加赠

国公衔桂祥女孝钦显皇后之姪女也同治七年戊辰正月初十日生光绪十四年十月

孝钦显皇后为德宗纳聘十五年正月立为皇后年二十二长德宗三岁二十六年七月随

两宫西巡旋驾回銮明年冬月还京师三十四年十月宣统帝入承大统称兼祧

母后为皇太后十一月拟上徽号曰隆裕皇太后宣统元年十一月举行上徽号

典礼三年十二月二十五日皇帝下诏逊国越二年癸丑正月十七日崩于故宫寿

令崩 戊六月慈禧皇太后所抚养全氏也寿二十有二时距穆宗崩才七十余日五月上尊谥曰

孝哲嘉顺淑慎贤明恭端宪天彰圣毅皇后九月移安梓宫于隆福寺五年三月合葬惠

陵升祔太庙光绪三十四年十月宣统帝入嗣穆宗于元年四月加上尊谥若溪二字

淑慎皇贵妃富察氏员外郎后升刑部侍郎凤秀女同治十一年九月册封慧

妃十三年十一月晋为皇贵妃十二月德宗即位两宫皇太后命谥为敦宜皇贵妃光

绪二十年正月慈禧皇太后以庆寿六旬庆命晋封为敦宜荣庆皇贵妃三十年

甲辰四月二十八日卒谥曰淑慎皇贵妃

献哲皇贵妃赫舍哩氏知府崇龄女同治十一年十月册封瑜嫔光绪二十年六旬庆命晋

封为瑜贵妃三十四年十月宣统帝尊封为皇考瑜皇贵妃迁居…癸丑年四

月晋今号

荣惠皇贵妃西林觉罗氏副都统前任大学士赛尚阿之孙女嘉顺皇后之姨母

同治十一年十月册封瑨嫔十三年十一月晋封瑨妃德宗光绪二十年正月慈禧皇太后

十二

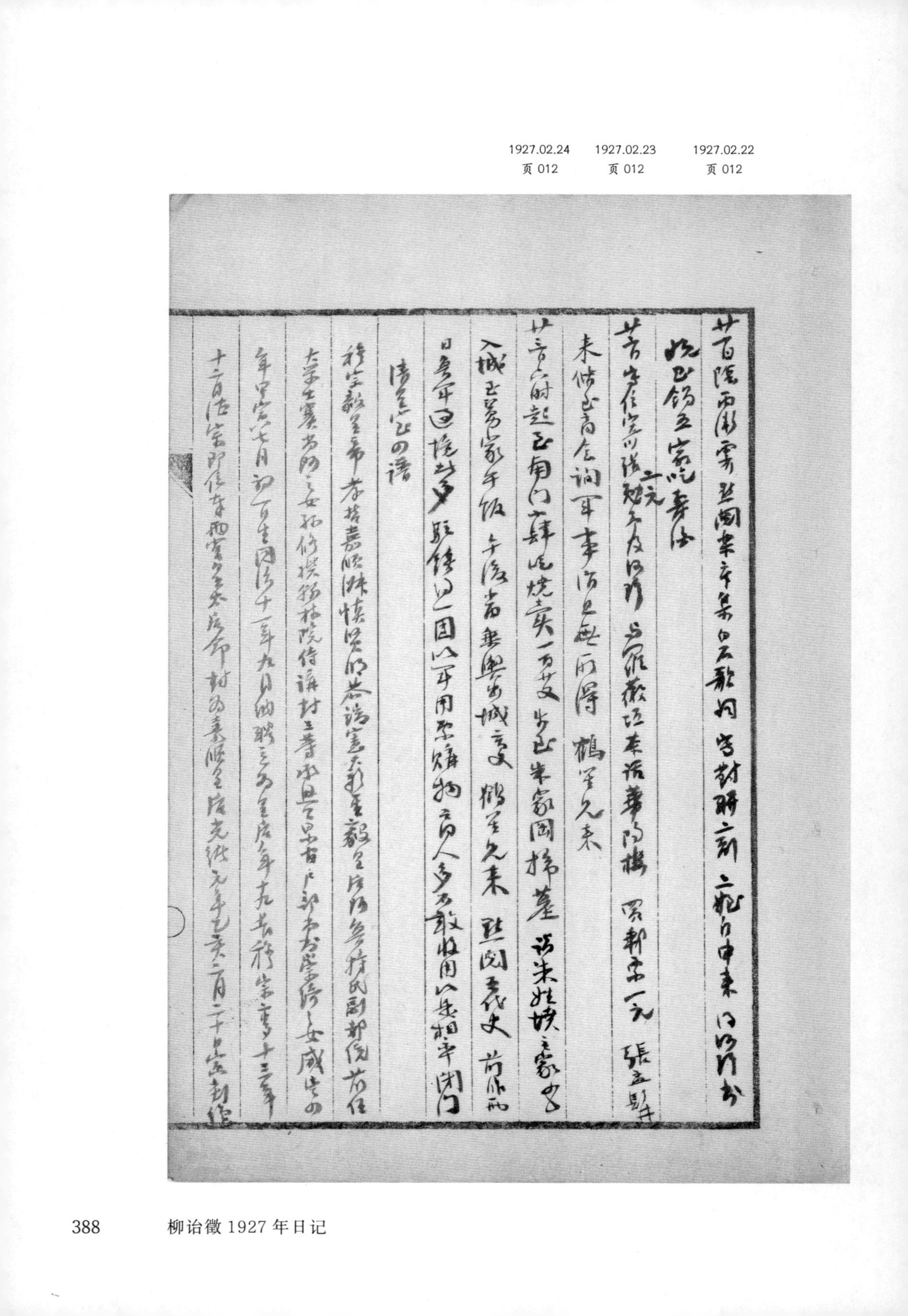

1927.02.24 页 012

1927.02.23 页 012

1927.02.22 页 012

1927.02.21
页 012

1927.02.20
页 011

1927.02.19
页 011

1927.02.18
页 011

十七日 张晓峰、芝庭先来，已三时偕[illegible]来自[illegible]。杨[illegible]十五于
饭后午[illegible]胡氏[illegible]好后，就美人。[illegible]华[illegible]陪[illegible]不值，[illegible]
樊虞，[illegible]林晚饭[illegible]。偕[illegible]晚饭[illegible]文件
晚已五[illegible]三十[illegible]芝庭先不值，归寓作书与胡[illegible]杨杏佛
十八日 晨早车回镇，午后一时抵家。是行计用大洋十二元
十九日 阅[illegible]词，[illegible]萧[illegible]二元一[illegible]作书与[illegible]江[illegible]
[illegible] [illegible]来 [illegible]九三[illegible] [illegible]日[illegible]海[illegible] 江口三十[illegible]
[illegible] 三十[illegible]华[illegible]海[illegible]文[illegible]家学[illegible]
心[illegible]
二十日 阴雨 阅[illegible]微云 作[illegible]一篇 作书与张晓峰[illegible]款 [illegible]
[illegible]332元 [illegible]民书 计去年[illegible]1279元 实[illegible]1273元 [illegible]用去[illegible]元也
自三月[illegible]七月[illegible]1592元 [illegible]一月[illegible]1800元也

十二

1927.02.17 页 010

1927.02.16 页 010

1927.02.15 页 010

1927.02.14 页 010

1927.02.13 页 009

1927.02.12 页 009

1927.02.11 页 009

1927.02.10 页 009

1927.02.09 页 009

1927.02.08 页 008

1927.02.07 页 008 | 1927.02.06 页 008 | 1927.02.05 页 008 | 1927.02.04 页 008 | 1927.02.03 页 007 | 1927.02.02 页 007

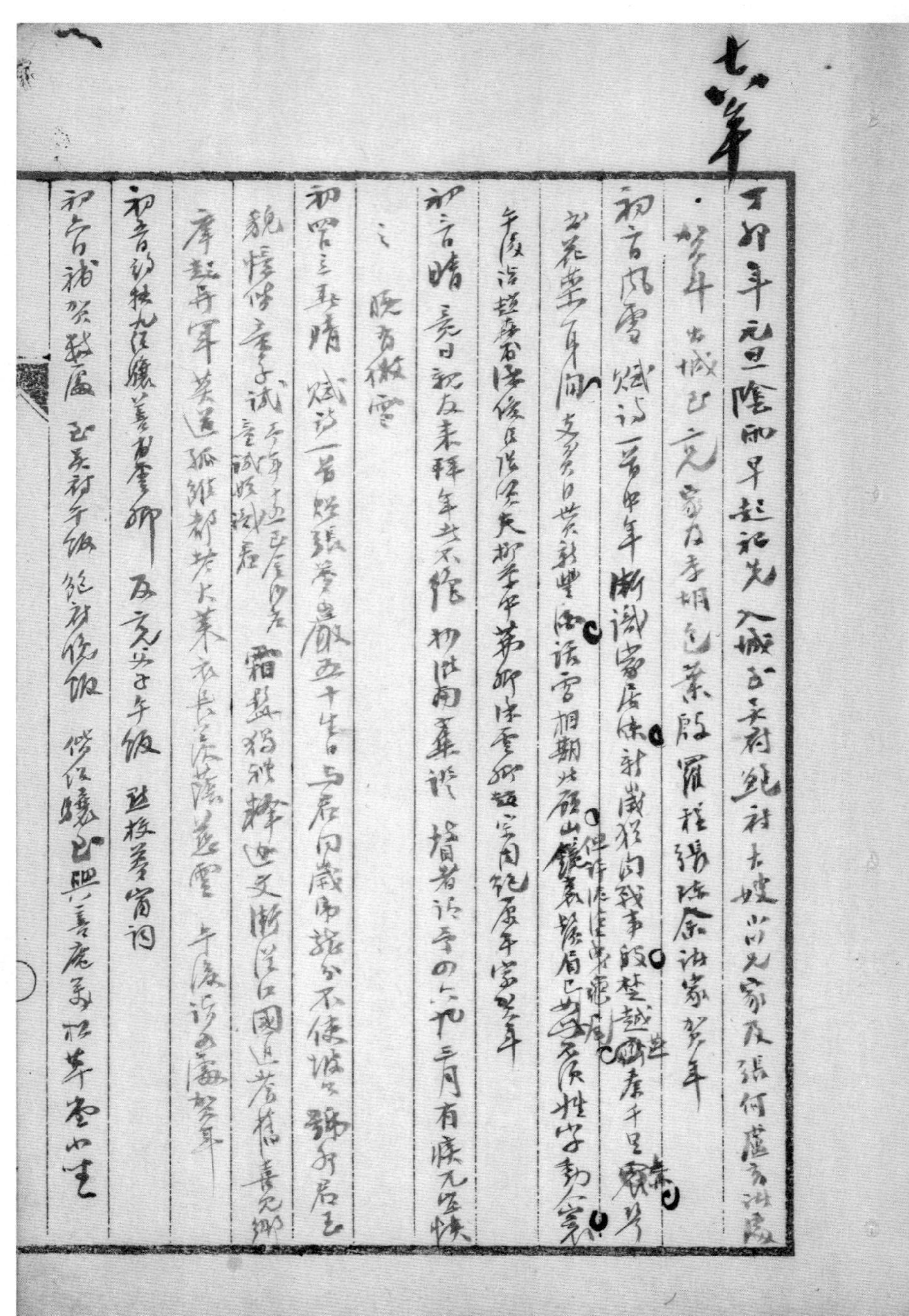

1927.02.01 页 007　1927.01.31 页 006　1927.01.30 页 006　1927.01.29 页 006　1927.01.28 页 006　1927.01.27 页 006

廿四 張立群胡佐卿殷善甫韋少茹祁繼周汪仲方柳槃卿來 柳亭有 訪崔蘧蓀點

閱姚惜抱集

廿五 訪康祥伯麵 鮑扶九趙吉亭諸家晤殷善甫陳雲卿及大姊二姊三姊吳仲

呉洪侍大姊歸 徐竹解來 留之午飯 飯後偕 竟來

廿六 點閱惜抱軒集作書與陸鄭楚儂 殷善甫來留之午飯 飯後往至

金山觀音閣訪覺安和尚 蒼生從談 偕出香門至紫陽向觀夕照徘徊久之始

別去 鮑扶九來未晤

廿七 點閱惜抱軒集 李樹人為慕花來 二姊來 李樹人送初盒點稿

廿八日點閱惜抱軒集 詣繼陶及杨康解 76 鮑扶九二兄來 入城晤倪氏園 送四

元旦 為二太太 看蒼柯文

廿九日看蒼柯文 買水仙九分六文 廣東両个 八分五十文 據茶壺二〇八千文 薑茶

從來好以文化史一部 携此先公竟寫拜年 買年帳九分

十二

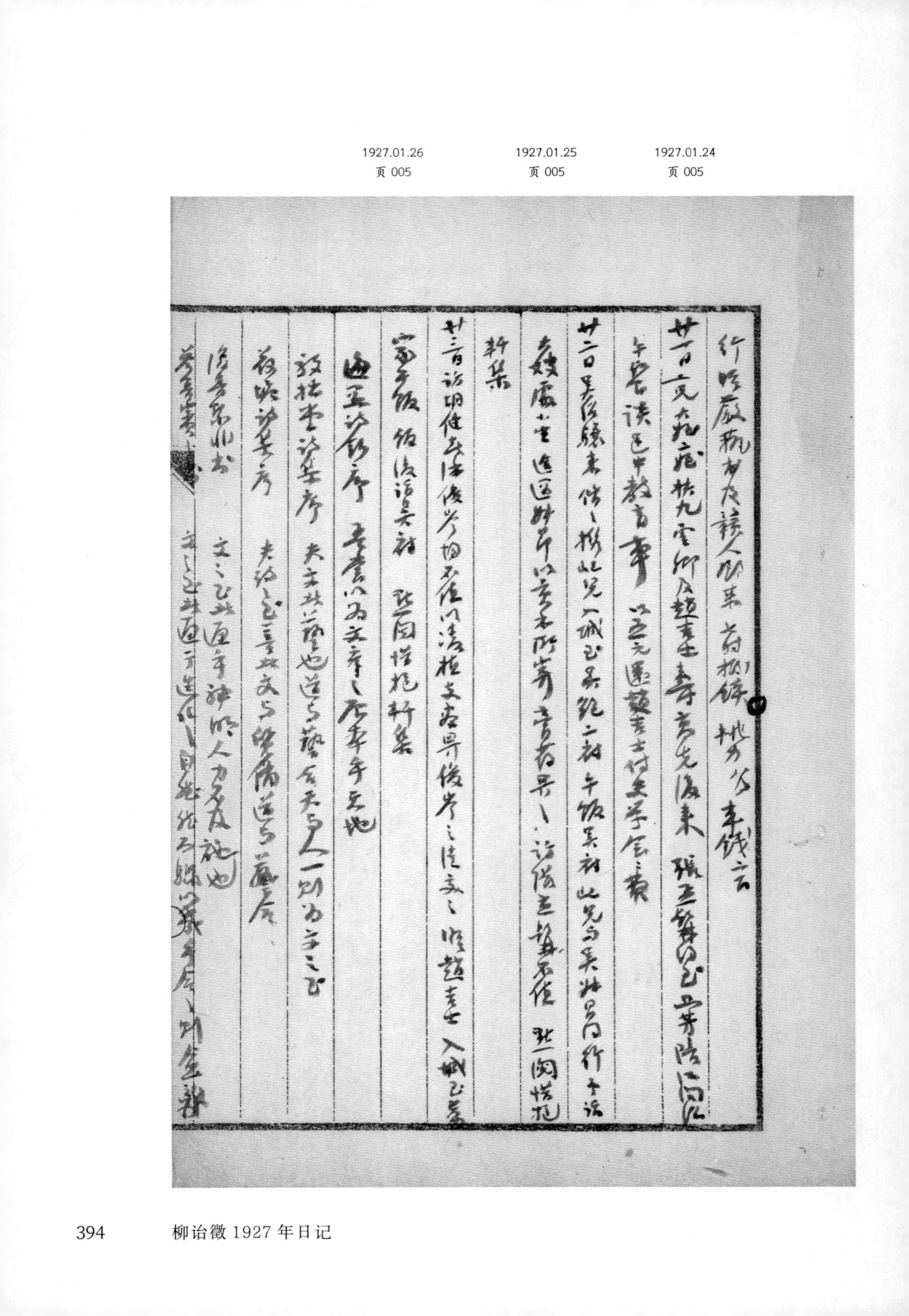

1927.01.26
页 005

1927.01.25
页 005

1927.01.24
页 005

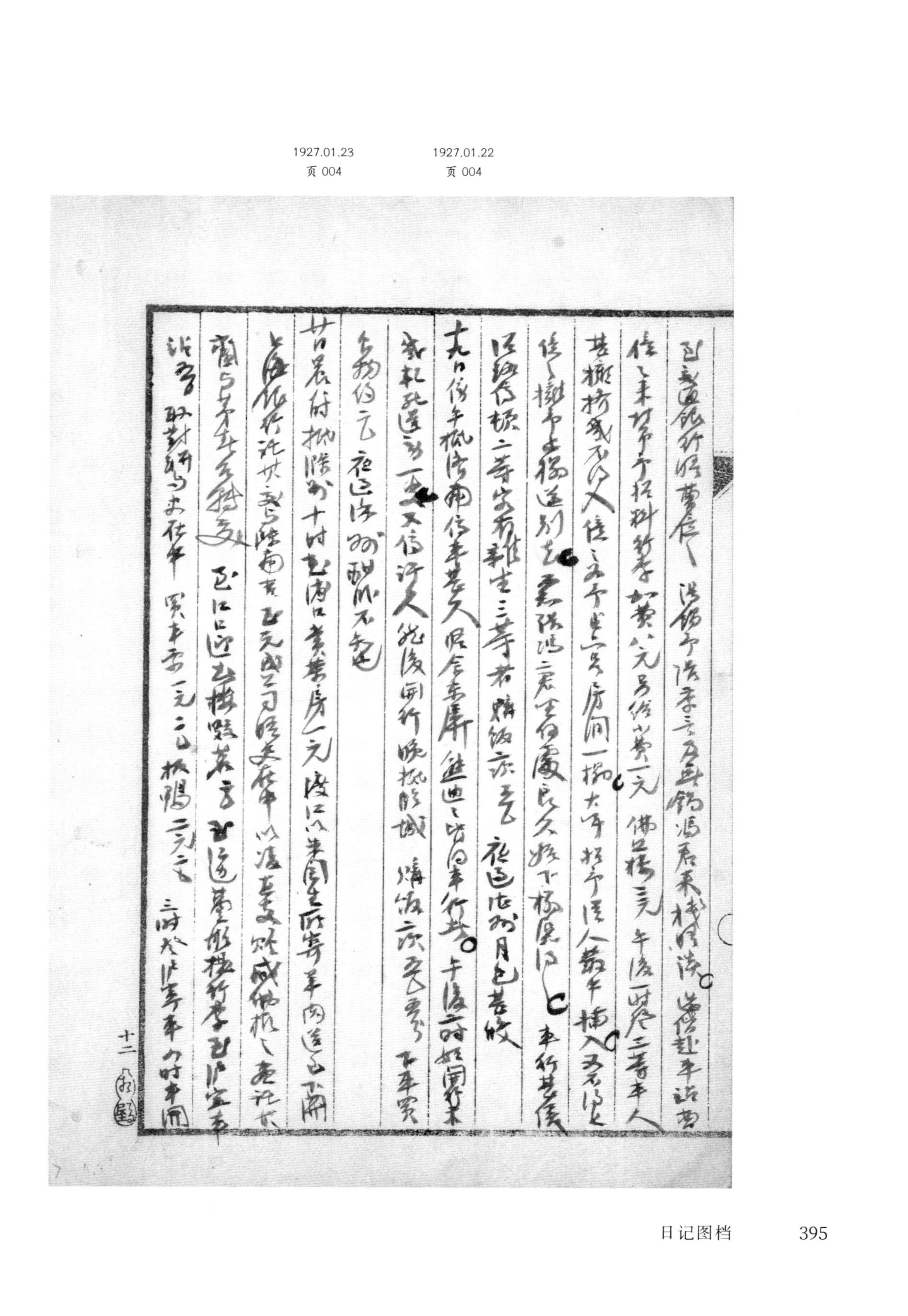

1927.01.23
页 004

1927.01.22
页 004

十二

1927.01.21
页 004

1927.01.20
页 003

1927.01.19
页 003

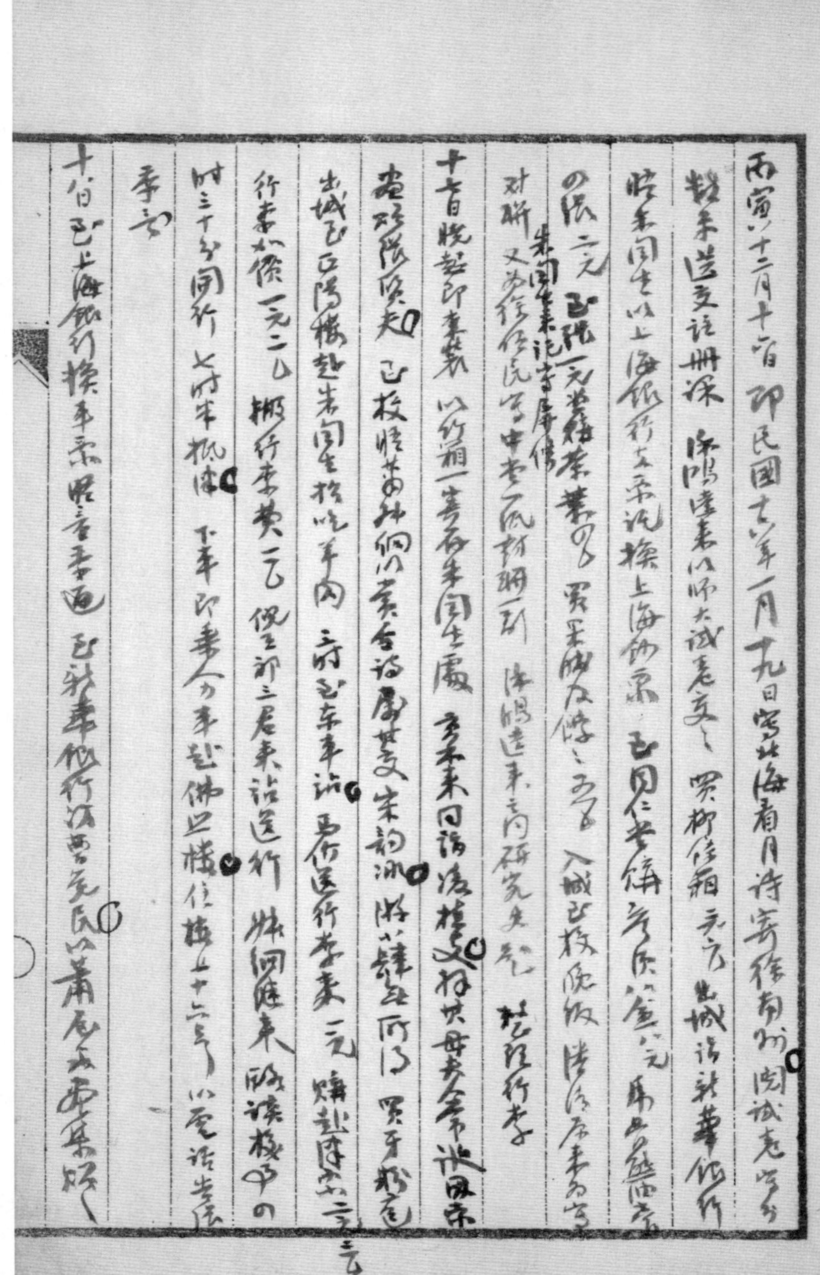

常熟翁府前曾园吕宅
十二

北京图书馆所藏宋本[illegible]一册 [illegible] 每页九行 行廿字

前两日[illegible] [illegible] 中小黑本字[illegible] [illegible]

每页行下[illegible]

老[illegible]之行 華[illegible]下[illegible]人 [illegible]下[illegible]

弘中[illegible]字缺末笔 上字切空一格 太祖空一格 [illegible]空一格 完字缺末笔

辛仲甫 [illegible]辛仲甫 慎字缺笔 明字缺笔 [illegible]字缺 [illegible]字缺 桓字缺

[illegible]纸 [illegible] 仪字缺 [illegible]字缺

乾[illegible]上空一格 [illegible]字缺笔 宋字空一格 天子空一格 天地 [illegible]空一格 [illegible]空一格

郊祀 宗社 东宫 太[illegible] 玉皇 [illegible] [illegible] 上帝 天地 [illegible]国[illegible]

卷五十三 菩萨部 马鸣传

卷五十 西国部 引王玄策传及[illegible]

卷一百 中天竺行记十卷 右皇朝朝散大夫王玄策撰

又 王玄策西域行传云摩诃陀国菩提寺大德僧[illegible]那[illegible]摆[illegible]

此书[illegible]年[illegible]四月[illegible]初[illegible]三十[illegible]

西域[illegible]一年[illegible]

述西域行传[illegible]二十[illegible]西国[illegible]

[illegible]

卷廿六 卷五 西域志

卷十六 卷二 五 西域行传

七 卷十一 九十九 王玄策行传

十二

法苑珠林卷一　劫量篇

從十歲增至八萬歲，從八萬歲還至十歲，從二十返一小劫，二十小劫為一成劫，以年數之此經

八千萬萬億百千八萬歲也，此一為小劫

劫有四種：一別劫，二成劫，三壞劫，四大劫

小劫即別劫　中劫即成壞隨大劫總稱為壞　別劫有四十壞劫云云

卷四

法塵風吹　漢之驪宮

卷八

賢劫初分之時，一壞空三階之住，就此中四階劫，已往壞空未來住住劫，報前千佛

出現，大劫為三佛已往，今是第四釋尊之遺法，此中前後乃七十小劫，總為八千小

劫，歲為一大數，大劫名為賢劫也

卷四十　舍　育王篇

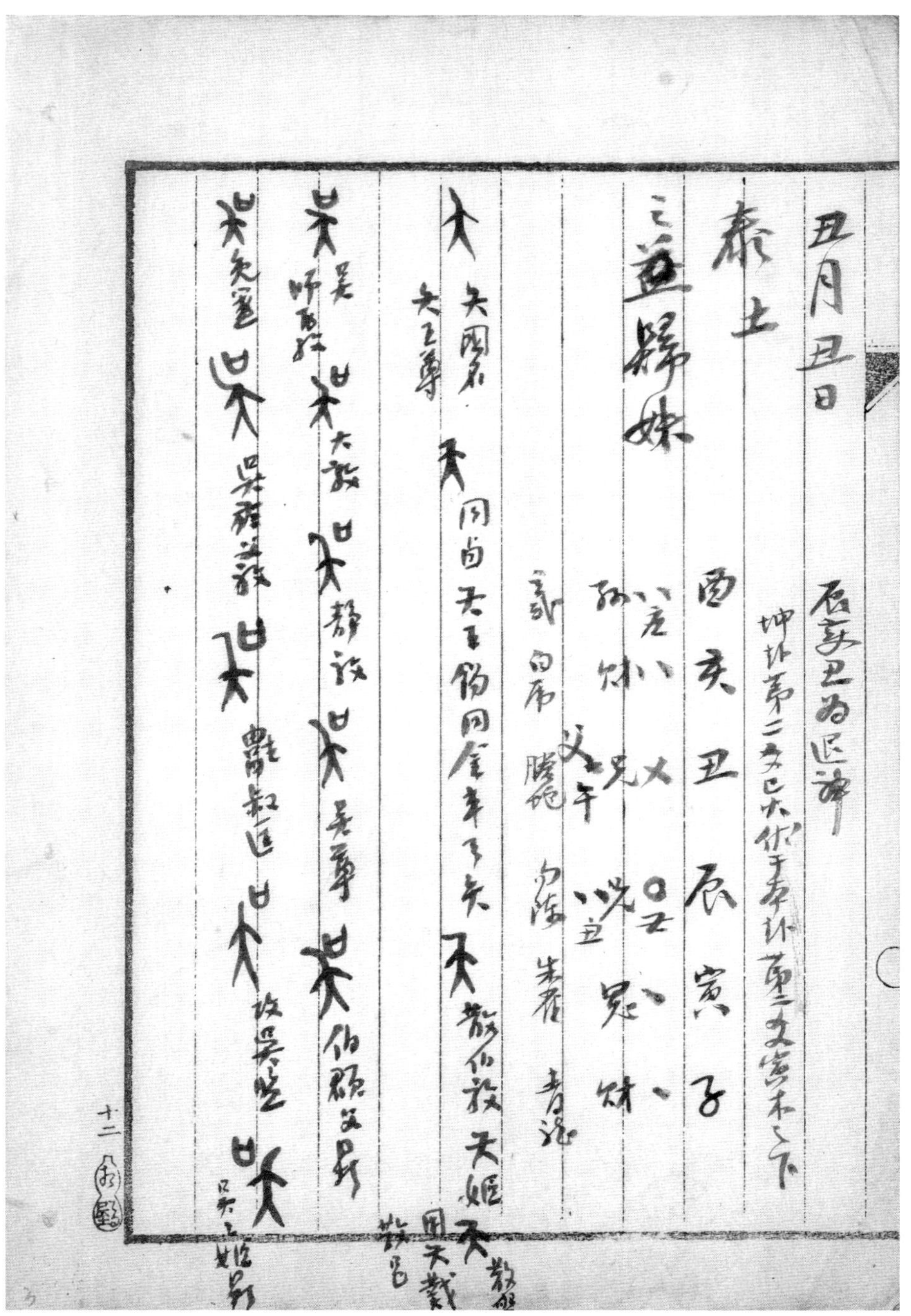

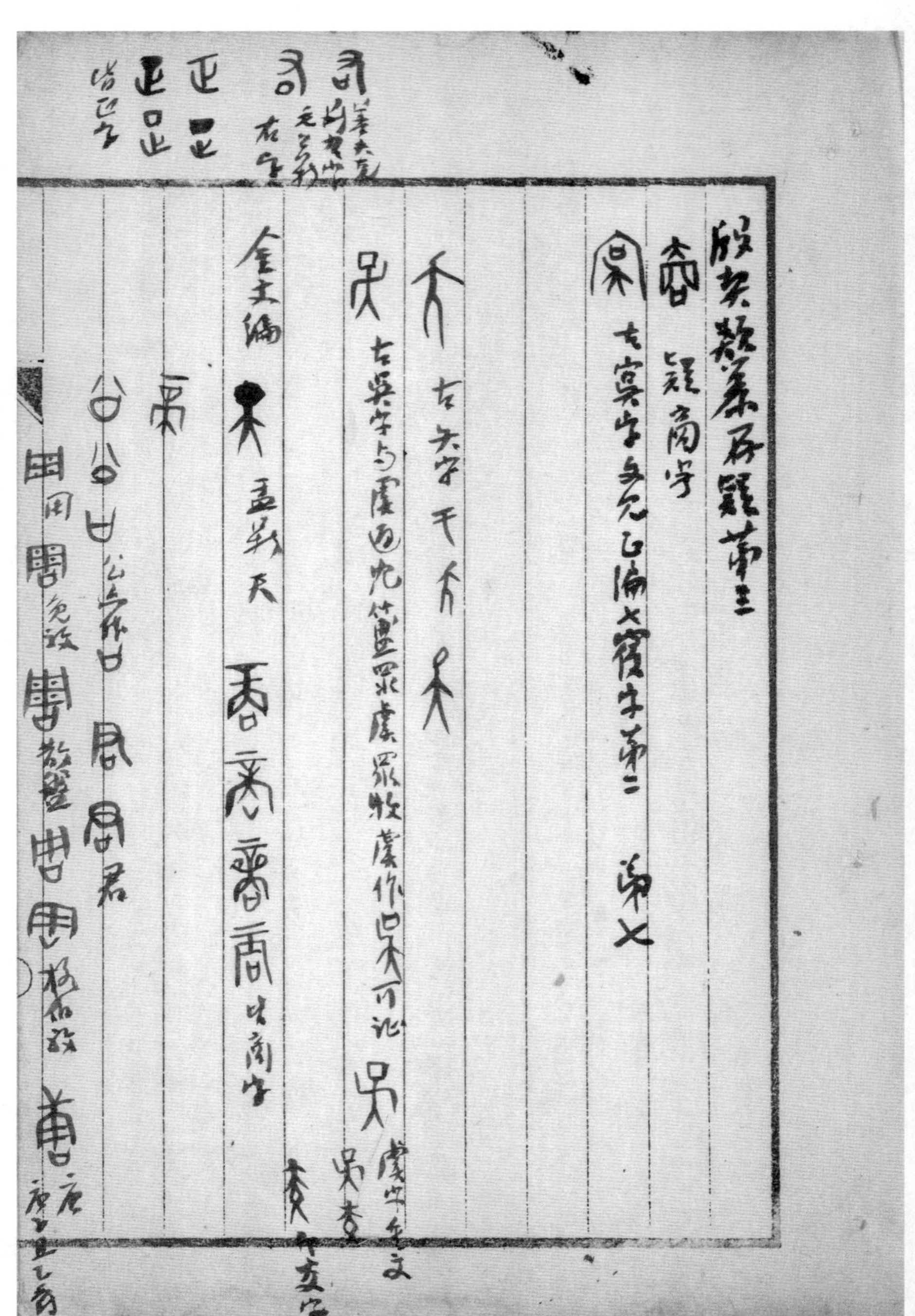

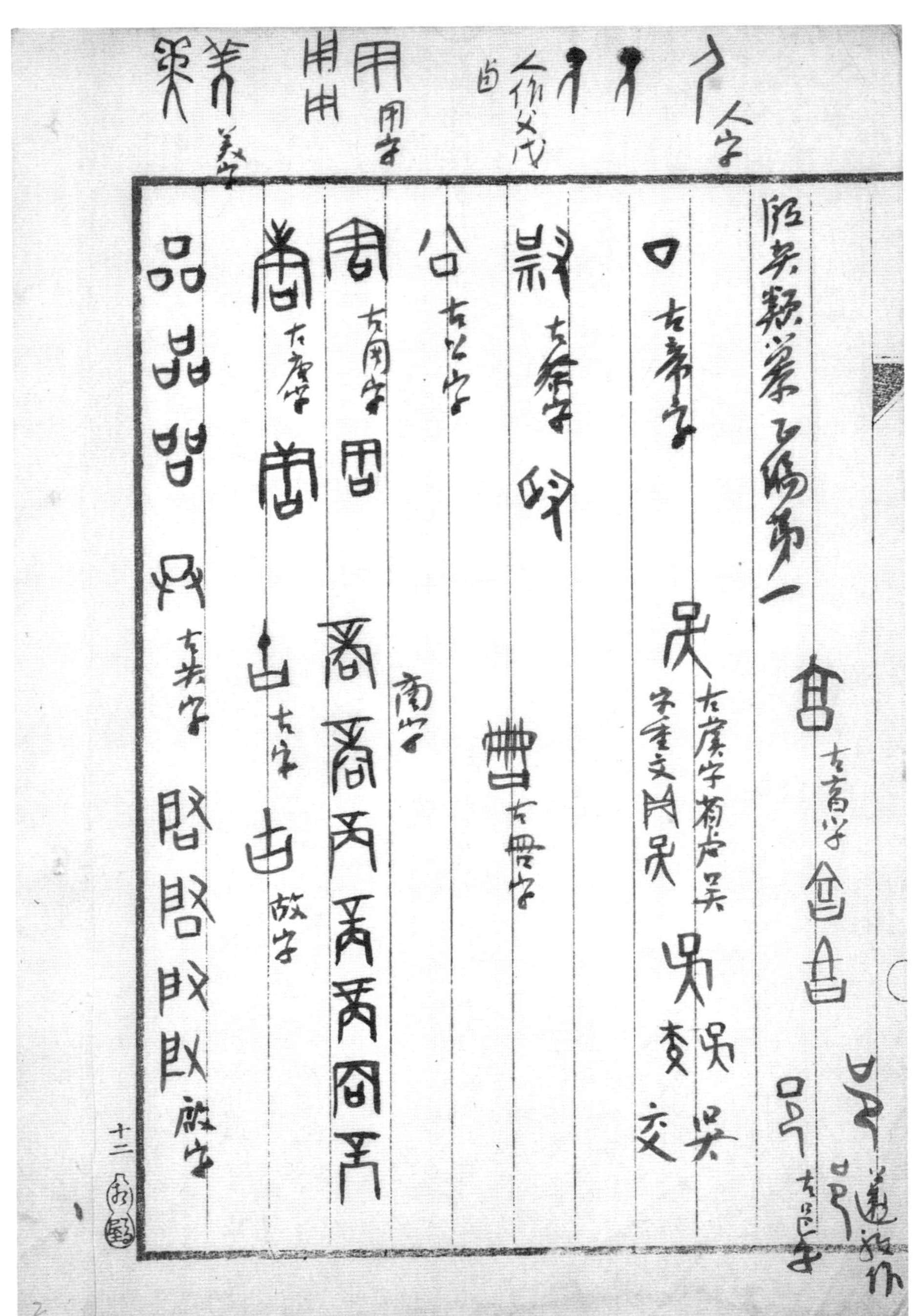

拼音漢注

キヤ 卡 平声 [illegible] ニヱ 留 去声

シヤ 蝦 ヒヱ ○○

チヤ 斜 去声 揚州音調 ミヱ 謬

ニヤ 涯 去声 リヱ 溜

ヒヤ ○○ キヨ 峭

ミヤ ○○ シヨ 俏

リヤ ○○ チヨ 敎

クワ 誇 ニヨ [illegible]料

キヱ [illegible]舅扣 ヒヨ 票

シヱ 秀 ミヨ 廟

チヱ 秋 去声 リヨ 寮

先生很熱心教育我实在敬重你

先生ノ教彰（キョーイク）ハ大変熱心（ネッシン）デスカラ我ハ実際（ジッサイ）ニ感心（カンシン）シマス

囝　　　　囯 是亦字

冋　　　　四

曰 是之字　　　目

マス デス之分别用法

我甚念你的厚意

屢承你的饋物实在不當

你幾时得暇到我處來吃盃酒

十二

我等ハ日本教習ノ處ニ遊ビヘ往キマセウ。

我們到日本教習處去遊遊

明日同你訪日本人　明日。你ト。一緒ニ。日本人ヲ。訪問シマセウ。

我想同御厨君着棋　我ハ。御厨君ト。互ニ。圍碁ヲ。遣リテ[illegible]欲シマス

四 着字乃字之意提上之詞

五 有把字之意如茶ヲノミマス即茶把来飲之意

六 即在字於字之意

七 即與字之意

八 向字之意

九 有字之意　如烏ガ鳴ル雨ガ降ル實有烏鳴雨降之時

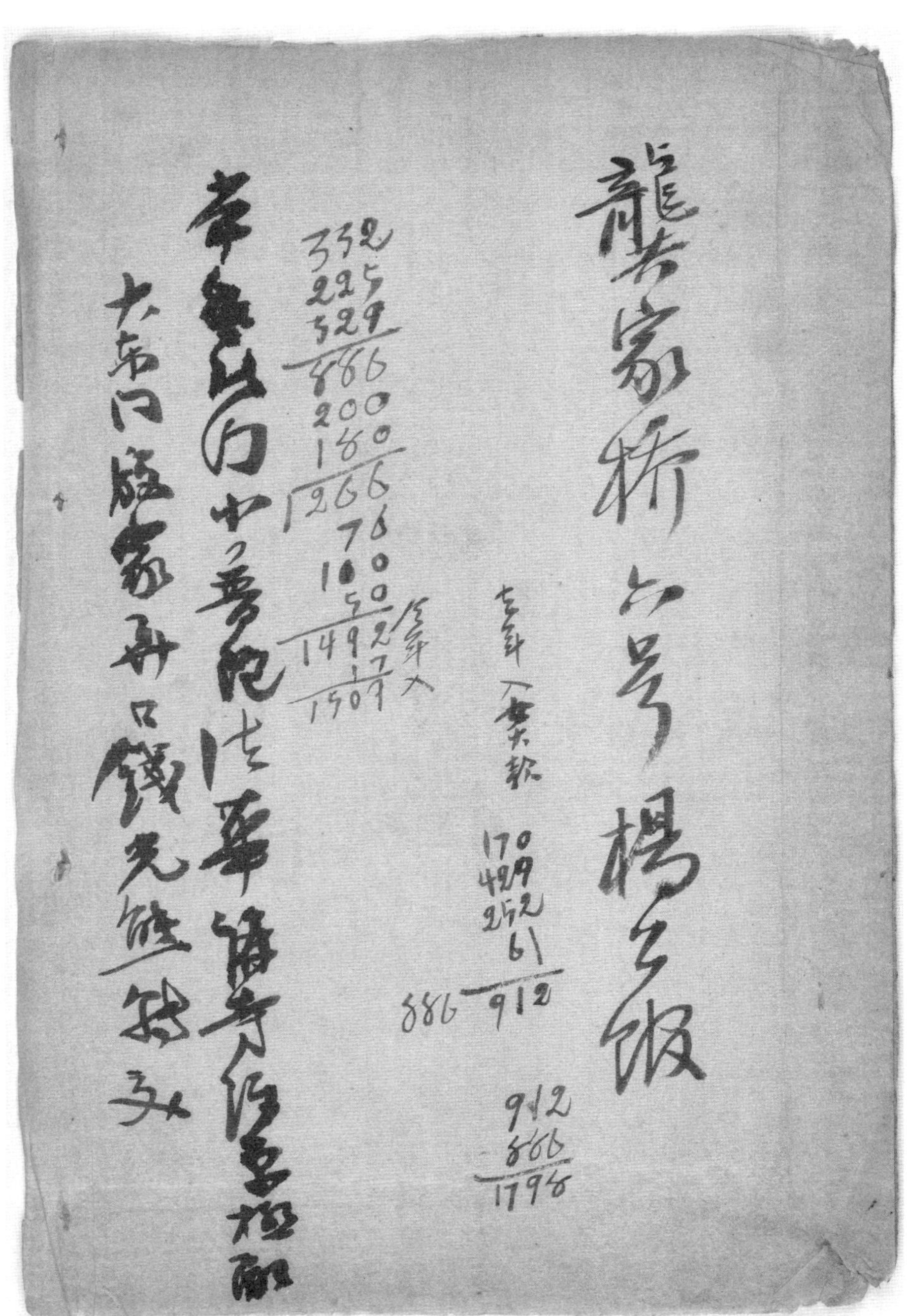

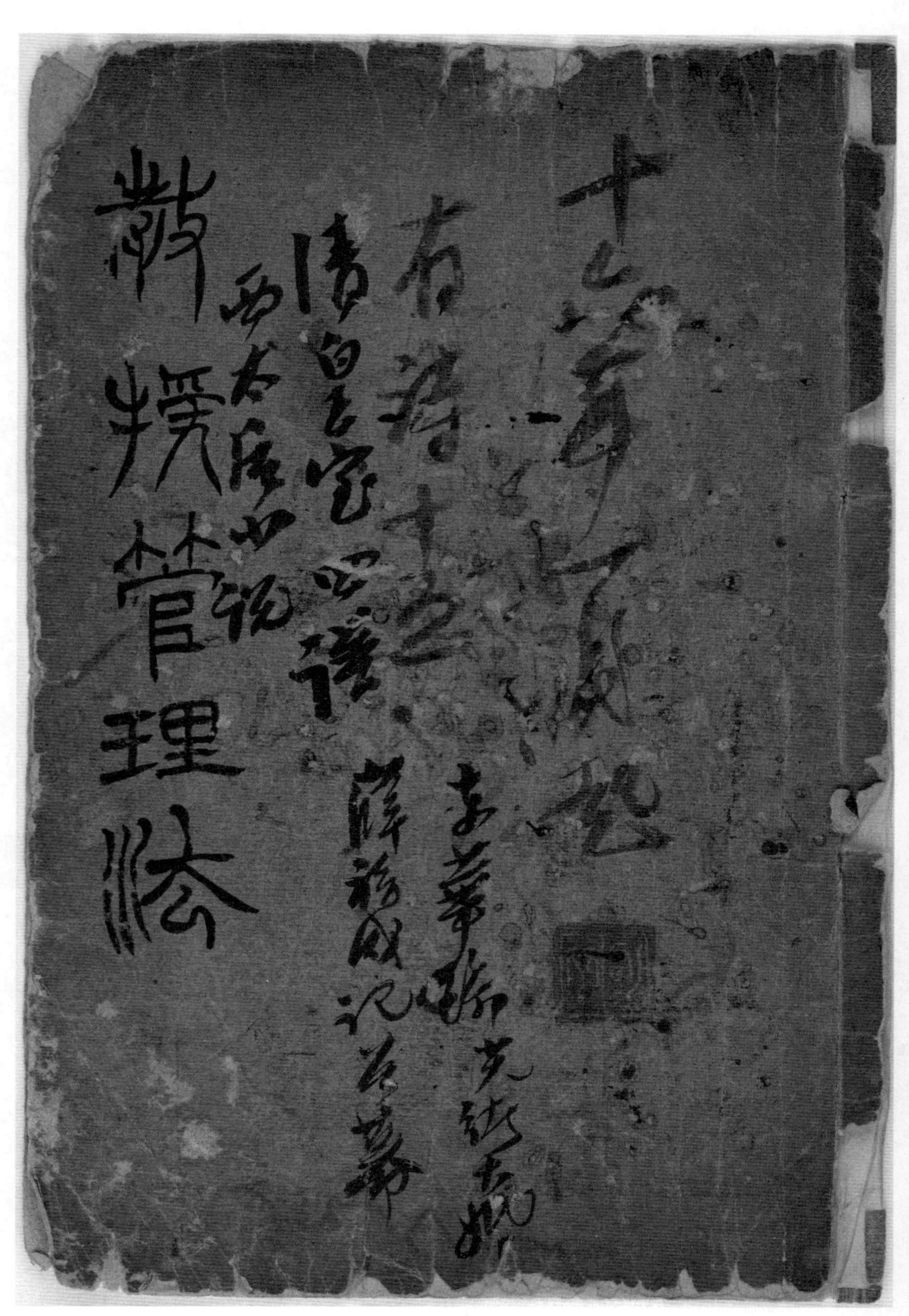

柳詒徵一九二七年日記

柳詒徵 撰

广西师范大学出版社
GUANGXI NORMAL UNIVERSITY PRESS
·桂林·